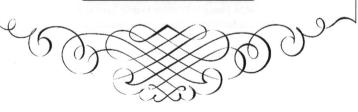

ISBN 978-1-332-65904-3
PIBN 10367911

1 MONTH OF
FREE
READING

at

www.ForgottenBooks.com

By purchasing this book you are eligible for one month membership to ForgottenBooks.com, giving you unlimited access to our entire collection of over 700,000 titles via our web site and mobile apps.

To claim your free month visit:

www.forgottenbooks.com/free367911

English
Français
Deutsche
Italiano
Español
Português

www.forgottenbooks.com

Mythology Photography **Fiction**
Fishing Christianity **Art** Cooking
Essays Buddhism Freemasonry
Medicine **Biology** Music **Ancient**
Egypt Evolution Carpentry Physics
Dance Geology **Mathematics** Fitness
Shakespeare **Folklore** Yoga Marketing
Confidence Immortality Biographies
Poetry **Psychology** Witchcraft
Electronics Chemistry History **Law**
Accounting **Philosophy** Anthropology
Alchemy Drama Quantum Mechanics
Atheism Sexual Health **Ancient History**
Entrepreneurship Languages Sport
Paleontology Needlework Islam
Metaphysics Investment Archaeology
Parenting Statistics Criminology
Motivational

DISCOURS

DE

M. BENJAMIN· CONSTANT

A LA

CHAMBRE DES DÉPUTÉS.

IMPRIMERIE ET FONDERIE DE J. PINARD,
RUE D'ANJOU-DAUPHINE, N° 8, A PARIS.

DISCOURS

DE

M. BENJAMIN CONSTANT

A LA

CHAMBRE DES DÉPUTÉS.

TOME PREMIER.

PARIS.

AMBROISE DUPONT ET COMPAGNIE, LIBRAIRES,

RUE VIVIENNE, Nᵒ 16;

J. PINARD, IMPRIMEUR ET FONDEUR

Le Portrait de M. BENJAMIN CONSTANT sera livré aux Souscripteurs avec le second volume.

AVANT-PROPOS.

L'EXTRÊME bienveillance qui a donné lieu à cette réunion de mes discours, m'impose un premier devoir, celui d'exprimer une profonde reconnaissance. Je n'ai eu pour but, dans ma vie politique, que d'obtenir l'approbation des amis de nos libertés constitutionnelles : j'ai obtenu cette approbation ; c'est un motif nouveau de redoubler d'ardeur et de persistance.

Je n'ai accompagné mes discours d'aucun préambule, d'aucune note. Il en résultera peut-être quelque obscurité dans les premières phrases : cette obscurité se dissipera au bout de quelques lignes.

D'ailleurs, une considération toute puissante m'a déterminé à en agir ainsi.

Durant neuf ans de fonctions législatives, j'ai été contraint de combattre des hommes dont j'étais alors séparé par des différences d'opinions qui semblaient invincibles. Le ministère actuel, en réunissant contre lui toutes les opinions, a fait disparaître ces dissentimens. Je ne devais pas les rappeler.

On trouvera dans cette collection, j'ose le penser, des principes qui sont de tous les temps, des appels à l'ordre légal, sans lequel la liberté ne saurait durer, mais qui, à son tour, sans la liberté légale, n'est qu'une servitude organisée et pourtant précaire; enfin des prévisions qui, malheureusement, se sont réalisées, et d'autres prévisions plus consolantes, qui se réaliseront.

Paris, ce 9 juillet 1827.

DISCOURS

DE

M. BENJAMIN CONSTANT

A LA

CHAMBRE DES DÉPUTÉS.

OPINION

SUR LE

PROJET DE LOI RELATIF A LA RÉPRESSION

DES DÉLITS DE LA PRESSE.

(Séance du 14 avril 1819.)

MESSIEURS,

Je n'abuserai pas d'un temps dont nous devons être économes; je ne vous présenterai point d'idées générales sur une question que chacun de nous connaît. Le projet de loi, ou pour mieux dire la partie de loi que le ministère vous propose aujourd'hui, car le projet actuel n'est qu'une moitié de loi, que cette cir-

constance même rend très imparfaite, est au moins
le vingtième projet débattu sur la liberté de la presse
depuis trente années.

Tout a donc été dit sur cet objet, bien que tout
reste à faire. Les axiomes sont reconnus, les principes proclamés : le pouvoir lui-même abjure des
lieux communs qu'on répétait encore, il n'y a pas
cinq ans, avec complaisance.

On ne parle plus de prévenir quand il s'agit de
réprimer : en exécution de la promesse de nous
donner la liberté, on ne nous offre plus la censure.
L'instinct national ne peut plus être trompé ou mis
en défaut sur la liberté de la presse. En conséquence,
et aussi, j'aime à le croire, par une loyauté honorable
dans les dépositaires de l'autorité, c'est aujourd'hui
bien réellement de cette liberté qu'on nous entretient.
Il se peut qu'on nous en conteste encore une portion
nécessaire; il se peut qu'on veuille la trop restreindre,
mais enfin l'on aborde franchement la question; l'on
prend un point de départ que nous pouvons admettre.

C'est là, dans mon opinion, Messieurs, ce qu'on
doit exiger d'un gouvernement; qu'il rédige ensuite
ses propositions dans un sens favorable à son autorité, rien n'est plus simple : nous ne devons point
le lui reprocher; c'est à nous à rectifier ce qu'il nous
propose.

En m'exprimant ainsi, j'ai deux objets en vue, le
premier, de rendre un hommage qui me semble juste à
la sincérité que je reconnais dans le projet actuel; le
second, auquel j'attache beaucoup plus d'importance,
c'est de prouver que, si nous laissons subsister ou s'in-

troduire des vices dans ce projet, c'est nous qui en serons responsables; car c'est nous qui, à dater de l'instant où je parle, en devenons les auteurs.

Les ministres ne font pas les lois : ils les proposent, les députés les adoptent. C'est donc une erreur commune et commode, mais infiniment grave, que de ne s'en prendre qu'aux ministres, des mauvaises lois qui se font. C'est sur nous, Messieurs, c'est sur les députés que doit peser la responsabilité morale de toutes les mauvaises lois : sans nous, ces lois n'existeraient pas; quand elles sont vicieuses, nous sommes coupables. Si, en 1815 et 1816, la France a été en proie à un système que je ne veux point qualifier, mais dont les déplorables vestiges seront long-temps à s'effacer, c'est que des lois terribles avaient été votées; si, en 1817 et 1818, notre législation sur la presse a été un chaos informe, du sein duquel on a vu surgir des formes de procédure et une théorie d'interprétations qui confondaient la pensée et qui détruisaient toute liberté, c'est que la législation votée était vague, incomplète et fautive. Si, à l'avenir, la presse est encore esclave, ou si, ce qui est la même chose, elle est sans garantie et abandonnée au pouvoir discrétionnaire et à l'indulgence capricieuse des agens du ministère public, à nous seuls en sera la faute, et c'est nous que les citoyens devront accuser.

Pénétrons-nous bien, mes collègues, de cette vérité : nous sommes comptables à la nation de l'effet que la loi que nous allons adopter pourra produire. Si, par la suite de cette loi, un homme, ayant usé de la liberté de la presse, se trouve injustement ruiné par des amendes, c'est nous qui serons les auteurs de sa ruine; si un autre, par suite de cette loi, se trouve injustement jeté dans une prison, c'est nous qui serons les auteurs de son emprisonnement.

Inscrit contre le projet, je reconnais pourtant que son premier principe est digne d'approbation. Avec des amendemens nombreux, il sera possible de développer le bien dont il contient le germe.

Il repose sur une maxime profondément vraie, éminemment salutaire, celle que la presse n'est qu'un instrument qui ne donne lieu à la création ni à la définition d'aucun crime ou délit particulier et nouveau. Cette déclaration franche et loyale est un pas immense dans la carrière des idées saines et véritablement constitutionnelles. La presse, déclarée un simple instrument, perd, aux yeux du gouvernement, le caractère d'hostilité spécial qui a suggéré à tous les gouvernemens tant de fausses mesures; elle perd aussi, aux yeux des amis trop ombrageux de la liberté, ce titre chimérique à une inviolabilité exagérée que réclamaient pour elle, à des époques horribles, des hommes qui voulaient en abuser : elle redevient ce qu'elle doit être, un moyen de plus d'exercer une faculté naturelle, moyen semblable à tous ceux de divers genres dont les hommes disposent, et qui doit, de même que tous les autres, être libre dans son exercice légitime, et réprimer seulement dans les délits qu'il peut entraîner.

Maintenant, Messieurs, je prendrai le projet dans ses diverses parties, et j'indiquerai les amendemens que ma conviction me fait désirer. J'aurais voulu ajourner mes observations jusqu'à la discussion des articles; mais j'ai senti qu'il fallait les avoir tous parcourus, et même avoir étudié le second projet, pour bien apprécier les motifs de chaque amendement. Si j'avais attendu 'la discussion partielle, j'aurais été obligé de rappeler, dans l'examen de chaque article en particulier, ce qui se rapporte à tous ou pour le moins à plusieurs.

Le premier article du projet de loi indique les moyens de publicité par lesquels on peut se rendre coupable de crime, de tentative de crime ou de complicité. La presse n'étant qu'un de ces movens, l'on place à côté d'elle, dans le même article, les cris et menaces, les écrits non imprimés, les dessins, gravures, peintures et emblèmes.

Le désir louable de rester fidèle au principe que la presse n'est qu'un instrument, a motivé, je le conçois, cette énumération. Mais alors le titre de la loi aurait dû être, loi sur les moyens de publicité, à l'aide desquels on peut commettre des crimes ou délits, ou y provoquer; car plusieurs des moyens énumérés dans la loi n'ont aucun rapport avec la liberté de la presse. Le contenu de la loi est donc en opposition avec son titre actuel.

C'est un défaut. Cependant, comme ce n'est qu'un défaut d'intitulé, je ne l'aurais pas même relevé, si l'objection que je viens de vous soumettre, n'avait retenti autour de moi dans cette enceinte, et hors de cette enceinte.

Je consens donc, Messieurs, à ce que les écrits non imprimés, les dessins, les gravures, les peintures, les emblèmes soient de la compétence d'une loi sur la liberté de la presse. J'espère que la rédaction de cette loi, et les formes de la procédure, formes qui seront

déterminées par le second projet, préviendront les procès odieux et ridicules dans lesquels le génie d'une interprétation inquisitoriale attribuait à des estampes ou
à des tableaux de fantaisie, des intentions cachées, des
ressemblances séditieuses, et un sens coupable: on ne
créera point de crimes constructifs pour autoriser des
accusations absurdes; on ne fera point naître la pensée
sous prétexte de la réprimer; on n'agitera point des
hommes paisibles, en les poursuivant du fantôme des
souvenirs importuns, ou de la prévoyance chimérique
de chances fâcheuses que la raison réprouve, que l'intérêt public repousse, et qui ne prendrait une apparence de consistance, fausse, mais toujours funeste,
que si l'indiscrétion trop zélée des autorités subalternes
s'opiniâtre à les supposer.

Mais je ne saurais être aussi indulgent, Messieurs,
pour les mots *cris et menaces proférés dans les lieux
ou réunions publics.*

Je sais gré aux auteurs du projet de loi d'avoir voulu
substituer une disposition plus douce à la loi du 9 novembre et à l'article 102 du Code pénal, plus précis
dans ses termes, mais d'une sévérité excessive. Mais
je prouverai, tout à l'heure, que la combinaison de cette
disposition de l'article 1er avec d'autres articles des deux /
projets de loi sur la presse, le rendrait oppressif et vexatoire. J'ajourne cette preuve jusqu'à l'examen de l'article, parce que cet article m'obligera de revenir sur
cette question.

Les articles 4 et 5 ont, dans leur totalité, le vice
qu'a l'article 1er dans l'une de ses parties. Rien ne détériore les lois comme les réminiscences. Elles faussent

les idées. Les lois deviennent des plans de défense ou d'attaque. Elles perdent par là l'impartialité, la généralité qui doit les distinguer.

Deux réminiscences ont présidé aux articles 4 et 5. L'attaque formelle contre la successibilité au trône ou contre la forme du gouvernement, est un acte de révolte. C'est un crime.

L'art. 1er du projet de loi a donc déjà pourvu à son châtiment, en déclarant complice de tout crime quiconque y provoquerait par la voie de la presse comme par tout autre moyen. L'art. 2 a pourvu de même à la punition de la tentative. L'art. 4 se trouve donc compris dans l'art. 1er. La répétition est inutile.

Il en est de même de la prétendue garantie que l'art. 5 veut assurer à la liberté des cultes et aux biens nationaux. La garantie à la liberté des cultes se trouve dans les art. 260, 261, 262, 263 du Code pénal. La garantie des biens nationaux se trouve dans la Charte et dans les lois générales, qui assurent l'inviolabilité de toutes les propriétés. Ne faisons plus de distinctions, Messieurs, entre les propriétés dont chaque Français jouit légalement, et sans avoir rien à craindre. Pour qu'une propriété soit inviolable, toutes doivent l'être. L'ombre même d'une différence ébranle celles qu'on croit affermir. Si ceux qui possèdent leur héritage depuis des siècles, étaient moins garantis contre tout genre d'agression, que ceux qui les ont acquis depuis trente années, je croirais ces derniers bien peu en sûreté. Les biens dits nationaux sont comme tous les autres biens, sous l'égide des lois. Ils n'ont pas besoin de privilèges spéciaux. Ils doivent les repousser quand on les leur offre. Les privilèges ébranlent les droits de ceux qui les obtiennent.

Quel insensé, d'ailleurs, penserait encore que les biens nationaux peuvent être menacés? Toute provocation qui tendrait à ce but, serait impuissante comme la démence. La France sait trop qu'on ne pourrait toucher aux biens nationaux sans entraîner un bouleversement et une ruine complète : cette ruine même ne les rendrait pas à leurs anciens possesseurs. L'époque est passée où les Francs ont subjugué les Gaulois.

Quant à l'enlèvement ou à la dégradation des signes publics de l'autorité royale ou au port public de signes de ralliement non autorisés, nul doute que ces choses ne soient des délits. Si, comme l'honorable rapporteur nous l'a dit, rien, dans nos lois, ne les désigne et ne les punit suffisamment, il faut pourvoir à cette lacune : mais peut-on y pourvoir dans une loi sur la presse? Se glisser de nuit au haut d'un monument pour y enlever un signe de l'autorité royale, est-ce abuser de la liberté d'écrire? et celui qui aura porté une cocarde verte, sera-t-il condamné comme un auteur ou comme un imprimeur?

Dira-t-on, Messieurs, que des précautions surabondantes ne peuvent pas nuire? ce n'est point mon avis : trop de précautions inquiètent. La confiance en soi commande seule la confiance des autres, et un gouvernement n'est jamais plus stable que lorsqu'il est bien convaincu lui-même de sa propre stabilité.

Et qui pourrait, Messieurs, ébranler cette conviction dans l'esprit de notre gouvernement? De tous les gouvernemens de la terre, une monarchie constitutionnelle est celui où l'ordre de la succession au trône est le mieux assuré, parce que la liberté y existe, parce que la liberté attache tous les gouvernés à l'autorité qui la protége et qui la respecte; parce que, dans une monarchie constitutionnelle, le prince ne saurait mal faire, puisque rien ne s'y fait que sous la responsabilité des ministres.

Ce n'est que sous les gouvernemens despotiques, sous les gouvernemens entachés d'arbitraire, que l'on peut craindre pour l'ordre de la succession au trône. Là, toutes les espérances, comme toutes les alarmes, sont des choses individuelles, ondoyantes, qui changent chaque jour suivant les bruits qui circulent, les intrigues qu'on trame, les manœuvres que l'on substi tue à l'empire de la loi; mais, dans une monarchie constitutionnelle, l'empire de la loi est immuable; dès lors tout est fixe, il n'y a lieu à aucune inquiétude, parce qu'avec la constitution il n'y a possibilité d'aucun péril. Or, Messieurs, nous avons une charte qui nous garantit, une nation qui veut cette charte, un roi qui est uni à la nation dans cette volonté ferme et prudente. La Charte, la liberté, la succession au trône, tout est indivisible! Comment donc tout, Messieurs, ne serait-il pas assuré?

Loin de nous des précautions superflues dont l'effet serait de paraître déceler des craintes chimériques, qui, sous l'empire de la Charte, n'existent ni ne peuvent exister.

J'aurai donc l'honneur de soumettre à la Chambre un second amendement, tendant à retrancher les ar ticles 4 et 5.

L'article 6, Messieurs, ne m'avait pas suffisamment frappé, avant le rapport de votre commission; mais le commentaire de l'honorable rapporteur a éveillé mes craintes. Après avoir cité cet article, une question, vivement débattue l'an dernier, nous a-t-il dit, trouve sa source dans cette disposition. L'imprimeur ne peut-il être prévenu de complicité, s'il a rempli les diverses formalités que lui impose la loi du 21 octobre 1814. M. le rapporteur a décidé que, d'après l'article 6 du projet actuel, l'imprimeur pourrait être poursuivi.

Il me semble que, par cette interprétation, Messieurs, nous sommes rejetés dans cette jurisprudence trop connue, triste héritage qui, depuis cinq ans, sous notre gouvernement constitutionnel, a constamment fourni à l'autorité le moyen de frapper dans sa base la liberté de la presse.

Vous ne pouvez avoir oublié, Messieurs, quelles théories ont été plus d'une fois professées par les organes du ministère public, sur la complicité des imprimeurs; l'on a dit qu'il fallait les fatiguer de saisies, les effrayer de condamnations, et des jugemens nombreux, qui s'exécutent encore, ont été rendus par les tribunaux contre des imprimeurs réputés complices.

Le gouvernement semblait l'avoir senti. Dans la loi qui vous fut présentée à la fin de 1817, les responsabilités étaient graduées ; l'imprimeur n'était responsable que lorsque l'auteur, le traducteur ni l'éditeur n'étaient connus ou domiciliés en France.

Je sais, Messieurs, que deux objections m'attendent. L'on me dira que je détruis le principe du projet, principe que j'ai approuvé de toutes mes forces, et que, puisque la presse n'est qu'un instrument, il ne peut être question d'une garantie particulière pour les imprimeurs qui doivent, comme les auteurs, comme tous les citoyens, rentrer dans le droit commun, jouir de son bénéfice et supporter ses charges.

Cette réponse serait péremptoire, s'il n'y avait point, comme votre rapporteur vous l'a dit, un article du projet actuel qui maintient toutes les anciennes lois. Mais rien n'empêche le ministère public, d'interpréter, comme par le passé, ces anciennes lois. Serait-ce la première fois que, par une combinaison singulière, mais fréquente, malgré son apparente singularité, le ministère public aurait agi contre les discours et le sens donné aux lois par les ministres qui les avaient proposées? Qui nous garantit que ce phénomène ne se reproduira pas de nouveau ?

On me dira encore que l'examen des lois et réglemens qui frappent les imprimeurs, doit être l'objet d'une mesure postérieure, et je ne veux, à ce sujet, nourrir ou élever aucun doute. Mais, comme sans cette mesure aucune loi protectrice de la presse n'est possible ou efficace, je dirai que la libération des imprimeurs devait être présentée et votée en même temps que les trois autres lois, et puisque le rapporteur de votre commission a vu, dans l'article 6, que l'ancienne législation, sur les imprimeurs, était maintenue, je suis exensable assurément de voir, dans ce même projet, un danger contre lequel il faut nous mettre en garde.

Je proposerai donc que les articles 1, 2, 3, 4 et 5 du projet de loi de 1817, soient substitués à l'article 6 du projet actuel, sauf à demander ensuite, dans une proportion subséquente, et par une précaution qu'aucune loi sur la presse ne peut rendre superflue, que le brevet des imprimeurs ne puisse désormais leur être retiré à volonté.

Je ne m'étendrai pas d'ailleurs sur cette matière : elle est trop connue de vous tous, Messieurs ; vous savez assez que, sans des sauvegardes formelles et suffisantes pour les imprimeurs, il n'y aura jamais de liberté de la presse. Je pourrais vous citer, à ce sujet, les raisonnemens du ministre que vous avez vu longtems siéger à la place que remplit si dignement aujourd'hui M. le garde des sceaux, et qui n'a jamais été accusé de fermer les yeux sur des dangers de la licence.

Que si, malgré ce que je viens d'avoir l'honneur de vous dire, on m'accusait de multiplier les amendemens et d'introduire dans le projet de loi des objets qui lui sont étrangers, j'oserai vous supplier d'observer que ce n'est pas ma faute. Pourquoi morceler ainsi des lois qui ont entre elles des rapports inévitables? Si un ministère voulait nous tromper, je concevrais ce morcellement ; mais un ministère de bonne foi, dont les intérêts sont ceux de la nation, dont les intentions ne sont pas suspectes, doit présenter des lois complètes, pour n'avoir pas à craindre le parti que d'autres pourront tirer des omissions et des lacunes qui auraient défiguré ses projets.

L'article 7 est ainsi conçu : « Quiconque, par l'un des moyens énoncés en l'article 1er de la présente loi, se sera rendu coupable d'imputations ou allégations offensantes, ou d'injures envers la personne du roi, sera puni d'un emprisonnement, qui ne pourra être de moins de six mois, ni excéder cinq années, et d'une amende qui ne pourra être au dessous de 500 fr., ni excéder 10,000 fr.

Cet article comprend, comme vous le voyez, Messieurs, tous les moyens énoncés dans l'article 1er, par conséquent les cris et les menaces. Il ajoute le mot d'injures, et par là se met en rapport avec l'article 14 du second projet, portant que les délits d'injures seront jugés par les tribunaux de police correctionnelle.

Certes, il n'est pas dans ma pensée d'atténuer le délit d'injures contre le monarque constitutionnel. Plus une monarchie est libre, plus le respect pour la personne du roi doit être profond. L'honneur, la réputation, la gloire du roi qui règne par une Charte est un patrimoine national. Dans une telle organisation politique, le roi et le peuple sont inséparables, et quiconque outrage l'un, porte atteinte à la dignité de l'autre. Mais je maintiens, Messieurs, que, dans aucun cas, le délit d'injures contre le roi ne peut être commis par un homme qui aura reçu l'éducation la plus ordinaire et qui jouira de sa raison, à moins qu'il n'en soit privé tout à coup par quelque malheur, non prévu, non mérité; ce malheur, le précipitant lui et sa famille dans une situation sans remède, pourrait lui arracher quelques paroles inconsidérées qui ne nuiraient qu'à lui seul, et seraient plutôt le cri du désespoir ou de l'agonie qu'un délit prémédité. J'ajoute cette phrase, parce que nous savons tous qu'à une époque qui n'est pas encore fort éloignée, des serviteurs de l'état, vieillis laborieusement dans des fonctions obscures, et remplies avec zèle, ont été privés, sous prétexte de leurs opinions, du fruit de vingt années de travail : des cris répréhensibles ont alors pu échapper à tel infortuné qui, quelquefois avant de s'ôter la vie, s'est plaint du roi, sans réfléchir qu'entre la personne sacrée du monarque et lui, s'était jetée, à la faveur des orages, une foule d'intermédiaires passionnés, vindicatifs ou intéressés, qui interceptaient la justice et qui trompaient la bonté royale.

Mais, à cette exception près, j'affirme que le délit d'injures contre le roi ne sera jamais commis que par des hommes de la classe pauvre, ignorante, dénuée de tout, de cette classe que le moindre accident livre d'un jour à l'autre aux angoisses de la faim, et contre laquelle se tournent même les chétives consolations qu'elle cherche, car ces tristes consolations ne se trouvent que dans l'intempérance qui obscurcit sa raison déjà si faible, et qui soulève ses passions que les lumières n'ont pas domptées. Sans doute il faut la réprimer, mais il faut la réprimer par des moyens proportionnés à ses fautes. Or, ces fautes, Messieurs, n'ont pas le danger qu'on leur suppose. Cette classe ne conspire pas à elle seule; on pourrait même dire qu'elle ne conspire jamais. Il est possible, par des moyens exécrables, par des agens infâmes, de l'entraîner à consentir à des complots qu'elle n'entend point. Honte alors et mépris à qui l'égare ! Mais laissée à elle-même, elle murmure quand elle souffre. Lorsqu'elle travaille, elle s'apaise et se tait. Lorsqu'elle souffre trop, elle pousse des cris, et c'est pour cela qu'il faut punir les cris avec modération, et même avec indulgence.

Je sais que nous ne sommes plus dans le temps où, par un renversement épouvantable et bizarre, la classe qui possède tout, dressait des embûches à la classe qui n'a rien, et surprenant, sous quelque travestissement ignoble, la confiance des artisans pauvres, leur arrachait des paroles grossièrement absurdes, puis les traînait devant des juges forcés de les envoyer dans des cachots.

Mais, Messieurs, ne décrétons rien qui puisse, si tout à coup le pouvoir ministériel passait en d'autres mains, ramener des époques pareilles. Rayons de nos lois les mots qui les rappellent, quand ces mots ne sont pas d'une nécessité évidente. N'introduisons surtout pas ces mots dans des lois où il est manifeste qu'ils sont déplacés. Car certes, quelque gravité qu'on veuille attacher aux cris et menaces proférés dans les lieux publies, quand ces cris et ces menaces sont proférés, et c'est l'ordinaire, par des hommes qui, pour la plupart, ne savent pas écrire, il est étrange de les comprendre dans une loi destinée à réprimer les abus de la presse.

Je vous ai dit, Messieurs, qu'il fallait proportionner les peines aux fautes, et ici se présente, dans mon opinion, un autre vice du projet. L'article 2 porte que tous les délits énoncés dans l'article 1er, par conséquent, aussi les cris et menaces, seront punis d'un emprisonnement qui pourra s'élever à deux années, et d'une amende qui ne pourra être au-dessous de 200 fr. L'artiele 7 élève la détention la plus courte à six mois, et à 500 fr. le *minimum* de l'amende. Vous sentez, sans que je le dise, combien, vu la classe qui seule, comme je l'ai prouvé, peut se rendre coupable de délits pareils, ces amendes seraient ruineuses, et vous sentirez aussi facilement qu'un emprisonnement de deux ans, d'un an, même de trois mois, n'est pas moins ruineux.

L'unique ressource du pauvre, c'est son travail. Interrompre son travail, c'est le réduire à la misère. Après trois mois d'interruption, vous le rejetez dans la société, mais nu, affamé, dépourvu de tout, lui et sa famille. Ne voyez-vous pas toutes les tentations du crime qui se présentent? De telles mesures préparent le désordre au lieu de le réprimer.

Remarquez de plus, Messieurs, que, par l'article 14 du second projet, les prévenus de ces délits, sont privés du bénéfice du jury.

Or, voudrez-vous que ces hommes, c'est-à-dire, l'excès du malheur ou l'excès de la misère fussent jugés dans des causes qui paraissent, bien à tort sans doute, mais enfin qui paraissent tenir à la politique, autrement que par des jurés?

Relisez les tristes annales de 1815, de 1816 et même de 1817, et consultez, pour vous décider, votre expérience et votre conscience. Cet article, Messieurs, sera donc l'objet d'un quatrième amendement. Mais comme la réflexion que je viens de vous soumettre s'applique à plus d'un des articles qui vont suivre, cet amendement devra porter sur tous ces articles.

Le projet de loi punit, dans l'article 8, les outrages à la morale publique et aux bonnes mœurs. Ne voyez-vous pas ici un vague effrayant? L'outrage aux bonnes mœurs se comprend : l'outrage à la morale publique ne se comprend pas, ou, ce qui est la même chose, peut se comprendre de mille manières.

Entend-ou par morale publique la religion? Eh!

Messieurs, qui ne sait que la religion est un bienfait? qui ne sait que l'on est heureux de croire, et que, lorsque l'on croit, on est meilleur, parce qu'on est plus heureux? Mais est-ce par la sévérité des lois que la religion prospère?

J'aurais ici trop à vous dire. Je crains de quitter mon sujet. Je me bornerai à vous demander, en admettant que la morale publique soit la religion, ce que signifie le mot d'outrages, dans un pays où la liberté des cultes est reconnue. Dire qu'une religion est fausse, sera-ce l'outrager? Et cependant, partout où la liberté religieuse existe, elle implique le droit, pour chacun, de dire que sa religion est la seule vraie? Restreindrez-vous la morale publique aux principes généraux communs à toutes les religions? vous allez faire des tribunaux une arène de métaphysique. Sur des objets tellement au-dessus de notre intelligence, chaque mot a pour chaque homme un sens différent. Réprimez les outrages aux bonnes mœurs comme l'a fait l'article 287 du Code pénal. Confiez la morale à l'éducation, l'éducation à l'intérêt et à l'affection des pères, et la religion au cœur de l'homme, qui ne cesse jamais d'en avoir besoin. Que ses ministres, sans recourir à l'appui, toujours grossier, toujours maladroit, du pouvoir temporel, la fassent respecter en se faisant respecter eux-mêmes : qu'ils soient religieux, paisibles, tolérans; qu'ils restent dans leur sphère, qu'ils fassent du bien dans leur domicile; qu'ils ne rallument point des haines eteintes, et ne ressuscitent pas des superstitions déchues. Qu'aucun d'eux ne s'élance dans une carrière vagabonde et désordonnée, parcourant les campagnes, trompant les crédules, effrayant les faibles, portant la division dans les familles, le scandale dans les hameaux, l'ignorance dans les écoles, le trouble dans les cités. Alors, Messieurs, la religion se raffermira sans l'assistance des lois pénales, et sans le secours des cachots; parce que la religion ne sera plus alors que bienfaisante et consolatrice. •

Je proposerai donc, par amendement, le retranchement des mots : morale publique.

Nous entrons maintenant, Messieurs, dans une sphère nouvelle. Il s'agit de la diffamation et de l'injure. J'approuve la substitution du mot diffamation à celui de calomnie, et je laisse à quelqu'autre de nos honorables collègues, à relever le mot beaucoup trop vague de considération, et à en demander le retranchement. Je ne veux m'occuper que du système dont je vous ai déjà parlé, et en vertu duquel, suivant l'article 14 du second projet, la diffamation est jugée par un jury, l'injure par les tribunaux correctionnels. Les articles 11, 12, 13, 15 et 18 du projet actuel traitent de l'injure contre les membres de la famille royale, les Chambres, les tribunaux et autres corps constitués, les souverains étrangers et leurs ambassadeurs ou ministres plénipotentiaires : l'article 18 traite de plus de l'injure contre les particuliers. Tous ces délits, ainsi que je viens de vous le dire, seront jugés sans jury, si vous adoptez les dispositions qu'on vous présente.

J'ai demandé la raison de cette différence, et l'on m'a fait une réponse que j'admets pour valable jusqu'à un certain point. L'on ne veut pas, dit-on, fatiguer les jurés, en les obligeant à juger la multitude de causes

peu importantes qui sont à décider chaque jour, au su_
jet des injures que peuvent se dire des hommes d'une
éducation peu cultivée.

Soit, Messieurs, j'admets ce motif, pour les injures
entre les particuliers : mais il est clair qu'il perd toute
sa force, lorsqu'il s'agit d'injures contre les membres
de la famille royale, les Chambres, les tribunaux, les
souverains étrangers et leurs ministres. Évidemment
les injures de cette dernière espèce ne seront ni aussi
nombreuses ni aussi peu importantes que les injures de
particulier à particulier. L'on a déjà dérogé, et c'est
une des mesures dont les rédacteurs du projet de loi
peuvent se faire honneur avec le plus de justice, l'on a
dérogé, dis-je, à la législation qui a existé jusqu'ici, en
introduisant le jury dans le jugement des délits de la
presse. Qu'on fasse un pas de plus, qu'on soumette au
jury toutes les causes d'injures qui ont ou peuvent avoir
un caractère politique, et pour l'appréciation desquelles
l'indépendance, l'impartialité, le bon sens du jury, sa
raison dégagée des formes, et astreinte seulement à la
conviction de sa conscience, sont si désirables; l'on
évitera l'inconvénient qu'on redoute : les jurés ne seront pas fatigués par le nombre des causes, rebutés par
leur insignifiance : ils n'auront presque jamais à prononcer que sur des causes d'intérêt public. Attaquera-
t-on tous les jours par des injures les Chambres, les
tribunaux, les souverains étrangers? non, Messieurs;
des peines suffisantes, appliquées scrupuleusement par
des jurés, diminueront la fréquence des délits ainsi ré-
primés. Car ce n'est pas l'impunité, c'est la justice, et
même une justice sévère que je réclame; mais une jus-

tice non équivoque, sur laquelle l'expérience et de tristes souvenirs ne me donnent point de doutes; une justice telle, en un mot, que le jury seul peut me la garantir.

Je l'avouerai : si les ministres se refusaient à ce changement facile et indispensable, je me trouverais dans une grande perplexité. Je voudrais éprouver pour les ministres actuels toute la confiance qu'ils demandent. Cependant le pourrai-je, si, pour des raisons qui ne s'appliquent en rien, je crois l'avoir prouvé à la question posée de la sorte, pour des raisons qui ne sont valables que dans une hypothèse toute différente, ils persistaient dans un système qui livrerait à la discrétion des juges correctionnels le jugement de délits politiques, non moins difficiles à juger, que ceux qu'ils se font avec raison un mérite d'avoir soumis à l'indé pendance de jurés?

En effet, Messieurs, n'êtes-vous pas frappés de la situation déplorable dans laquelle l'article 14 du second projet place inévitablement les prévenus d'injures, quand ils seront poursuivis devant des juges correctionnels, au nom de corporations puissantes, de fonctionnaires éminens, de souverains étrangers, ou d'ambassadeurs et de ministres? Vous sentez tous que les questions qui peuvent s'élever dans des causes pareilles, touchent aux intérêts les plus animés, aux problèmes politiques les plus importans, aux relations les plus délicates entre le peuple et l'autorité, entre la France et les nations voisines.

Assurément, Messieurs, ni vous, ni moi, ne voulons qu'on puisse injurier impunément les souverains avec lesquels nous vivons en paix et en amitié : nous ne voulons pas même réclamer le privilège des représailles. Nous ne demandons point, pour nos écrivains, cette latitude d'invectives qu'ont et qu'exercent chaque jour contre nous les écrivains de l'Angleterre qui, dit-on, se montrent si effrayés de notre licence.

Mais nous ne pouvons pas vouloir, non plus, que tout examen, tout récit des actes des gouvernemens étrangers soient interdits aux Français; nous ne pouvons pas consentir à bannir de France l'histoire du temps présent et la connaissance de l'Europe. Il y a plus, Messieurs; je rends justice aux intentions actuelles des souverains alliés de la France : je sais que ce qu'ils désirent sincèrement et avec cordialité, c'est que l'ordre, la paix, la prospérité règnent parmi nous. Mais on fait des lois pour l'avenir, Messieurs; il se pourrait donc que, dans un avenir très lointain, notre prospérité même, notre amour pour notre gouvernement constitutionnel, excitassent des jalousies; que si, alors, quelque souverain qui ne serait pourtant pas notre ennemi public, chargeait son envoyé de faire renaître des discordes et des défiances, de présenter le zèle de la nation pour ses institutions libres comme des fermens de démagogie, faudrait-il ôter à nos écrivains la faculté d'attirer au moins l'attention publique sur ces atteintes portées à la dignité du trône et à l'indépendance française? Les lois doivent tout prévoir, Messieurs : elles ne doivent pas enlever à un peuple des armes dont il peut avoir besoin.

Encore une fois, nous ne voulons pas qu'on puisse blesser les souverains étrangers; mais nous croyons qu'il faut nous conserver le droit de dire notre pensée sur les principes et sur les actes des gouvernemens européens, comme ils exercent eux-mêmes ce droit à notre égard, et la loi doit être assez claire et assez préservatrice pour que tout écrivain, sans être menacé d'accusations vagues, puisse souhaiter aux rois de la sagesse, et aux peuples du bonheur.

Nous devons donc, en prenant des précautions légales contre les écarts des écrivains, leur donner aussi des garanties légales. Ces garanties, Messieurs, nous ne pouvons les leur donner que par le jury. Les tribunaux correctionnels n'ont pas assez de force pour tenir la balance entre des poids tellement inégaux, d'une part, des souverains, des ministres, des considérations politiques; de l'autre, de simples citoyens, que ces tribunaux, il faut le dire, paraissent avoir vus jusqu'à présent avec peu de bienveillance.

Je proposerai donc, comme amendement, un article additionnel qui distingue d'avance les causes d'injures qu'on peut nommer politiques, et les causes d'injures particulières.

J'aurai encore un amendement à vous soumettre sur l'article 12, qui traite de la diffamation et de l'injure envers les Chambres comme corps. Qu'appellera-t-on, dans ce cas, diffamation ou injure? Serons-nous injuriés si l'on nous accuse de complaisance, de connivence, de timidité, de démagogie? Vous voyez que je parcours toutes les imputations. Mais comment ces imputations devront-elles être libellées, pour constituer, ou, ce qui est plus important, pour ne pas constituer une injure? Ici tout est vague et arbitraire. Sera-ce une injure que de dire que nous n'aurions pas dû voter telle loi que l'écrivain trouvera défectueuse? sera-ce une diffamation que d'insinuer que nous n'avons voté cette loi que par des motifs personnels, ou même blâmables? Mais quel compte pourra-t-on rendre alors à la nation, qui a le droit de savoir notre conduite? Messieurs, qu'on mette l'honneur des Pairs et des Députés, comme celui des autres citoyens, sous la sauvegarde de la loi, rien n'est plus juste; mais l'honneur des Chambres, comme corps, est dans l'opinion. La loi n'y peut rien. C'est aux Chambres à conquérir l'opinion. Elles y réussiront toujours, si elles le méritent.

D'ailleurs, Messieurs, nous sommes surtout, nous députés des départemens, les mandataires du peuple. Il nous a donné son mandat. Chacun de ceux que nous représentons a droit de s'expliquer sur la manière dont ce mandat est rempli parmi nous. Cet article seul du projet de loi, s'il n'était pas amendé, me forcerait à en voter le rejet; car je ne me crois pas autorisé à voter une loi dans mon intérêt, quand je suis partie, et que cette loi est dirigée contre ceux qui sont mes juges.

L'article 20, Messieurs, appelle une attention toute particulière; il contient une difficulté grave, que l'honorable rapporteur a très bien exposée, mais qu'il n'a pas, à mon avis, résolue. Les membres de la Chambre, a-t-il dit, ne sont justiciables que d'elle pour les opinions qu'ils émettent; mais le journaliste qui en rend compte, peut-il être coupable d'injure ou de diffamation? Quelques membres ont pensé, a-t-il continué, que le privilège du député s'attachait exclusivement à sa personne, et que le journaliste pouvait être poursuivi. D'autres ont réclamé la publicité des discussions voulues par la Charte. L'honorable rapporteur est d'opinion que si la version du journal est exacte, le journaliste ne peut être exposé à aucune poursuite. Mais, Messieurs, comment constater cette exactitude? Sera-ce par des débats devant les tribunaux, par des dépositions, par des témoins? Mais parmi ces témoins seront nécessairement des députés. En ce cas, Messieurs, je le crains, nous passerons plus de temps en témoignages devant les cours de justice que dans cette enceinte. Je ne crois pas avoir besoin d'insister sur les inconvéniens de ce mode, qui, outre ces inconvéniens que vous apercevez tous, a celui d'être illusoire. Car si, ce qui peut arriver sans mauvaise foi aucune, les députés dans leurs dépositions se combattent et se contredisent, qui décidera de l'exactitude du journaliste? qui prononcera entre des témoignages également respectables et pourtant opposés?

D'un autre côté, Messieurs, adopterez-vous l'avis de ceux qui veulent que le journaliste ne puisse rapporter nos opinions qu'à ses risques et périls; mais vous tuez la publicité, que la Charte a voulue, non pour satisfaire la curiosité d'un petit nombre qui nous écoute, mais pour que notre voix, quand il le faut, retentisse dans la France entière. Car la publicité ne doit pas se borner à l'enceinte matérielle de la Chambre. L'enceinte morale de la Chambre, c'est la France.

La tribune et la presse, Messieurs, sont les deux grands bienfaits de notre gouvernement constitutionnel; mais il faut que l'une soit entourée de publicité, comme l'autre de garanties. Il faut que nos discours traversent en tout sens notre territoire pour annoncer à nos commettans que leurs mandataires ne déméritent pas. Si, depuis 1816, nous avons fait des progrès immenses, c'est à vos discussions, Messieurs, à vos discussions que j'ose louer, parce qu'alors je n'avais pas l'honneur d'être assis parmi vous; c'est aux discours de quelques membres de cette Chambre que la France en est redevable. Oui, Messieurs, vous avez éclairé les esprits, et ce qui était plus nécessaire encore, ranimé les courages. Vous avez fait retentir des vérités consolatrices aux oreilles d'une nation qui n'osait plus espérer d'elle ni de vous. Vous avez prouvé à cette nation que, malgré les passions déchaînées et l'arbitraire organisé, la justice trouvait des défenseurs et l'humanité des organes : la nation vous a répondu. Des voix volontaires ont été se joindre à vos voix autorisées, et pour le bonheur de tous les partis, même de celui que vous avez sauvé de ses propres imprudences, les lois ont reparu, et la monarchie constitutionnelle n'a plus été en péril.

Un article qui laisse dans le doute si l'on rendra librement compte de vos séances ne peut donc subsister. Il devra être l'objet d'un amendement, ou pour mieux dire d'une explication. Si nul de nos collègues ne nous en propose un, je hasarderai de le faire; mais je désire qu'un autre s'en charge, parce que je me défie de mon opinion, quand je n'ai pas eu le temps de l'examiner à loisir.

Je n'ai point, il s'en faut bien, Messieurs, épuisé la matière. D'autres amendemens vous seront soumis, sans doute, par d'autres orateurs. On vous parlera, je le désire, et de la quotité des amendes qui sont exorbitantes, et des peines de la récidive qui, dans les délits de la presse, ont bien plus de danger que dans les autres délits, et de l'effet que doit avoir l'abrogation de la loi du 9 novembre, quant aux pensions supprimées par l'article 9 de cette loi, et qui, dans mon opinion doivent être rétablies.

On vous proposera peut-être, et cette proposition sera très raisonnable, de fondre en un seul les deux projets, parce que l'un contenant les peines et l'autre les garanties, il paraît hasardeux de voter le premier sans être assuré du second.

J'ai dû me borner aux amendemens qui m'ont semblé tout à fait indispensables. Ce n'est point le vain désir de me placer en opposition qui m'en a suggéré un si grand nombre. J'aurais trouvé plus doux de m'écarter moins d'un projet où, pour la première fois, le jugement par jurés est consacré pour les délits de la presse. Même en combattant ce projet, je ne méconnais point cette amélioration importante. J'en rends grâce aux auteurs de la loi ; j'en rends grâce aux honorables orateurs que je vois dans cette enceinte, et qui, l'année dernière, ont préparé la victoire que la justice et la raison remportent aujourd'hui. Nous leur devons cette conquête ; nous leur devons que le jury, traité jadis avec défiance, ou avec dédain, soit devenu une vérité adoptée par la nation tout entière.

Cependant, il leur reste un pas, un grand pas à faire. Le jury, soit pour la presse, soit pour les autres délits, peut-il demeurer tel qu'il est ? Les préfets le composent. Les préfets, dans aucun temps, n'ont-ils été, ne peuvent-ils être les instrumens d'aucune passion? Si nous n'obtenons pas une composition du jury indépendante, nous n'aurons point un jury véritable. Le bienfait de la loi sera illusoire.

Que le ministère se donne le mérite de compléter un ouvrage qui jusqu'alors ne sera qu'ébauché. Un jury nommé par les préfets ne fera point cesser l'état d'arbitraire et de vexations dans lequel la presse s'agite, inquiète et sans garantie, et par là même d'autant plus licencieuse qu'elle se sent toujours menacée.

Le ministère actuel puise sa plus grande force, qu'il me permette de le dire, dans le souvenir des dangers dont son arrivée au pouvoir nous a préservés. Ce qu'il a empêché constitue jusqu'à présent ses droits à notre confiance, au moins autant que ce qu'il a fait. Il dépend de lui de fonder sa popularité sur des titres moins négatifs. Nous serons heureux de reconnaître ces titres. Ce que la crainte de mesures ou d'intentions inconstitutionnelles dans d'autres ont préparé en sa faveur, qu'il le réalise et le complète, par des mesures vraiment libérales et sérieusement constitutionnelles. Il conquerra l'opinion, affermira le trône et méritera bien du monarque et de la France.

Je me résume: si les amendemens que j'ai eu l'honneur de vous proposer sont admis, j'adopterai volontiers le projet de loi comme une amélioration importante à notre législation; dans le cas contraire, je serai forcé d'en voter le rejet.

AMENDEMENT

RELATIF

AUX BREVETS DES IMPRIMEURS.

(Séance du 16 avril 1819.)

MESSIEURS,

En vous proposant les amendemens qui viennent d'être rappelés et qui sont relatifs à la garantie des imprimeurs, je ne me suis pas dissimulé qu'ils étaient étrangers à l'objet de la loi actuelle; mais je suis forcé de les présenter, car le projet a plusieurs parties et ne présente point les garanties auprès des pénalités. A cet égard, j'ose le dire, Messieurs, plus vous avancerez dans la discussion de ce projet, et à moins que ce ne soit avec une rapidité qui serait remarquée de la France, avec un sentiment douloureux, vous reconnaîtrez, je n'en doute pas, la nécessité de demander au gouvernement de refondre les deux projets de loi en un seul; vous sentirez que vous ne pouvez voter isolément sur deux projets qui assujettissent des citoyens à des formes très sévères, sans leur assurer de garantie.

Un de messieurs les commissaires du roi, qui a parlé hier avec autant de talent que de mesure, a dit que les deux projets, quoique divisés, avaient été présentés simultanément, et qu'il n'y avait aucune intention de surprendre la Chambre; je rends hommage à cette bonne foi, mais je n'insiste pas moins sur un amendement tendant à assurer une garantie aux imprimeurs; car ces garanties doivent se trouver ici, ou être présentées immédiatement dans un quatrième projet; il est en effet impossible de rester, à cet égard, dans la situation actuelle.

L'article 6 maintient, par le fait, les lois et les réglemens sur la librairie; on sait à quelle époque elles ont été faites, et que malheureusement elles ont été consacrées par la loi du 21 octobre 1814. Aussi, depuis, on n'a cessé de mettre des imprimeurs en jugement, et les tribunaux de leur appliquer des peines sévères.

M. le rapporteur a dit qu'en effet les imprimeurs pouvaient se rendre complices du délit. Il a dit que lorsqu'on avait à paraître devant des juges citoyens, on ne devait pas concevoir d'alarmes. Cependant les ministres ont paru reconnaître que les imprimeurs avaient besoin de garantie : tant qu'ils seront menacés comme ils le sont, exposés dans leur fortune, dans leur industrie, il ne peut y avoir de liberté de la presse; c'est vouloir l'anéantir par sa base. Prétendre donner la liberté de la presse et enchaîner le mouvement de l'instrument de la presse, c'est nous dire de labourer sans charrue, de naviguer sans vaisseau. Et comment, en effet, prétendre qu'il y a liberté de la presse, quand un imprimeur effrayé ou manquant du courage qui devient nécessaire dans sa profession, se croira obligé de refuser ses presses? Or, en 1817, vingt-deux imprimeurs

les ont refusées à un écrivain qui voulait publier un
écrit justificatif; il a demandé un imprimeur d'office,
le tribunal n'a pas eu le temps de le lui accorder; l'écrivain a été condamné sans avoir pu faire paraître son
mémoire.

Ceci me conduit à dire que les ministres font des déclarations dont on semblerait devoir être satisfait; mais
le ministère public ne s'y arrête pas, et met en pratique d'autres doctrines. Dans une cession précédente,
M. le garde des sceaux déclara, à la tribune, que l'imprimeur, ayant rempli les formalités prescrites par le
règlement, était irresponsable; eh bien! deux mois
après, un procureur du roi a dit, que la source du
mal était dans l'imprimeur, que, sans lui, rien n'aurait
été publié! Il en est résulté que l'auteur a été acquitté,
et l'imprimeur condamné, et cela sans doute contre
l'intention et la déclaration du ministre d'alors.

Ce n'est pas que je veuille que le ministère public
soit assujetti aux ministres; il est de la sagesse et de la
loyauté du ministère de laisser à ses agens judiciaires
une latitude très grande; mais il ne faudrait pas non
plus qu'il y ait deux doctrines, l'une ostensible et
théorique, favorable à la liberté, l'autre funeste et injuste dans son application.

Il y a long-temps, Messieurs, que ces vérités ont
été proclamées à la tribune; d'honorables membres qui,
dans les sessions précédentes, ont défendu avec tant
de chaleur les principes de la liberté de la presse, gardent aujourd'hui le silence (mouvement à droite); ils
soutenaient autrefois les principes que j'invoque. Je
pourrais citer leurs paroles remarquables : je regrette

qu'ils nous retirent leur appui; ils nous laissent tout l'honneur de défendre les principes, et il devient évident que c'est dans cette seule partie de la Chambre (désignant la gauche) que la France aura trouvé des défenseurs des principes de la liberté de la presse.

Je ne crois avoir rien dit d'inconvenant, Messieurs, en me plaignant d'un silence qui nous laisse seuls supporter tout le poids d'une tâche honorable, mais je persiste à croire qu'il est malheureux que des hommes qui ont souvent défendu la liberté de la presse, se taisent aujourd'hui qu'il s'agit de statuer sur ses droits, et la répression de ses abus. Toutefois, qu'on adopte les termes des articles proposés en 1817, et que j'ai rappelés, ou qu'on adopte des dispositions nouvelles, toujours est-il vrai que les imprimeurs ont besoin d'une garantie, et que vous ne pouvez porter une loi pénale contre eux sans l'accompagner de cette garantie.

Je demande que leurs brevets ne puissent leur être retirés arbitrairement après un jugement; qu'ils ne puissent leur être retirés qu'en vertu d'un jugement qui l'ordonnera, car leurs brevets ne sont pas définitifs, ils ne sont que provisoires; les imprimeurs se trouvent ainsi à la merci de l'autorité. J'insiste sur mes amendemens.

ARTICLE ADDITIONNEL

RELATIF

A L'IMPRESSION DES DISCOURS DES DÉPUTÉS

DANS LES JOURNAUX.

(Séance du 21 avril 1819.)

MESSIEURS

L'article additionnel que j'avais proposé au commencement de la discussion du projet de loi qui nous occupe, est devenu beaucoup plus important, depuis votre séance d'hier. En rejetant les amendemens de M. Lainé et des autres opinans qui avaient soutenu ou modifié ces amendemens, vous avez renoncé au droit d'investir la publication de vos opinions, lors même que cette publication émanerait de vous, de l'inviolabilité attachée à votre caractère de député. Je ne blâme point cette décision. J'aime à y voir une disposition qui peut tourner à l'avantage de la liberté de la presse : c'est sans doute ce qui vous a déterminés à l'adopter. Redevenus, sous le rapport de la liberté de la presse, simples citoyens, vous en sentirez d'autant plus la nécessité d'assurer aux simples citoyens, cette liberté précieuse. Il est bon que les hommes qui font les lois en supportent les effets comme les autres; ils les font plus équitables quand ils savent qu'à peine faites, elles pèseront sur eux

Or, Messieurs, tout ce que nous allons adopter dans le second projet de loi, projet si important, puisqu'il renferme toutes les garanties, et que s'il est entaché de vices graves, le premier projet deviendrait, je ne dis pas un piège (on nous a donné des preuves de loyauté dans la discussion), mais une calamité; tout ce que nous allons adopter, dis-je, dans le second projet, nous atteint aussi bien que le reste de la France; si nous enchaînons la liberté, c'est la nôtre que nous enchaînons. Si nous étendons la compétence des tribunaux correctionnels, c'est sur nous que nous l'étendons. Nous n'avions pas besoin de ce motif, sans doute, pour repousser toutes les restrictions, toutes les entraves inutiles: il est bon pourtant de l'énoncer, parce que tout ce qui est bon à faire est aussi bon à dire.

Cette décision, Messieurs, a encore un autre avantage; on a pu trouver quelquefois, à tort peut-être, que nous mettions un terme trop rigoureux à nos discussions, que nous en votions trop impatiemment la clôture. Maintenant, Messieurs, nous ne le pouvons plus. Ceux que nous priverions du droit de parler à la tribune, seraient privés par là de leur caractère de député; car ce qu'ils auraient pu dire, sans inconvénient, dans cette enceinte, ils n'auraient le droit de le faire imprimer qu'en s'exposant aux inconvéniens qui pourraient en résulter. Vous les mettriez donc dans une condition inégale ; vous leur enlèveriez l'inviolabilité que la Charte et la loi ont voulu leur assurer. Vous ne le voudrez pas, et par votre décision d'hier, la clôture de la discussion est devenue impossible.

J'ai dit que l'article additionnel est plus important aujourd'hui que jamais, nos opinions imprimées n'étant pas plus inviolables que le compte qu'en rendraient les journalistes; et ce compte étant nécessairement plus répandu que nos opinions, il faut, 1º que ce compte puisse être rendu librement; en second lieu, qu'il soit rendu fidèlement, et pour cela que nous garantissions cette liberté, que nous assurions cette fidélité par tous les moyens en notre puissance. Il faut que ce compte soit rendu librement. Je n'ai pas besoin de vous le démontrer. Si nos discussions étaient étouffées, que servirait la tribune? Ce n'est pas uniquement par les lois que le gouvernement représentatif existe, c'est par l'opinion. Nos discussions sont, pour l'opinion, des élémens nécessaires : elle apprend de nous ce qu'elle peut espérer, quelquefois ce qu'elle doit craindre; elle voit ce que nous sommes ; elle se prépare, lors du jour qu'un de nos honorables collègues a si bien nommé le jour de la justice, à nous récompenser ou à nous punir de nos suffrages, il faut donc qu'elle sache tout ce que nous disons.

Le premier pas qu'a toujours fait en France le despotisme, a été de dénaturer ou de supprimer les débats des assemblées représentatives. Dans des temps d'orage, l'ordre était donné de les défigurer pour proscrire leurs auteurs. Sous un gouvernement absolu qui craignait le bruit, la suppression entière en fut commandée. Si vous ouvrez le *Moniteur*, vous verrez qu'après la première discussion du tribunat, le nom seul des orateurs y fut inséré avec leur vote, et que les discussions étaient retranchées.

Si le compte rendu de nos discussions doit être libre, il doit être également fidèle; si l'on nous prêtait des opinions absurdes ou séditieuses ou serviles, on nuirait à nous et à la nation. Si les journalistes pouvaient mettre dans la bouche des députés des principes qu'ils n'auraient pas établis eux-mêmes, toutes les lois préservatrices de l'ordre seraient éludées, de même que s'ils n'osaient pas faire connaître tout ce que nous avons dit, les garanties de la liberté seraient détruites.

On assure que quelquefois dans l'état d'esclavage où les journaux ont vécu depuis long-temps, les discours de quelques députés ont été mutilés. J'ignore si le fait est vrai : dans le système de la censure, rien ne m'étonne. Tout système vexatoire porte la peine de ses vexations. Heureusement pour le pouvoir, plus encore que pour la liberté, ce système va cesser. Je dis heureusement pour le pouvoir, car il est encore plus fâcheux d'être puérile que d'être opprimé. Ainsi donc, Messieurs, liberté d'une part dans les journalistes qui rendront compte de vos séances, fidélité de l'autre dans les comptes rendus, voilà le but que nous devons atteindre. Cela n'est point aisé. Le rapporteur de votre commission vous a dit que si la version du journaliste était exactement celle du discours, si le sens et les expressions étaient les mêmes, il ne pouvait être poursuivi.

Ce principe est bon; il était nécessaire à proclamer,

quelque évident qu'il paraisse. Vous n'avez point oublié,
Messieurs, que l'année dernière, un ecrivain ayant cité
des paroles d'un député, fut poursuivi par un procureur du roi, et qu'un des chefs de l'accusation était
ces paroles. Il représenta qu'il n'avait fait que reproduire ce qui avait été dit à la tribune. On rejeta ses excuses : il fut condamné. Ce fait prouve combien, dans
les lois, tout doit être clair et fixe, et combien sont
trompeuses les espérances qui ne reposent que sur la
justice naturelle et la raison commune.

Mais la difficulté n'est pourtant qu'éludée encore.
Qui constatera cette exactitude? Si vous n'imaginez pas
des moyens positifs de la constater, les procès se mul-
tiplieront à l'infini : durant plus de neuf mois ils ont
continue sans interruption. Si le zèle paraît s'être ra-
lenti, il peut se renouveler. Si des travaux assidus ont
fatigué quelques organes du ministère publie, d'autres
peuvent se présenter, jeunes d'empressement et d'activité, marcher sur les traces de leurs prédécesseurs,
suivre leur exemple et aspirer à leur gloire.

Mais cette nécessité de constater l'exactitude du journaliste, comment y parvenir?

Trois moyens s'offrent :

L'établissement d'un sténographe qui rapporte chaque expression, et publie les discours prononcés à
cette tribune dans toute leur étendue.

Mais, Messieurs, ne nous le déguisons pas, nos discussions peuvent avoir un grand intérêt pour les auditeurs; le résultat n'en est pas connu; l'incertitude
soutient l'attention, des incidens imprévus la réveillent;
mais nos discours imprimés dans les journaux, souvent

après que la décision est déjà publique, n'auront plus le même intérêt. Les lire dans toute leur étendue sera fatigant; suivre les orateurs dans leurs répétitions inévitables sera monotone. La publicité de nos discussions périra, Messieurs, par cela même qu'on ne pourra les présenter au publie qu'entières et surchargées de ces immenses et inutiles détails. On dira : le journaliste qui voudra ne présenter que la fleur de la discussion, puisera ses matériaux dans le sténographe, et pourvu que son extrait ne contienne aucune phrase que le sténographe n'ait pas rapportée, il n'aura aucune poursuite à craindre. Mais ne sentez-vous pas que l'impression que produit l'extrait d'une opinion sur le publie, dépend entièrement de l'auteur de cet extrait. Avec la fidélité matérielle la plus irréprochable, un extrait peut être infidèle, car il est infidèle, si le résultat est différent de celui qu'aurait produit le discours entier ; supposez un orateur qui combatte victorieusement une doctrine qu'il croit dangereuse, et que le journaliste veuille au contraire faire triompher; supposez que dans la bonne foi cet orateur ait exposé d'abord tous les raisonnemens favorables à cette doctrine, et qu'il les ait réfutés ensuite, le journaliste prendra tous les raisonnemens qu'il appuie, il affaiblira, attaquera, supprimera presqu'en entier la réfutation. Il n'y aura pas dans son extrait un mot différent du discours attesté par le sténographe, le journaliste aura-t-il été fidèle?

Le moyen est donc inefficace quant à l'exactitude; il est fatigant quant à l'étendue, il ne garantit ni la publicité qui est si désirable, ni la fidélité qui est si essentielle.

Un second moyen, c'est la notoriété publique, la preuve par témoins. Mais, Messieurs, où sont les élémens de cette notoriété? dans les autres journaux? Ils peuvent s'être trompés : l'esprit de parti peut les avoir jetés dans d'autres inexactitudes; lisez nos journaux aujourd'hui, disciplinés qu'ils sont et enrégimentés par la censure. La couleur des discours est toute différente. Cette différence sera bien plus sensible, quand les journaux jouiront enfin de leur légitime liberté.

Voulez-vous interroger tous les députés? Voulez-vous que les membres de cette assemblée figurent sans cesse comme témoins devant les tribunaux? Devrons-nous déserter les séances où l'intérêt de la France réclame notre présence, pour déposer sur l'assertion de quelques uns des innombrables journaux, qui vont, je l'espère, s'établir? car la multiplicité des journaux si salutaire en Angleterre et en Amérique, sera, j'aime à le croire, l'effet rapide de la liberté qui va leur être rendue, et c'est pour cela que je combattrai toute mesure, soit politique, soit fiscale, qui tendrait à entraver leur établissement ou à diminuer leur nombre.

Et si les députés se contredisent, ce qui peut arriver sans aucune mauvaise foi, voulez-vous que le soupçon d'un manque de sincérité pèse sur nous? Ne voyez-vous pas comme la malveillance s'emparerait de ces apparences trompeuses, impossibles à dissiper?

Je ne vois, Messieurs, qu'un moyen unique. Il est contenu dans l'article que j'ai l'honneur de vous proposer.

Je prévois l'objection; les journaux se trouveront dans la dépendance absolue des députés. Non, Messieurs; d'abord est-il probable qu'un député désavoue ce qu'il aura dit publiquement, ce que les tribunes, ce que ses collègues auront entendu? Ne sentez-vous pas qu'il se perdrait dans l'opinion de la Chambre et de la France, quel que fût son talent? cette mauvaise foi lui ôterait toute autorité, toute influence.

Un député qui, après avoir dit une phrase quelconque à la Tribune, laisserait poursuivre le journaliste qui l'aurait rapportée exactement, serait couvert de honte.

Cependant j'ai dit en présentant cet article, que si l'on proposait mieux, je m'y joindrais avec joie; je le dis encore. Voulez-vous ajouter à la disposition que je propose, que si le député désavoue le journaliste, la preuve testimoniale pourra être alors admise? Je crains que vous ne retombiez dans un des inconvéniens que je vous ai développés plus haut. Mais si, pour assurer la garantie du journaliste, cette addition semble nécessaire, je ne m'y oppose pas. Ce que je réclame, c'est que le journaliste ne puisse être poursuivi sans qu'on lui donne les moyens de prouver qu'il n'a fait que dire la vérité.

Ce que je demande, c'est la publicité la plus entière, la mieux assurée pour nos discussions qui sont notre moyen de correspondance avec nos commettans dans toutes les parties du royaume.

On a parlé hier du danger de tout ce qui pourrait influer du dehors sur la Chambre, mais on n'a pas, je le pense au moins, voulu présenter l'influence de l'opinion comme une influence du dehors.

Sans l'opinion, Messieurs, nous ne sommes rien; les Chambres isolées sont sans force; l'opinion est notre vie,

sans elle notre existence serait illusoire : je dirai plus,
elle serait funeste; car sans l'opinion, sans les censures,
qu'elle fait retentir autour de nous, sans les récompenses qu'elle décerne, bien peu d'hommes résisteraient
aux séductions de l'autorité. Ce sont ces récompenses,
Messieurs, qui nous élèvent au-dessus de nous-mêmes,
qui agrandissent notre sphère. Les formes de l'élection constitutionnelle nous font députés; c'est l'opinion
qui nous fait citoyens.

Je dis que, sans l'opinion, les Chambres seraient
funestes; elles le seraient non seulement à la liberté,
mais au pouvoir. Dès qu'elles cessent d'être surveillantes, elles deviennent des complices. Elles entourent,
et nous l'avons vu jadis, l'autorité d'un concert d'adu-
lations et d'éloges; elles la laissent marcher à sa perte,
en lui cachant, sous des nuages d'erreurs, les abîmes
semés sur sa route; et l'on voit enfin l'autorité, les
Chambres, la France se précipiter dans ces abîmes.

Or, Messieurs, quelque abus qu'on ait pu faire de
l'influence des journaux dans tous les sens, quelque abus
qu'on en fasse encore peut-être à l'avenir, également
dans tous les sens, les journaux sont pourtant les organes nécessaires de l'opinion qui doit nous encourager
et nous soutenir. Leur liberté va remédier à leurs erreurs respectives.

Le public est toujours juste, quand on ne gêne pas
la liberté; il prescrit la modération aux écrivains quand
le pouvoir ne trouble pas par des menaces; c'est l'arbitraire qui produit l'irritation.

Écartez donc toute possibilité d'arbitraire. Donnez
aux journalistes une garantie claire, fixe. Préservez

les tribunaux, pour leur propre dignité, des chicanes et des interprétations qui les avilissent. Assurez la publicité de vos discours, pour que la France s'unisse à vous et par vous au gouvernement constitutionnel.

AMENDEMENT

RELATIF

A LA DIFFAMATION.

(Séance du 24 avril 1819.)

Messieurs,

La question sur laquelle j'ai eu l'honneur de vous proposer l'amendement qui vous occupe, est d'une importance extrême. Il s'agit, s'il est possible, à la fois d'assurer à la liberté de la presse sa plus grande utilité et de la dégager de ce qu'elle a de plus funeste, de ce qui lui fait le plus de tort dans l'esprit des hommes modérés, de ce qui la transforme en un objet d'effroi pour les hommes timides; je veux dire, Messieurs, la diffamation; c'est la diffamation qui rend la liberté de la presse suspecte à la majorité des individus. S'ils ne voyaient dans cette liberté qu'une garantie contre l'oppression, ils la chériraient; mais ils voient, sous son nom respecté, la diffamation, les menaces, et ils s'en épouvantent.

Pour apaiser leurs craintes, pour les réconcilier avec cette faculté, dont la privation les replacerait bientôt sous le joug de toutes les tyrannies, il faut organiser des poursuites efficaces contre la diffamation; mais où, Messieurs, et comment organiser ces poursuites? Voilà la question.

Sera-ce en suivant le droit commun? Sera-ce en adoptant une règle exceptionnelle?

De quelque manière que vous vous décidiez, vous rencontrerez de grands inconvéniens.

D'une part, si vous admettez que, dans tous les cas, les poursuites à la requête du plaignant pourront se faire devant les juges de son domicile, et non pas uniquement devant les juges du domicile du prévenu (c'est la teneur du projet de loi), vous exposez tout écrivain à se voir forcé sans cesse à supporter, à l'occasion de l'accusation la moins fondée, peut-être une arrestation, et sûrement les frais, les fatigues, les dérangemens d'un voyage dispendieux.

D'une autre part, n'y a-t-il pas injustice à placer la réparation qu'a droit d'espérer de la loi l'homme indignement diffamé loin de son domicile, quand c'est dans son domicile même que la diffamation a pénétré?

En réfléchissant sur les difficultés qui se rencontrent dans ces deux hypothèses, il m'a semblé que l'on pourrait recourir, pour les résoudre, à une distinction dont j'ai déjà, durant cette discussion, invoqué plus d'une fois le secours.

Il faut, je pense, mettre une différence entre les poursuites qui pourront avoir lieu pour diffamation et injures contre les particuliers, et celles que feront naître les accusations des mêmes délits contre les dépositaires et agens de l'autorité. Quant aux particuliers, quelque inconvénient qui puisse en résulter pour les écrivains, je ne saurais méconnaître, lorsque l'écrivain a sciemment coopéré à la publication, le droit du plaignant à réclamer et à obtenir justice, dans son domicile, contre celui par lequel la diffamation a été portée dans son domicile.

 ‾ Je défends peut-être ici une cause impopulaire. Les écrivains, ces défenseurs des opprimes, ces nobles adversaires de la puissance vicieuse ou trompée, ces hommes qui reçoivent de leur ame et de leur talent une mission qui vaut bien les diplômes et les brevets, et les titres, sont, de toutes les classes, celle qui agit le plus fortement sur l'opinion, et l'opinion qui apprécie leurs immenses services, est disposée à voir de la libéralité dans toute doctrine qui les favorise. Mais aucune considération ne me paraît devoir l'emporter sur ce que je considère comme un principe de justice rigoureuse.

Je ne veux point sacrifier à une classe, quelque recommandable qu'elle soit, à une classe à laquelle j'appartiens, et me fais honneur d'appartenir, le repos, la réputation, la paix de toutes les autres classes.

La vie privée de tout citoyen est sa propriété. Nul n'a droit de pénétrer dans ce sanctuaire. Celui qui s'y introduit soit par lui-même, soit par son livre, devient coupable là où le sanctuaire qu'il viole est placé. C'est là qu'il fait le mal, c'est là que le délit se commet; c'est là que doivent avoir lieu les poursuites que ce délit doit entraîner.

Je sais que beaucoup de bons citoyens prétendent que toutes les vérités, même sur les individus simples particuliers, sont bonnes à dire. L'on se place toujours sur un terrain très avantageux quand on réclame les droits illimités de la vérité. Cependant je préfère pour moi renoncer à l'avantage du poste et plaider la cause de la justice. En autorisant les attaques contre les simples particuliers, l'on me paraît se tromper sur nos mœurs actuelles et le temps dans lequel nous vivons. Chez les anciens, dans les démocraties ou les républiques agitées, chaque citoyen voulant et pouvant jouer dans l'état un grand rôle, pouvant devenir une puissance, il était de l'intérêt public que les moindres actions de chacun fussent connues; mais aujourd'hui la grande majorité de l'espèce humaine se concentre, quelle que soit la forme du gouvernement, dans les intérêts et la jouissance de la vie privée. N'exigeant rien du public, elle a droit à ne pas être traînée devant le publie pour des faits qui ne l'intéressent point. La vie privée de tout citoyen qui n'aspire à aucune influence politique, je le répète, est sa propriété.

Que si l'on m'objecte qu'en soumettant les publicateurs de diffamation contre les particuliers à comparaître au domicile du diffamé ou de celui qui prétend l'être, je les expose aux inconvéniens d'un voyage lointain et dispendieux, qui peut aussi compromettre leurs intérêts et déranger leur fortune, et que cette crainte empêchera la publication de faits utiles à connaître et à dénoncer au public, même contre de simples particuliers, je répondrai que cela peut sans doute arriver quelquefois; mais que cet inconvénient, restreint aux simples particuliers, restriction que je vous prie de ne pas perdre de vue, sera bien moins sérieux qu'on ne le pense; la plupart et les plus graves des actions condamnables sont du ressort des tribunaux : car les actions ne sont condamnables que lorsqu'elles portent dommage à quelqu'un, et tout homme à qui l'on porte un dommage doit trouver dans les lois, et par conséquent devant les tribunaux, un moyen d'obtenir réparation et justice. Les plaintes devant les tribunaux, les mémoires des avocats feront donc connaître les actions vraiment utiles à dévoiler, et ce qu'il y a de plus salutaire dans la publicité ne sera pas perdu.

Quant aux anecdotes défavorables, aux rumeurs vagues, aux faits de peu d'importance, bien que fâcheux, y a-t-il un grand mal à ce que le publie les ignore? Je ne le pense pas ; je ne pense point que l'absence de ces anecdotes sur la vie privée des individus devienne funeste à la liberté de la presse. Les attaques contre cette vie privée n'ont ni dignité ni utilité, et la liberté de la presse sera d'autant plus assurée qu'elle sera dégagée de ce qui n'est que vil et ignoble.

J'oserai me servir d'une comparaison qui me semble juste, bien qu'elle soit peut-être sévère. Pourquoi méprisons-nous les espions? parce qu'ils violent les secrets des familles et les dénoncent au pouvoir. Mais ceux qui violent ces mêmes secrets pour les trahir devant le public, que sont-ils? des espions d'un autre genre. Je n'estime pas plus les uns que les autres.

Cependant, pour éviter un danger, il ne faut pas nous précipiter dans le danger contraire. Ce n'est pas toujours l'écrivain, c'est l'auteur de la publication qui

doit être poursuivi; car c'est la publication qui porte
le mal au domicile du diffamé; sans cela, l'autorité qui
voudrait persécuter ou éloigner un écrivain, trouverait
quelque individu sans responsabilité et sans fortune,
qui traînerait à son propre domicile l'écrivain prétendu
diffamateur, sous un prétexte faux et frivole.

C'est donc l'auteur de la publication, le vendeur, le
distributeur, à moins que ce dernier n'ait reçu de l'écrivain une mission expresse, qui doivent être poursuivis.
Ce principe a reçu une sanction mémorable dans l'arrêt
rendu par la cour de cassation à l'occasion d'un procès fameux.

Je conclus, Messieurs, de tout ce que je viens d'avoir
l'honneur de vous dire, que tout individu, diffamé
dans sa vie purement privée, doit avoir le droit, comme
l'article que nous discutons le porte, de faire les poursuites à son propre domicile contre le publicateur de la
diffamation. L'art. 12 du projet actuel exprime assez
bien la disposition que je désire. Cependant, pour prévenir toute ambiguïté dans la loi et toute interprétation
dans les organes du ministère public, art. 12, aux
mots : lorsque la publication y aura été effectuée, je
voudrais ajouter ces autres mots : si l'inculpé y a ef-
fectué la publication.

Une raison qui à mes yeux est irrésistible, me détermine à consentir que l'on porte au domicile du particulier diffamé la poursuite qui doit avoir lieu à sa requête. Un homme calomnié dans sa vie privée ne peut
obtenir de justice complète que là où sa vie privée
est connue. Sortez-le de cette sphère, vous le livrerez
à des juges, à des jurés qui ne le connaissent pas, qui

sont étrangers aux élémens moraux sur lesquels leur décision doit être appuyée ; ces élémens sont la conduite antérieure de cet homme, la réputation dont il jouit, le bien qu'il a fait ; toutes ces choses, sans lesquelles il est impossible de juger du dommage que la diffamation lui a causé, ne peuvent être appréciées que par des hommes vivant rapprochés, et spectateurs habituels de son existence.

J'adopte donc avec le léger changement que j'ai indiqué, l'article du projet amendé par la commission, pour tout ce qui regarde les particuliers. Mais la thèse me paraît changer entièrement quand il s'agit des agens ou dépositaires de l'autorité ; aucun des raisonnemens que je viens de vous soumettre ne leur est applicable. Les élémens moraux nécessaires pour juger la diffamation contre les particuliers ne le sont point pour juger les inculpations contre les agens ou dépositaires de l'autorité. Les élémens du jugement à porter sur leur plainte, ce sont leurs actes.

Ces actes ne changent point par le déplacement. A quelque distance que soient les jurés et les juges, ils peuvent également bien les apprécier. La règle qui doit diriger la conscience du jury qui prononce sur la plainte d'un particulier, c'est quelquefois la comparaison de sa vie entière avec la diffamation. La règle qui doit diriger le jury qui prononce sur la plainte d'un agent de l'autorité, c'est la comparaison de ses actes avec la Charte et la loi.

Cette comparaison peut se faire partout avec une égale exactitude ; car les actes, la Charte et la loi ne s'altèrent point par la distance.

Je dirai plus : s'il est bon que la plainte des partien-
liers soit jugée par des hommes qui les connaissent, il
est bon que celle des agens de l'autorité soit jugée par
des hommes qui ne les connaissent pas. S'il est bon que
la plainte du particulier soit jugée dans son domicile, il
est bon que celle de l'agent de l'autorité soit jugée hors
du lieu où il exerce son pouvoir

Est-il besoin, Messieurs, de vous en démontrer la
nécessité? qui ne sent que les relations nécessaires et
inévitables qui existent entre les divers fonctionnaires,
et aussi entre les administrateurs et les administrés,
introduiraient ou pourraient introduire, sans aucune
prévarication réelle, sans aucune connivence coupable,
dans l'esprit des juges ou des jurés, une espèce de partialité propre à fausser leur jugement? Enfin, si la conduite antérieure doit entrer pour beaucoup dans l'examen de la diffamation dont le particulier se plaint, la
conduite antérieure de l'agent de l'autorité ne doit entrer pour rien dans l'examen de ses actes. Il ne faut
pas que des vertus privées couvrent des abus de pouvoir ; il le faut d'autant moins, que dans un temps de
parti les notions du devoir et de l'équité se faussent
trop souvent, et les vertus privées sont des garaus peu
sûrs de la justice politique.

Une autre considération me frappe.

Si vous ne voulez pas détruire, à l'égard des agens
de l'autorité, tous les effets avantageux de la liberté de
la presse, il faut reconnaître que c'est presque toujours
hors du lieu où leur autorité s'exerce, et par conséquent
où les abus se commettent, que la publicité, qu'il est si
salutaire de donner à leurs actes abusifs, peut avoir lieu.

S'agit-il de dénoncer à l'opinion un préfet oppresseur, arbitraire, tel qu'on dit qu'il y en a eu à certaines époques? S'agit-il d'avertir un préfet trop faible, que ses habitudes de société rendraient susceptible de se laisser dominer par les ennemis de la liberté ou de la Charte?

Importe-t-il qu'un autre préfet adroit, ou soumis à une influence occulte, et qui opposerait aux ordres qu'il reçoit cette résistance sourde, cette force d'inertie, moyen si puissant et si funeste dans les mains des ennemis du gouvernement constitutionnel, soit exposé, dans ses tergiversations, à l'animadversion que mérite le mal que ces tergiversations produisent?

Eh bien! sera-ce dans le lieu où ces fonctionnaires manquent à leurs devoirs, qu'un écrivain zélé pour le bien public devra les attaquer? Croyez-vous qu'il trouve un grand empressement à le seconder dans l'imprimeur de la préfecture, à présent surtout que vous avez confirmé la révocabilité du brevet des imprimeurs?

C'est donc seulement hors du domicile du préfet ou de tout autre agent de l'autorité, que l'appel à l'opinion, cet appel nécessaire, pourra avoir lieu; or, la même cause qui fait qu'un écrivain ne peut faire connaître l'administration mauvaise, arbitraire, vicieuse, en un mot, d'un préfet, que dans un lieu dans lequel ce préfet ne gouverne pas, rend encore plus indispensable, que la diffamation dont ce fonctionnaire se plaindra ne soit pas jugée dans le lieu où il gouverne, lors même que le prétendu diffamateur aurait sciemment coopéré à la publication. La même influence qui aurait servi à ce fonctionnaire pour empêcher la publication dans sa préfecture, servirait à faire condamner également dans sa préfecture cette publication. Quand il s'agit des agens de l'autorité, je demande donc que les poursuites ne puissent avoir lieu qu'au domicile du prévenu.

Rappelez-vous, Messieurs, les biens dont la publicité a été la cause depuis quatre ans : je ne m'étendrai sur aucun détail, mais j'en appelle à votre conviction. Croyez-vous que nous en serions où nous en sommes, verrions-nous respirer les départemens depuis l'arbitraire de 1815, aurions-nous un ministère qui souvent paraît constitutionnel, sans une publicité que les écrivains ont conquise par un grand courage et à travers beaucoup de dangers?

Croyez-vous que vous n'ayez pas encore besoin, grand besoin de cette publicité? que d'hommes en pouvoir, dans les échelons différens des diverses hiérarchies, qui, peut-être, ont changé de conduite, mais qui, retraçant de tristes souvenirs, forment entre l'autorité et le peuple une fatale barrière! J'en appelle à ce que vous savez tous, mes Collègues, à ce que tous vous demandez, désirez, sollicitez chaque jour. Je glisse sur cette question, mais j'ai cru devoir la poser dans l'intérêt du département que je représente, et ce que je dis retentit dans l'esprit de la plupart d'entre vous.

Oui, la publicité, relativement aux dépositaires et aux agens du pouvoir, est encore nécessaire. Elle l'est pour hâter la réparation de beaucoup d'injustices ; elle l'est pour aider même les fonctionnaires qui commencent une carrière qui doit se signaler par ces réparations. La publicité leur donnera des lumières : elle les entourera de plus de force, elle les éclairera sur

cette foule de subalternes empressés dans tous les
sens, aptes à tous les usages, rangés autour du pouvoir, souvent accueillis, parce qu'ils lui apportent
le tribut des connaissances locales qu'il ne possède
pas, mais qui perpétuent la tradition de l'arbitraire,
les excuses des vexations et les préventions de l'injustice.

Écartons donc de cette publicité bienfaisante des entraves qui finiraient par la détruire; car, de quelque
fermeté que plusieurs des organes de l'opinion se soient
montrés doués, il faudrait un courage plus qu'humain
pour braver sans cesse les mêmes périls. Vous ne pouvez pas vouloir que la défense des opprimés, par la voie
de la presse, ait pour leurs défenseurs, d'autant plus
estimables qu'ils sont volontaires, le résultat de déplacement ruineux, d'arrestations, d'interruptions conti-
nuelles, etc., de jugemens qui, ainsi que je vous l'ai
montré, risqueraient souvent, sans prévarication aucune, d'être entachés de partialité.

Ne nous effrayons pas de la passibilité de quelques
libelles qui seront punis par les jurés au domicile du
prévenu aussi bien qu'ailleurs. Que les dépositaires de
l'autorité administrent bien, le nombre de ces libelles
ne tardera pas à diminuer.

Croyez-moi, quand il n'y aura plus de vérité dans les
libelles, le mépris s'attachant à eux en découragera les
auteurs. Trop souvent c'est l'existence de beaucoup de
vérités fâcheuses qui ont prêté au mensonge quelque
autorité; trop souvent ce sont les fonctionnaires qui
ont donné du crédit aux libellistes.

On vous a parlé dans cette discussion, Messieurs,

des garanties à accorder au pouvoir. On dirait vraiment que, dans tous les siècles, c'est toujours le pouvoir qui a été opprimé, et l'on se sentirait volontiers saisi pour lui d'une compassion tendre.

On vous a parlé de la nécessité des garanties pour les dépositaires de l'autorité, mais il y a aussi, je le pense, nécessité de garantie pour les citoyens. Je respecte le pouvoir, il est nécessaire à l'ordre. J'honore les fonctionnaires qui le méritent, ils sont nécessaires à la marche du gouvernement qui est le besoin de tous: Mais le pouvoir et les fonctionnaires existent pour la nation. Elle a droit à ce que l'institution qui doit la préserver ne tourne pas contre elle.

J'ajouterai, Messieurs, que depuis quelque temps les progrès de la liberté ont diminué ce qu'on nommait les garanties, et ce qui n'était au fond que l'irresponsabilité des fonctionnaires.

Les choses n'en vont pas plus mal. Je ne vois pas même qu'il y ait moins de fonctionnaires, ni moins d'empressement à le devenir. Je vois seulement que les fonctionnaires qui existent, administrent mieux. Ne craignez pas, Messieurs, de décourager les aspirans au pouvoir. Leur courage est inépuisable. Certaines publications ont, depuis quelque temps, dit ou beaucoup tourmenté les préfets. Lorsqu'une préfecture est vacante, prend-on la fuite pour n'y être pas condamné?.

Les fonctionnaires qui observent les lois n'ont rien à craindre. L'opinion publique est juste ; elle deviendra plus juste encore quand la liberté sera bien affermie. Si la loi que nous discutons la consolide, il y a aura peut-être momentanément beaucoup de libelles; mais l'infamie, juste punition infligée par l'opinion libre, pèsera sur eux. Elle vengera les fonctionnaires irréprochables comme les citoyens. D'ailleurs, j'admets la poursuite au domicile du prévenu. Je ne veux donc point une impunité contre laquelle je serai le premier à réclamer.

Je comprends de plus, sous la désignation de diffamation contre les individus, les diffamations contre les agens de l'autorité dans leur vie privée, et pour des choses sans rapport avec leurs fonctions. Je veux leur ôter un privilège qui me semble alarmant, mais non pas affaiblir la protection dont la loi doit entourer tous les citoyens.

SUR L'ADMISSION

DE LA PREUVE

CONTRE LES FONCTIONNAIRES PUBLICS.

(Séance du 28 avril 1819.)

MESSIEURS,

J'avais d'abord formé le dessein d'examiner toutes les questions qui se rattachent à l'art. 20; mais les orateurs qui m'ont précédé à cette tribune ont rendu cet examen inutile. Une seule m'a paru mériter de nouveaux développemens, et c'est à cet égard que je crois devoir entrer dans quelques détails.

Je viens plaider la cause des fonctionnaires publics, car c'est plaider leur cause que de prétendre qu'ils n'ont rien à craindre de la vérité.

Plus j'envisage cette question, plus je me persuade que ceux qui les outragent, ce sont ceux qui prétendent qu'on ne peut, sans les déconsidérer, dire ce qu'ils font et le prouver; car, comme on l'a déjà observé, ce n'est pas de la calomnie qu'il s'agit, c'est de la preuve; ce n'est pas contre le mensonge, c'est contre la vérité qu'on veut diriger l'autorité de la loi.

Étrange manière dont les questions se faussent? Je suppose qu'un homme, qui n'aurait pour guide que le sens naturel et la raison commune, entendît raconter qu'il y a un pays où une certaine classe d'hommes se fait un jeu d'avilir les dépositaires du pouvoir; quelle serait la première pensée, la première exclamation de cet homme? qu'il faut forcer ces misérables à prouver ce qu'ils disent, pour que la honte de leur imposture retombe sur eux, et pour qu'ils demeurent aux yeux du public couverts de l'infamie qu'ils méritent.

Point du tout, Messieurs, ce qu'on propose, c'est de leur épargner cet opprobre. On veut qu'ils ne puissent pas prouver ce qu'ils ont dit, ou en d'autres termes, que leurs mensonges ne puissent jamais être démasqués, que leurs assertions conservent toujours la présomption qui résulte nécessairement du silence qu'on leur impose. C'est là ce qu'on réclame au nom de l'honneur des fonctionnaires. C'est au nom de l'honneur des fonctionnaires qu'on veut qu'il ne puisse jamais être prouvé que le mal qu'on a dit d'eux était faux.

Depuis qu'il existe au monde de la logique, celle-ci est bien, j'ose le dire, la plus bizarre que l'on ait inventée.

Je le répète, c'est pour les fonctionnaires eux-mêmes que je viens la combattre. Si les amendemens que nous discutons sont adoptés, je le déclare, les fonctionnaires sont déshonorés aux yeux de la France, aux yeux de l'Europe qui lit nos débats.

Quelle classe, Messieurs, je vous le demande, serait donc celle qui serait perdue aussitôt que la preuve serait admise, celle que le seul mot de preuve alarmerait, épouvanterait, soulèverait à la fois contre le gouvernement, de qui elle tiendrait son autorité, et contre la nation, sur qui elle l'exerce?

Eh quoi! serions-nous vraiment dans cet état déplorable, que nos fonctionnaires eussent besoin des honteuses précautions, dont je ne sais quel prétendu zèle veut les environner? Loin de moi cette idée.

Si l'on en croit ce qu'osent affirmer ceux qui se disent leurs défenseurs, et que je regarderais, si j'étais à leur place, comme les ennemis les plus perfides ou les amis les plus insensés, à peine la preuve sera-t-elle admise, que de toutes parts les preuves pleuvront sur eux; à peine aura-t-on permis à des témoins de se faire entendre, que des témoins en foule se présenteront pour les accuser.

S'il en était ainsi, que devrions-nous penser de nos

administrateurs et de nos magistrats? Quoi! le résultat de leur administration aurait été de soulever contre eux la population entière! Quoi! l'autorisation de la preuve serait leur condamnation! c'est donc à dire que si les diffamations étaient admises à être prouvées, elles seraient toutes trouvées vraies.

Non, Messieurs; admettre cette pensée serait les calomnier. Le gouvernement ne l'admet pas; le gouvernement augure mieux de ceux qu'il emploie; il sait que l'immense majorité des fonctionnaires est irréprochable. En admettant la preuve dans le projet de loi, il leur rend un noble et un juste hommage. (Mouvement d'adhésion.)

Comment se fait-il que, loin d'être soutenu dans cette proposition généreuse, il se voit abandonné par quelques uns de nos honorables collègues, qui, toujours avec des intentions pures, j'aime à professer cette conviction, mais pleins de dévouement pour lui et pleins de confiance, ont voté constamment pour toutes les mesures d'exception que le malheur des temps lui a fait considérer comme nécessaires?

Pourquoi ne dirais-je pas franchement tout ce que j'ai dans l'ame? Je le répète, aucune intention ne m'est suspecte. La bonne foi règne sur tous les bancs, dans toutes les parties de cette chambre. Mais n'est-il pas malheureux que la confiance que témoignaient tant d'hommes, quand le gouvernement demandait le sacrifice de la liberté individuelle et de tant d'autres libertés, ait cessé tout à coup, comme par magie, à la première proposition libérale qui leur est soumise par ce même gouvernement?

Ah! qu'ils daignent revenir à cette confiancé qui ne paraissait pas être pour eux un effort si pénible. Ils ont ajouté foi au pouvoir, quand le pouvoir leur disait de se défier de la nation. Pourquoi refusent-ils de le croire, maintenant qu'il leur dit de se fier à elle? (Nouveau mouvement.)

Ils vous affirment que si la preuve contre les fonetionnaires publics était admise, vous ne trouveriez plus de fonctionnaires.

Ah! c'est bien plutôt si elle est rejetée, que pas un homme honnête, attaché à sa réputation, n'acceptera des fonctions que vous aurez·enveloppées de ténèbres, des fonctions qui, couvrant de la même nuit la vertu et le vice, l'innocence et la prévarication, feront planer le soupçon sur tous, et pour donner à quelques coupables, s'il y en a, une sécurité scandaleuse, raviront aux administrateurs sans reproches, le droit de marcher tête levée, défiant le mensonge et s'appuyant sur la vérité. (Bravo! bravo!)

Et remarquez, Messieurs, ce que votre loi devient si vous rejetez cet article; elle devient, je le dis sans amertume, mais je dois le dire, elle devient une loi de tyrannie la plus complète qui ait encore pesé sur la presse. Daignez en rapprocher avec moi les différentes dispositions.

Vous avez voulu, non seulement que les écrivains, car, ainsi que l'on vous l'a dit hier, il ne s'agit pas des écrivains, mais de tous ceux qui feront usage d'un moyen quelconque de publication, et de la parole comme de la presse, vous avez voulu que celui qui aurait offensé un fonctionnaire fût jugé dans le domicile de ce fonctionnaire ; que celui qui aurait offensé un préfet fût jugé aux lieux où ce préfet gouverne, et par un jury nommé par ce préfet.

Et vous voulez à présent que le malheureux prévenu, traîné loin de son domicile, juge par des jurés nommés par sa partie, ne puisse pas même devant ces jurés faire la preuve de ce qu'il a avancé! Et pourquoi donc, Messieurs, cet empressement à lui faire franchir des distances quelquefois énormes? Pourquoi cette persistance à le faire comparaître devant les juges du fonctionnaire qui se prétend diffamé, quand le résultat d'un déplacement ruineux doit être que ces juges lui imposent silence et lui refusent la faculté de prouver la vérité de ce qu'il a dit?

Certes, si tel est le mode de procédure que vous adoptez, l'importance que vous avez attachée au lieu de la poursuite me semble inexplicable

Tous les tribunaux pouvaient également remplir la mission étrange que vous leur confiez, celle de ne pas écouter la défense (car la preuve est une défense, et la plus légitime), celle, dis-je, de ne pas écouter la défense de celui qu'ils doivent juger.

Ils l'écouteront cette défense, me réplique-t-on, si elle est appuyée de preuves légales, de pièces authentiques. Eh! ne savons-nous pas ce que sont les pièces que l'on appelle authentiques? N'avons-nous pas vu déclarer non authentiques des arrêtés auxquels les administrés n'auraient pu désobéir sans être punis, et que des écrivains ont été punis pour les avoir cités?

Les preuves légales, poursuit-on, ce sont des jugemens; c'est-à-dire, que pour dénoncer impunément un acte arbitraire, il faut un jugement; mais pour obtenir ce jugement, ne faut-il pas avoir dénoncé l'acte arbitraire? Cercle vicieux, vraiment admirable, qui, s'il n'était pas une erreur de ceux qui argumentent de la ` sorte, serait une dérision cruelle, blessant à la fois la justice et la raison

Mais vous refusez la preuve contre les individus, s'est-on écrié dans la discussion : pourquoi donc l'admettre contre les fonctionnaires? De ce qu'un homme est fonctionnaire, s'ensuit-il qu'il y ait contre lui présomption de crime? Non, Messieurs, et vous devinez tous ma réponse.

La preuve contre les personnes privées ne serait de nul intérêt pour le bien général; elle ne serait qu'un aliment à la malignité, une source de désordres. La preuve contre les fonctionnaires intéresse essentiellement la société. Qu'importe au publie de savoir si tel homme a des mœurs plus ou moins pures? Mais il importe à tous de savoir si tel préfet a commis des actes attentatoires aux droits des citoyens et contraires à la Charte. Voilà pourquoi, Messieurs, dans le premier cas, la preuve est superflue et doit être interdite, et voilà pourquoi, dans le second, elle est utile et doit être admise.

Cependant, Messieurs, à la vue de la répugnance, je ne dirai certainement pas de l'effroi que quelques personnes témoignent à l'idée de l'admission de la preuve, j'avais été tenté de vous proposer un amendement qui aurait pu rassurer beaucoup de craintes. Il consistait à déclarer que la loi n'aurait d'effet, et que la preuve ne serait admise que pour les actes à venir. Cet amendement jetterait sur le passé un voile impénétrable.

Mais j'ai réfléchi que des fonctionnaires ombrageux sur l'honneur, pourraient considérer cet amendement comme une insulte. J'aperçois dans cette enceinte des magistrats en grand nombre, qui ont rempli constamment des fonctions importantes.

Ces hommes auraient repoussé avec indignation une precaution offensante, qui leur enlèverait le bonheur de présenter leur conduite à une investigation scrupuleuse. Ils m'auraient reproché de vouloir officieusement couvrir d'un voile, des actes qu'ils peuvent sans doute alléguer chacun à part et tous réunis, comme des titres de gloire; et de peur de blesser leur susceptibilité délicate, j'ai renoncé à cet amendement.

Non, Messieurs, maintenant que la question vous a été exposée dans son vrai point de vue, vous ne voudrez pas que l'interdiction de la preuve répande sur aucun de vos actes un jour équivoque. Vous ne voudrez pas qu'il soit défendu à qui que ce soit de prouver ce que vous avez fait, parce que vous n'avez rien fait que vous puissiez être affligés de voir constaté. Vous ne direz pas à la France : je ne veux pas qu'on prouve comment j'ai agi, comment j'ai parlé, parce que, j'en suis sûr, vous n'avez jamais agi ni parlé que suivant votre conscience.

Je finis, Messieurs, en vous répétant ce que vous a fait remarquer hier un éloquent orateur. Cette question est celle non seulement de la liberté de la presse, mais de la liberté de la parole, et de toutes les libertés. Je n'ai donc pas besoin de prendre en main la cause des écrivains, qui n'ont pas plus d'intérêt à cet article de la loi que les citoyens en général.

Au nom de la liberté de la presse, qui serait détruite, si le droit de dire la vérité et de la prouver était ravi aux Français; au nom de la nation, qui serait livrée sans garantie au despotisme des fonctionnaires, si la preuve était refusée contre eux ; au nom du grand nombre de fonctionnaires irréprochables, qu'un pareil privilége confondrait avec le petit nombre de fonctionnaires prévaricateurs, je demande le rejet de tous les amendemens, excepté celui de la commission, et l'adoption de l'art. 20.

SUR LE CAUTIONNEMENT

DEMANDÉ

AUX JOURNALISTES.

(Séance du 3 mai 1819.)

MESSIEURS,

Appelé à la tribune après l'orateur que vous venez d'entendre, et désirant répondre à quelques principes énoncés dans son discours, je réclame, Messieurs, toute votre indulgence : je comptais n'avoir à vous présenter que quelques considérations générales sur le projet, mais après avoir écouté avec la plus grande attention quelques uns des raisonnemens de M. le commissaire du roi, j'ai pensé qu'il était nécessaire d'en essayer la réfutation ; elle sera toutefois, je le crois, affaiblie par le regret que j'éprouve de la trouver dans un discours où nous avons reconnu beaucoup d'idées générales que nous partageons tous, et un éclatant hommage à cet essor de l'esprit humain, à cet élan général, produit du principe de l'égalité, qui a répandu à la fois tant d'instructions, de lumières et d'expérience dans les diverses classes de la société.

Mais il me semble avoir remarqué dans le discours que vous venez d'entendre de la bouche de M. le commissaire du roi, l'énonciation de quelques principes, et certaines locutions qui pourraient entraîner l'application de mesures vexatoires. Je crois devoir les signaler.

On a commencé par parler de ce qu'on appelle les principes absolus, du danger qu'ils présentent dans leur application trop flexible, et par une analogie qui ne me semble qu'ingénieuse, on les a nommés despotiques ; mais ne sait-on pas que nous n'avons éprouvé tant de malheurs, que nous n'avons été livrés à tant d'excès, que nous n'avons été tour à tour victimes de l'anarchie et du despotisme, que parce qu'on a constamment repoussé l'application des principes ; ne vous rappelez-vous pas que c'est toujours en les violant qu'on a pris des mesures qui avaient toujours pour prétexte le bien public, et quelquefois le salut de la patrie? On leur reproche d'être fiers ; ils ont peut-être le droit de l'être, puisque tous nos maux ont été attachés à leur violation, et que, comme le disait un orateur dans une session précédente : les colonies n'ont pas péri, parce qu'on a dit, périssent les colonies plutôt qu'un principe; elles ont péri, parce qu'on a dit, périssent les principes plutôt que tel ou tel intérêt particulier.

Après avoir cherché à vous détacher de ce qu'on nomme les principes absolus, on a voulu vous prouver qu'on pouvait faire des lois contraires à la Charte; si, par exemple, la Charte n'avait pas établi des conditions pour être électeur ou éligible, il aurait bien fallu suppléer à son silence.

Je dirai d'abord que si la Charte eût gardé ce silence, si elle n'eût rien statué sur les grandes bases de la société, elle eût été fort imparfaite, et cette supposition est tout-à-fait inadmissible. Mais enfin, si elle n'avait rien dit, s'il était possible qu'elle n'eût rien dit sur les conditions nécessaires pour être électeur ou éligible, vous n'auriez pas le droit de suppléer à ce silence; sans doute il faudrait remédier à son imperfection, et statuer sur le mode d'élection; mais si la Charte n'avait pas établi une condition spéciale, vous ne pourriez l'établir; si elle n'avait pas dit que pour être électeur il faut payer 300 fr. de contributions, vous ne pourriez pas dire qu'on ne sera électeur qu'en en payant 200 ou 250. Vous ne pourriez rien faire que de réglementaire, à moins de dévier de la Charte et de l'anéantir.

Il en est de même de la question qui nous occupe. La Charte n'a pas mis de restriction à la liberté de la presse, vous ne pouvez en admettre.

J'examine ici un raisonnement de M. le commissaire

du roi, qui m'a frappé et qui me semble aller contre le but qu'il se proposait. L'orateur a dit que les lumières ne s'étaient pas répandues avec autant d'égalité que les fortunes. Je n'examine pas si nos trente ans d'expérience, de gloire et de malheurs, n'ont pas en effet répandu plus de lumières qu'il n'en a existé à aucune autre époque dans toutes les classes : en examinant celles qu'on en croit le moins susceptibles, j'avoue que j'y ai reconnu un instinct admirable, un sentiment vrai, une raison formée, mûrie, une juste appréciation des choses, et je me refuse à cette sorte d'aristocratie intellectuelle qui ferait regarder les lumières et la raison comme le partage exclusif d'une partie de la société.

Mais voici en quoi le raisonnement de M. le commissaire du roi me semble aller contre son but, c'est que, d'après ce raisonnement, il ne faudrait pas cousidérer les fortunes comme une aussi sûre garantie que les lumières, et cependant à qui demandez-vous des garanties en admettant le projet de loi? Est-ce aux lumières? non, sans doute; c'est à la fortune. (Vif mouvement d'adhésion à gauche.)

On a dit encore: si vous ne prenez pas une mesure de garantie très forte, si vous n'admettez pas les cautionnemens, les journaux seront une arène, où tous les petits intérêts locaux seront sans cesse discutés, et dans laquelle une guerre continuelle sera livrée aux autorités. Ils ne se livreront pas aux discussions d'intérêt public, aux questions de politique generale, ils ne seront ouverts qu'à la dénonciation et à la polémique qui en sera la suite; mais, Messieurs, je ne crois pas qu'il soit vrai de dire que les journaux, précipitamment rédigés, se nourrissant des événemens du moment, soient bien propres à traiter avec maturité les questions de politique générale ; ce n'est pas là ce que leur demandent leurs lecteurs : c'est là le partage des écrivains politiques et des livres que la presse produit. Les journaux, éphémères de leur nature, sont consacrés au jour qui les voit naître ; et le véritable objet d'utilité qu'ils présentent, on veut le leur ôter ; cet objet est de dénoncer les abus, d'accueillir la plainte, d'appeler l'attention sur l'arbitraire et les excès du pouvoir. Les journaux ne sont pas des recueils de philosophie ; ils sont, ils doivent être un recours ouvert à l'opprimé, pour faire entendre sa réclamation, et pour l'assurer, qu'interdite et étouffée par les voies ordinaires, elle parviendra, par l'effet de la publicité, aux oreilles du gouvernement.

Certes, je suis loin de rapprocher des époques qui se ressemblent peu, et de nier les progrès immenses qui ont été faits dans la carrière constitutionnelle ; mais j'ai dû relever quelques expressions qui m'ont paru de mauvais augure ; j'ai dû vous rappeler qu'en revenant à ce principe, qu'il faut prévenir et non réprimer, on tombe dans les subtilités de 1814, et que l'on jette le gouvernement dans un inextricable dédale, tandis que l'adoption franche du principe constitutionnel ne lui laisse aucun embarras et ne donne lieu à aucun abus qui ne puisse être réprimé.

Vous avez établi que la presse était un instrument ; qu'elle devait rentrer dans le droit commun.

Le droit commun veut que celui qui abuse d'un instrument, pour commettre un délit ou un crime, soit puni; mais le droit commun ne veut pas que celui qui se sert d'un instrument, donne caution qu'il n'en abusera pas.

Que si vous dites que la presse est un instrument d'un genre particulier, ou que les journaux sont un emploi particulier de la presse, reconnaissez qu'après cinq ou six lois d'exception sur les journaux, vous faites à leur égard une septième loi d'exception; mais ne parlez plus du droit commun. N'invoquez pas un principe que vous vous croyez forcé de violer une heure après; daignez vous conserver un mérite que vous avez eu souvent, et que je reconnais avec joie, celui de la loyauté et de la franchise.

Ensuite, je ne saurais vous le déguiser, quand vous vous serez donné ce mérite, vous vous retrouverez dans un autre embarras.

L'article 8 de la Charte interdit formellement toutes les lois préventives relativement à la presse : elle ne permet que les lois répressives. Direz-vous qu'un cautionnement qui doit être fourni avant qu'un journal commence, est une mesure de répression? Réprime-t-on ce qui n'a pas eu lieu? Ce qui ne peut pas avoir eu lieu, puisqu'avant le cautionnement rien n'a pu être fait? Le cautionnement est une mesure de prévention repoussée par la Charte.

On répond qu'il faut aux citoyens une garantie contre la diffamation et la licence, mais il faut aux citoyens une garantie contre tous les crimes. Demandez-vous à chacun un cautionnement contre tous les crimes qu'il pourra commettre? La véritable garantie contre tous les crimes est dans le châtiment qui plane sur eux.

On continue : les journalistes ont, par leur profession, intérêt à ajouter par la diffamation ou la licence à la curiosité du public. Mais il y a dans la société une foule de positions, dans lesquelles un homme a intérêt à nuire à un autre.

Demanderez-vous un cautionnement à quiconque se trouve dans l'une de ces positions ?

Tous ces argumens tiennent à un grand système, qu'il vaut mieux prévenir les délits que les punir, système toujours mis en avant par le despotisme pour en- chaîner les innocens sous le prétexte qu'ils pourraient bien devenir coupables ; système qui s'étend d'un indi- vidu à tous les individus, d'une classe à toutes les classes, et ourdit un vaste filet dans lequel tous, sous le prétexte d'être garantis, se trouvent enveloppés.

Certes, je hais autant la diffamation et la licence qu'un autre ; et si j'avais à m'exprimer sur les publica- tions qui franchissent aujourd'hui les bornes de la vé- rité et de la justice, je serais plutôt obligé de modérer la sévérité de mon jugement que je n'aurais besoin de me garantir d'un excès d'indulgence. Plus on aime la liberté de la presse, plus on méprise les libellistes ; de même que c'est par amour pour la liberté en général, qu'on déteste ceux qui la souillent et la déshonorent. Mais, ce n'est point par des mesures vexatoires, pré- ventives, inconstitutionnelles, que vous mettrez un terme à la licence. Il n'y a qu'un remède sûr contre la licence, c'est la liberté. La licence présuppose l'arbi- traire, la liberté s'appuie sur la loi.

Le mode proposé pour ces cautionnemens ajoute à

l'inconstitutionnalité, l'injustice. Un homme a 20,000
francs de rentes en maisons ou en terres : pour faire
un journal faudra-t-il qu'il vende sa propriété, qu'il
bouleverse sa fortune? L'amendement de votre commission ne remédie à rien; la consignation, non moins
que l'achat de rentes, force le propriétaire à dénaturer
son bien. Où est le droit d'exiger d'un homme qu'il dénature son bien avec perte, avant d'exercer une industrie?

Le cautionnement est donc une mesure opposée à la
Charte, et le mode adopté pour le cautionnement est
opposé à la justice.

Maintenant que j'ai tâché de répondre à ce qui vous
a été dit de plus précis, je passe aux autres parties de
la loi que je combats. Ces parties sont, 1º la périodicité,
si singulièrement définie dans le projet de loi; le nombre double des propriétaires ou éditeurs responsables;
et sous ce rapport, je suis d'accord avec votre commission.

2º Enfin les imprimeries dûment autorisées, parce
que ces deux petits mots, admis sans que personne y
pense, confirmeraient la législation, et même la pratique plus fâcheuse que la législation, en vertu de laquelle
l'état des imprimeurs est à la discrétion du pouvoir.

Parlons d'abord de la périodicité irrégulière. Une
fatalité presque amusante plane depuis quatre ans sur
nos lois de la presse. Réprimer est devenu prévenir ;
dépôt s'est travesti en publication ; et voilà que, par
périodicité, l'on nous prie d'entendre ce qui n'est pas
périodique.

Mais, ce n'est pas sous ce point de vue que j'attaquerai le projet. Les abus de pouvoir sur les mots me blessent beaucoup moins que les abus du pouvoir sur les personnes. Les mots ont la vie longue et ils reprennent tôt ou tard leur véritable sens.

C'est comme inexécutable que je combats la dispositiou, et c'est en conséquence dans l'intérêt de l'autorité que je la combats. Car, rien n'est plus fâcheux pour un gouvernement qu'une loi qui peut être éludée, sans que, pour l'éluder, il soit nécessaire de prendre la moindre peine.

Or, Messieurs, daignez me prêter un instant d'attention, et vous serez convaincus, j'en suis certain, que toutes les lois du monde n'empêcheront pas les écrivains de publier des ouvrages, qui paraissent aux mêmes époques, et qui auront le même caractère que ceux qu'on avait nommés semi-périodiques, et qu'on nomme périodiques maintenant.

Je suppose qu'un écrivain veuille éluder votre loi. Relisez bien l'art. 11; il n'atteint que les écrits qui, paraissant plus d'une fois par mois, portent le même titre. Changez le titre, l'écrit n'est plus dans la loi.

Or, Messieurs, qu'est-ce qui empêche un écrivain de publier une brochure en deux feuilles sous le nom de *Propagateur*, par exemple? Je prends ce nom, parce qu'il est en usage et en honneur dans deux ou trois départemens, et que les écrits ainsi désignés ont contribué, et, je l'espère, contribueront encore à obtenir le redressement de beaucoup d'injustices commises en 1815. Un écrivain publie donc un *Propagateur*, un seul, qui forme un ouvrage à part, terminé, qu'aucune livraison postérieure ne doit suivre. Au bas de la dernière page de ce *Propagateur*, le libraire ajoute ces mots : *sous presse et devant paraître la semaine prochaine*, l'*Historien*, par l'auteur du *Propagateur*. C'est un autre ouvrage. L'*Historien* paraît. Au bas de la dernière page de cet *Historien*, le libraire ajoute : *sous presse et devant paraître la semaine d'ensuite*, l'*Examinateur*, par l'auteur de l'*Historien*. Croyez-vous, Messieurs, que le public, que toutes les restrictions éveillent, que toutes les manières de luttes d'adresse avec le pouvoir amusent, n'entendra pas au bout de trois livraisons qu'il n'a qu'à envoyer à un libraire connu le prix de cinquante-deux brochures, pour recevoir régulièrement pendant un an des *Propagateurs, Historiens, Narrateurs, Examinateurs, Observateurs,* en un mot, cinquante-deux brochures, n'ayant point de rapport légal les unes avec les autres, et pourtant ayant dans leurs principes et dans les sujets qu'elles traitent un rapport moral intime?

Défendrez-vous aux libraires d'annoncer les livres qu'ils ont sous presse ? Alors l'éditeur de Molière ne pourra donc pas prévenir le public qu'il veut publier une édition de Boileau? Ferez-vous des distinctions entre les ouvrages et les brochures, entre les brochures politiques et les autres, de manière que, dans les unes, la feuille blanche qui est à la fin, ne puisse être employée à tel usage? Eh, Messieurs, vous vous perdrez en distinctions oisives, puériles, toujours éludées.

Je sais que quelques personnes croient me réfuter, en me disant que mes objections seraient valables, s'il s'agissait d'un jugement à prononcer par les tribunaux ;

mais que maintenant, qu'il est question du jury, les jurés investis d'un pouvoir discrétionnaire, démêleront
la périodicité, même à travers des formes non périodiques en apparence.

Il y aurait, ce me semble, beaucoup à répondre à
cette assertion.

1° D'après les deux lois que nous venons d'adopter,
le jury, sans doute, prononcera sur les crimes et sur
plusieurs des principaux délits de la presse; mais
l'acte d'éluder la loi pour ce qui regarde la périodicité
qu'elle aura créée, sera plutôt une contravention qu'un
crime ou un délit du genre de ceux qui appellent l'intervention du jury. Car, si je n'ai pas oublié les expressions consacrées par des lois qu'une discussion récente
a gravees dans ma mémoire, les jurés jugent les crimes,
les offenses, les délits contre le roi, la famille royale,
les Chambres, les souverains étrangers; mais je ne
crois point que la question de savoir si tel ouvrage est
périodique ou non périodique, soit de leur ressort. Le
jugement sur cette question, qui est tout-à-fait indépendante du contenu de l'ouvrage, me paraît bien plutôt devoir être prononcé par les tribunaux; et les tribunaux, astreints à suivre la lettre de la loi, devront ou manquer à ce devoir et se jeter dans l'arbitraire, ou absoudre
l'écrivain qui se sera placé à l'abri de la lettre de la loi.

En second lieu, je veux admettre qu'un jury soit
dans ce cas appelé à prononcer. Ne se fait-on pas de son
pouvoir discrétionnaire une idée exagérée, en préten-
dant qu'il pourra condamner un écrivain qui, dans une
question de forme, sera parvenu à mettre toutes les
formes de son côté?

Le pouvoir discrétionnaire du jury s'exerce sur les intentions, sur la partie morale de l'action soumise à son jugement; mais ce pouvoir s'arrête devant le fait; le jury ne peut déclarer constant un fait qui ne l'est pas. Les formes sont un fait, et quand la loi est éludée, à la faveur des formes, comme il est de fait qu'elle n'est pas violée, le jury, aussi bien que les juges, est forcé de déclarer qu'il n'y a pas violation de la loi, et d'acquitter l'accusé. Cela est si vrai, que tout le monde sait l'histoire de cet Anglais qui fut absous du crime de bigamie, parce qu'il avait épousé trois femmes.

Certainement, si la doctrine de mes adversaires était consacrée, et si, d'après la latitude du pouvoir discrétionnaire qu'ils attribuent au jury, le jury eût jugé l'intention, indépendamment du fait, l'Anglais aurait été condamné; car, en épousant trois femmes, il avait bien eu l'intention d'en épouser deux.

Mais le fait est indépendant du jury comme des juges. Sans le rapport du fait, le jury, aussi bien que les juges, est astreint à respecter la lettre de la loi. Il ne peut, pas plus que les juges, déclarer constant un fait qui n'est pas constant.

Il ne pourra donc pas déclarer périodique ce qui n'est pas périodique; il ne pourra pas déclarer que cinquante-deux ouvrages différens, paraissant à différentes époques et sous divers titres, forment un seul et même ouvrage. La disposition qu'on nous propose sera donc éludée, soit que des juges ou des jurés prononcent.

J'ai saisi volontiers cette occasion de m'expliquer sur le pouvoir discrétionnaire qu'on attribue au jury et que je suis loin de méconnaître, mais dont il semble qu'on n'aperçoit pas suffisamment les limites et la compétence. Il y a, même dans les esprits les plus sages, je ne sais quelle tendance à se jeter dans les extrêmes. Parce que le jury doit sur certaines choses prononcer discrétionnairement, on dirait qu'il ne doit prononcer sur toutes choses que discrétionnairement. Mais alors on pourrait se passer entièrement de lois. L'on n'aurait besoin que de la conviction et du jugement moral du jury.

Non, Messieurs; tout a ses bornes, et rien n'est bon que dans ces bornes. Le jury est un grand bienfait, sans doute, mais il ne supplée pas à tout, et même avec ce jury l'on aura toujours besoin de lois claires et précises.

Je reviens à mon sujet.

Le pouvoir public ne peut jamais lutter d'adresse avec les particuliers. L'intérêt privé a beaucoup de ruses, beaucoup de malice. L'autorité, quelque habiles qu'en seraient les dépositaires, est toujours gauche dans ses ruses et lourde dans ses malices. Ses avantages consistent dans la dignité et dans la force. Elle doit donc éviter les petites luttes qui rendent sa force inutile et compromettent sa dignité.

C'est au nom de cette dignité, que je demande que l'on retranche de l'art. 1er ce qui a rapport à la prétendue périodicité irrégulière.

Je passe à la disposition qui exige la déclaration de deux propriétaires ou éditeurs responsables. Ici, je me bornerai à répéter ce que nous a dit votre commission. L'obligation d'être deux pour former une entreprise est une atteinte réelle portée à la liberté de l'industrie : ce motif doit vous décider à rejeter cette proposition.

Je ne vous rappellerai pas, à l'occasion des mots *imprimerie dûment autorisée*, tout ce que j'ai eu l'honneur de vous dire dans une discussion précédente, sur l'effet nul et illusoire de toutes les garanties de la presse, si les imprimeurs ont sans cesse la perspective d'être dépouillés de leur état.

L'on n'a rien répondu à mes raisonnemens, ni à ceux de mes honorables collègues. L'on ne s'est point expliqué sur ces brevets provisoires, qui ne sont autre chose que l'arbitraire ajouté à l'arbitraire. L'on nous a parlé de la douceur avec laquelle on avait fait usage d'une faculté, tandis que notre thèse était qu'on ne devait pas avoir cette faculté. L'on n'a pas réfuté nos assertions sur l'effet que la dépendance des imprimeurs doit avoir pour la liberté de la presse. L'on a renvoyé à une autre époque une mesure évidemment liée à celles qu'on nous faisait discuter, et l'on a laissé les imprimeurs dans une plus mauvaise position qu'aucune des classes de citoyens adonnés à une industrie quelconque ; car je ne connais que les imprimeurs, pour lesquels les lois statuent que, s'ils tombent, même par inadvertance, dans une contravention qui leur attire un jugement correctionnel et la plus légère amende, ils pourront dès lors, suivant le caprice d'un ministre, et à l'époque où ils auront eu le malheur de déplaire à ce ministre, être privés du droit d'exercer la profession qui fait leur ressource et celle de leurs familles. Mais, encore une fois, je ne reviens point sur ce que vous avez décidé ; je me contente de vous demander de ne pas consacrer inutilement, dans la loi actuelle, par deux mots parasites, cette législation vexatoire.

Messieurs, ne rentrons plus dans le dédale de lois exceptionnelles, dans lequel l'autorité et la nation, les gouverneurs et les gouvernés s'agitent si péniblement depuis tant d'années. Fions-nous aux châtimens pour réprimer les crimes ; aux lois pour déterminer, non les précautions, mais les châtimens ; aux tribunaux, pour faire respecter et exécuter les lois.

On vous dira peut-être que les lois n'ont pas assez de force, que la licence même de la presse a répandu dans l'opinion, qu'elle égare, une défiance impérieuse qui affaiblit l'influence des tribunaux. Erreur, Messieurs : toutes les fois que les tribunaux ont rempli leur mission, se sont renfermés dans leur sphère, une considération méritée les a entourés.

Le pouvoir judiciaire est trop nécessaire pour que la tendance et le besoin général ne soient pas de le respecter. Sa considération et son influence dépendent de lui. Soumis lui-même à nos lois constitutionelles, uni à nos institutions libérales et au monarque qui veut ces institutions, repoussant toute imitation des anciens parlemens, auxquels ils ne ressemble ni par l'antiquité, ni par les souvenirs, ni par les fonctions, puisque ces parlemens s'étaient institués les organes du peuple au défaut des états généraux qu'on n'assemblait plus, tandis que c'est dans les deux Chambres que se font attendre aujourd'hui les réclamations nationales ; renfermé, en un mot, dans sa sphère légale, le pouvoir judiciaire se verra entouré de respect, et fera plier sans peine

sous le joug des lois pénales les résistances des individus: ne menaçant point la liberté, ne troublant point
l'état, maintenant au contraire la paix et le bon ordre,
il occupera , sans qu'aucun rival téméraire la lui
ose disputer, sa place éminente au-dessous de la couronne et des grands pouvoirs nationaux. Ne nous
alarmons donc point de ce qu'on nous dit de la diminution de son influence, et ne votons pas de mauvaises
lois pour suppléer à cette influence qu'il lui est aisé
de conquérir.

J'a cru, Messieurs, devoir combattre le projet qui
nous est soumis avec la même franchise avec laquelle
j'ai tâché d'améliorer les projets précédens. Je ne me
suis point laissé dominer par la désapprobation assez
générale qu'il rencontre; appliquée aux autres projets,
cette désapprobation est demeurée sans influence sur
moi.

Quand j'ai lu dans certains écrits que les deux lois
sur la presse, lois qui, à travers beaucoup d'imperfections, dont plusieurs subsistent malgré nos efforts,
nous donnent le jury, la preuve contre les fonctionnaires et l'abolition de la loi du 9 septembre ; quand
j'ai lu dis-je, que ces lois sur la presse étaient pires
que les lois les plus oppressives de 1815, j'ai souri de
pitié ; et j'ai souri de pitié encore, quand j'ai lu que les
hommes qui ne voulaient pas, pour le plaisir de rejeter
ces lois, renoncer au jury, à la preuve et à l'abrogation
d'autres lois détestables, abjuraient leurs principes,
et fléchissaient devant le pouvoir. Il faut, je le sais,
pardonner beaucoup de choses à l'irritation que l'oppression fait naître : les écrivains ont jusqu'ici vécu

sous une véritable oppression, et dans des ames courageuses et peu mesurées, cette oppression a produit la licence. Il faut pardonner beaucoup de choses à l'ardeur du combat, à cet emportement de la lutte, dont le motif est noble, et dont le résultat, malgré des écarts et des excès, est souvent utile. Ces excès et ces écarts ne deviendront réellement coupables que lorsqu'il y aura réellement liberté. Aussi, je ne rappelle le peu d'effet qu'a produit sur moi cette exagération que j'excuse, mais qui ne m'a point fait dévier de l'assentiment que j'ai cru devoir donner à des améliorations évidentes, que pour démontrer que mon opposition actuelle est aussi la suite de ma conviction.

La liberté avec la Charte, car la Charte me paraît un moyen suffisant de liberté, tel est le centre autour duquel nous devons toujours nous réunir tous.

Aucune considération sur la terre ne me fera voter contre une loi que je crois bonne, ou même contre une loi que je crois moins mauvaise que celle qu'elle remplace. Mais à plus forte raison aucune considération sur la terre ne me fera voter pour une loi que je crois mauvaise.

Celle-ci me paraît telle sous tous les rapports. Elle n'améliorera aucunement, selon moi, l'état des choses ; elle est contraire à la Charte, elle ne peut être adoptée comme elle nous a été présentée.

Voici, en conséquence, l'amendement que j'ai l'honneur de vous proposer.

Que l'art. 1er soit réduit aux termes suivans :

« Les propriétaires ou éditeurs de tout journal ou écrit périodique, consacré en tout ou en partie aux

nouvelles ou matières politiques, seront tenus de
faire une déclaration, indiquant le nom d'un propriétaire ou éditeur responsable, sa demeure, et l'imprimerie dans laquelle le journal ou écrit périodique
doit être imprimé. »

Si mon amendement est rejeté, je vote contre le
projet.

✦✦

SUR LE CAUTIONNEMENT

DEMANDÉ

AUX JOURNAUX DE DÉPARTEMENS.

(Séance du 4 mai 1819.)

La question est ici, Messieurs, de savoir si vous
voulez absolument détruire les journaux de départemens ; en ce cas, adoptez la fixation du projet de loi,
adoptez même l'amendement de la commission. Les
journaux ne pourront se soutenir, à l'exception de
trois ou quatre grandes villes. Il n'est pas un département où le cautionnement puisse être fourni : ils ne
donnent que de très modiques produits, ils n'ont que
des abonnés locaux, ne s'occupent que d'intérêts
locaux, et cependant, Messieurs, la nécessité de

ces journaux m'est bien prouvée : j'irai plus loin, et
je dirai que, jusqu'à un certain point, elle m'est encore
plus prouvée que celle des journaux de la capitale.
Une des causes de nos malheurs, depuis trente ans,
a été que toute la vie politique de la France semblait
renfermée dans la capitale. Tout ce qui s'est passé de
funeste pour la France et contre son vœu, provient
de ce que, hors de Paris, il n'y avait ni vues politiques, ni
énergie, ni force morale qu'on aurait pu utilement
déployer en plus d'une occasion; s'il y a eu des résistances partielles, bientôt la force centrale en a triomphé,
parce que ces résistances n'avaient pas pour appui la
force morale provenant de la circulation des lumières,
et de la liberté des opinions ; que cette circulation,
cette liberté soient assurées, qu'elles pénètrent jusque
dans les cabanes, qu'elles y portent l'amour et la reconnaissance pour nos institutions; qu'elles y consti-
tuent cette force morale qui, en résultat, l'emporte
toujours sur la force physique, laquelle n'est qu'un
instrument; et alors vous verrez les départemens
associés à la fortune et aux intérêts publics.

Pour parvenir à ce but, l'existence des journaux
de départemens est indispensable; les élections doivent
sans doute être l'expression de l'opinion publique; cette
opinion a besoin d'un moyen d'émettre son vœu. D'où
partira cette expression ? du centre de la capitale ?
Les résultats peuvent en être très bons quelquefois
quelquefois aussi ils peuvent être funestes : il faut
laisser aux localités le moyen d'exprimer leur vœu et
d'agiter les questions de la candidature. Je m'oppose
au monopole des lumières comme à tout autre mo-

nopole, je n'en veux pas le privilége pour Paris ; je crois qu'il est bon que dans les départemens aussi, en manifestant librement l'expression de l'opinion publique, on se rattache au gouvernement franchement entré dans les voies constitutionnelles ; sans cela, vous réduisez les départemens à la nullité, au rôle passif qu'ils ont eu pendant toute la révolution (L'orateur est interrompu par ces mots : aux voix ! aux voix !) Messieurs, quand mes commettans m'ont envoyé siéger parmi vous, ils ne m'ont point dit : si vous voyez dans l'assemblée s'élever quelque mouvement d'impatience de voter, retirez-vous de la tribune. J'y remplis mon devoir, Messieurs ; il sera souvent pénible ; mais j'insiste sur les graves considérations que je vous ai présentées, et je demande que, pour les départemens, le cautionnement soit établi au dixième de celui qu'on propose, et qu'il n'y ait pas de cautionnement dans les villes au-dessous de 50,000 ames.

Je demande la question préalable sur cette fixation. .....(Plusieurs membres de la gauche : Appuyé....)

AMENDEMENT

RELATIF

AU MOMENT OÙ LES JOURNAUX DEVRONT ÊTRE DÉPOSÉS.

(Séance du 5 mai 1819.)

MESSIEURS ,

L'amendement, ou plutôt les amendemens que j'ai l'honneur de vous proposer comme modification à cet article, sont au nombre de deux, parfaitement séparés et dictincts l'un de l'autre. Lorsque la chambre aura daigné m'entendre, elle le sentira, je le pense ; et ces deux amendemens seront jugés par elle successivement et séparément.

Le premier de ces amendemens tend à substituer aux mots : *avant la publication,* les mots *au moment de la publication.* Mon but, en le proposant, est d'empêcher que le vague laissé par les mots : *avant la publication,* sur l'époque à laquelle la remise de l'exemplaire devra être fait, ne suggère aux autorités, surtout dans les départemens, l'idée de fixer une époque telle, qu'elle rende la publication illusoire et impossible de fait. Je crains que cela n'arrive, dis-je, surtout dans les départemens ; car vous aurez pu remarquer, Messieurs, que, dans cette discussion, c'est partienlièrement pour les départemens que j'ai réclamé.

C'est pour les départemens que je suis effrayé de l'arbitraire, parce que la publicité qui oppose à l'arbitraire de certaines digues dans Paris, est nulle à dix lieues de Paris, et sera bien plus nulle désormais, que les conditions mises à l'existence des journaux de département, borneront ces journaux à ceux auxquels le bon plaisir des préfets voudra bien accorder, aux dépens du trésor, la base fiscale sur laquelle ils devront être appuyés. Je crains donc, Messieurs, que les autorités subalternes n'abusent des mots *avant la publication,* pour exiger un dépôt préalable qui occasionerait des retards que peut-être les auteurs du projet de loi n'ont pas prévus, ou dont au moins ils n'ont pas avoué l'intention.

Je comptais vous exposer les motifs de mes craintes, lorsque tout à coup le hasard m'a fourni une preuve de fait qui aura vraisemblablement plus de poids à vos yeux, que tous les raisonnemens du monde.

Dans une ville très importante par sa position, à 60 lieues de Paris, sur le seul bruit de la loi que nous discutons, un fonctionnaire a trouvé bon d'ordonner à un journaliste, qui depuis quelque temps y publiait une feuille, de lui présenter une épreuve complète de cette feuille, à midi, la veille des jours où elle doit paraître. Ce fonctionnaire ajoute, il est vrai, que cette mesure ne doit avoir lieu que jusqu'à ce que des dispositions législatives aient déterminé la quotité du cautionnement.

Mais, comme la quotité du cautionnement n'a aucun rapport avec l'heure du dépôt, je ne vois pas ce qui empêcherait, lorsque notre loi sera rendue, si elle ne contient rien de relatif à cette heure précise, le fonctionnaire dont j'ai parlé, ou tout autre autorité dans d'autres villes, de donner aux journalistes des ordres pareils à celui que je viens de citer. Je n'indique ni la ville, ni le journaliste, ni le fonctionnaire, parce que je suis loin de vouloir me prévaloir de ce fait contre ce dernier que j'ai lieu d'ailleurs, par des raisons personnelles, de regarder comme fort sage et fort modéré dans l'exercice de son pouvoir. Mais j'ai cité ce fait avec d'autant plus d'assurance, que j'en tiens dans ce moment entre mes mains à cette tribune la démonstration écrite.

Vous sentez tous, Messieurs, que si l'autorité exige le dépôt des journaux à midi, la veille du jour de leur publication, les journaux de département, qui s'impriment au moment de l'arrivée de ceux de Paris, et de manière à n'être devancés par la distribution de ceux-ci que le moins qu'il sera possible, seront en retard de 24 heures ; et n'auront plus ni intérêt, ni utilité, ni nouveauté.

Quel pourrait donc être l'avantage de laisser subsister les expressions si vagues, *avant la publication*, au lieu de leur substituer celles que je demande ? Aurait-on l'intention d'accorder aux autorités subalternes la faculté discrétionnaire d'empêcher le départ ou la distribution des feuilles, remises ainsi de manière à pouvoir être préalablement examinées ?

Votre commission ne l'a pas cru, puisqu'elle a

proposé une addition portant que la formalité du dépôt ne pourrait retarder ni suspendre la distribution où le départ. Hier, avant la séance, je partageais la sécurité de votre commission. Aujourd'hui, je demande des explications formelles. Dans tous les cas, si le vague de la rédaction actuelle a pour but de réintroduire une censure de fait, qui laisserait à ses auteurs la gloire d'avoir aboli la censure de droit, il vaudrait mieux le dire.

Si au contraire, Messieurs, on ne veut pas accorder à l'autorité le droit de suspendre l'envoi des journaux, pourquoi ce dépôt préalable ? J'admets le dépôt au moment de la publication, parce que l'autorité doit être informée de ce qu'on publie, pour punir ensuite les publications coupables : mais si elle ne doit pouvoir punir qu'après la publication ; si elle ne doit pas pouvoir arrêter cette publication, quel que soit le contenu de la feuille, il n'y a nul motif pour que cette feuille lui soit communiquée antérieurement à la publication même. Il y a même inconvénient, car la lecture d'une feuille dont tel dépositaire du pouvoir désapprouvera les principes, sera toujours pour lui une tentation de lui chercher querelle, de l'arrêter dans sa marche, de la suspendre, de la supprimer.

Si, par impossible, il y avait désormais, dans quelque département favorisé d'une exception heureuse, un journal qui ne reçût pas du préfet son cautionnement et son esprit, et que ce journal racontât quelqu'acte arbitraire de ce préfet, il y aurait naturellement velléité dans ce magistrat de retarder au moins le départ de cette feuille. A plus forte raison, cette velléité existerait-elle, si ce préfet croyait y découvrir des choses vraiment coupables. En vain lui dirait-on que, d'après le principe de la loi, il n'a pas le droit d'arrêter le départ d'un journal; il répondrait que les principes absolus sont des principes despotiques, qu'il ne faut pas que leur volonté soit faite sans qu'on examine s'ils ont raison : et le résultat de cet examen préfectorial des principes, pourrait fort bien être que les principes ont tort. Encore une fois, Messieurs, si le but des mots *avant la publication* est de rétablir la censure préalable, qu'on le dise. Si l'on n'a pas ce but, je demande le remplacement de ces mots par les mots suivans : *au moment de la publication.*

Je passe au deuxième amendement, ou plutôt à la disposition additionnelle que je propose sur le même article. Cette disposition tend à prononcer la peine qu'encourront les directeurs des postes qui arrêteront le départ ou la distribution des feuilles périodiques. Cet abus, Messieurs, est, vous le savez tous, une pratique assez constante.

Votre commission l'annonce, car elle a voulu prévenir la continuation de cet arbitraire par un article qui l'interdirait ; mais toute loi, ce me semble, doit être accompagnée d'une peine destinée à en punir l'infraction. Nous n'avons pas été avares de peines contre les écrivains ; nous n'avons pas reculé devant le catalogue, l'énumération, la multiplication des amendes : il y a eu luxe de développement et d'exactitude à cet égard. Je ne conçois donc point pourquoi, lorsque mon amendement a été lu, une sorte de désapprobation anticipée a paru s'y attacher.

Cet amendement aura pourtant cette utilité, que, si vous le rejetez en considération de ce qu'il a été pourvu par d'autres lois à la punition de ce délit, votre rejet rappellera au moins ces lois, qui ont quelque besoin d'être rappelées; car je ne sache pas qu'il y ait un exemple qu'elles aient reçu leur exécution.

Cet amendement, d'ailleurs, est calqué sur l'art. 6 du projet de loi, qui prononce des peines contre les journalistes qui se rendraient coupables de contravention aux règles que vous aurez établies. J'ai pensé qu'en les frappant de punitions sévères, nous devions leur accorder des garanties égales. Si vous ne le faites pas, le resultat de votre législation nouvelle sera d'avoir porté deux coups mortels à la liberté de la presse, et dans sa racine et dans ses branches. La condition des imprimeurs, instrumens nécessaires de cette liberté, les a mis à la discrétion du gouvernement : l'impunité des directeurs des postes, moyens non moins nécessaires de circulation, mettra les écrivains à la merci de ces agens subalternes du pouvoir. Si telle est l'intention, je le répète, qu'on nous le dise. Ce que je demande avant tout, c'est de la clarté. Nous touchons, Messieurs, au terme de cette discussion. Ceux qui ne voient dans la liberté de la presse que des dangers, doivent être contens; nous avons adopté la compétence universelle, et les écrivains pourront être forcés de voyager dans les quarante-quatre mille municipalités du royaume. Nous avons décrété les cautionnemens, et repoussé par là de toute influence sur l'opinion publique, cette classe intermédiaire que nous avions appelée il y a deux années à coopérer aux élections. Pour publier sa pensée par un journal, il faudra que tout écrivain qui n'a pas un capital de 130,000 fr. disponible, aliéne une portion de cette pensée à un bailleur de fonds, censeur d'un nouveau genre, investi de bien plus d'empire que le censeur légal, qui était au moins moralement responsable. Les partis y gagneront beaucoup ; on vous l'a dit très bien ; et, ce qui est bizarre, on vous l'a dit en éloge de cette mesure. Les partis y gagneront, car aucun journal ne pourra paraître s'il n'est payé sur le trésor d'un parti.

' L'opinion solitaire, et par là même paisible et impartiale, est condamnée au silence : en adoptant les cautionnemens nous avons proscrit l'impartialité.

Ce n'est pas tout. En étendant aux départemens les cautionnemens, nous avons très probablement tué toute feuille de département, sauf celles que les préfets toléreront pour les diriger. Le préfet sera le régulateur de l'opinion, le secrétaire de la préfecture en sera l'organe, et, je le suppose, les employés seront les lecteurs.

Après tant de rigueurs, Messieurs, ou de précautions, comme on voudra, il me semble que vous trouverez utile de ne pas terminer cette suite de mesures, en permettant que les directeurs des postes s'arrogent le droit de décider ce que doivent lire tous les citoyens. Vous adopterez donc, je l'espère, le deuxième amendement que j'ai l'honneur de vous proposer.

++

SUR LES EMPRUNTS

DE QUATORZE ET DE VINGT-QUATRE MILLIONS.

———

(Séance du 14 mai.)

———

MESSIEURS

Je n'aurais pas eu la présomption de me présenter à cette tribune, après une discussion aussi compliquée et aussi longue, si la longueur même de cette discussion et la direction qu'elle a prise ne m'avaient convaincu de plus en plus qu'aussi long-temps que nous suivrions cette direction tous nos efforts pour parvenir à des résultats satisfaisans seraient inutiles.

Depuis trois jours, des faits qu'aucun de nous ne peut vérifier, ont été opposés à des faits dont la vérification nous est également impossible : des allégations ont combattu d'autres allégations. Nous nous sommes trouvés en présence de beaucoup d'assertions contradictoires, affirmées avec une égale assurance par leurs auteurs respectifs ; mais je dois l'avouer, au moins pour ma part, et je crois que l'embarras que j'éprouve sera partagé par plusieurs de nos collègues, ces faits, ces allégations, ces assertions n'ont fait que redoubler mes incertitudes et mes doutes.

Cependant, Messieurs, nos débats doivent avoir un

terme. D'une part, il faut, d'une manière ou d'autre remplir, ne fut-ce que provisoirement, le vide que tant de budgets excédés ont créé sous nos pas. D'une autre part, nous ne pouvons, dans notre conscience, et d'après nos devoirs, sanctionner; pour remplir ce vide, des opérations que nul d'entre nous, j'ose le dire, ne peut encore juger en connaissance de cause.

Heureusement nos incertitudes et nos doutes portent en grande partie sur un objet qui, bien qu'étroitement lié au projet de loi qui nous est soumis, n'influera pas directement sur notre détermination pour ou contre ce projet. Il est donc possible de s'en écarter pour le moment, et de simplifier ainsi notre marche.

C'est surtout de cette possibilité et de la nécessité d'en faire usage que je viens vous entretenir. Mais pour vous démontrer cette nécessité, je suis contraint d'entrer dans quelques détails, et je réclame d'autant plus votre attention et votre indulgence, que j'éprouve une défiance de moi-même, qui n'est balancée que par le sentiment des intentions les plus pacifiques et de la bonne foi la plus complète.

Vous devinez, Messieurs, que le sujet dont je veux parler, et qui a consumé inutilement toute notre séance d'hier, ce sont ces emprunts qui ont donné lieu à tant de versions différentes, et sur lesquels tant d'orateurs nous ont exprimé, tous avec l'apparence et sans doute avec la réalité d'une conviction profonde, des opinions si inconciliables, si diamétralement opposées.

Je n'entrerai point dans le fond de la question; je ne vous ferai pas l'histoire de ces emprunts. Les récits que vous avez entendus depuis vingt-quatre heures , et aujourd'hui encore , ne sauraient s'être effacés de votre memoire. Je me bornerai à vous proposer quelques questions , qui , à mes yeux, ne sont point résolues , et dont la solution toutefois me semble indispensable , pour que nous portions sur ces emprunts un jugement équitable et éclairé. Je commencerai par reconnaître la réalité de quelques uns des raisonnemens allégués en faveur des anciens ministres , ou , pour mieux dire , de l'ancien ministre des finances , par les défenseurs de ces emprunts. Ainsi , je ne partage point l'opinion d'un de nos honorables collègues, quand il a reproché à ce ministre d'avoir inséré dans les conditions de l'emprunt de vingt-quatre millions, une cause résolutoire, dans le cas de la non évacuation du territoire francais. Le ministre a , sous ce rapport, agi conformément à la loi. Le crédit voté par les chambres était conditionnel; il ne devait se réaliser que si le territoire était évacué. La clause résolutoire était donc une conséquence nécessaire du vote des chambres. Le ministre, à cet égard, me semble irréprochable.

Mais, Messieurs , à cette légitimité de la clause résolutoire, se joint incontinent une autre question qui me paraît bien moins éclairée. Cette clause résolutoire était manifestement pour les prêteurs un immense avantage. Elle plaçait les capitalistes étrangers que le ministre avait adoptés pour l'emprunt de vingt-quatre millions , dans une condition bien meilleure que les capitalistes français admis à l'emprunt de quatorze millions 600,000 fr. Ceux-ci avaient dû supporter toutes les chances les plus fâcheuses comme les plus favorables. Si le territoire n'était pas évacué, il était certain que les rentes auraient éprouvé une baisse énorme. Cette baisse eût été à la charge des prêteurs français. Les étrangers, au contraire, dans l'emprunt de vingt-quatre millions, étaient, par la clause réso- lutoire, à l'abri de ce danger. Si le territoire n'était pas évacué, leurs engagemens étaient nuls ; ils se reti- raient sans perte. Si l'évacuation avait lieu, la hausse des rentes était infaillible et leur bénéfice assuré. Ils avaient donc tout à gagner ; ils n'avaient rien à perdre.

Or, Messieurs, je le demande, et ceci est ; si je ne me trompe, une question toute neuve, car aucun des apologistes de l'ancien ministre ne nous a donné sur ce point la moindre explication ; comment se fait-il que, dans cet emprunt si avantageux, dans cet em- prunt d'un genre unique, car je ne connais dans l'his- toire des emprunts que celui-là seul où les prêteurs aient été mis à l'abri de tout risque ; comment se fait- il, dis-je, que, dans cet emprunt, les rentes aient été données aux prêteurs qui, je le répète, ne pouvaient que gagner, à un prix inférieur à celui qu'avaient payé les prêteurs des quatorze millions 600,000 fr., qui pouvaient perdre ? Remarquez bien, je vous prie, le terrain sur lequel je me place pour vous proposer cette question.

Il ne s'agit point de la clause résolutoire : j'en ad- mets la nécessité. Il s'agit du prix auquel ces rentes ont été livrées ; où était la nécessité de les livrer à ce prix, quand, dans un emprunt moins profitable, où les chances de perte et de gain étaient égales,

où les prêteurs n'étaient pas garantis contre toute
perte, on avait livré les rentes à un prix plus haut?

On nous a beaucoup parlé des puisssances ; je re-
viendrai sur ce sujet : je veux admettre pour le moment tout ce qu'on nous en a dit ; mais, parmi les
choses qu'on nous a dites, il en est une pourtant
qu'on n'a pas trouvé possible de nous affirmer. Personne n'a tenté de nous persuader que les puissances
avaient fixé le prix de nos rentes ; on ne parviendra
pas plus à nous faire croire que les prêteurs étrangers ne les auraient pas prises à un taux plus raisonnable. Ne courant point de chances, ne pouvant,
comme je l'ai dit, grâce à la clause résolutoire, que
gagner et jamais perdre, ils se seraient contentés
d'un bénéfice infaillible, lors même qu'il eût été
moins exhorbitant.

Quel a donc été le but, le calcul, le motif du ministre, dans une opération aussi désastreuse, dans une
opération qui, à elle seule, en la séparant de toutes
les autres, aurait coûté à l'état plus de vingt millions?

Tant que cette question ne sera pas résolue, vous
ne pouvez pas sanctionner la conduite de cet ancien
ministre, en adhérant aux éloges qui lui ont été prodigués dans cette enceinte ; et daignez y penser, vous
ne pouvez pas non plus, en votant la loi que vous discutez, sans prendre en considération ce problème jusqu'ici inexplicable, déclarer que vous n'y attachez
aucune importance ; ce serait, Messieurs, déclarer à
la France que vous n'attachez aucune importance à
ce qu'un ministre, par sa faute, sans nécessité et sans
excuse, lui ait enlevé, dans un moment où elle suc-

combait déjà sous le poids de ses charges, une portion considérable de ce que les étrangers avaient consenti à lui laisser. Vous devez donc suspendre votre décision ; mais, pour que la nation ne se croie pas abandonnée par ses mandataires, vous devez lui faire connaître que votre décision n'est que suspendue.

Je vous ai parlé du prix mis aux rentes de l'emprunt de vingt-quatre millions : permettez-moi maintenant de fixer votre attention sur l'époque à laquelle ces rentes ont été livrées. Rien ne forçait l'ancien ministre à conclure sa négociation dans le mois de mai. S'il eût attendu huit jours de plus (ce n'était pas attendre jusqu'au congrès d'Aix-la-Chapelle), sa négociation eût été moins défavorable d'un dixième. On ne nous dit point que les puissances eussent fixé cette époque, et l'on n'est pourtant pas trop réservé dans l'intervention qu'on attribue aux puissances. Ainsi Messieurs, dans le choix de l'époque comme dans la fixation du prix, il y a eu perte pour l'état, perte que rien n'explique, qu'en conséquence, jusqu'à présent, rien n'excuse, et que vous ne pouvez sanctionner sans éclaircissemens ultérieurs, ni par une décision ni par le silence.

Entrerai-je dans le détail des autres opérations du même ministre ? Vous le montrerai-je rendant une baisse inévitable par la vente de deux millions de rentes au moment même de l'emprunt ? Qu'il ait vendu ces deux millions de rentes aux étrangers, je ne le lui reproche pas : il était lié par des engagemens antérieurs ; et à Dieu ne plaise que je l'accuse quand je le juge excusable.

Mais pourquoi vendre ces rentes précisément à l'ins
tant où la baisse que cette vente devait produire était
si funeste aux opérations qu'il négociait, précisément
quelques jours avant la conclusion de l'emprunt? Les
besoins de l'état l'y forçaient, nous a-t-on dit. Ces besoins étaient grands, je le reconnais; je reconnais
tout ce qui est équitable : mais ne pouvait-il y subvenir pour quelques jours, en empruntant sur le dépôt
de ces rentes? pour quelques jours, dis-je, car c'est
précisément à la différence de quelques jours qu'ont
tenu les désastres de son administration financière;
et je ne sais quelle fatalité l'a toujours poussé à choisir
le moment où chaque opération qu'il faisait était plus
particulièrement désavantageuse.

Ce n'est pas tout : la baisse qu'il favorisait ainsi par
une vente intempestive et précipitée, il la favorisait
encore quelque temps après, en exigeant des prêteurs
français 20 p. 100 de leurs capitaux en quatre jours,
50 p. 100 dans deux mois. Quel était son motif? Ce
n'était pas, cette fois, les besoins du trésor ; le trésor regorgeait d'argent : car, presqu'à la même époque, le ministre plaçait onze millions à la Bourse, et
ces placemens ont été poussés jusqu'à trente-sept millions ; ils ont produit alors une hausse. Mais les emprunts étaient conclus, les recettes étaient dans les
mains des étrangers ; la hausse était toute en leur faveur ; singulière combinaison des opérations de ce
ministre l Avant l'emprunt il fait baisser les rentes,
comme pour livrer aux étrangers ces rentes à vil prix.
Après l'emprunt il les fait hausser, comme pour augmenter encore le bénéfice de ces étrangers. Je n'in-

culpe point ses intentions ; mais supposez un instant que ses inténtions eussent été mauvaises, qu'il eût voulu, pour un motif quelconque, sacrifier la France à des capitalistes anglais, se serait-il conduit autrement ?

Tout peut s'expliquer, je veux le croire ; tout s'expliquera, je le désire. Mais avant des explications satisfaisantes, avant qu'au sein de ces ténèbres la lumière se fasse voir, quelle détermination pouvez-vous prendre, quel jugement pouvez-vous prononcer ?

Je viens à l'accusation principale, à la vente de vingt-quatre millions de rentes à des étrangers. Je serai très court sur cette question ; elle est presque épuisée.

Je veux ajouter foi à ce que disent les apologistes de l'ancien ministre. Je veux croire que les puissances avaient exigé la garantie de MM. Hope et Baring. Je veux le croire, bien qu'il soit de notoriété publique qu'à la même époque les ambassadeurs de ces mêmes puissances démentaient ce bruit, et le repoussaient comme injurieux à leurs souverains.

Je veux le croire, bien que je lise dans un traité du 18 août une clause portant que la France interposerait ses bons offices pour que six millions de rentes, dont les puissances avaient à disposer, fussent données à MM. Hope et Baring, clause qui doit vous sembler bizarre, dans l'hypothèse que le choix de ces deux capitalistes était un résultat de la volonté des puissances elles-mêmes.

Mais enfin j'admets cette base. Les étrangers regardèrent la garantie de MM. Hope et Baring comme nécessaire ; mais est-ce à dire qu'une garantie de plus leur eût semblé superflue ? Loin de là, car ils exi-

geaient la garantie du trésor, preuve que celle des
banquiers anglais, même en leur paraissant nécessaire, ne leur paraissait pas suffisante. Comment donc
auraient-ils refusé la garantie des capitalistes français?

Tant qu'on ne vous prouvera pas qu'ils l'ont refusée, vous avez droit de ne pas le croire : si on vous
l'affirme, vous avez droit d'en demander la preuve ; si
on vous la refuse, vos doutes subsistent, et au milieu
de ces doutes vous ne pouvez rien décider.

Une observation encore, et j'en finis sur cet emprunt de 24 millions. J'omets les détails relatifs à la
vente des 6 derniers millions livrés d'abord au prix
des autres, puis élevés à 75.

Je prends l'opération au moment où elle a dû être
considérée comme consommée. Ici qu'aperçois-je ?
que MM. Hope et Baring ne pouvant remplir les
engagemens pour ces 6 derniers millions, la vente
a été annulée. Or, qu'est-ce qu'annuler une vente ?
c'est, en d'autres termes, racheter ce qu'on a vendu.
Le ministre le pouvait-il ? En avait-il le droit? La loi
lui avait accordé un crédit de 24 millions; il en avait
usé, tout était fini.

En rachetant six millions de rentes, n'a-t-il pas
excédé son pouvoir? n'a-t-il pas fait une opération
illégale, une opération qui cause à la France une
perte de 21 millions? Car il en résulte que nous avons
de plus 6 millions de rentes qui valent 79, et de
moins 100 millions que nous aurons à payer en 1820
et en 1821. Jusqu'à ce qu'il nous soit donné une explication qui justifie le ministre, nous devons au
moins rester dans le doute; et dans le doute tout

doit être suspendu, jusqu'à ce que tout soit examiné.

Je ne dirai qu'un mot sur l'emprunt de 14 millions 600,000 fr. On a prétendu que le ministre avait violé la loi en repoussant la concurrence. Je serai moins sévère ; la discussion semblait lui indiquer ce mode ; mais nous n'avons que trop d'exemples que nos discussions ne font pas autorité, et cette expérience doit nous mettre en garde contre ce que promettent les ministres dans les discussions.

Le ministre des finances pouvait donc s'écarter du mode que la discussion lui avait recommandé ; mais a-t-il dû le faire ? Ici, mes collègues, je pense qu'on se trompe, comme cela n'arrive que trop souvent, sur la nature de la responsabilité des ministres. Cette responsabilité n'est point à couvert par cela seul qu'ils n'ont pas violé la loi ; elle pèse sur eux, lorsque, entre deux moyens permis par la loi, ils font choix du plus mauvais.

La responsabilité des ministres n'est pas compromise seulement par l'usurpation d'un pouvoir illégal ; elle l'est de même par l'usage vicieux d'un pouvoir légal. Le texte de la loi qui autorisait le ministre à s'ouvrir un emprunt, laissait à son choix, dans l'interprétation de ses propres défenseurs, la concurrence ou tout autre mode ; s'il a mal choisi, il est responsable.

Cette répartition, vous a-t-on dit, a été faite par le conseil des ministres. Cela, Messieurs, ne nous regarde pas. C'est, pour nous, le ministre des finances qui est responsable de son département.

Mais, a-t-on ajouté, et n'est-ce pas se contredire,

il n'y a pas eu de choix, tous les souscripteurs ont eu leur part par eux ou par leurs banquiers. Ici, Messieurs, mon embarras est extrême. Hier, un membre de l'ancien ministère nous disait qu'on avait repoussé des intrigans. Repousser les uns, c'est choisir les autres. Aujourd'hui un autre membre du même ministère nous dit qu'on n'a repoussé personne. Que devons-nous croire ?

Nous ne pouvons rien savoir sur ce point, parce que la liste n'est pas imprimée. Nous ne pouvons rien savoir, parce qu'aucune des opérations n'a été examinée. Ici encore, tout est obscurité ; ici encore, il y a impossibilité de juger, et nécessité de suspendre.

Ainsi, mes collègues, vous le voyez, de tous côtés s'élèvent des doutes, se présentent des questions que nous ne pouvons résoudre, et dont la France a néanmoins le droit d'exiger la solution. Il faut ajourner cette solution et non l'étouffer, car nos commettans verraient dans ce dernier parti, si nous le prenions, une condamnable insouciance ; il faut sortir ces questions difficiles et pénibles de la loi qui nous occupe ; il faut dégager nos discussions actuelles d'une agitation qui est inusitée dans cette Chambre et qui répugne à la modération qui la caractérise. C'est à cette agitation contre nature qu'il faut attribuer plusieurs des choses qui ont été dites.

Ainsi, par exemple, avec plus de calme, on n'aurait pas reproché aux capitalistes français d'avoir offert toutes leurs ressources pour venir au secours de la France épuisée ; on n'aurait pas cherché à ne voir dans leur empressement que des espérances purement intéressées. Sans doute, dans tout emprunt, l'intérêt des prêteurs entre pour beaucoup, mais j'aime à croire que, dans les circonstances où nous nous trouvions, l'espoir du gain n'était pas le seul mobile. Je le crois d'autant plus, que les sacrifices qu'ont faits ces mêmes capitalistes, dans un moment de crise, pour soutenir le crédit public aux dépens de leur fortune, prouvent qu'ils tiennent plus encore à leur honneur qu'à des avantages pécuniaires, à leur patrie qu'à leur intérêt; et que, s'ils sont calculateurs, ce qui n'est point un sujet de reproche, ils sont encore plus patriotes, plus Français que calculateurs.

De même, sans une chaleur qui explique et qui peut-être excuse des termes peu mesurés, on n'aurait pas traité une portion quelconque des souscripteurs d'un emprunt national d'hommes mal famés et d'intrigans : je demande pardon à la Chambre de me servir de cette expression inconvenante ; on n'aurait pas ajouté de la sorte une espèce d'insulte à des exclusions qu'on reconnaît avoir été arbitraires.

Enfin, si la véhémence de la discussion ne nous avait pas entraîné un peu au-delà des bornes, on n'aurait pas fait un crime à l'un de nos honorables collègues de s'être arrêté, par un sentiment de modération louable, au moment d'accuser formellement un ancien ministre. J'ai eu l'honneur de vous dire en commençant, que je n'apportais aujourd'hui que des doutes à cette tribune ; aussi, je suis loin de rien préjuger contre le ministre désigné. Mais, à cette inculpation de ne s'être montré que censeur sévère au lieu de se déclarer accusateur, notre collègue n'aurait-il pas pu répondre : Je n'intente point d'accusation légale, parce que je ne veux pas signaler, la première année de l'affranchissement de la France par des poursuites et par des rigueurs. Je n'intente point d'accusation légale, parce que je ne suis animé d'aucun sentiment de haine et de vengeance, et que je parle plutôt pour l'instruction des ministres présens et futurs, que pour le châtiment des ministres passés. Je n'intenté point d'accusation légale, parce que je veux prouver au gouvernement, à la France, à l'Europe, que ceux que l'on feint de croire les ennemis de tous les pouvoirs, parce qu'on les trouve trop inflexibles devant quelques hommes, ne profitent pas même des occasions qui appellent et qui légitimeraient leurs hostilités.

A cette réponse que pourrait opposer notre honorable collègue aux orateurs qui ont censuré la ligne qu'il a suivie, j'ajouterai une considération qui ne s'adresse à aucun des membres de cette Chambre, mais qui pourrait s'adresser avec justice à plusieurs des hommes qui, hors de cette enceinte, lui reprochent de n'avoir pas demandé l'accusation. Accusez, disent-ils, c'est la marche régulière. Eh! Messieurs, si nous suivions ce conseil perfide, que ne diraient-ils pas contre nous !

A peine, s'écrieraient-ils, le territoire est-il libre, que les mises en accusation des ministres recommencent comme il y a trente ans. Nous rentrons dans les voies de 1792. Non, Messieurs, nous ne voulons pas rentrer dans les voies de 1792 : nous voulons prouver, par un excès de modération peut-être, que le repos est, avec la liberté, ce que nous désirons le plus vivement. Nous évitons, avec un scrupule excessif, de faire, de nos prérogatives, un usage qui leur donne quelque ressemblance avec ce qui s'est fait dans les temps d'orage. Voilà, Messieurs, les motifs de notre réserve, qu'on affecte de nous reprocher comme faiblesse, parce qu'on a la douleur de ne pas pouvoir nous reprocher notre énergie comme sédition ; mais nous ne dévierons pas de notre route. La Charte, l'affermissement du gouvernement du roi constitutionnel, l'établissement de toutes les libertés, y compris celle de la mesure la plus sévère contre les ministres qui nous sembleraient blâmables : tel est notre but, tel est le fond de notre pensée ; et si quelques hommes nous méconnaissent, ou feignent de se tromper sur nos vues, la France rend justice à nos intentions, et nous sait gré de notre mesure et de notre zèle

Je vous ai cité, Messieurs, des exemples d'une véhémence inusitée, je le répète, dans cette Chambre, pour vous démontrer la nécessité de sortir la discussion d'une route qui la rend à la fois inutile et orageuse, et je vous propose le moyen qui seul me paraît capable de l'en sortir.

Si vous le rejetiez, l'étonnement, j'ose le dire, serait général ; et vous feriez surtout tort aux hommes sur qui votre refus laisserait planer des soupçons qui peuvent être exagérés ou injustes.

Je demande que tout ce qui a rapport aux deux emprunts de 14 millions 600,000 fr. et de 24 millions, soit laissé de côté dans la discussion du projet de loi des comptes ; mais que la Chambre demande communication de toutes les pièces relatives à ces emprunts, pour les examiner ou les faire examiner par une commission. Je demande de plus que la liste des souscripteurs de l'emprunt des 14 millions soit imprimée et distribuée.

Quant aux comptes en eux-mêmes, vous avez tous, si je ne me trompe, été frappés de l'impossibilité de les juger, et même de les comprendre suffisamment, sous leur forme actuelle ! Vous avez tous, à ce qu'il m'a paru, senti la justice et l'utilité des amendemens de notre honorable collègue M. Ganilh. Je me réserve, dans la discussion des articles, d'appuyer ces amendemens, et, en en supposant l'adoption, je vote pour le projet.

SUR LES DÉPENSES

APPELÉES ACCIDENTELLES.

(Séance du 28 mai 1819.)

MESSIEURS,

La rapidité avec laquelle nous sommes obligés de voter les articles du budget.... (De violens murmures interrompent dans diverses parties de la salle.)
Malgré la lenteur que nous nous efforçons de mettre

dans nos délibérations (rire général), je me trouve souvent· exposé, ct plusieurs de mes collègues sont dans le même cas, à voter un article sans avoir été frappé des inconvéniens de la nature de cet article. Il arrive alors, quand un autre article analogue se présente plus loin, qu'on nous cite ce que nous avons fait, comme un précédent qui nous impose ce que nous devons faire.

Je viens réclamer contre cette manière de raisonner; en représentant à la Chambre que, bien que nous ayons alloué déjà beaucoup de dépenses accidentelles, didiverses, fortuites, imprévues, etc. ; car on a, à cet égard, épuisé dans le budget toutes les désignations qui ne désignent rien; il est temps, et il est toujours temps de rejeter les dépenses qu'on nous demandera sous un prétexte aussi vague. En économie comme en tout autre chose, où il est question de faire bien ou de ne pas mal faire, il vaut mieux tard que jamais.

Je ne sais si la Chambre a fait le relevé des sommes qui lui sont demandées sous le nom de dépenses diverses ou accidentelles. Le total de ces sommes, dans les budgets, votés et à voter, s'élève à 4 millions, 983,562 fr. 50 c. Parmi ces dépenses, il y en a sans doute plusieurs qui sont nécessaires; mais pourquoi nous les demande-t-on sous un nom qui peut couvrir les dépenses les plus inutiles?

Dira-t-on qu'on vous explique ces dépenses accidentelles à cette tribune, et que ce mode évite beaucoup de détails, beaucoup de chiffres, beaucoup d'articles minutieux, longs à imprimer et à parcourir. Mais, Messieurs, ces explications indispensables, d'ailleurs, ct dont il faut savoir gré à **MM.** les ministres, sont pourtant fugitives, peuvent être mal saisies, et ne sauraient être examinées sur l'heure, et jugées en connaissance de cause. Messieurs les ministres eux-mêmes peuvent se tromper, et quelquefois ils se trompent.

En voulez-vous une preuve qui vous démontrera d'autant plus évidemment la possibilité de pareilles erreurs, qui alors nous en font commettre, qu'elle est partie d'un ministère dont nous reconnaissons tous et le caractère loyal et l'extrême franchise. Dans l'explication que **M.** le ministre des affaires étrangères vous a donnée hier sur la construction du palais de son ministère, il vous a dit et répété avec des détails circonstanciés, que ce palais n'avait coûté, l'an dernier que 50,000 fr.; et cette assertion lui a servi à vous démontrer la nécessité d'un crédit sextuple pour cette année. Or, Messieurs, en recourant aux comptes rendus par les ministres de tous les départemens, jusqu'au 31 décembre, je vois que (p. 41, art: 5 du chap. vi) la dépense faite pour cet objet durant l'année 1818, dépense qu'on vous a tant dit n'avoir été que de 50,000 fr., a été de 300,000 fr.

Peut-être ce fait aurait-il influé sur votre délibération, non pour interrompre des travaux commencés qu'il faut achever, mais pour demander que ces travaux fussent conduits plus économiquement et plus utilement : car ce palais aura coûté, y compris les 280,000 fr. alloués pour cette année, 1,907,455 fr.; et ne sera probablement pas achevé quand cette somme sera épuisée. J'ai cité ce fait, Messieurs, non pour revenir sur un objet qui est décidé, mais comme preuve

des erreurs où peuvent tomber les ministres les mieux
intentionnés dans des explications à la tribune

Je reviens aux dépenses accidentelles qui vous sont
demandées dans le chap. VI que nous discutons, ou plutôt au système de porter au budget des dépenses accidentelles et imprévues. La loi a pourvu à ce que les ministres
pussent faire face aux dépenses urgentes ; elle a tracé
leur route. Ils doivent y subvenir en obtenant des ordonnances du roi, dont ils sont responsables : ces ordonnances, si la dépense est trouvée en effet urgente et
indispensable, sont converties en loi dans la session la
plus prochaine ; mais ce mode étant indiqué si clairement, devrait faire disparaître toutes les dépenses imprévues et accidentelles.

Je sais qu'on a établi hier à cette tribune les théories
les plus étranges. On vous a dit, d'une part, que nous
devions voter les budgets en masse, tirant parti d'un
article de loi que je ne veux pas examiner ici, mais
dont il ne faut au moins pas aggraver les inconvéniens, pour nous interdire toute discussion des détails.
Cela tendrait à nous ramener aux budgets impériaux,
qui, vers la fin, se composaient d'un seul article rédigé le plus laconiquement qu'il était possible, et voté en
silence, ce qui établissait assurément, dans ces budgets, une grande économie de paroles. Cette opinion
heureusement a été repoussée par l'unanimité de la
Chambre. Vous avez senti que vous ne pouviez renoncer
vos droits sans trahir ceux de vos commettans ; que
l'examen, la discussion, le vote sur chaque détail
étaient les élémens du vote sur l'ensemble, et que vous
seriez coupables de vous abstenir ou de vous dispenser

de la moindre forme qui pût vous conduire à retrancher la plus petite partie des charges du peuple.

Ne pouvant vous faire adopter un mode qui vous eût rendus forcément les esclaves des ministres, on vous a proposé de devenir volontairement ceux de vos commissions : comme si vos commissions avaient une autorité constitutionnelle ; comme si vos commissions n'avaient des pouvoirs, auxquels un seul d'entre vous pût être requis de se soumettre ; comme si, investis tous en qualité de membres de cette Chambre de la confiance de vos commettans, vous pouviez vous décharger sur quelques uns d'entre vous des devoirs que cette confiance vous impose. Vous avez aussi repoussé cette idée, et la France vous en saura gré.

Mais un troisième orateur a établi un autre principe, non moins subversif de la juridiction que la Chambre exerce en votant l'impôt. A entendre cet orateur, vous n'avez jamais à vous occuper, en allouant des fonds, du système qui nécessite cet emploi des fonds. Il en résulterait, Messieurs, que toute tentative de réforme et d'économie se trouverait éludée tour à tour par deux raisonnemens auxquels, le système admis, vous n'auriez rien à répondre. Si vous vouliez demander la suppression de places inutiles, on vous dirait que vous n'avez pas le droit de vous mêler de l'administration ; qu'au roi seul appartient le droit de créer des emplois. Quand vous voudriez refuser les fonds pour ces places, on vous dirait que, les places existant, elles doivent être payées, et ainsi alternativement argués d'incompétence, ou subjugués par la nécessité, vous n'auriez qu'à supporter l'éta-

blissement et à voter le salaire de toutes les sinécures.

Non, Messieurs, le budget est l'arme du peuple
contre tous les abus, contre les abus politiques aussi
bien que financiers. C'est une arme légale, paisible,
constitutionnelle : vous devez vous en servir pour
toutes les réformes que votre amour du bien public
vous fait désirer; et en votant le budget, vous devez,
quoi qu'on puisse vous dire, examiner toutes les questions qui touchent à la dépense, non seulement dans
leurs rapports avec les finances, mais dans leurs rapports avec la liberté.

Je sais que nous sommes à une époque fatale aux
discussions. Il y a des époques de ce genre; on pourrait les nommer les époques de l'assentiment; comme
il y a des heures fatales, qu'on pourrait nommer les
heures de la question préalable. Nul ne peut lutter
contre l'influence de ces époques et de ces heures.

Aussi, me suis-je résigné à cette influence. Je n'ai
rien dit sur le chapitre de l'instruction publique, bien
que ce système de l'instruction publique me paraisse
loin d'être bon; bien qu'il restreigne beaucoup la liberté de l'enseignement; bien qu'il accorde à l'autorité une juridiction à la fois trop étendue et trop minutieuse sur l'éducation. Mais le temps nous presse,
et sur cette matière il faut aller prudemment; il faut
ne rien faire sans avoir mûrement délibéré; car, à
côté de notre système défectueux d'instruction publique, on fait des efforts pour le remplacer par des établissemens qui seraient beaucoup plus dangereux; par
des établissemens qui, ressuscitant des corps, à la

destruction desquels l'Europe avait applaudi, tendent à renverser la Charte, à ranimer l'intolérance, à soumettre à un joug justement odieux les rois et les peuples. Je me suis donc abstenu de toute réclamation ; j'ai voté, bien qu'à regret, un crédit pour ce qui n'est pas bon, afin d'éviter ce qui est plus mauvais; mais je demande le retranchement de 220,000 fr., proposés pour dépenses imprévues et pour réserves, c'est-à-dire, le rejet du chapitre iv, soumis maintenant à votre délibération.

J'entends qu'on me reproche une expression dont je me suis servi. Quand j'ai parlé d'époques fatales aux discussions du budget, jai voulu rappeler ce que vous savez tous, que, par l'effet de diverses circonstances, le budget a été présenté fort tard; que le renouvellement du ministère a occasioné des retards qui, il faut l'espérer, ne se présenteront plus. Je ne doute pas que d'autres membres, plus versés que moi dans la matière de l'administration, ne comprennent beaucoup mieux les explications que donnent MM. les ministres; mais je dois à ceux qui m'ont envoyé ici, de ne voter que ce que je comprends bien ; je leur dois de demander des renseignemens, aussi long-temps que ma conscience n'est pas assez éclairée. MM. les ministres les donnent toujours avec complaisance et avec le désir de vous éclairer ; mais je crois que leur popularité y est tout aussi intéressée que la nôtre, et cette discussion, quel que soit son résultat matériel sur les sommes votées, aura toutefois été très utile; elle aura plus contribué à l'ordre, à l'économie, à l'affermissement de nos institutions, que toutes celles qui l'ont précédée dans les sessions antérieures.

SUR LE TRAITEMENT

DES PRÉFETS.

(Séance du 1er juin 1819.)

MESSIEURS,

Je remarque que les traitemens des préfets sont de beaucoup supérieurs à ceux de l'an VIII; et cependant alors on ne trouvait pas que ces fonctionnaires fussent dans la pénurie. Ils représentaient le gouvernement avec autant d'éclat qu'aujourd'hui; je dis autant d'éclat, puisqu'on en veut, au moment où le peuple supporte des charges aussi pesantes. La modicité de leur traitement ne les empêchait pas de bien servir; car, assurément, il n'a jamais existé de gouvernement sous lequel les ordres du chef de l'état aient été plus rapidement et plus fidèlement exécutés. Aujourd'hui, ils ont des traitemens beaucoup plus forts, et des travaux bien moins importans; ils sont débarrassés

des détails immenses des affaires de domaines nationaux; ils n'ont plus les travaux successifs et pressans
de la conscription ; ils peuvent faire des économies sur
leurs dépenses intérieures, et on peut en obtenir sur
leurs abonnemens pour frais de bureau : ils n'en seront
pas moins considérés, pas moins obéis. Dans les petites villes, d'ailleurs, quelle nécessité de représentation y a-t-il? Et ne vaut-il pas mieux qu'ils se concilient
l'affection de leurs administrés, en ne faisant pas con-
traster l'éclat de leur représentation avec la misère du
peuple? Le chef de l'ancien gouvernement avait d'a-
bord fixé des traitemens modiques, et l'on s'en était
très bien trouvé ; ce n'est que lorsqu'il a voulu donner plus de splendeur aux diverses parties de l'administration, pour se conformer à un autre mode de
gouvernement, et pour étendre son despotisme, qu'il
a songé à élever les traitemens. Je pense qu'aujour-
d'hui ils doivent être réduits. Rien n'est plus cher
qu'en l'an VIII. Tout est rentré dans l'état naturel.
Les circonstances extraordinaires ont cessé. Je demande qu'on adopte une base de réduction; je la propose, non comme fixation, puisque nous n'avons pas
le droit de l'établir, mais comme indication de votre
intention dans le vote du chapitre. Je demande que
la réduction soit du cinquième sur les frais de l'administration départementale.

SUR LE BUDGET

DU MINISTÈRE DES FINANCES.

(Séance du 8 juin 1819.)

MESSIEURS,

Me proposant de vous soumettre diverses réflexions et divers amendemens sur plusieurs chapitres du budget du ministère des finances, je crois devoir commencer par indiquer, pour plus de clarté, les objets auxquels je ne m'arrêterai pas. Je pourrai par là fixer plus exclusivement votre attention sur ceux dont je crois utile de vous occuper.

Le budget du ministère des finances se monte à 257 millions 100,000 fr.

De ces 257 millions, 146 millions 598,940 fr. sont consacrés à la dette viagère, aux pensions, aux intérêts des cautionnemens et de la dette flottante, à la Chambre des pairs, à celle des députés, à la Légion d'Honneur, à la Cour des comptes, aux commissions. de liquidation, au cadastre, à des constructions, aux frais de service et de négociation de la trésorerie, enfin aux frais de régie et de perception des contributions directes.

Ces divers objets seraient susceptibles d'observations importantes. Il en sera fait sans doute sur les pensions, dont la liste, imprimée sous la direction de l'ancien ministre des finances, est remarquable par l'absence de toute date, singulière inadvertance, qui a eu pour résultat nécessaire d'éluder l'intention de la loi, et de rendre l'impression de la liste inutile. On ne passera pas sous silence l'article de la dette flottante, dont la destination est peut-être encore mal connue et mal appréciée dans cette Chambre, mais sur laquelle, lorsqu'elle aura été mieux éclaircie par la discussion, vous rejetterez, je l'espère, le système de la commission des dépenses, système déjà réfuté en partie dans le rapport de la commission des voies et moyens.

On discutera vraisemblablement les deux millions de la Chambre des pairs; car, s'il est nécessaire, d'une part, de remplir les engagemens contemporains de la Charte, il est, d'une autre part, essentiel d'empêcher que la pairie ne devienne un contre-sens dans nos institutions; ce qui arriverait, si les représentans héréditaires de la grande propriété se trouvaient transformés en salariés à vie ou à l'année.

On vous parlera peut-être aussi des constructions dispendieuses entreprises à une époque antérieure, par légèreté, et qui paraissent se continuer aujourd'hui par complaisance.

Je laisse ces sujets de recherche ou de censure à ceux de mes honorables collègues, dont ils auront fixé l'attention.

Mon dessein est de vous entretenir de l'emploi des 110 millions 301,060 fr. restant, dont 7 millions

565,000 fr., pour le service ordinaire du ministère, et 102 millions 936,060 fr., pour la perception des contributions, autres que les contributions directes.

Je ne voulais rien dire sur le traitement du ministre. J'avais eu, dès le premier jour de cette discussion, l'honneur de représenter à la Chambre que nous ne votions les traitemens ministériels que dans l'hypothèse de la retenue; votre commission des voies et moyens, qui n'avait répondu à mes questions que par le silence, nous propose maintenant de supprimer ces retenues, après nous avoir laissé voter les traitemens sous cette condition. Nous nous trouverions ainsi avoir été induits en erreur, et avoir voté en contradiction avec notre volonté formelle et déclarée. Cependant j'ajourne à la discussion qui s'ouvrira sur le rapport de cette dernière commission, un amendement qui devra porter alors sur les traitemens de tous les ministres.

Mon amendement actuel n'a trait qu'aux frais de bureaux, aux remises sur les produits des débets et aux rétributions pour travaux extraordinaires.

Ces articles s'élèvent, dans le présent budget, à 4 millions, 30,000 fr. Je ne remonterai point à 1791, pour nous rappeler ce que coûtaient alors le ministère des finances et la trésorerie. En voyant que ces deux objets réunis n'occasionaient pas une dépense du tiers, vous pourriez croire que je vous ramène aux temps fabuleux.

Je partirai de 1814, et j'invoquerai le témoignage de M. le ministre des finances même, témoignage d'autant plus irrécusable, qu'à cette époque aussi il était à la tête de ce département. Je pourrais encore invoquer l'autorité de notre honorable collègue, M. Ganilh, qui, parlant en connaissance de cause, puisqu'il était membre de la commission du budget, a attesté, dans ses discours des 5 avril 1818 et 13 mai 1819, une partie des faits que je vais vous retracer.

A l'époque de 1814, le nombre des employés du ministère des finances, en y comprenant les garçons de caisse et de bureau, était de 1020; leur traitement se montait à 3 millions 7,000 fr.

Maintenant leur nombre est de 1350, et leur traitement, y compris les remises et les rétributions extraordinaires, s'élèvent à 4 millions 30,000 fr. Pourquoi cette augmentation dans le personnel, cause nécessaire de l'augmentation dans la dépense ?

Comment se fait-il que, précisément dans les années de misère, qu'on pourrait aussi nommer des années de destitution, le nombre des places et des salaires se soit accru d'un tiers ?

J'alloue que la centralisation des pensions militaires, les liquidations étrangères, l'insertion des produits bruts dans les états de recette, heureuse et sage amélioration, aient nécessité quelque accroissement de travail : il ne saurait être égal à cette augmentation.

Cette remarque, Messieurs, ce n'est pas à M. le ministre actuel des finances qu'il faut l'adresser, c'est à M. le comte Corvetto, son prédécesseur; comme en général toutes les plaintes que nous faisons retentir sur la prodigalité avec laquelle on a disposé des ressources de l'état, se dirigent naturellement et nécessairement vers les ministres qui administraient les ressources de l'état, quand cette prodigalité avait lieu.

Ce n'est pas sans motif que je consigne ici cette observation, et que je suis bien aise de l'énoncer formellement à cette tribune. Faute de l'avoir faite, ou pour l'avoir oubliée, nous avons plus d'une fois laissé dévier nos discussions dans une direction injuste, et non moins fàcheuse sous le point de vue politique que sous les rapports financiers.

Aujourd'hui, c'est au ministre actuel à réparer les fautes d'un autre. Je sais que c'est une tàche difficile. Il arrive chargé d'un triste héritage qu'il doit tout entier à M. Corvetto. Mais quelque pesant que soit le fardeau, quelque pénible que soit la tàche, il doit la remplir.

Je propose donc, pour premier amendement, le retour à ce qui existait en 1814, c'est-à-dire, une réduction de 1 million 23,000 fr., sur la première section du chapitre XII.

Cela fait, j'arrive à l'objet principal des observations que j'ai l'honneur de vous soumettre, je veux dire aux frais de perception et de régie des impôts indirects. Si vous réfléchissez que ces frais s'élèvent à près de 103 millions, vous ne trouverez pas, je le pense, que des développemens soient déplacés sur cette matière. Déjà notre collègue, M. Delessert, en a occupé votre attention.

Il vous a prouvé que, dans telle partie, ce qui coûte en Angleterre 2 et demi p. 100 de frais, coûte 20 p. 100 en France ; que dans telle autre, ce qui en Angleterre coûte 4 p. 100, en coûte encore 20 chez nous ; que dans une troisième, ce qui, là, en coûte 2, ici en coûte 8, et que ce qui revient aux Anglais à 4, nous revient à 9.

Il vous a dit aussi, qu'avant la révolution, les frais de perception, l'un dans l'autre, s'élevaient à 10 p. 100, et qu'ils s'élèvent actuellement à près de 14. J'ajouterai que, sous M. Necker, le produit net des trois principales branches de finance, la ferme générale, les aides et l'administration des domaines étant de 258 millions 700,000 fr., les frais s'élevaient à 36 millions 200,000 fr., et aujourd'hui 368 millions 82,800 fr. net que nous rapportent ces trois objets, nous coûtent de frais 84 millions, c'est-à-dire, 30 millions de plus que l'augmentation proportionnelle.

Cependant, toutes choses égales d'ailleurs, le résultat contraire devrait avoir lieu. Les priviléges des provinces qui apportaient de grands obstacles au recouvrement des impôts, sont supprimés ; et le vote solennel des Chambres facilite les perceptions, en les rendant légales et, pour ainsi dire, populaires.

Ne serait-ce pas qu'avant le changement qui s'est opéré dans cette partie de nos finances, elles étaient régies par des administrateurs solidairement responsables, fournissant des cautionnemens considérables et justiciables de la Chambre des comptes, tandis qu'aujourd'hui (si l'on excepte la loterie) tout est confié à un chef unique, exempt de tout contrôle, de tout cautionnement, et non soumis à la juridiction de la Cour des comptes ?

Remarquez ce dernier point, Messieurs ; il est important, ce me semble ; et pour que vous soyez dans ce moment convaincus que je n'avance rien que d'exact, je vous rappellerai que cette indépendance où les directeurs-généraux se trouvent de la Cour des comptes, résulte de l'art. 1er du décret impérial du 17 mai 1809, que je tiens en main. Vous savez avec quel scrupule on envisage aujourd'hui les décrets impériaux, et j'ai peur qu'on n'ait pour celui-ci surtout beaucoup de déférence. Je sais que, si j'examine maintenant les grandes questions des directions générales, on s'élèvera contre l'idée de profiter du budget, pour proposer des changemens dans l'administration; car nous sommes toujours dans la position que je vous ai retracée dans une de nos dernières séances.

Recherchons-nous la nécessité de telle ou telle place? nous n'avons pas, dit-on, le droit de la supprimer. Demandons-nous des réductions de traitement? la fixation des traitemens est une prérogative royale. Votons-nous des réductions de dépense? il faut bien payer les places qui existent. Aussi, je le déclare, je ne vois qu'un rapport sous lequel nos discussions sur le budget soient utiles : elles constatent qu'il y a en France des hommes qui aperçoivent le danger dont nos habitudes de prodigalité nous menacent ; mais, du reste, avec le rejet de tout vote séparé pour chaque article de dépense, avec les entraves que nous oppose je ne sais quelle métaphysique, qui se prétend constitutionnelle, tandis qu'elle méconnaît les maximes les plus essentielles au gouvernement représentatif, avec le cercle vicieux dans lequel on nous renferme, il y a bien peu de possibilité que nous obtenions pour le peuple des soulagemens efficaces. Nos débats lui apprennent que ses mandataires compatissent à ses maux : ce peut être un motif de consolation ; mais il faut changer la marche que nous suivons, pour que c'en soit un d'espérance.

Je ne dirai pourtant que deux mots sur la question des directions générales ; et je prierai ceux qui m'écoutent, d'être persuadés que, dans les réflexions qui vont suivre, rien n'est destiné à blesser les personnes qui remplissent actuellement les fonctions contre lesquelles je crois devoir m'élever. Je professe pour les individus l'estime qu'ils méritent. Comme particulier, je professerais aussi pour eux la plus grande confiance ; mais je suis condamné à la défiance, en ma qualité de député ; et pour remplir ce devoir, il faut que je me fasse violence. (On rit.)

Si donc quelques unes de mes paroles impliquent des doutes qu'un homme privé repousserait, mais qui sont prescrits à un homme public, ceux qui sembleront être l'objet de ces doutes ne me blâmeront pas. Ils me sauront, au contraire, bon gré de mon scrupule à m'acquitter d'une tâche pénible, et je compte sur leur sympathie et leur équité. Je vous le demande donc, Messieurs, dans un moment où la France gémit sous le poids des charges les plus pesantes, dans un moment où elle vient de livrer aux étrangers, pour accélérer l'évacuation du territoire, une partie considérable de son numéraire et de ses rentes, c'est-à-dire, de ses ressources présentes et à venir ; n'est-il pas déplorable de voir les diverses directions générales engloutir en salaires et en frais de régie et de perception 97 millions 243,700 fr. ? La douleur ne doit-elle pas s'accroître, lorsqu'en entrant dans les détails, et en prenant une de ces directions comme pouvant nous servir à juger de l'ensemble de toutes, nous trouvons que l'administration des douanes, qui coûtait en 1791 (loi du 1er mai 1791) 8 millions 647,728 fr.; en 1797 (loi du 23 germinal an v), 8 millions 781,680 fr.; en l'an ix, 11 millions 4,700 fr.; en l'an x, 10 millions 125,716 fr.; en l'an xi, 13 millions 123,583 fr.; en l'an xii, 13 millions 926,621 fr.; coûte, en 1819, 23 millions 13,000 fr. c'est-à-dire, environ le double.

Et qu'est-ce donc, Messieurs, qui peut motiver ce prodigieux accroissement de dépenses, qui, si je voulais vous exposer en détail chacun des objets sur lesquels il repose, vous paraîtrait encore bien plus disproportionné, bien plus effrayant? Sommes-nous plus puissans qu'en l'an ix, x, xi et xii? Sommes-nous plus riches? Une extension de territoire a-t-elle motivé une augmentation semblable de frais? Non, Messieurs, nous n'avons plus une ligne de douanes à maintenir depuis Hambourg jusqu'à Toulon, depuis Bordeaux jusqu'à Trieste. Nous sommes rentrés dans nos anciennes limites; notre territoire a été envahi, nos provinces ravagées; tous les fléaux se sont réunis pour nous appauvrir, et c'est dans cette position que nous distribuons l'or à pleines mains; c'est dans cette position que nous choisissons le mode d'administration le plus dispendieux. Car, par la seule nature des choses, une direction confiée à un seul homme est toujours plus chère qu'une administration collective.

Elle est plus chère, parce qu'elle comporte moins de surveillance, ouvre la porte à plus de tentations, permet plus de déguisemens et de réticences, introduit plus d'instabilité. Elle est plus chère, parce qu'une sorte d'esprit de cour se glisse dans la gestion des affaires : et qu'au lieu de la marche uniforme, régulière et calme des administrations collectives, on ne voit plus que secousses brusques, changemens de système, admissions ou renvois en masse, clientelle toujours croissante, agréable au maître et ruineuse pour l'état. Dans une administration collective, depuis l'employé supérieur jusqu'au plus obscur, chacun consent à des appointemens plus modiques, parce que les places sont plus assurées et les destitutions moins inattendues. Mais quand tout est livré à l'arbitraire d'un homme, chacun veut avoir d'autant plus pour le moment qu'il a moins de sécurité pour l'avenir.

On nous a dit, il y a quelque temps, à cette tribune que la monarchie était plus chère que la république. Nous supportons volontiers cette cherté, parce que nous voulons tous la monarchie constitutionnelle ; mais j'applique aussi ce raisonnement aux directions générales ; et comme je ne pense pas qu'en fait d'impôts la monarchie soit aussi nécessaire qu'en fait de gouvernement, il me semble que, si l'organisation collective est la plus économique, nous pouvons, sans tirer à conséquence, appliquer aux perceptions la forme républicaine. (On rit.)

Frédéric II, qui n'était pas républicain, que je sache avait adopté cette forme qui dure encore en Prusse ; et l'Angleterre en agit de même, bien qu'elle ait fait, tout comme la France, un essai de république qui ne lui a pas mieux réussi qu'à nous.

La dépense des directions générales s'accroît chaque année. J'ouvre un de leurs budgets au hasard ; mes yeux se fixent sur la direction des contributions indirectes. J'y vois qu'en 1817, époque à laquelle il y avait 498 agens, le directeur-général et les sept administrateurs compris, le traitement intégral de tous ces employés était de 1 million 600,000 fr.

Je consulte le budget de 1819, et je trouve pour le traitement du directeur-général, du conseil d'administration et des employés, non compris 78 garçons de bureau, 1 million 779,100 fr.; savoir : 1 million 543,000 fr. en traitemens fixes, et 236,000 fr. en remises proportionnelles; c'est-à-dire que, pour un nombre de 466 employés, malgré la suppression de 7 administrateurs et de 25 agens de différens grades, et par conséquent, malgré une diminution de 32 salariés, il y a une augmentation de 179,101 fr. de salaires.

Je continue ma comparaison. Dans le budget de 1818, les remises et taxations proportionnelles n'étaient portées que pour la somme de 2 millions 300,000 fr.; elles le sont dans celui de 1819, pour la somme de 2 millions 730,377 fr : nouvelle augmentation de dépenses, et par conséquent de charges, pour les contribuables, 430,377 fr

J'annonce, en passant, que cet accroissement de dépense sera l'objet d'un amendement, d'après lequel je proposerai qu'il soit fait sur le chapitre xvii du budget du ministre ou sur le chapitre iii du budget des contributions indirectes, une réduction de 430,000 fr.

Mais je reviens à mon sujet.

Vous venez de voir qu'il y a eu, depuis l'année dernière, augmentation de dépenses dans la direction des contributions indirectes.

On vous a dit qu'il y avait économie dans le budget de l'enregistrement et des forêts : on a fait monter cette économie à plus de 400,000, et votre commission même vous l'a répété : c'est pourtant une erreur. Le chapitre VIII du budget de l'enregistrement pour 1818, avait pour objet des dépenses temporaires qui ont cessé, et qui se montaient à 233,791 fr. D'après l'art. 76 de la loi du 15 mai 1818, la régie ne fournit plus le papier pour affiches, avis et annonces; l'achat de ce papier et le transport de Paris dans les départemens s'élevaient à 160,000 fr.

Vingt-un mille deux cent quarante-six hectares de bois ont été vendus en 1818; la régie a cessé d'en payer la garde, qui coûtait 91,000 fr. — Total 494,791 fr. Ces 484,791 fr. ont disparu du budget de l'enregistrement, par les mêmes motifs qui ont empêché de porter, dans celui de la guerre, les 150 millions pour frais de l'armée d'occupation. On ne peut donc voir aucune économie dans la réduction des 400 et tant de mille francs que votre commission vous présente comme diminution de dépenses.

Les directions générales ont donc toujours été en se détériorant, sous le rapport des frais. Sous celui de la responsabilité, vous vous convaincrez qu'il en est de même.

Le chef de l'ancien gouvernement, en creant les directeurs-généraux, ne leur avait attribué que la surveillance. La délibération et l'action étaient réservées aux administrateurs. Graduellement les directeurs-généraux ont tout envahi. Après avoir paralysé les administrateurs, ils ont fini par les supprimer. Une ordonnance du 17 mai 1817 les a remplacés par un conseil de trois agens supérieurs. Dès lors toute responsabilité a été détruite. Les conseils d'administration attestent de confiance ce que les directeurs-généraux trouvent convenable de faire attester

Je pourrais vous en rapporter des preuves irrécusables; mais je m'interdis les détails, parce que je m'occupe des principes et non pas des hommes. Je vous les soumettrai toutefois si mes assertions sont révoquées en doute; et, pour ne pas renvoyer à une autre époque les éclaircissemens qu'on pourrait me demander, j'ai apporté les pièces de conviction à cette tribune. Aussi, Messieurs, comparez les comptes des directeurs-généraux avant et après l'ordonnance: avant, les comptes sont au moins rendus conformément aux lois; après, les dispositions mêmes des lois ne sont pas observées.

Par exemple, dans le compte de gestion du directeur-général de l'enregistrement (état n° 1, page 60), qui d'après son intitulé même, doit embrasser toutes les recettes faites pendant l'année 1817, on a omis les articles suivans : *Amendes attribuées aux communes et aux hospices ; prix des coupes extraordinaires des bois des communes ; timbre des registres de l'état civil ; domaine extraordinaire ; Hôtel royal des Invalides et Légion-d'Honneur ;* et cependant ces recouvremens figurent dans les comptes antérieurs; et, d'après la circulaire même du directeur général, du 5 mars 1816, le ministre avait décidé que les préposés de l'enregistrement et des domaines, compteraient de tous ces objets.

à l'administration, et qu'ils figureraient dans des états de recette et de dépense à envoyer au trésor.

Dans ce même compte, vous trouvez à la dépense un article intitulé : *Paiement d'amendes attribuées*, etc. Puisqu'on n'a pas porté en recette ces amendes, il semble qu'on ne devait pas les porter en dépense.

Le même compte, toujours en 1816, présentait d'une manière distincte un article de dépense ainsi concu :

« Remboursement du prix de coupes de l'ordinaire en 1810, de bois ajoutés à la dotation de la couronne par sénatus-consulte, 446,958 fr. 8 cent. »

La commission du budget, dans les séances des 21 mars, 7 et 27 avril 1818, donna des explications, desquelles il résulte que M. de la Bouillerie, intendant de la liste civile, avait touché irrégulièrement en numéraire une somme de 893,916 fr. 16 cent, qui, si elle eût été due, n'aurait pu être payée qu'en valeur de l'arriéré. Ces 893,916 fr. ont été payés en numéraire par les caisses de l'enregistrement, moitié en 1816 et moitié en 1817.

La seconde moitié, montant à 446,958 fr. 8 c., ne figure point distinctement en dépense dans le compte de 1817. Si elle y est confondue avec d'autres objets, sous un titre différent de celui donné à la première moitié, dans le compte de 1816, ne peut-on pas craindre que d'autres dépenses aussi irrégulières ne soient également dissimulées dans le compte de 1817, et soustraites à une juste critique?

Dans le compte des douanes, pour 1816, page 74, je vois, sous le titre de recettes relatives à des services particuliers, le produit des saisies et amendes montant à 2 millions 846,559 fr. 12 c. Cette recette importante a été omise dans le compte de 1817, page 72; omission inexcusable, attendu que, dans la session dernière, il a été expliqué que le montant des amendes et saisies devait être compris dans les produits bruts (rapport de la commission du budget du 21 mars 1818, p. 40); et pour ne laisser aucun doute à cet égard, le chap. III du budget des recettes ordinaires de 1818, a été rédigé d'après ce principe. (Voyez le Bulletin des Lois, 1er semestre 1818, page 352.)

Dans les comptes des contributions indirectes pour 1816, page 102, on trouve mentionnées les recettes suivantes :

« Consignations et amendes. 1,409,841 fr. 67 c.

« Recettes pour divers.   555,528   85

Des recouvremens de même nature ont eu lieu en 1817, et ne sont pas portés dans le compte de ladite année, page 86.

Vous reconnaîtrez sans doute avec moi, Messieurs, d'après ce rapide examen, que quelque faible que fût en 1816 l'influence des administrateurs, leur suppression, prononcée le 17 mai 1817, a singulièrement nui au bon ordre et à la comptabilité des trois branches les plus importantes des impôts indirects. Sans doute il est trop tard, dans cette session, pour changer ce système : il est trop tard pour supplier Sa Majesté de substituer des administrations collectives, responsables, économes, surveillantes, à des directeurs-généraux recevant des salaires beaucoup trop élevés, investis de pouvoirs beaucoup trop despotiques, disposant par leur volonté unique de l'existence de vingt

mille employés, plus puissans que les ministres, et
par la foule de leurs cliens, et par l'irresponsabilité
qui résulte de la combinaison étrange, grâce à laquelle
ceux qui doivent sanctionner leurs opérations, se trouvent placés dans leur dépendance.

Mais s'il est trop tard pour obtenir, dans cette session,
une amélioration qui devient chaque jour plus indispensable ; s'il faut nous résigner à supporter encore
quelques mois les frais ruineux des directions générales, il n'est pas trop tard pour déposer ici nos vœux,
tendant à ce que ce mode d'administration soit repoussé ; il n'est pas trop tard pour dire que la France
ne peut plus supporter un accroissement annuel d'impôts et de charges. J'entendais, il y a quelques jours,
un homme, d'ailleurs éclairé, avancer qu'on ne devait pas, toutes les années, à l'occasion du budget,
mettre en question tout l'état de la société. Non, sans
doute, quand l'état de la société est monté sur un
taux qui laisse à la société une possibilité de subsister ;
mais quand l'état de la société se trouve tel, qu'il doit y
avoir bientôt pour le peuple impossibilité de supporter
ses charges, l'état de la société, soit qu'on parle ou
qu'on se taise, se remet en question à lui tout seul.

Daignez, Messieurs, porter vos regards hors de
Paris; songez à vos commettans dans les départemens,
aux cultivateurs qui ne savent où prendre de quoi
payer leurs contributions ; aux commerçans qui se
voient enlever les capitaux nécessaires à leur industrie;
aux marins privés dans nos ports du nécessaire le plus
exigu par des réformes qui, chose étrange, sans rien
diminuer aux dépenses, réduisent au dénuement les

plus dignes objets de la reconnaissance publique.

Notre devoir, c'est de proclamer la détresse de tant de classes recommandables, parce que la publication de cette détresse est le seul moyen de les soulager.

Nous touchons au port. La Charte s'affermit, la liberté est comprise de tous ceux qui en jouissent ; mais, pour profiter de ces améliorations morales, il faut nous délivrer d'un mal qui rendrait toutes ces améliorations illusoires. Ce mal, c'est la prodigalité de nos dépenses ; ce mal, ce sont les modes de perception dispendieux, les salaires excessifs qui produisent une misère excessive. Vous sentez tous les jours cette triste vérité. Vous repoussez avec regret les pétitions des braves militaires à qui la patrie ne tient qu'à moitié ce qu'elle leur avait promis. Vous vous imposez cette rigueur, vu la pénurie du trésor. Messieurs, si la pénurie du trésor nous empêche d'être complétement justes, il faut qu'elle nous empêche de même d'être prodigues.

Ne nous laissons pas entraîner par l'exemple de cette Angleterre qui semble plus fière aujourd'hui de sa dépense que de sa constitution. Elle paiera peut-être bien cher une fois cette fierté mal raisonnée. Vous le dirai-je ? une circonstance de la discussion actuelle, qui ne vous a pas frappés peut-être sous ce point de vue, a produit sur moi une impression profonde.

Vous n'avez pas oublié sans doute ce chapitre xiv du budget de l'intérieur, pour travaux de charité et occupation de la classe indigente, chapitre que vous avez rejeté. Vous n'y avez vu qu'une dépense ancienne sous un titre nouveau ; j'y ai vu autre chose : j'y ai vu, dans la nécessité où ce ministère a cru se trouver de donner à cette dépense croissante une place et un titre à part, le germe de cette taxe des pauvres qui dévore l'Angleterre, taxe qui est pour elle le juste et sévère châtiment de la multiplicité des sinécures et de l'énormité des salaires. Évitons cet écueil ; ne créons pas des indigens en ruinant les contribuables, et ne nous réduisons pas, en multipliant les pauvres par les taxes, à avoir aussi une taxe pour les pauvres. (Mouvement d'approbation.)

J'attends donc avec une impatience aussi vive que respectueuse, que des mesures sages et fortes nous retirent de cette position qui s'empire par sa durée seule ; mais pour faire mon devoir dans les détails, puisque le temps m'interdit de le faire pour l'ensemble, je propose des amendemens, dont j'ai déjà eu l'honneur de vous indiquer les deux premiers. Le troisième a rapport au chapitre XVI. Dans les développemens de ce chapitre, page 3, du budget que nous avons sous les yeux, chapitre III de ce développement, il s'agit d'une remise de 2 p. 100 sur le produit net de l'impôt du sel, remise à répartir entre les chefs et employés de tous les services.

Aucune loi, aucun décret inséré au Bulletin n'a établi cette remise d'une manière permanente; elle n'a point existé pour 1806, et n'a été allouée, dit-on, pour 1807, que sur une simple lettre du ministre des finances. On pourrait donc la rayer en entier ; mais mes conclusions ne sont pas si rigoureuses.

Je demande que cette remise soit de 1 p. 100 seulement, et n'entre dans le total que pour 430,000 fr.,

au lieu de 860,000 fr. En 1807, elle n'a été que de
604,731 fr. La France avait alors une frontière beaucoup plus étendue, un plus grand nombre de dirce-
tions des douanes; et le directeur-général prélevait sur
cette remise une part assez forte qu'il n'a pas con-
servée : ainsi, en adoptant la disposition que je propose, les employés des directions des douanes auxquels les événemens de 1814 ont laissé des fonctions
actives, auront des avantages égaux à ceux que le
ministre a voulu leur faire en 1807. La Chambre sait
que le droit sur le sel, qui n'était que de deux décimes
par kilogramme, a, par suite des charges qui pèsent
sur la France, été porté à trois décimes. Les produits
bruts se sont accrus de 50 pour cent, et les frais autres
que la remise sont restés les mêmes. Lorsque l'ancien
tarif pourra être établi, si la remise au taux d'un pour
cent n'est plus suffisante, il sera facile de la porter
plus haut; mais, dans l'état actuel des choses, j'insiste sur la réduction que je propose, avec d'autant plus
de raison, que pour que la remise au taux d'un pour cent
ne fût que de 430,000 fr., il faudrait que les frais de
perception de l'impôt du sel s'élevassent en 1819 à cinq
millions; et ils n'ont pas été de 2 millions 700,000 fr. en
1812 et 1813, lorsque la France avait quarante-
quatre départemens qu'elle ne possède plus. Je propose donc de réduire à un pour cent la remise sur les
sels pour 1819.

Mon quatrième amendement consiste à proposer de
porter, dans les recettes présumées de la direction des
Douanes, pour 1819, 3me développement de l'état H,
p. 133, la somme de 1 million 500,000 fr. pour le

produit brut des saisies ou amendes, en ajoutant ensuite un chapitre aux dépenses, pour balancer cette
addition aux récettes. Il en résulterait un gain pour
le trésor de 249, ou, au moins, de 179,000 fr.; en
voici la preuve : La loi du 15 août 1793 porte, art. 5,
« L'amende et le prix des objets confisqués seront
« répartis entre les préposés de la régie des douanes
« et autres saisissans, à la déduction d'un sixième ré-
« servé à l'état, pour subvenir aux frais de procédure. »

En exécution de cette loi, dans le compte des douanes, pour 1816, on trouve :

Recette, sixième revenant au tré-
sor dans le produit des saisies....... 282,583 fr. 91 c.

Dépenses, frais de saisies à la
charge du trésor.................... 33,299   13
_____
Produit net...................... 249,284 fr. 78 c.

La loi du 25 mars 1817 sur les finances (art. 29,
p. 224, et état F, p. 267), après avoir accordé, sur le
budget de l'état, une somme de 1 million 66,500 fr.
pour subvenir à l'insuffisance des retenues destinées
à payer les pensions de retraite accordées aux employés des divers ministères ou administrations,
ajoute : « Le fonds porté pour cet objet, au budget de
« 1817, ne pourra, dans aucun cas, être augmenté
« par la suite. »

On lit dans l'art. 68 de la Charte :

« Les lois actuellement existantes, qui ne sont pas
« contraires à la présente charte; restent en vigueur
« jusqu'à ce qu'il y soit légalement dérogé. »

La loi du 15 août 1793 ne peut donc être annulée

que par une autre loi : celle du 25 mars 1817, loin d'y déroger, la confirme ; et cependant, dès le 21 mars 1817, M. le directeur-général des douanes a obtenu une ordonnance portant :

« A dater de la publication de la présente, le sixième « réservé pour le trésor royal dans le produit de toute « saisie non encore répartie, et destiné à le couvrir « des frais de saisies, sera versé à la caisse qui, du « même moment et à ce titre, sera et demeurera ex- « clusivement chargée d'acquitter et supporter toutes « les dépenses des saisies et affaires contentieuses non « productives, provenant de contraventions aux lois « et réglemens des douanes. »

Vous avez vu, Messieurs, par le compte de 1816, que le produit net ou sixieme réservé au trésor, a été, pour ladite année 1816, de 249,000 fr. D'après les détails contenus dans le rapport fait par la commission du budget, le 21 mars 1818, p. 39, le produit total des saisies et amendes est, année commune, de 1 million 500,000 fr., et cette somme doit se répartir ainsi qu'il suit :

Quinze pour cent attribués à la Caisse
des pensions, par l'aticle 1er de la loi du
2 floréal an v (Bulletin 119, n° 1150).   225,000 fr.

Cinq sixièmes attribués aux prépo-
sés et autres saisissans.................. 1,062,500

Frais de saisie à la charge du trésor.   ' 33,500

Sixième revenant au trésor, prélève-
ment fait des frais ci-dessus........... ˉ 179,000

Produit........ 1,500,000 fr.

Vous ne pouvez regarder comme exécutoire une ordonnance qui dépouillerait le trésor d'un produit annuel, soit de 249,000, soit de 179,000 fr.

Ce quatrième amendement, Messieurs, si vous en
adoptiez le principe, en motiverait un cinquième qui ne
serait que l'application du même principe aux contributions indirectes : le produit brut des amendes et confiscations doit être porté dans l'état des recettes, et un
nouveau chapitre être ajouté à l'état des dépenses.

Je ne puis déterminer quel sera, dans ce cas-ci, le
profit du trésor, aussi positivement que j'ai pu le faire
pour les douanes; mais j'ose affirmer que le bénéfice
ne sera pas moindre.

Mon sixième et mon septième amendement tendent
à retrancher, du budget des postes, trois des quatre articles formant le chap. VIII, intitulé Dépenses temporaires, p. 123, et montant à 276,260 fr.; et du budget des loteries, p. 125, le chap. XIV, intitulé de même
Dépenses temporaires, et montant à 85,000 fr. Ces
objets réunis formant ensemble la somme de 461,260 fr.

Voici mes motifs :

Dans le chap. II du budget du ministre, intitulé État
des pensions, p. 97, le dernier article est ainsi conçu :
« Supplément aux fonds de retenue des divers minis-
« tères. »

Dans le rapport du ministre à S. M., on voit que ces
fonds supplémentaires sont également applicables à
toutes les administrations. La somme demandée est de
1 million 860,575 fr.; pourquoi donc retrouvons-nous
dans les budgets de la poste et des loteries d'autres sommes pour le même objet ?

Par la loi du 25 mars 1817, on a, comme je vous l'ai dit précédemment, accordé, sur le budget de l'état, une somme de 1 million 66,600 fr. pour suppléer à l'insuffisance du fonds spécial des retenues, destiné à payer les pensions de retraite des employés des divers ministères et administrations. Je vous ai déjà cité, à une autre occasion, l'article 29 de cette loi; cet article dit : « Le fonds porté pour cet objet au budget de 1817, « ne pourra, dans aucun cas, être augmenté par la « suite. » Nonobstant cette disposition formelle, le budget de 1818 a élevé les fonds supplémentaires à 1 million 958,500 fr., au lieu de 1 million 66,500 fr. Cette année, on nous demande 2 millions 321,835 fr.; car 1 million 860,575 fr. et 461,260 fr. forment bien cette somme. Peut-être devrions-nous la refuser, et revenir à la lettre de la loi de 1817 ; mais je suis plus indulgent dans mes suppressions, et je propose, en accordant au ministre, pour supplément des fonds de retenue, les 1 million 860,575 fr., de refuser seulement les fonds réclamés dans d'autres chapitres, pour le même objet. En divisant ainsi les demandes, on fait illusion à la Chambre, qui ne sait alors si elle n'alloue pas, sous une dénomination, ce qu'elle a déjà alloué sous une autre.

Enfin, je vous proposerai un huitième amendement, à l'appui duquel, en réclamant votre indulgence pour la longueur de ces détails, je dois vous soumettre quelques développemens.

Par l'art. 110 de la loi du 28 avril 1816, les services relatifs aux fonds de retraite sont formellement attribués à la caisse des dépôts et consignations, pour être administrés par elle. Une ordonnance du 3 juillet 1816 a été rendue pour l'exécution de cette disposition.

Cependant, il résulte du rapport qui vous a été fait le 20 mars 1819 par la commission des dépôts et consignations, que, depuis trois ans, les directeurs-généraux des douanes, des contributions indirectes et des postes ont refusé d'obéir à cette loi et de se conformer à cette ordonnance

Aucun motif valable n'excuse ce refus. La caisse des dépôts fait gratuitement le service dont elle est chargée. Elle a pour agens les receveurs-généraux, qui sont en relation journalière avec les receveurs-particuliers et les percepteurs des contributions directes et indirectes, et qui font, en conséquence, effectuer dans toutes les communes de France les paiemens de cette caisse avec autant de facilité que de promptitude.

La caisse des dépôts compte à la cour des Comptes. En se refusant à la loi du 28 avril 1816, a-t-on eu pour but de soustraire à cette cour la connaissance et le jugement des recettes et des dépenses des caisses particulières établies près les administrations? Je suis loin de l'affirmer. Cependant, pourquoi ces caisses n'ont-elles point jusqu'ici présenté leurs comptes à cette-cour, même pour des recettes étrangères au fonds de retenue, telles que les amendes et confiscations, dont le montant s'élève souvent par année à plusieurs millions?

J'ouvre l'état de situation de la caisse des retraites de l'administration du seul directeur qui ait fait imprimer son état de situation. J'y aperçois des dépenses qu'il me paraît difficile de légitimer. Je répugne à les énumérer, parce que ce sont des pensions, et qu'au milieu des abus généraux qu'on voudrait réformer, on est arrêté malgré soi par le sentiment du mal particulier qu'on peut faire.

Toutefois, je choisirai pour exemple celles de ces pensions qui portent sur des personnes qu'on ne peut craindre de ruiner en les réduisant au taux voulu par la loi.

Je vois cinq administrateurs jouissant uniformément d'une pension de 9,000 fr. Or, l'art. 9 de l'ordonnance du 17 mai 1817, qui a supprimé les administrations des contributions indirectes, porte : « Les « fonctionnaires supprimés par la présente ordon- « nance, recevront la pension de retraite à laquelle « ils auront droit aux termes des lois et réglemens « existans. » Or, l'art. 11 du décret du 4 prairial an 13 énonce que la pension des administrateurs des droits réunis ne pourra s'élever au-dessus de 6,000 fr., quel que soit le nombre d'années de service au-delà de trente. Et l'article 11 de l'ordonnance du 25 novembre 1814, porte de même que la pension pour les administrateurs ne pourra excéder 6,000 fr.

Il est bien évident que la fixation de la pension des administrateurs n'est pas conforme à ces réglemens et ordonnances.

Si telle est la situation des choses dans la seule des directions générales qui ait publié l'état de ses pensionnaires, ne serait-il pas prudent de rechercher si des abus pareils ou plus grands n'existeraient pas dans les directions qui gardent le silence ?

Je crois donc qu'il faudrait obliger les directions gé-

nérales à se conformer à la loi du 28 avril 1816 ; faire
constater, par jugement de la cour des comptes, la
véritable situation des fonds de retenue; ne payer que
des pensions liquidées d'après les réglemens qui existaient à l'époque de la publication de la loi du 25 mars
1817, et porter dans toutes les directions la retenue
de 5 pour cent, comme dans celle de l'enregistrement.
J'aurai l'honneur de vous soumettre à ce sujet deux
articles additionnels.

Tels sont, Messieurs, les amendemens que je propose. Je sens que les économies qu'ils produiront sont
encore bien faibles; mais nous serons forcés de nous
borner à des réductions extrêmement insignifiantes,
tant que nous n'attaquerons pas la base du système,
tant que nous n'obtiendrons pas du gouvernement de
revenir aux administrations collectives. Il y reviendra,
n'en doutons point. L'économie est son intérêt; c'est
celui du ministère, de ce ministère dont les amis de la
liberté ne s'éloignent jamais qu'avec regret, parce
qu'ils lui savent gré du mal qu'il ne fait pas, et des
successeurs qu'il écarte, mais auquel les ennemis de
la liberté ne pardonneront jamais non plus de leur disputer le pouvoir qu'ils ambitionnent, et d'empêcher le
mal qu'ils méditent.

SUR LA LOI DU 15 MARS

RELATIVE A L'ARRIÉRÉ

DE LA LÉGION-D'HONNEUR.

(Séance du 18 juin 1819.)

MESSIEURS,

Je crois, en effet, que la question n'est pas bien posée, et que ce n'est point ici d'un amendement qu'il s'agit. La question est celle-ci : la loi du 15 mars sera-t-elle exécutée? et dès lors il faut poser la question de savoir si elle sera maintenue ou abrogée : il ne peut y en avoir d'autre. Les lois sont là, ou elles n'y sont pas ; il n'est pas dutout question de les exhumer, on n'exhume pas une loi qui est en pleine vie, mais de savoir si elles existent : il faut les exécuter ou les abroger, il n'y a pas de milieu. Je n'examinerai pas si celle-ci a été un acte de faiblesse mal entendu ; ce n'est pas de cela qu'il s'agit ; si on ne veut pas l'exécuter, il faut que par une proposition formelle de loi, on vienne en proposer l'abrogation ; tant qu'on ne le fera pas, nous sommes fondés à en demander l'exécution. Ce n'est

pas une dépense que nous votons, c'est l'accomplisse-
ment d'un engagement pris que nous réclamons. En
vain parlerait-on du moment où cet engagement était
pris ; où en serions-nous, si les ministres, pour ne pas
exécuter une loi, n'avaient besoin que de rappeler les
circonstances où elle a été rendue! Et comment ne
verrait-on pas que la proposition, au lieu d'être un
acte d'hostilité, est un acte de véritable harmonie! On
a parlé d'accusation ; oui, sans doute, nous pourrions
la provoquer pour une telle inexécution d'une loi existante ; mais qui ne sait que personne d'entre nous ne
voudrait recourir à ce moyen extrême? Ce serait là un
acte hostile, et ce n'est point ce que nous demandons.
La proposition n'est qu'un acte d'harmonie et presque
de déférence. Que si la question s'engage au fond, je
l'examinerai, et j'espère présenter à la Chambre des
considérations qui la détermineront à se rendre l'organe et l'interprète de la reconnaissance nationale.
Quant à présent, je demande que la Chambre soit consultée sur la question de savoir si la loi du 15 mars
sera maintenue ou abrogée.

OPINION

SUR LA PÉTITION

TENDANT A DEMANDER A SA MAJESTÉ

LE RAPPEL DES BANNIS.

(Séance du 19 juin 1819.)

MESSIEURS,

En combattant l'ordre du jour qui vient d'être proposé par votre commission, je ne pense pas, je l'avoue, que de longs raisonnemens soient nécessaires pour vous démontrer que cet ordre du jour, qui, d'abord, paraît laisser la question intacte, et n'opposer aucun obstacle à l'exercice de la prérogative royale, est, au contraire, la confirmation implicite d'une loi aussi anti-monarchique qu'inconstitutionnelle; la confirmation implicite d'une loi qui, votée dans un moment de trouble, n'est propre qu'à entretenir, dans tous les esprits, ces doutes et ces agitations dangereuses qui résultent toujours des Chartes violées et des promesses enfreintes.

Je ne sais si l'esprit de parti et la calomnie vou-

dront jeter de la défaveur et des soupçons sur mes intentions et sur celles des honorables collègues dont
je me fais gloire de partager les principes. Rien ne
semble impossible à l'esprit de parti : il ne recule devant aucune injustice; il ne rougit d'aucun mensonge.
Je ne serais donc pas étonné si, feignant de méconnaître le sens des paroles les plus claires, il nous
accusait d'être indifférens à la calamité la plus déplorable de toutes celles qui ont marqué notre longue
révolution; à une calamité qui, sortant cette révolution des routes de la justice, a été la cause principale
de l'inutilité des efforts que nous avons faits depuis
pour entrer enfin dans les routes de la liberté. Mais,
Messieurs, je compte, je l'avoue, et sur l'équité de
mes collègues, et sur l'équité non moins certaine de
cette opinion publique qui est attentive à nos débats,
et que ne saurait égarer aucun artifice, ni embarrasser
aucun sophisme. Je le déclare : quiconque, transportant la question que je vais traiter sur un terrein tout
différent de son terrein véritable, y verrait autre chose
qu'une invocation aux principes de la Charte, enfreinte
sous deux rapports, comme je me promets de vous en
convaincre, serait le plus méprisable, le plus déhonté
des imposteurs. Mais sa lâche imposture serait facilement dévoilée par les noms seuls de ceux qui, dans
cette enceinte, s'opposent avec moi à l'ordre du jour.
Parmi eux, ne voit-on pas, en effet, celui-là même
qui, après le 20 juin 1792, est venu seul, à la barre
d'une assemblée orageuse, réclamer pour l'inviolabilité du monarque constitutionnel ? Ne voit-on pas, à
côté de lui, un autre de nos collègues qui, au sein

de la convention asservie, a voté sous les poignards contre un jugement dicté par le délire et prononcé par l'èffroi, et dont la courageuse résistance a été punie par treize mois d'une captivité rigoureuse, durant laquelle le glaive des bourreaux a continuellement plané sur sa tête ? Ainsi, tous ceux d'entre nous que les circonstances appelèrent à manifester leurs sentimens par des actes, ont repoussé, sans calculer l'intérêt de leur sûreté ou de leur vie, la fatale sentence qui, au mépris d'une constitution jurée, frappait un roi qu'on n'avait pas même le droit de juger : et, parmi les autres, je défie la malveillance d'accréditer une conjecture, quelle qu'elle soit, qui permette de leur attribuer une autre pensée.

Ce n'est donc, Messieurs, que la Charte que nous défendons. C'est sur une infraction à la Charte, que nous demandons qu'un renvoi au président du conseil des ministres appelle l'attention royale. C'est pour la prérogative illégalement limitée dans un de ses attributs les plus précieux, que nous réclamons l'examen du monarque dépositaire de cette auguste prérogative.`

La Charte a été enfreinte par la loi du 12 janvier 1816. La prérogative royale a été blessée par la même loi

J'ai à vous démontrer ces deux propositions. Ma tâche est facile : ma manière de la remplir sera courte; l'évidence n'a pas besoin de longs développemens.

L'article 11 de la Charte avait ordonné l'oubli des votes : ce fait n'est contesté par personne. La loi du 12 janvier 1816 a rappelé les votes pour les associer à

une action qui n'y avait aucun rapport. Si l'adhésion
à la constitution des cent jours était un délit, et qu'on
voulût l'excepter de l'amnistie, on le pouvait : mais
l'exception devait porter sur ce délit même, et non
sur un vote que la Charte avait aboli. Par le seul rappel de ce vote dans la discussion, on désobéissait à
la volonté royale devenue la loi de l'état dans la séance
du 4 juin 1814. En fondant une loi sur le rappel
de ce vote, on faisait une chose inconstitutionnelle,
une loi en opposition avec la loi de l'état. Je ne dis
ici, Messieurs, que ce qu'ont dit en 1816 les ministres eux-mêmes, je ne dis que ce qu'ont dit avec plus
de force encore des députés aujourd'hui ministres ·
et je ne suppose pas que ministres, ils démentent ce
qu'ils ont dit comme députés.

En second lieu, la prérogative royale a été limitée
par la loi du 12 janvier 1816, et aucune loi n'avait
le droit de limiter cette prérogative. La Charte con-
fère au monarque constitutionnel le droit de faire
grâce : elle n'assigne aucune borne à l'exercice de ce
droit. Je n'examine point ce que le monarque eût pu
faire, en supposant que l'abolition des votes n'eût pas
existé. Je reste dans les termes de la loi, et je dis
que légalement la prérogative du roi est illimitée. La loi
du 12 janvier la restreint ; la loi du 12 janvier anéantit
donc l'article constitutionnel qui la consacre ; sous
ce rapport encore, la loi du 12 janvier est en opposition directe avec la loi de l'état. Si une loi peut
limiter la prérogative royale sur un point, elle le peut
sur d'autres, elle le peut sur tous. C'est une doctrine
démocratique, démagogique, anarchique, parce que

toutes les fois que la passion entraîne les hommes, ils se précipitent dans l'anarchie, même quand ils ont des intentions toutes différentes. C'est donc l'intérêt de la prérogative royale, non moins que de la Charte, que nous défendons. Nous établissons des principes en détournant nos regards des individus, quels qu'ils soient, et sans recherfcher quels individus sont intéressés au maintien de ces principes. D'ailleurs, que demandons-nous ? Un simple renvoi au président du conseil des ministres, un renvoi qui ne préjuge rien, qui pose seulement deux grandes questions constitutionnelles, dont l'intérêt du pouvoir, comme celui de la justice, abstraction faite des hommes, je le répète, exige la solution.

La loi du 12 janvier a rapporté un article de la Charte. Une loi peut-elle rapporter un article de la Charte ? La loi du 12 janvier attente à la prérogative du monarque? Pouvait-elle y attenter? L'ordre du jour décide ces deux questions affirmativement, et voilà pourquoi nous nous opposons à l'ordre du jour.

J'ai traité de prime abord le problème le plus difficile, parce que ma conscience et le passé ne me reprochant rien, je puis traiter sans crainte tous les problèmes. Maintenant je ne dirai qu'un seul mot sur ce qui se rapporte aux bannis par ordonnance. Lisez, Messieurs, ce que disait l'assemblée même de 1816, sur ces trop fameuses listes; écoutez M. de Corbières, déclarant qu'elles ne sauraient inspirer aucune confiance; écoutez M. de Bouville, professant hautement que s'il avait à prononcer comme juré sur la culpabilité des inscrits, il ne pourrait, sur son honneur, affirmer qu'ils sont coupables. (Voy. le *Moniteur* dans la discussion de l'amnistie.)

Certes, si après de tels aveux dont il ne faut point diminuer le mérite, nos honorables collègues se levaient pour l'ordre du jour, je vous le confesse, je ne saurais que penser et surtout je ne saurais que dire.

Enfin, une quatrième question se présente. Il y a des exilés par suite de poursuites commencées; il y en a aussi, dit-on, qui sont retenus loin de leur patrie parce qu'on les a inscrits sur des listes secrètes. Quand aux premiers, Messieurs, vous ne voudrez pas·nous ramener aux temps où le télégraphe correspondait avec les cours prévôtales. Quant aux seconds, ce ne sont pas les individus inscrits sur ces listes qui ont besoin d'indulgence, ce sont, et vous en conviendrez tous, vous qui avez fait serment de maintenir la Charte, ce sont ceux-là seuls qui les ont inscrits : encore ne sais-je pas, mes collègues, si, cette indulgence, nous aurions le droit de la leur accorder. Sanctionnerez-vous de tels abus de pouvoir par l'ordre du jour ? je ne puis le penser. Vous rejetterez loin de vous cet ordre du jour, qui légitimerait et les persécutions les plus scandaleuses et l'arbitraire le plus ténébreux. Députés de la nation, honorés de ses suffrages, dépositaires de sa confiance, y répondrez-vous moins que les pairs ? Devra-t-elle se dire que par un déplacement étrange et des positions et des devoirs, les mandataires de son choix sont moins attachés à ses garanties (car pour ces classes d'exilés au moins il s'agit de toutes les garanties constitutionnelles), que ceux que la naissance seule appelle à pronoucer aussi sur son sort? Non, Messieurs, vous ne voterez pas l'ordre du jour, et le ministère actuel se gardera de vous demander une décision pareille. Il se garantira du triste héritage que voudrait lui imposer un ministère passé. Il ne voudra pas être légataire d'un régime qui, heureusement pour lui, n'a pas été le sien. L'arbitraire dans l'administration, les vexations dans les départemens, le désordre dans les finances, le despotisme jusqu'au sein des lois, il repoussera toutes ces choses. Il sait que sa popularité tient surtout aux souvenirs que d'autres ont laissés. Il se séparera de ces souvenirs : les voies constitutionnelles lui sont ouvertes. Son intérêt l'invite à y entrer; il peut y marcher avec d'autant plus d'avantage qu'il marchera le premier.

Quant à nous, Messieurs, ce que nous faisons aujourd'hui annonce ce que nous ferons dans toutes les circonstances : ni la difficulté des questions, ni la défaveur des apparences ne nous porteront à dévier de la ligne qui nous paraît juste. Nous défendons la Charte fidèlement, en dépit d'interprétations perfides. Nous la défendrions de même, s'il le fallait, dans un sens opposé. Tel qui combat maintenant pour faire respecter l'un de ses articles, combattrait également pour faire respecter tout ce qu'elle consacre, et aurait combattu à une autre époque avec plus d'intrépidité peut-être que ses adversaires, pour qu'un grand malheur fût épargné à la France, et qu'une grande iniquité ne s'accomplît pas. Je dis même trop peu, puisque je présente comme une hypothèse ce qui est un fait, que déjà je vous ai rappelé. Défendre Louis xvi

en 1792 était plus courageux, j'ose l'affirmer, que
vouloir, au mépris de ses sublimes et mémorables paroles, le venger encore en 1816.

Je vote pour le renvoi de la pétition au président
du conseil des ministres.

REPLIQUE SUR LA MÊME QUESTION.

MESSIEURS,

La question qui devait nous occuper a été si étran-
gement dénaturée dans le cours de cette discussion,
que vous pardonnerez si je laisse apercevoir quelque
désordre dans les réponses à ce qui a été dit. Je saisirai les raisonnemens qui vous ont été soumis comme
ils se présenteront à mon esprit. Toutefois, j'espère
vous exposer d'une manière satisfaisante, ce qui s'est
passé avant, pendant et après la séance du 17 mai.
Je donnerai ici une grande preuve d'impartialité,
car j'excuserai peut-être pour leur conduite à cette
époque, ceux même que je suis obligé de blâmer aujourd'hui.

La France, Messieurs, était profondément affligée
d'avoir vu, malgré la Charte, malgré la résistance du
roi, malgré l'opposition d'un ministre qui depuis a
oublié le langage qu'il tint alors ; malgré les expres-

sions de M. le duc de Richelieu, qui dit que la volonté du roi était forcée ; la France, dis-je, était profondément affligée de voir, contrairement à la volonté du roi, déployer des rigueurs illégales.

En conséquence, depuis ce moment, depuis surtout que l'ordonnance du 5 septembre est venue briser le pouvoir de ceux qui avaient provoqué ces rigueurs, la France désirait qu'on revint et sur les hommes illégalement bannis, et sur une amnistie dérisoire, sauf à faire mettre en jugement ceux qui pourraient paraître l'avoir mérité.

A mesure que l'arbitraire s'est éloigné, arbitraire dont je n'accuse pas les ministres, car ils avaient sans cesse à lutter contre l'influence d'un parti puissant ; à mesure que la France a cessé d'être en proie à des hommes ivres de vengeance, elle a invoqué le respect dû à la Charte, et elle a demandé qu'on révoquât des actes qui lui étaient contraires.

Ce fut d'abord avec timidité qu'elle communiqua ses vœux à ceux qu'elle croyait pouvoir lui servir d'interprètes et d'organes. Quant à moi, je l'avoue, j'ai, long-temps avant que les pétitions ne fussent présentées, fait tout ce qui était en moi pour seconder le mouvement de l'opinion. Si c'est un crime, il m'appartient, et je suis loin de m'en défendre.

L'opinion s'est formée, le langage des hommes modérés s'est fait entendre, et l'on est généralement convenu qu'il n'y avait rien de dangereux pour un peuple, comme une assemblée délibérante tombant de tout son poids sur un parti. La proscription de la Convention avait sillonné la France de sanglans vestiges ; on eût dit qu'une convention nouvelle allait de nouveau décimer la France.

Lorsque le règne de la justice fut graduellement revenu, et ce retour fut entravé par bien des obstacles, les citoyens qui voulaient le règne de la Charte et des lois, reprirent courage. Ils écrivirent à ceux qu'ils supposèrent avoir quelqu'influence dans l'opinion, dans cette Chambre et hors de cette Chambre : Je n'avais pas l'honneur d'en être membre alors. Nos honorables amis qui siégeaient dans cette enceinte, ont déclaré que, si avoir désiré le rappel des bannis était un crime, ils en étaient coupables. Je réclame aussi ma part de ce crime, peut-être avant eux; car simple citoyen encore, je n'ai cessé de réclamer publiquement pour les exilés. Long-temps avant le 17 mai, mes honorables amis ont eu des conférences avec les ministres, qui ne leur ont point semblé rejeter l'idée des pétitions. La Chambre des pairs avait donné l'exemple d'un renvoi au président du conseil des ministres. Nous pûmes nourrir l'espérance que les ministres ne s'opposeraient point à la même décision dans cette Chambre. Jusqu'au 17 mai, l'on nous entretint dans cette espérance ; et le 17 au matin nous arrivâmes ici pleins de confiance dans ce que nous pouvons appeler les engagemens qui avaient été pris. Vous savez quelle fut cette séance et quelles paroles furent prononcées. Des pétitions, arrivées de toutes parts, dont j'ai remis plusieurs que je déclare n'avoir point provoquées, eurent le sort que vous connaissez.

J'ai dit les faits, j'ai repoussé les assertions injurieuses aux pétitionnaires. Ils étaient de bons citoyens, ceux qui, sans s'occuper des individus, voulaient qu'on revînt à la Charte, au respect pour les lois, qu'on réparât des mesures injustes ; car tout exil sans jugement, n'importe l'individu qu'il atteint, est une iniquité.

Maintenant que j'ai rendu justice à une foule de citoyens estimables, inculpés pour leur respect envers les lois, je rendrai justice à d'autres ; et je donnerai par là, je le répète, une grande preuve d'impartialité ; car ceux à qui je vais rendre justice, nous avons à nous en plaindre.

Non, ce ne sont point les ministres qui ont mis obstacle au retour des bannis ; c'est le même parti de 1815 qui avait prononcé ces proscriptions. En voulez-vous la preuve ? Avant le 17 mai, quand on a eu connaissance des pétitions, dans quels journaux, dans quels pamphlets a-t-on voulu circonvenir la bonté royale pour la détourner des supplians ? Le 17 mai qui est-ce qui, dans cette enceinte, a étouffé la discussion ? Après le 17 mai, quand les ministres ont accordé, et je les en remercie et je les en loue, à de malheureux vieillards infirmes, le triste bonheur de mourir sur leur terre natale, dans quels journaux, dans quels pamphlets, dans quel parti se sont élevés des cris de fureur ? Les ministres ont cédé en partie à une influence funeste, en partie ils y ont résisté. Qui, je vous le demande, a dit alors qu'un permis de séjour était un crime ? Qui a menacé les ministres de l'accusation, pour avoir accordé à des vieillards un tombeau ? Qui a disputé au roi le droit de faire grâce, mettant la loi du 12 janvier au-dessus de la Charte ?

Je passe à l'interpellation faite à **M. Bignon**. Peut-être a-t-il été imprudent à lui d'annoncer un secret qu'il ne pouvait révéler dans ce moment, sans nuire à ceux qu'il voulait servir : mais s'il pense en effet que l'heure de dévoiler ce secret n'est pas venue ; s'il pense qu'il vaut mieux pour des infortunés qu'il se taise, je le loue de s'immoler à la cause du malheur ; je le loue de prendre sur lui la défaveur momentanée du silence qu'il s'impose : c'est un sacrifice généreux et noble, je l'en estime et l'en remercie.

Je finirai par une interpellation que je crois légitime. Un honorable préopinant a parlé de comités directeurs, de complots, de correspondances de ces comités avec d'autres villes du royaume ; d'ennemis du trône, qui s'agitaient et qui conspiraient. Il ne doit pas faire planer ses soupçons sur toute la France, faire que chaque citoyen se défie de l'autre, que nul ne sache s'il ne se réunit pas, s'il ne converse pas avec un conspirateur : s'il y a des comités directeurs, des ennemis du trône, qu'il les nomme, qu'il les révèle. On a applaudi à l'interpellation du ministère à **M. Bignon** ; on ne peut blâmer mon interpellation à **M. Courvoisier**.

Quant à moi, je déclare que je n'ai aucune connaissance de ce qu'on a nommé un comité secret, et de la notoriété de l'existence de ce comité. Je ne sais nullement ce qu'on veut dire par un comité directeur, et je remarque que l'orateur a singulièrement affaibli son expression ; d'abord on avait prononcé le mot complot, un autre membre s'est servi du mot insurrectionnel. J'ai vu dans cette capitale de nombreuses réunions ; j'y ai entendu des conversations sur les affaires publiques ;

je n'y ai rien vu de régulier, rien d'organisé ; je n'y ai vu aucune correspondance ; et si l'honorable membre sait à cet égard quelque chose qui puisse alarmer le gouvernement, qu'il le déclare au ministre de la police ici présent.... Je me sers d'une expression impropre ; qu'il le déclare au ministre de l'intérieur : c'est un devoir pour lui à un double titre, celui de fonctionnaire public et celui de député ; comme ce sera un devoir pour le gouvernement de sévir contre des réunions où l'on tramerait contre lui de criminelles entreprises. S'il y a un complot, le gouvernement doit non seulement le surveiller, mais le poursuivre et le punir : il faut que la France sache la vérité ; il faut qu'elle soit rassurée par le gouvernement lui-même, sur l'effet de telles imputations. Je le désire plus que qui que ce soit, car je crois être son interprète en déclarant qu'elle ne veut pas de révolution, et que chaque jour l'attache davantage aux principes du gouvernement constitutionnel, et à la conservation de tous les droits que ce gouvernement lui garantit.

SUR LA PÉTITION

DES ÉCOLES DE DROIT.

(Séance du 10 juillet 1819.)

MESSIEURS,

Si j'avais pu révoquer en doute la nécessité de renvoyer au gouvernement la pétition qui vous est soumise, le discours de l'honorable membre qui descend de la tribune m'aurait convaincu de cette nécessité. A l'en croire, la question qui vous occupe est de la plus haute importance ; il ne s'agit point de quelques désordres provenant, soit de l'effervescence d'une jeunesse inconsidérée, soit des mesures mal combinées des agens de l'autorité ; il s'agit d'un vaste complot, ourdi par des hommes étrangers aux écoles, sur plusieurs points de la France. L'honorable préopinant vous a énuméré les colléges, en grand nombre, où des troubles ont éclaté ou devaient éclater simultanément ; et c'est au moment où cette dénonciation solennelle vient de retentir à cette tribune, que vous passeriez à l'ordre du jour sur une pétition qui se rapporte aux faits les plus graves contenus dans cette dénonciation !

Mais daignez réfléchir à ce que, dans nos formes législatives, l'ordre du jour signifie! En l'adoptant, vous déclarez que les faits ou les réclamations qu'une pétition renferme, ne sont pas de nature à fixer l'attention du gouvernement; que ces réclamations ou ces faits sont d'un trop faible intérêt, de trop peu d'importance : est-ce là ce que vous pouvez faire dans la circonstance actuelle?

Non, Messieurs, aucune pétition ne vous serait parvenue, le bruit public seul vous aurait informé de ce qui s'est passé à l'École de droit, que vous devriez recommander au gouvernement l'examen et la vérification de faits qu'on vous dépeint si graves. C'est là ce que vous ferez, et vous ne ferez rien de plus en ordonnant le renvoi au gouvernement; par ce renvoi, vous ne préjugez rien, tout reste intact : seulement vous témoignez le désir que tout soit éclairci, et la conduite des étudians, que je n'inculpe ni ne justifie, et celle du professeur dont les leçons ont servi de prétexte, et celle du doyen qui a été l'occasion du scandale, et la décision de la commission d'instruction publique, et enfin l'emploi de la force armée.

Car tout cela, Messieurs, doit être examiné. Dans une affaire qui est encore obscure, qui s'est compliquée de plusieurs actes, dont la régularité n'est nullement prouvée, dans une affaire qui s'est prolongée plusieurs jours, il est possible, il est probable que plus d'une des parties a eu des torts; il faut que le gouvernement s'en assure pour qu'il puisse rendre justice, et votre renvoi ne fait que l'inviter à s'en assurer. Si ce que vous a dit l'honorable préopinant est fondé, s'il y a eu, dans les désordres qui vous affligent, de coupables ramifications si ces désordres ne se bornent pas seulement aux écoles de la jeunesse, mais tiennent encore à de criminelles machinations de parti, il faut remonter à leur source dévoiler ces machinations, atteindre et frapper ces hommes qui ont eu la sacrilége audace de vouloir semer la révolte là où est l'espérance de notre patrie, et corrompre la génération naissante sur laquelle repose la force future, la gloire à venir de notre pays.

Si, comme je le pense, le zèle même du préopinant pour le bien et pour le repos public, lui a fait concevoir des alarmes fort exagérées qu'il pourrait communiquer au gouvernement, il faut aussi que le gouvernement examine ces assertions inquiétantes, pour se rassurer lui-même et pour rassurer la France; il trouvera, je le pense, beaucoup de motifs de sécurité.

J'en trouve dans ses propres paroles, Messieurs; et en vous les rappelant, je vous en convaincrai. Dans une énumération des colléges où des troubles avaient eu lieu, il vous a dit que les jeunes gens, arrêtés en divers lieux de la France, n'avaient pu être amenés à aucun aveu qui donnàt des lumières sur les instigateurs de ces troubles, mais s'étaient tous réunis pour assigner à leurs égaremens passagers, l'ennui, le désir de sortir du collège et de retourner dans leurs familles. Il a vu dans ces réponses uniformes je ne sais quoi de mysté-rieux et d'effrayant. J'y vois au contraire la preuve que rien entre ces jeunes gens n'était concerté. En effet, qui peut croire que parmi tant de jeunes gens, isolés, arrêtés, interrogés séparément, tous dans la fougue et dans la candeur de l'àge, pas un n'aurait cédé aux sollicitations des maîtres, à l'adresse des questionneurs. Non, Messieurs, s'ils n'ont révélé aucun secret, c'est qu'aucun secret n'existait. S'ils n'ont rien dit, c'est qu'ils n'avaient rien à dire. Les causes de leurs torts étaient légères comme leurs torts mêmes.

Déjà il est échappé à l'honorable préopinant un mot dont je le remercie, parce qu'il atteste sa loyauté. Il nous a parlé de l'honorable carrière de M. Bavoux et de treize années irréprochables. Certes, on ne supposera pas qu'après un long espace consumé dans de méritoires travaux, un professeur ait prêché tout à coup des doctrines séditieuses. En vérifiant les faits, le gouvernement rendra justice à tous ceux auxquels la justice doit être rendue, et votre renvoi ne fait que l'inviter à la vérification des faits.

Nous verrons alors qu'il n'est pas vrai que ces troubles, qui ont eu lieu dans tous les temps, tiennent à des partis qu'on veut à tort nous signaler comme formidables. Nous verrons que la jeunesse française est inaccessible à tout esprit de faction, que les sentimens qui la dirigent sont l'amour de la Charte, du roi constitutionnel, de la liberté et de l'étude ; de l'étude qui fait ses délices ; car, à aucune époque, la génération naissante ne fut si avide de science, si consacrée à la recherche de tout ce qui est bon, de tout ce qui est beau. J'en prends à témoins tous ceux qui fréquentent les colléges ; nos jeunes gens qui sont l'espoir, et qui seront la gloire de la patrie, n'ont de passion que celle de s'instruire, de plaisir que celui de chercher et de découvrir la vérité.

En leur rendant cette justice, Messieurs, je ne prétends point excuser des faits que j'ignore; mais vous les ignorez ainsi que moi, et en conséquence, vous ne pouvez point les préjuger. Le renvoi au gouvernement ne préjuge rien; il prouve votre sollicitude pour la liberté d'une part, et pour l'ordre public de l'autre. Il atteste votre impartialité; et c'est au nom de votre impartialité que je le demande.

On vous a dit que tout ce que vous feriez, que tout ce que le gouvernement pourrait faire serait inefficace, et que les écoles ne seraient paisibles que lorsque la nation serait pacifiée. Mais la nation est pacifiée; car elle veut la Charte, et le trône constitutionnel fondé sur la Charte. Jeunes gens et vieillards sont réunis dans cette volonté ferme et inébranlable; mais c'est pour cela qu'il ne faut pas, en préjugeant des faits sur lesquels vous n'avez aucune lumière, flétrir une partie de cette nation, sa partie la plus importante, puisque c'est à elle que l'avenir appartient. Je ne décide point s'il y a eu des torts, s'il y a des griefs, et de quel côté ces griefs et ces torts peuvent être; je demande qu'en bons et loyaux députés, nous témoignions, par un renvoi au gouvernement, notre sollicitude; et qu'impassibles, parce que nous ne sommes pas suffisamment éclairés, nous ne donnions pas, par l'ordre du jour, la preuve d'une insouciance déplacée et d'une aveugle sécurité.

J'appuie donc les conclusions de mon honorable collègue M. Daunou, en faveur du renvoi au gouvernement.

SUR L'ÉLECTION

DE M. GRÉGOIRE.

(Séance du 6 décembre 1819.

MESSIEURS,

Si la question ne s'était élevée que sur la légalité de l'élection qui nous occupe, je n'aurais point songé à prendre la parole; j'aurais pesé, pour me décider au silence, les raisonnemens pour la négative ou l'affirmative, et j'aurais voté suivant ma conviction. Quiconque est satisfait de nos institutions, heureux sous le gouvernement du roi et de la Charte, ne peut avoir ni la volonté, ni l'intérêt de provoquer le trouble et le scandale. Mais on vous propose de cumuler deux questions, celle de légalité et celle qu'on appelle de l'indignité, question bien plus importante, puisqu'elle intéresse notre pacte fondamental, la représentation et l'honneur du trône; oui, Messieurs, l'honneur du trône, et je suis si frappé de cette vérité, que c'est la seule dont je me propose de vous occuper.

Je commencerai par vous rappeler des faits. Je porterai, dans l'exposé de ces faits, la plus grande impartialité et la plus sévère exactitude; et j'ose compter d'autant plus sur votre indulgence, que ces faits me conduiront naturellement à rendre un juste et publie hommage à la sagesse profonde de notre monarque, qui a deux fois fait triompher les principes propres à éteindre toutes les haines, à calmer tous les souvenirs, et si j'ose répéter ici les paroles augustes sorties de sa bouche, à fermer pour jamais l'abîme des révolutions.

Messieurs, lorsque, le 8 juillet 1815, S. M. rentra dans sa capitale, vous savez tous dans quel état déplorable se trouvait la France, que de maux elle avait soufferts, combien de calamités la menaçaient encore, quelles divisions existaient, quelles animosités s'étaient réveillées, et jusqu'à quel point il importait, à la vue de 800 mille étrangers répandus sur notre territoire ou rassemblés sur nos frontières, de donner aux différens partis, qu'agitaient encore la crainte ou la vengeance, des gages solennels qui leur rendissent la sécurité.

Que fit le roi, Messieurs? Il sentit que les maux étant plus grands en 1815 qu'en 1814, il devait faire plus pour cicatriser des blessures devenues plus profondes. En 1814, il avait inséré dans sa Charte royale l'article XI, qui défend toutes recherches des votes et opinions. En effet, en 1814, cet article pouvait suffire; les passions étaient moins exaspérées; il y avait entre les partis moins de griefs réciproques. Nul n'avait intérêt à fouiller dans les annales sanglantes d'une révolution de vingt-cinq années, pour y trouver des armes contre des ennemis qui n'existaient pas. En

1815, des coups plus terribles avaient été portés. De simples proclamations de principes ne suffisaient plus; il fallait des actes ; il fallait passer, pour ainsi dire, de la théorie à la pratique. S. M., convaincue de cette vérité incontestable, et fidèle à cette noble abnégation d'elle-même, qui l'a portée à limiter son propre pouvoir, s'imposa le plus grand des sacrifices.

Un homme existait, qui non seulement avait laissé dans les annales de la révolution, à ses époques les plus terribles, des traces dont toute l'Europe avait connaissance, mais qui avait prononcé ce vote fatal, ce vote dont les amis de la liberté ont gémi plus que personne, parce qu'ils sentaient que ce vote funeste était un coup presque mortel à la liberté. Cet homme, Messieurs, le roi, l'appela dans ses conseils Daignez réfléchir que, si mes paroles excitaient vos murmures, ce ne serait pas contre mes paroles, mais contre une nomination royale que vos murmures seraient dirigés.

Oui, Messieurs, cet homme, le roi l'appela dans ses conseils. Malheur à qui ne verrait dans cette détermination royale qu'une politique vulgaire qui cherchait à s'appuyer d'un prétendu chef de parti [1]

Certes, à cette époque même, il y avait dans tous les partis des hommes non moins influens. Il y avait des généraux à la tête d'armées encore nombreuses. Le roi ne choisit point parmi eux, parce que ce n'était pas un appui qu'il cherchait pour son trône, mais une preuve incontestable, éclatante, sublime, qu'il voulait donner de son oubli complet du passé. Ce fut une ratification solennelle de l'article xi de la Charte ; ratifi-

cation d'autant plus digne d'hommage, qu'elle fut
offerte volontairement, à une époque où les étrangers
pouvaient prêter leurs bras à la vengeance, si le roi,
par cet acte mémorable, ne leur eût déclaré qu'il ne
voulait pas la vengeance, mais la fidélité à ce qu'il avait
promis. Le roi voulut, Messieurs, que la présence de
l'homme qu'il avait appelé dans ses conseils, fût une
preuve vivante que la parole des rois est sacrée, et
que tout engagement contracté par eux est irrévocable.

Que vous propose-t-on maintenant, Messieurs?
d'arracher non seulement à la France, mais au roi
lui-même, le fruit de son effort magnanime; de détruire cet article xi de la Charte, pour lequel S. M.
s'est imposée, à la face du Monde, le plus pénible,
mais en même temps le plus admirable des sacrifices!
Que dis-je? on vous propose, sans s'en apercevoir sans
doute, de blâmer le roi! oui, Messieurs, de le blâmer; car en adoptant une conduite complétement contraire à la sienne, en vous opposant avec violence à ce
que, si l'élection est légale, la Chambre des députés
suive l'exemple du roi, vous proclamez à toute l'Europe qu'il y aurait indignité pour la Chambre, si elle
faisait ce que S. M. n'a pas trouvé de l'indignité à faire
pour ses conseils. Eh quoi! la récompense du plus grand
sacrifice serait pour le monarque, de la part de ses
députés, une censure qui, pour être indirecte, n'en
serait pas moins blessante, et retentirait chez tous nos
voisins.

Non, Messieurs, vous sentirez combien ce zèle vous
égarerait. Par une suite naturelle de votre vénération
pour le monarque-législateur, pour un monarque,

scrupuleux observateur de ses promesses, vous écarterez la question de l'indignité. Quant à moi, qui la professe sincère et profonde cette vénération, je ne consentirai jamais à prononcer ainsi la condamnation d'un acte royal qui a été le gage de l'amour du roi pour son peuple, et de son respect pour ses sermens. Je me croirais le plus audacieux des hommes, le plus coupable détracteur de la majesté du trône, si j'osais reconnaître pour moi une indignité dans une chose où Louis XVIII, tout entier au salut de la France et à son dévouement pour la paix publique, n'a pas reconnu une indignité pour sa personne sacrée.

Ce n'est donc pas seulement au nom de la Charte, c'est au nom du roi, au nom de tout ce qu'il a fait pour rétablir le calme et la concorde, au nom des fruits que nous retirons déjà de sa prudence et de sa sagesse, que je demande que nous écartions la question de l'indignité, qui est une insulte à la conduite royale, et que, fermant cette discussion si dangereuse, nous nous bornions simplement à délibérer sur la légalité.

SUR LA PROPOSITION

DE VOTER

SIX DOUZIÈMES PROVISOIRES.

(Séance du 24 décembre 1819.)

MESSIEURS,

Il est clair que la seule question de savoir si l'on accordera dèux, quatre ou six douzièmes, n'est pas ici la véritable question ; car, ce que nous accordons en une seule fois, nous pouvons l'accorder par deux délibérations successives, et cela sans inconvénient. Le gouvernement a la preuve en ce moment de la facilité, de la rapidité avec lesquelles la Chambre peut statuer sur de telles demandes : toute argumentation prise dans l'intérêt de finances, dans les intérêts du crédit, doit tomber devant cette considération. Les créanciers de l'état savent très bien que leur garantie n'est pas dans un vote provisoire ni définitif, mais dans l'existence même du gouvernement, dans le pouvoir royal et dans celui des Chambres. La question n'est donc nullement financière : sous ce rapport, il est évident que les quatre douzièmes suffisent ; la question est entièrement politique, elle consiste dans le degré de confiance que peut nous inspirer le ministre.

Ici, Messieurs, je m'expliquerai sans amertume et sans application aux personnes. L'opinion est incertaine, agitée; des assertions étranges ont été accréditées, des changemens vous ont été annoncés. Dès ce moment, la confiance a cessé d'exister; elle n'existe même pas dans ceux qui font profession de croire aux bonnes intentions du ministère; car ceux-là même savent très bien que la durée de ce ministère tient à l'adoption de ses projets. C'est donc un ministère provisoire qui demande des douzièmes provisoires (mouvement dans l'assemblée). Un des orateurs qui défendait le projet, a reconnu lui-même que la situation était grave et périlleuse ; nous devons donc prendre toutes les précautions que ces dangers commandent ; et déjà ne voyons-nous pas que la proposition de la commission a produit un effet salutaire, un effet au-dessus de nos espérances. M. le président du conseil ne vient-il pas de déclarer que l'intention du gouvernement était de laisser subsister ce qui est. Peut-être a-t-il reconnu lui-même que les projets dont le bruit s'est répandu, étaient la véritable cause des alarmes qu'on ne peut méconnaître. (Nouveaux mouvemens.)

Un orateur dont j'honore les intentions autant que j'admire son talent, a craint qu'en ne votant que quatre douzièmes, la Chambre ne montrât une défiance dont l'opinion pouvait s'inquiéter d'une manière dangereuse. Non, Messieurs, la nation est plus éclairée qu'on ne le croit ; qu'elle sache que la Chambre est attentive au maintien de ses droits et de ses institutions, et elle retrouvera toute sa tranquillité. Prouvons que nous connaissons le vœu de cette nation ; que le ministre prouve qu'elle sera défendue dans ce qu'elle a de plus cher, qu'il reste fidèle aux protestations que nous venons d'entendre avec tant de joie ; qu'il maintienne nos institutions, et il verra à l'instant renaître cette confiance et cette unanimité qui fera sa force. Je crois, d'après ces considérations, toutes puisées dans l'examen de notre position politique, devoir me borner à voter pour le projet de votre commission, c'est-à-dire pour quatre douzièmes.

SUR LES PÉTITIONS

EN FAVEUR DE LA LOI DU 5 FÉVRIER,

RELATIVEMENT AUX ÉLECTIONS.

(Séance du 14 janvier 1820.)

MESSIEURS,

Avant de m'occuper de la question soumise à votre délibération, je crois devoir relever une expression d'un des préopinans, parce qu'elle place la question

dans un faux jour, et que nous sommes tous, tant
en notre nom particulier, qu'au nom de nos commettans qui nous ont envoyé des pétitions, obligés
de dire que le reproche adressé par l'honorable
préopinant aux pétitionnaires, est tout-à-fait mal
fondé.

Il a dit que l'agitation n'avait commencé qu'après
le discours émané du trône, que c'était pour blâmer
le roi que ces pétitions avaient été rédigées, qu'elles
dirigeaient le blâme contre la volonté royale. Or,
vous savez tous, Messieurs, qu'il faut distinguer le
roi de ses ministres. Dans toutes ces pétitions, si
elles avaient été lues à cette tribune, vous auriez vu
beaucoup de respect pour le roi, l'auteur de la
Charte, et beaucoup d'alarmes excitées par des propositions qui ont été plus annoncées par des articles
officiels, que dans le discours émané du trône, discours
qui d'ailleurs est toujours en soi un discours ministériel ; vous y auriez vu que la désapprobation contre
les mesures annoncées ne porte que sur les ministres,
que les signataires des pétitions ont cru devoir séparer
de la volonté royale. Il m'a paru nécessaire de commencer par cette déclaration, afin qu'on ne vît dans
les pétitions aucune intention dirigée contre le roi.

Maintenant je vous avoue que cette discussion me
parait offrir le contraste le plus étrange. Les pétitions
qui ont fait l'objet du rapport, disent précisément ce
que les ministres disaient il y a un an ; ces pétitions
sont en faveur de la loi des élections, rédigées presque
dans les mêmes termes que ceux qu'avaient employés
dernièrement à la tribune les ministres qui défen-

daient alors cette même loi; elles sont les mêmes, à peu de choses près, que celles que signaient alors avec l'aveu des ministres, des préfets et des maires, qui recueillaient des éloges de la part du gouvernement pour avoir obtenu ces pétitions. Je pourrais citer deux préfets, défendus à la Chambre des pairs par le ministre de l'intérieur, parce qu'ils étaient accusés d'avoir provoqué ces pétitions; et aujourd'hui, parce que les pétitionnaires veulent ce que vous vouliez il y a un an, vous les traitez comme des factieux et des anarchistes! Cette manière de faire le procès à la nation me paraît la chose la plus étonnante qu'on ait encore vue dans une assemblée.

Si ces pétitions sont factieuses, ce qu'on disait il y a un an était donc factieux; ainsi les discours des ministres étaient factieux; et si les ministres n'ont pas eu de tort l'année dernière, quel tort peuvent avoir aujourd'hui les pétitionnaires qui ne font que reproduire le même langage?

Les conclusions du rapport tendent à faire modifier par un simple ordre du jour un article de la Charte; c'est tout simplement avec quelques invectives contre les pétitionnaires qu'on vous propose d'interpréter un article de la Charte, et de restreindre le droit de pétition à un point auquel il n'a jamais été restreint. On vient de vous dire que les pétitions collectives doivent être rejetées par l'ordre du jour : c'est détruire vos propres institutions, et la prérogative de la Chambre.

Cette seule considération doit vous arrêter. Si l'on voulait interpréter l'article de la Charte, si l'on trouve que le droit de pétition, tel qu'il y est exprimé, est dangereux, ce serait par suite d'une proposition formelle qu'on devrait le restreindre. Mais il paraît que les hommes qui réclament avec tant de zèle pour la prérogative royale, l'ont singulièrement oubliée. En effet, n'empiètent-ils pas sur elle, quand ils proposent de faire par un simple ordre du jour ce qu'on ne peut faire que par une loi? car un article de la Charte ne peut être interprété que par une loi.

Quoi! c'est parce que telles pétitions sont intitulées, les habitans ou des habitans, que vous déclarez les unes collectives et les autres individuelles. En sommes-nous donc réduits à ces misérables arguties, quand il s'agit de restreindre les droits du peuple? Ne peut-on pas marcher plus franchement, et s'abstenir de jeux de mots et de synonymes, que j'assimilerais, si je l'osais devant vous, aux calembourgs de nos plus burlesques comiques.

On vous a objecté l'identité des pétitions. Je suis d'autant plus obligé à répondre à cette objection, qu'elle porte principalement sur le département que je représente. Car, comme il a été plus qu'un autre vexé par les administrateurs de 1815, de 1816 et de 1817, qu'il a eu plus à se plaindre qu'un autre, qu'il n'a obtenu aucune réparation, jusqu'en 1818, où enfin il a eu des administrateurs plus respectueux pour les droits des citoyens, il a pu s'exprimer d'une manière uniforme.

Y a-t-il donc tant de manières de dire qu'on veut la Charte et la loi des élections? L'identité des sentimens doit produire l'identité des paroles. Si vous consultiez la France tout entière, elle vous répondrait par des phrases probablement identiques, parce qu'on ne peut pas dire de deux manières, qu'on veut vivre sous l'empire du roi et de la Charte.

On vous a parlé de pétitions injurieuses; mais on ne vous a pas dit que la seule pétition injurieuse qu'on vous a citée était signée par un seul individu. On vous l'a citée parmi d'autres, comme si elle était l'expression d'une masse commune de la majorité des pétitionnaires. Or, cette pétition est signée par un seul individu; et encore, que renferme-t-elle? une expression qui n'est pas convenable : s'il y a quelques députés qui s'écartent de leur devoir, on les comptera. Certainement l'expression est inconvenante : mais considérez ce qui a lieu en Angleterre; après toutes les délibérations du parlement, on publie les noms des membres de la majorité et de la minorité. On ne croit pas leur faire injure.

Il est possible que le pétitionnaire n'ait pas voulu dire autre chose, si non que les hommes qui pensent comme lui, trouveraient que ces députés n'ont pas bien voté. On aurait dû au moins vous dire qu'un seul individu s'était permis cette expression, et ne pas jeter le blâme sur la masse des pétitionnaires.

On vous a parlé des empiétemens sur l'initiative royale. Certes, le droit de pétition collective ou individuelle, tel qu'il a été exercé depuis trois ans dans cette Chambre, n'est nullement un empiétement sur l'initiative royale.

Quand vous recevez une pétition, vous ne délibérez pas sur le fond de cette pétition. En ordonnant qu'une pétition soit déposée au bureau des renseignemens, vous donnez aux commissions formées dans votre sein, ou bien à chacun de vos membres, la facilité de la consulter au besoin ; mais vous ne la discutez pas au moment où elle vous est soumise, vous ne pourriez pas sur-le-champ rédiger d'après elle une proposition. On né doit donc pas craindre qu'elle introduise dans la Chambre des propositions qui devaient être écartées.

Lorsque vous renvoyez une pétition aux ministres, vous les invitez seulement à s'occuper de son objet. Mais soit que vous ordonniez le dépôt de la pétition au bureau des renseignemens, ou son renvoi aux ministres, vous ne faites rien que ce que la Charte a prescrit, vous n'empiétez aucunement sur l'initiative royale.

Les argumens contre les pétitions collectives me paraissent donc tomber complétement. Mais un argument qui ne peut pas tomber, c'est que la Charte ne les a pas interdites. Or, une seule branche des trois pouvoirs ne peut ôter aux citoyens un droit que la Charte leur a donné ; votre ordre du jour serait une atteinte formelle à l'article de la Charte. Il y a des constitutions qui ont repoussé les pétitions collectives. Pourquoi ? c'est qu'elles étaient moins fortes que la nôtre. Mais, aujourd'hui, n'avons-nous pas la division des deux Chambres et toutes les garanties que l'expérience a suggérées au fondateur de la Charte ? Aujourd'hui nous n'avons pas besoin d'être si timides, parce que le gouvèrnement, tant qu'il marchera constitutionnellement, n'aura pas le moindre désordre à craindre.

C'est parce que les attributions de la Chambre sont

limitées, et qu'elle ne peut recevoir aucune insinua-
tion dangereuse du dehors, que la Charte a consacré pleinement et entièrement le droit de pétition pour
tous les citoyens. On l'a déjà rappelé. Vous avez ac-
cueilli des pétitions collectives dans la dernière séance,
et aujourd'hui même : personne ne s'est élevé contre
l'accueil que vous leur avez fait ; et, parce que les pétitions actuelles portent sur le premier de nos droits,
vous voudriez les repousser? Non, Messieurs, vous
ne le pouvez pas.

Après cette discussion, l'ordre du jour serait un
anathème prononcé contre tous les pétitionnaires.
(Non, non, pas du tout.) Oui, Messieurs, on a dit que
les pétitions étaient factieuses, on a parlé des révolutionnaires qui les avaient suggérées; je dis donc que
si l'on passait à l'ordre du jour, après une discussion
semblable, ce serait frapper les pétitionnaires d'un
anathème.

On vous a dit : les pétitionnaires ne sont pas lé-
sés, ils ne sont point victimes de quelques abus de
pouvoir, et par conséquent ils n'ont pas le droit de se
plaindre ; mais je demanderai pourquoi ; c'est parce
que nous avons de bonnes institutions. Pourquoi ont-
ils été victimes à une époque que je ne veux pas rappeler ? c'est parce que nous n'avions pas ces institutions
protectrices. Est-il donc étonnant, quand ils voient
qu'on veut leur enlever ces institutions, qu'ils viennent,
au nom de l'intérêt général et particulier, vous demander le maintien de votre loi des élections, qui a ramené
pendant quelque temps les ministres à plus de modération ; une loi d'élection qui réunit dans la représen-

tation nationale les vrais organes du peuple, et qui a fait sentir aux agens du pouvoir, qu'il fallait se renfermer strictement dans les dispositions de la Charte. C'est donc en se liant à l'intérêt général que les intérêts particuliers s'adressent à vous.

On parle d'une opinion factice. Cette imputation n'est pas née de ce jour; je pourrais montrer à ceux qui se la permettent, leurs phrases toutes faites dans le *Moniteur*. De tout temps on a parlé d'une opinion factice et séditieuse, et toujours lorsque les agens du pouvoir ont eu leurs raisons pour dédaigner l'opinion publique. Cette opinion demande encore aujourd'hui le trône et la liberté. Elle n'a point changé; elle vous offre le tribut de l'expérience. Depuis cinq ans, elle jouit des bienfaits de la Charte; les pétitionnaires vous disent : Depuis trois ans nous nous trouvons bien sous la loi des élections, nous jouissons de notre liberté, conservez-nous-la; certes, ce n'est pas là former une demande qui porte atteinte à l'initiative.

On vient de vous lire une lettre dénonçant des manœuvres pour signer des pétitions. Eh bien ! il faut conserver ces pétitions pour vérifier si ces manœuvres ont subsisté. Il est triste de laisser se répandre cette idée, qu'il existe dans la France une poignée de factieux, qui peuvent ébranler sa constitution. Il ne faut pas laisser croire qu'un grand ou de petits comités directeurs puissent à leur gré mettre la France en feu. Il faut donc des pièces de conviction; il faut savoir si la pétition du maire de Chàteaubriant est elle-même authentique; car M. le rapporteur n'a pu en vérifier la signature : il faut conserver le corps du délit, si délit il y a ; et pour cela, le renvoi au bureau des renseignemens est indispensable. Cette discussion, Messieurs, est très importante ; la nation attend de vous une décision qui l'éclairera sur la stabilité de la Charte et de la loi des élections. Après les débats qui ont eu lieu, après la défaveur jetée sur les pétitionnaires, vous ne pouvez passer à l'ordre du jour. Je demande le dépôt au bureau des renseignemens : c'est ainsi seulement que vous ne préjugez rien.

SUR UNE LETTRE

DÉNONÇANT DES MANOEUVRES

POUR SIGNER DES PÉTITIONS.

(Séance du 15 janvier 1820.)

MESSIEURS,

Il est impossible que la Chambre veuille fermer la discussion, quand un de ses membres a le devoir de répondre par des faits à ceux qui viennent d'être énoncés relativement à son département. M. le ministre des affaires étrangères, en lisant l'écrit que vous venez d'entendre, a prétendu prouver que les alarmes qui

se sont répandues étaient l'effet de manœuvres per-
fides, concertées pour s'opposer à l'effet de l'initiative royale ; mais la date même de la lettre aux Sar-
thois me suffira pour répondre. Cette date prouve que
la lettre est antérieure au discours du roi. J'avais donc
raison de dire que les alarmes ne sont pas le résultat
du discours du trône, mais des articles officiels et des
menaces ministérielles qui annoncent des atteintes à
nos institutions.

Je vais maintenant parler du département de la
Sarthe lui-même. Oui, si les inquiétudes se sont expri-
mées avec énergie dans le département dont j'ai l'honneur d'être député, c'est que, pendant trois ans, ce
département a été en butte aux plus horribles vexations ; des destitutions en masse y ont été prononcées ;
des citoyens y ont été l'objet des persécutions les plus
violentes ; les plus respectables, les plus estimés, les
plus patriotes, ont été livrés à des commissions étrangères.

Les persécutions, Messieurs, les destitutions, ont
eu lieu sous l'administration d'un préfet que M. le ministre des relations extérieures connaît fort bien.

Est-il étonnant qu'un département qui a si horrible-
ment souffert s'alarme au bruit des atteintes dont on
menace la Charte, sous laquelle il espérait trouver la
tranquillité et la sûreté ? Cela est-il étonnant lorsque ce
département est encore sous l'empire des hommes qui
en ont été les persécuteurs, lorsqu'on y voit encore des
arrêtés pris impunément contre la propriété des communes ? Ici je puis citer des faits. Oui, Messieurs, deux
communes ont été menacées d'être dépouillées de leurs

propriétés, de leurs places publiques, de leurs marchés, qui leur appartenaient depuis des années. Des arrêtés illégaux ont été pris par des autorités, ou partiales, ou trompées, en faveur d'anciens seigneurs dont nos institutions nouvelles anéantissent les prétentions. Nous avons obtenu justice de l'un de ces arrêtés : l'autre subsiste encore; et malgré les promesses solennelles de M. le ministre de l'intérieur à la députation tout entière, le maire, auquel les intérêts de cette commune sont confiés, est l'homme d'affaires, l'agent salarié du ci-devant seigneur, qui la trouble dans sa possession; et sa destitution ne peut être obtenue des ministres, bien qu'eux-mêmes conviennent que la justice et les lois la réclament. Ainsi des abus sont dénoncés sans que justice soit rendue. Six cent vingt-deux destitutions ou actes de persécution ont eu lieu contre autant d'individus : le nombre des réparations qu'il a été possible d'obtenir s'élève à cinq.

On nous a dit que nous avons tort de nous plaindre, que nous possédons la liberté. Oui, nous jouissons de la liberté de la tribune, de la liberté de la presse, et, sous plusieurs rapports, de la liberté individuelle; mais nous en jouissons par la loi qu'on menace. La Sarthe en jouit, parce que, grâce à cette loi, elle a des représentans qui la défendent, et qui ne cesseront pas de la défendre, aussi long-temps qu'ils pourront monter à cette tribune. C'est pour cela que la Sarthe réclame le maintien de cette loi. Il en est de même de toute la France ; c'est parce qu'elle est libre qu'elle défend sa liberté, pour ne pas la reperdre.

Maintenant, Messieurs, je ne me permettrai qu'une

observation sur le fond de la question. Un membre distingué par son talent, et qui par conséquent s'exprime avec cette franchise que donne un talent distingué, vous a dit qu'en adoptant l'ordre du jour vous préjugerez réellement la question. Il vous a ainsi indiqué une raison puissante pour écarter l'ordre du jour : c'est donc contre l'ordre du jour que je vote, et je persiste à demander le dépôt au bureau des renseignemens.

SUR UNE PÉTITION

TENDANT A PRÉVOIR LA DESTITUTION

DU ROI CONSTITUTIONNEL

(Séance du 29 janvier 1820.)

MESSIEURS

Je viens appuyer de toutes mes forces la proposition de la commission, et s'il n'y avait pas eu dans son rapport une phrase que je crois nécessaire de relever, je n'aurais pas demandé la parole; je ne serais pas venu arrêter la Chambre dans le vote probablement unanime qu'elle portera. La commission n'a présenté que deux hypothèses, deux possibilités : l'une d'un pétition-naire insensé ; l'autre qui, sous le masque de la liberté, voudrait renverser l'ordre social. Il me semble qu'une troisième possibilité est admissible ; et je demande à la Chambre de la lui exposer en peu de mots. Voici le plan de l'existence duquel tout concourt en ce moment à me convaincre. Il consiste à jeter d'abord de l'odieux et du ridicule sur le droit de pétition, que tous les gouvernemens de la France ont autorisé, et que la Charte, le meilleur de tous les gouvernemens qu'ait eu la France, a sanctionné formellement. Ce plan consiste à tâcher de persuader au gouvernement et à la nation qu'il y a des hommes qui ourdissent des trames per-fides, qui nourrissent des projets séditieux, qui pous-sent l'audace jusqu'à les manifester. Je vois ce plan partout, et dans les journaux, et dans les bruits et les fausses nouvelles qu'on répand avec perfidie ; je le vois dans la pétition actuelle. Je suis convaincu qu'aucun des membres de la Chambre ne peut en rien participer à un tel projet, mais n'est-il pas extraor-dinaire que, par une coïncidence qui tient à un sin-gulier hasard, en même temps qu'on nous présentait des pétitions absurdes, on soit venu à la tribune pro-diguer l'outrage et le dédain à des pétitionnaires res-pectables ?

Je dois faire observer à cette occasion que si, en effet, une faction avait conçu le projet de discréditer le droit de pétition, si cette faction avait voulu rem-plir l'esprit du roi de vaines terreurs pour l'entraî-ner plus aveuglément dans les projets qui avaient été conçus, je vous le demande, que pourrait-elle faire de mieux que d'inonder cette Chambre de pétitions scandaleuses, qui ne manqueraient pas de soulever tous les citoyens, s'ils pouvaient croire que ces pétitionnaires ont le malheur d'être sincères?

C'est depuis que les ministres ont traité avec un dédain superbe les pétitionnaires, depuis qu'ils les ont signalés comme des factieux ou comme des ignorans, qu'on vous présente les pétitions les plus absurdes et les plus extravagantes.

Il n'y a pas long-temps qu'une pétition d'une autre nature a excité l'indignation de la Chambre. Certes, elle n'était pas d'un insensé; écrite avec assez de talent, elle émanait d'un homme qui exerce encore des fonctions dans la judicature. Aujourd'hui, dans une pétition non moins coupable, on veut porter atteinte à cette inviolabilité du roi, que nous voulons tous, parce qu'elle est la base de nos libertés. Vous conviendrez que c'est une singulière coïncidence; que si ces pétitions n'étaient, en effet, que la production d'hommes en démence, ne serait-il pas bizarre que tous les fous du royaume parussent s'être coalisés avec ceux qui veulent détruire le droit de pétition?

C'est dans un moment où les ministres, pour soutenir les vastes projets qu'ils ont annoncés, sont obligés de repousser les pétitions de tous leurs efforts, qu'on vient nous en offrir qui nous porteraient à les repousser unanimement nous-mêmes, si nous pouvions croire à leur vérité

Je pense donc que toutes les pétitions de cette nature sont destinées, comme beaucoup d'autres écrits que nous désapprouvons tous, à jeter de la défaveur sur un de nos droits les plus sacrés, et à servir les vues d'une faction contre-révolutionnaire, en faisant croire à des projets qui n'existent pas. Cette faction existe ; elle calomnie la nation française, elle calomnie les députés qui défendent ses droits ; elle prend tous les masques, pour faire croire que les défenseurs de nos libertés sont des anarchistes. Vous savez cependant que tous leurs vœux sont pour le trône constitutionnel, pour le gouvernement du roi, fondateur de la Charte ; qu'ils veulent maintenir les droits de la couronne et la Charte tout entière, avec toutes les libertés qu'elle nous a promises, et qu'ils les défendent contre toutes les factions. Je dis contre toutes les factions, comme s'il en existait plus d'une ; quant à moi, je crois qu'il n'y a qu'une faction, c'est celle qui est ennemie de l'égalité, et qui voudrait changer nos institutions les plus salutaires.

Nous ne voulons pas plus l'anarchie que l'oligarchie, pas plus la démocratie que le despotisme. Nous combattrons les anarchistes comme ceux qui voudraient devenir oppresseurs ; nous combattrons aussi les agens subalternes du pouvoir, qui, impatiens de se dégager des entraves dont la Charte les entoure, se couvrent du prétexte de la volonté royale, et veulent détruire, sous le prétexte d'améliorer.

Dans une telle situation, nous avons besoin d'émettre nos sentimens tout entiers, de les faire connaître au roi et à la France : mais pour remplir ce but, il faut rechercher d'où viennent les manœuvres par lesquelles on veut jeter de la défaveur sur les défenseurs de la

Charte. En conséquence, je viens appuyer le renvoi de la pétition au ministre de la justice. Je désire que le pétitionnaire ne soit qu'un insensé : mais s'il était autre chose, je voudrais qu'il fût poursuivi suivant toute la rigueur des lois. J'espère qu'alors on pourra découvrir un agent de la faction que je viens de signaler.

SUR LA LOI

RELATIVE

AUX ENGAGISTES ET AUX ÉCHANGISTES.

(Séance du 9 février 1820.)

MESSIEURS,

Je rentrerai le moins qu'il me sera possible dans les considérations qui vous ont été soumises.

Deux de nos honorables collègues vous ont déjà prouvé l'immense différence qu'il y a entre les mesures que vous avez prises hier, relativement aux acquéreurs de biens nationaux, et celles qu'on vous propose aujourd'hui, relativement aux engagistes. Ils vous ont prouvé que les acquéreurs de biens nationaux, portion immense de la nation, propriétaires à titre positif et légal, ne pouvaient pas être mis en parallèle avec des

hommes possesseurs à titre précaire, avec des hommes
qui ont toujours été dans des situations plus favorables ; car, à toutes les époques, les engagistes ont pu
se libérer, au lieu que les acquéreurs de biens nationaux sont obligés d'attendre qu'on leur signifie des difficultés qu'ils ne pouvaient pas prévoir.

La loi du 14 ventôse an VII est favorable aux engagistes. Les lois impériales qui ont introduit la mesure
des décomptes, sont des lois funestes aux acquéreurs
de domaines nationaux. Vous avez été obligés de les
maintenir ; mais il n'en est pas moins vrai que la situation des acquéreurs d'un côté, et des détenteurs de
l'autre, est tout-à-fait différente. Je vais vous soumettre
une considération qui, ce me semble, doit frapper le
gouvernement lui-même. M. le ministre des finances
nous a dit hier, et déjà il l'avait dit dans l'exposé des
motifs du projet de loi, que le projet présenté était une
mesure tendant à dissiper les alarmes, à rassurer complétement les acquéreurs de domaines nationaux.

Je ne sais pas si des mesures partielles peuvent
rassurer ces acquéreurs , quand des mesures plus
générales pourraient les alarmer. Il me paraît évident
que, pour rassurer les acquéreurs de biens nationaux,
il ne faut pas que les ministres laissent croire que ceux-
ci ne sont qu'un prétexte pour rassurer une autre
classe tout-à-fait différente. Si nous nous bornons à
adopter la première partie de la loi, telle que la commission l'a amendée, les acquéreurs de biens nationaux pourraient voir, dans cette loi, une garantie
qu'on a voulu leur donner ; mais si, à cette loi, on
ajoute une autre loi qu'on n'a pu lier à la première que

par des motifs qu'il est difficile d'approuver, il est clair qu'alors les acquéreurs de biens nationaux croiront que, sous le voile d'une espèce de garantie pour eux on a voulu faire passer des dispositions uniquement favorables aux engagistes et aux échangistes. .

Je crois qu'il est très important, pour le gouvernement, que ces deux lois soient séparées. Les droits des engagistes et échangistes ne sont pas compromis par cette séparation ; et alors les acquéreurs de biens nationaux pourront trouver une espèce de garantie dans la loi.

J'observerai que ce que vous a dit hier M. le ministre des finances, relativement aux tiers-acquéreurs des domaines engagés, que le tableau qu'il vous a fait de la position des engagistes, de leurs inquiétudes, des obstacles qu'elles apportaient à la circulation des propriétés, aurait été mille fois plus applicable aux acquéreurs de biens nationaux, et que cependant deux de mes honorables collègues ont lutté sans succès pour obtenir quelques garanties en faveur des tiers-acquéreurs de biens nationaux.

Il est fâcheux de mettre ensemble deux projets, dont l'un est moins favorable aux acquéreurs de biens nationaux, que l'autre aux engagistes et échangistes. Je crains qu'on ne dise que vous avez été sévères envers les acquéreurs de biens nationaux, parce que ces biens provenaient de la nation ; et que vous êtes indulgens pour les engagistes et échangistes, parce que les faveurs viennent de la cour. En conséquence, il me paraît que vous devez les séparer complétement.

J'ajouterai qu'un des argumens de M. le ministre

des finances, relativement aux engagistes, me semble avoir prouvé le contraire de ce qu'il avait voulu établir. Il a dit que la question des engagistes remontait à plusieurs siècles. Mais, s'ils sont restés plusieurs siècles sans être libérés, je ne vois pas pourquoi il pourrait être dangereux d'ajourner encore, pendant quelques années, leur libération définitive. Les acquéreurs de biens nationaux ont au contraire leurs propriétés depuis peu de temps. Il y a mille raisons politiques pour ne plus les laisser dans l'état précaire où les lois impériales les ont mis.

Je crois donc que nous devons adopter le projet de la commission, sauf au gouvernement à reproduire, sur les engagistes et les échangistes, un projet de loi spécial.

SUR LA RÉDACTION

DU PROCÈS-VERBAL

RELATIVEMENT A UNE ACCUSATION DE M. CLAUSEL DE COUSSERGUES

CONTRE M. DE CAZES.

(Séance du 1er mars 1820.)

Je demande la parole sur la rédaction du procès-verbal.... (Une vive agitation se manifeste.)

Vous avez vu avec un extrême étonnement, que le

procès-verbal n'a nullement rendu compte d'une des parties les plus importantes de la discussion qui a eu lieu à la dernière séance. J'ai une raison toute partienlière d'en être parfaitement certain : c'est qu'ayant eu à vérifier dans les bureaux le jour auquel la discussion du projet de loi sur les élections avait été fixé, j'ai été consulter le procès-verbal : je l'ai lu en entier, et je l'ai trouvé complétement différent, dans une partie fort essentielle, de celui que vous venez d'entendre. Je ne crois pas qu'il soit possible que la Chambre permette que son procès-verbal soit inexact. Je n'entre pas dans les raisons qui ont déterminé, cette omission. Je dis seulement qu'elle est illégale, contraire aux droits de la Chambre, et que le procès-verbal doit être rétabli tel qu'il était.

En effet, Messieurs, si quelque membre trouve dans le procès-verbal des choses contre lesquelles il croit devoir réclamer, il est libre de le faire : sans doute aussi, si quelque membre s'était mis dans le cas d'une rétractation fâcheuse, il pourrait réclamer contre le procès-verbal ; mais nul ne peut changer le procès-verbal ; il doit rester tel qu'il a été d'abord rédigé, parce qu'il est le tableau des faits qui se sont passés au sein de cette Chambre, et de ce qui a été dit à la tribune. Si vous permettiez d'y faire quelque changement dans cette occasion, on pourrait aussi se permettre d'en faire dans d'autres circonstances, et la Chambre alors serait à la merci du bureau. Mon intention n'est pas d'inculper le bureau ; il est possible que ce ne soit qu'une omission : mais, ce qu'il y a de certain, je l'atteste sur mon honneur, j'atteste l'honneur des membres du bureau, c'est que le procès-verbal n'est pas tel qu'il a été rédigé : le procès-verbal que j'ai lu ne rendait pas compte de la dernière séance de la même manière que celui qui a été lu à la tribune. Je demande que la première rédaction soit rétablie, et que le procès-verbal contienne l'indication des faits qui se sont passés. (Cet avis est fortement appuyé à gauche.)

M. le président, mettez ma proposition aux voix

Je demande qu'on rétablisse le procès-verbal tel qu'il avait été rédigé ; je le demande, parce que la réponse qui avait été faite à une expression qui a été consignée dans un précédent procès-verbal, a été supprimée, et qu'il est nécessaire qu'elle y soit rétablie ; puisque l'accusation a été dans un procès-verbal, la réponse doit être dans l'autre. A Dieu ne plaise que j'entre ici dans l'examen des accusations qui ont été portées contre un ministre : ce n'est pas plus mon intention que de me déclarer son apologiste ; mais enfin ce procès-verbal porte qu'un membre de cette Chambre a accusé un ministre d'être le complice d'un assassinat qui nous a tous consternés comme la France entière : il faut que le procès-verbal contienne aussi la réponse d'un autre membre, qui a déclaré l'accusateur un calomniateur ; car, Messieurs, il ne suffit pas de porter de telles accusations et d'en être quitte pour les retirer. Cela supposerait qu'il règne sur cette affreuse affaire un mystère dont l'idée seule serait un danger. Il faut que tout ce qui a été dit soit connu ; il faut que le mot de calomniateur retentisse comme celui de complice de l'assassinat de M. le duc de Berri. Cela est d'une stricte justice. Je demande donc qu'on rétablisse ce qui a été dit. Le procès-verbal doit offrir un compte fidèle de vos débats ; et c'est bien le moins que, quand on y a consigné une imputation, on puisse y trouver la réponse également consignée.

SUR LES MESURES

A PRENDRE

POUR CONSTATER LA FIDÉLITÉ DU SCRUTIN.

(Séance du 6 mars 1820.)

MESSIEURS,

La proposition que je vais avoir l'honneur de vous soumettre, ressemble, à quelques égards, à celle que vous venez de rejeter ; mais elle me paraît d'une exécution plus facile et de nature à prévenir les discussions et les lenteurs, en même temps qu'elle atteindra le but que M. Labbey de Pompières s'était proposé.

Il est évident que, dans ce moment, vous n'avez pas de contrôle pour le scrutin ; mais je ne crois pas qu'il soit nécessaire d'adopter un mode aussi long que celui de faire signer tous les votans ; il suffira que deux secrétaires prennent une note de chaque membre, à mesure qu'il viendra voter, et qu'ensuite le président, avant le dépouillement des votes, proclame le nombre des votans ; alors on verra si le nombre des votes est égal à celui des votans.

Je rappellerai à la Chambre, que, lorsqu'on a demandé l'exécution de cette formalité, M. le président n'a pas cru pouvoir l'accorder, parce que le réglement garde le silence à cet égard ; mais il me semble que vous pouvez facilement ajouter à votre réglement une disposition qui, en ordonnant cette formalité, levera tous les scrupules.

Je rappellerai aussi, comme l'a fait mon collègue, que cette formalité est remplie dans les collèges électoraux ; car il est bien clair que le nombre des boules ne suffit pas pour constater d'une manière certaine le nombre de ceux qui ont voté.

Mais, comme il est possible de trouver encore de meilleurs moyens que celui que j'ai indiqué, je propose de nommer une commission qui vous fasse un rapport sur la manière de lever toutes les craintes sur la régularité des votes.

Je joindrai à cette proposition un autre objet. Il est évident que les votes par assis et levé sont douteux. Les membres du bureau ne sont pas toujours unanimes sur l'épreuve, ce qui doit être un grand motif de doute pour la Chambre. Cet état est fort triste, surtout lorsqu'il est constaté que quatre membres manquent par la volonté des ministres, qui avaient promis de faire convoquer les colléges électoraux dont la députation est incomplète. Puisque nous sommes réduits, de part et d'autre, à une si petite majorité, c'est un motif de plus pour qu'elle soit bien constatée. Vous savez que, dans l'assemblée constituante, lorsque 50 membres demandaient l'appel nominal, on ne pouvait pas le refuser. Ne devrait-il pas en être de même dans cette Chambre? car jamais 50 membres ne demanderont l'appel nominal, quand la majorité aura paru évidente par assis et levé. Vous sentez combien il importe à la Chambre de n'être pas à la merci des erreurs du bureau.

Je propose donc la formation d'une commission qui pourra vous faire demain son rapport, afin de remédier aux inconvéniens que je viens de signaler.

Je demande à lire à la Chambre l'article du réglement qui, si je me suis trompé, m'a trompé moi-même (l'orateur lit l'article 43). Comme la Chambre ne peut pas nommer des commissions par elle-même, je n'ai pas cru qu'il fût possible de le faire sans renvoyer ma proposition dàns les bureaux. Si la Chambre voulait bien prendre ma proposition en considération, elle la renverrait dans les bureaux, qui nommeraient la commission; voilà comme je l'ai compris; si je me suis trompé, c'est une erreur de forme que l'article du réglement m'a fait commettre.

Je déclare que ma proposition est indépendante de toute espèce de suppositions qui pourraient blesser la Chambre, ni ses membres futurs. Je n'ai fait que réclamer une formalité qui ést pratiquée partout, et contre laquelle il ne peut s'élever aucune objection. Personne ne peut s'opposer à ce que le nombre des votans soit connu avant le dépouillement du scrutin. Cette formalité est d'autant plus essentielle, que l'on ne pourra plus se plaindre de l'irrégularité du scrutin.

Je demande que ma proposition soit renvoyée dans les bureaux.

*+++

SUR LA LOI

D'EXCEPTION

CONTRE LA LIBERTÉ INDIVIDUELLE.

———

(Séance du 7 mars 1820.)

———

MESSIEURS,

Il est des questions qu'on ne peut aborder sans un
profond découragement et sans une amère tristesse.
Telle est celle qui nous occupe aujourd'hui. Recommencer sans cesse un travail infructueux, faire quelques pas dans la carrière de la liberté légale, concevoir quelque espérance, et se voir repoussé dans
l'arbitraire par une autorité pour le moins aveugle ;
sera-ce donc là éternellement le sort de la France ?
Les gouvernemens qui se succèdent s'obstineront-ils
toujours à lutter eux-mêmes contre leur propre stabilité ? Héritiers des théories que, par une erreur bien
étrange, ils s'applaudissent d'emprunter à des autorités
déchues ; héritiers quelquefois, ce qui est plus fâcheux
encore, des instrumens de ces autorités ; instrumens
qui ne semblent s'être mis à part du naufrage de leurs
anciens maîtres, que pour pousser vers les mêmes

écueils leurs maîtres nouveaux, voudront-ils toujours rester ou rentrer dans le sentier funeste où leurs devanciers se sont perdus? Je l'avoue, Messieurs, quand je vois tant d'expériences obstinément repoussées, mon courage est près de m'abandonner. Je me dis qu'il est inutile de vouloir défendre l'autorité contre les conspirations qu'elle ourdit sans cesse contre elle-même. N'importe, remplissons jusqu'au bout notre pénible tâche; et tant que notre voix ne sera pas étouffée, prouvons à notre malheureuse patrie qu'elle peut compter sur des défenseurs.

Sur des défenseurs, dis-je; et cependant elle n'a pas dans cette enceinte le nombre complet de défenseurs qu'elle devrait avoir. Les députations de quatre départemens sont mutilées, restent mutilées, malgré les déclarations, les promesses solennelles d'un ministre; promesses tellement positives, que c'est en se confiant à ces promesses que vous avez ajourné, depuis deux mois, les réclamations que vous vouliez adresser au trône. Les députations de quatre départemens restent mutilées, tandis qu'il s'agit de savoir si les habitans de ces départemens qui, de la sorte, ne sont qu'imparfaitement représentés, verront leur liberté personnelle livrée à des pouvoirs illimités et discrétionnaires. Les députations de quatre départemens restent mutilées, tandis que quatre voix forment aujourd'hui la majorité.

Que ces départemens sachent au moins que, s'ils sont privés de leurs légitimes organes, la faute n'en est pas à cette Chambre. Des engagemens ont été pris, des faits affirmés. La Chambre s'est reposée sur ces

engagemens; elle a ajouté foi à ces faits; les engagemens sont restés sans exécution, les faits étaient sans
exactitude. Luttons, néanmoins, quelque incomplet
que soit notre nombre. Il est des époques où, bien
que le succès soit difficile, tout homme consciencieux
trouve une consolation à réclamer sa part des revers.

Toutefois, Messieurs, ce n'est point dans une discussion de principes que je me propose de vous engager. Les principes sur la liberté individuelle ont été
proclamés dans toutes nos assemblées, dans celles
mêmes qui, comme on vous invite à le faire aujour-
d'hui, ne leur rendaient hommage que pour les violer.
Rien de neuf ne peut être dit sur cette matière. L'arbitraire conventionnel, directorial, impérial, a depuis
trente ans épuisé tous les sophismes, et la liberté
toutes ses réfutations victorieuses et malheureusement
inutiles.

D'ailleurs, Messieurs, que pourrais-je ajouter aux
raisonnemens lumineux soumis, sur le même sujet, à
cette même Chambre, dans les années antérieures, par
d'honorables membres que nous avons l'avantage de
compter encore parmi nos collègues?

« Ce ne sera pas avec de tels moyens, disait, en
1817, M. de Villèle, en parlant de la loi qu'on veut
ressusciter; ce ne sera pas avec une telle justice qu'on
calmera les haines, qu'on éteindra les divisions, qu'on
étouffera les partis dans notre nouvelle France, pas
plus qu'on n'y fondera le règne de la Charte en nous
privant des garanties qu'elle nous avait données. »

« Trois articles de notre constitution, disait M. de
Castelbajac, consacrent les droits des Francais. L'ar-

tiele 8 assure la liberté de la presse ; l'article 4, la liberté individuelle ; l'article 42 garantit que nul ne pourra être distrait de ses juges naturels. C'est la totalité de ces droits qui seraient aujourd'hui suspendus par les propositions ministérielles. Serait-il politique de voter une loi qui semblerait dire que nous sommes convaincus que le gouvernement ne peut point gouverner avec sa force militaire, sa gendarmerie, ses préfets et toutes ses administrations ? Serait-il politique de dire : Nous avons besoin de pouvoir arrêter à volonté ; nous avons besoin de comprimer la pensée l »

« On parle de responsabilité, continuait M. Josse de Beauvoir. Comment le ministre pourrait-il être responsable d'un pouvoir dictatorial tel que celui dont cette loi l'investirait? La responsabilité morale est invoquée ; mais du moment qu'on en parle, elle exclut la responsabilité légale. Le prévenu sera nécessairement jugé par l'autorité qui l'accuse; et la dictature s'étendant sur les journaux, les plus justes réclamations n'auront nul moyen de se faire entendre. »

« Si le président du conseil signe de confiance, s'écriait enfin M. de la Bourdonnaye, et son observation s'applique à la signature de trois, aussi bien que de deux ministres, c'est un cachet mis à côté d'un autre. Loin de trouver une garantie dans ces secondes ou troisièmes signatures, il est évident que le prévenu ne trouve que des adversaires de plus ; car, pour peu qu'on ait étudié le cœur humain, l'on sait que l'homme aime à défendre son ouvrage. Quant à la garantie que peuvent offrir les procureurs-généraux, sans doute il est des magistrats intègres et courageux. Mais les pro-

cureurs-généraux sont amovibles ; et cependant voilà
un malheureux détenu sans confrontation , sans communication des soupçons à sa charge, sur lequel on
prononce sans le voir, sans l'entendre, et cela non
pas comme la lettre du projet le porte, pour une seule
année, mais, la loi pouvant être renouvelée, pour
autant d'années que les ministres réussiront à prouver
qu'il est utile de violer la Charte. »

Certes, Messieurs, je croirais faire injure aux honorables collègues que je viens de citer, si je ne m'en re-
posais sur eux pour défendre aujourd'hui des principes
qu'ils ont si éloquemment développés jadis. Ils ne les
ont point abjurés, ces principes. Ils ne les professaient
point, sans doute, uniquement dans leur intérêt. Loin
de moi, loin de nous tous la coupable et injurieuse
pensée, qu'ils ne réclamaient la justice que parce qu'ils
étaient faibles et qu'ils seraient prêts à la dédaigner pour
peu qu'ils espérassent être les plus forts. Ce n'est donc
point en vous entretenant de doctrines générales que l'é-
vidence même, et l'expérience de trente années, ont
rendues triviales et rebattues, que je viens combattre le
projet de loi. Je viens vous parler de la circonstance sur
laquelle on le motive, et des prétendus adoucissemens
que votre commission vous propose, adoucissemens
tellement illusoires, hormis un seul, que j'aurais préféré, je l'avoue, que le projet vous fût présenté dans
toute la pureté de son arbitraire, parce qu'alors vous
auriez été plus frappés de ses vices, que les amendemens de la commission enveloppent et déguisent sans
les atténuer.

La circonstance, Messieurs, l'horrible circonstance,

vous la connaissez. Un crime épouvantable a été commis; un crime qui a porté la consternation dans tous les cœurs, et plus profondément dans ceux des amis sincères de la liberté; car ils n'ont pas conçu le coupable espoir d'exploiter à leur profit ce crime épouvantable. Mais qu'a de commun ce crime avec l'état de la France?

Un ministre nous dit qu'il est le fruit amer de la fermentation qui existe depuis un an. Où en est la preuve? Le fait d'abord est inexact. Ce n'est point depuis un an que des symptômes de fermentation ont pu alarmer les esprits sages.

Il y a un an, il y a peu de mois, aucune fermentation n'agitait la France; une amélioration calme et progressive se faisait partout remarquer. Une vie animée, telle que l'a créée une véritable et sage liberté, circulait activement dans toutes les parties de ce superbe royaume; l'espoir remplissait toutes les ames; l'attachement aux institutions pénétrait dans tous les esprits. Des plaintes s'élevaient sans doute encore contre des abus de détail; mais ces plaintes, inséparables de la condition humaine, inséparables surtout d'un gouvernement représentatif, ne troublaient ni l'ordre public, ni les espérances générales.

Tout à coup, des ministres, qui prenaient l'exercice des droits nationaux pour des révoltes, et nos oppositions constitutionnelles pour des projets de bouleversement, ont déclaré la guerre à toutes nos garanties. Alors, en effet, la France s'est alarmée : l'on a pu remarquer, d'une extrémité du royaume à l'autre, une fermentation douloureuse. Mais comment cette fermen-

tation s'est-elle manifestée ? Par la chute de l'industrie,
par l'interruption des spéculations, par la baisse de la
valeur vénale des propriétés, enfin, par des pétitions
respectueuses trop peu écoutées. Qu'ont de commun
ces symptômes d'inquiétude avec l'exécrable assassinat
d'un prince, étranger à toutes les questions politiques ?
d'un prince séparé du trône, suivant la marche de la
nature, au moins pour bien des années encore; d'un
prince, enfin, dont la mort déplorable, en le rendant
l'objet du regret juste et profond de quiconque admire
la bonté, la générosité, le courage, ne servait, grâce
au ciel, aucun des criminels systèmes auxquels on voulait l'attribuer

Mais, nous dit un ministre, ce crime est l'effet d'opinions perverses. Eh ! Messieurs, qui peut calculer
comment les idées s'enchaînent dans la misérable tête
d'un frénétique ? Le crime heureusement est inintelli-
gible pour des hommes comme nous ; nous devons
l'abhorrer, nous devons le punir ; mais nul ne peut plonger dans l'effroyable labyrinthe d'une nature pervertie,
pour rattacher à des opinions, des attentats. Je vous le
demande, auriez-vous trouvé juste, après les assassinats des protestans de Nîmes, un pouvoir discrétionnaire contre tous les membres de communions différentes ; et quand le général Ramel a péri à Toulouse,
n'auriez-vous pas été indignés, si l'on eût voulu soumettre à des lois exceptionnelles tous les suspects d'exagération de royalisme ?   ,

Je ne prononce point sur les causes du crime d'un
abominable assassin ; mais la nation ne doit certes pas
en porter la peine. Vous ne pouvez adopter un projet

de loi qui fait planer sur la nation tout entière d'horribles calomnies qui n'ont été que trop répétées. J'ai gémi de ne pouvoir répondre à ceux qui repoussaient tant d'honorables pétitionnaires, au nom du forfait de Louvel, et je saisis du moins cette occasion tardive, de protester contre cet odieux rapprochement.

La circonstance n'excuse donc point la mesure que l'on vous propose. Cette mesure, comme les deux autres qu'on nous présente simultanément, fait partie d'un système médité, rédigé, annoncé d'avance ; d'un système qui ne tend à rien moins qu'à renverser tout le gouvernement actuel, à déchirer la Charte, à substituer à nos institutions la monarchie absolue. C'est à part d'un souvenir déplorable, que vous devez examiner ce système ; et le sang précieux, le sang à jamais regrettable qui a été versé, ne saurait servir de prétexte pour donner des fers à une nation innocente, irréprochable, qui a reculé d'horreur devant ce forfait.

Je passe à l'examen des amendemens que votre commission vous propose ; car personne, jusqu'à présent, n'a défendu le projet primitif du ministère. Tous les orateurs se sont rejetés sur les amendemens, parce que le mot d'amendement semble avoir quelque chose de rassurant et de spécieux. Mais vous verrez combien est illusoire l'espérance que ce mot d'amendement a pu vous donner.

Je commencerai par relever un des raisonnemens de votre commission, qui m'a beaucoup frappé. Pour justifier le projet de l'accusation d'inconstitutionnalité, votre commission vous fait observer que vos prédécesseurs n'auraient pas approuvé la loi du 12 février 1817, si elle avait été repoussée par la Charte. Messieurs, ne voyez-vous pas où cet argument vous conduirait, vous et les députés qui vous suivront? Si, dans une session prochaine, on demandait à vos successeurs une loi pareille, on s'appuierait de vous pour la réclamer. Parce que vos prédécesseurs ont eu le tort de léguer à l'arbitraire un précédent de plus, vous continueriez cette tradition si désastreuse; et l'histoire s'en prendrait justement à vous, non seulement du mal que vous auriez fait, mais de celui qu'à l'avenir on ferait d'après votre exemple.

La commission se fait un mérite d'avoir retranché du projet de loi les mots trop vagues, dit-elle, de sûreté de l'état : mais, Messieurs, quand le pouvoir est discrétionnaire; quand, ainsi vous le verrez tout à l'heure, l'autorité n'est tenue à rien préciser, à rien publier; quand elle peut refuser à l'inculpé tous les documens qui sont à sa charge; quand elle est exhortée, d'après les paroles de M. le rapporteur, à se déterminer par une considération incommunicable et d'après des adminicules insusceptibles de précision, que m'importe sous quel prétexte l'arrestation peut avoir lieu? Quand un fonctionnaire voudra plonger un ennemi dans les cachots, il ne pourra pas dire, il est vrai, qu'il l'emprisonne pour complots contre la sûreté de l'état; mais il dira qu'il l'emprisonne pour discours, ou faits quelconques, attentatoires à la conservation du gouvernement. N'étant obligé de rien expliquer, de rien prouver, que fait la rédaction, et où est la garantie qu'est censé fournir cet insignifiant synonyme ? L'amendement que votre commission appelle un principe, est_ nul et dérisoire. Les mots ne changent rien au fond des choses; et quand l'arbitraire est au fond des choses, je voudrais être préservé, du moins, des subterfuges des mots.

Il nous a semblé, poursuit votre commission, qu'il n'est pas sans intérêt, pour la liberté individuelle, que copie soit donnée à l'individu arrêté. Mais dans cette copie ne se trouveront ni les noms des dénonciateurs, ni la dénonciation elle-même, ni ce que vous entendrez tout à l'heure. votre commission nommer des ouvertures confidentielles, qui ont donné lieu à l'arrestation. Que servira donc au détenu de savoir que trois ministres ont signé l'ordre de le priver de sa liberté? trois ministres, dont deux, au milieu du tourbillon des affaires, devront nécessairement signer de confiance, et dont le troisième, tout au plus, aura reçu du préfet, du maire, du commissaire de police, de l'officier de gendarmerie, de l'évêque ou du curé, des ouvertures confidentielles qu'il n'aura pas le temps d'examiner, et qu'il aura soin de tenir secrètes?

Cet amendement, Messieurs, est illusoire comme le premier. Je vous ferai grâce de la distinction entre les mots de prévenu et d'inculpé. Comme le sort du détenu est le même, le nom qu'on lui donne me semble, je l'avoue, assez indifférent; il s'agit ici de la liberté des citoyens, et non d'un article du dictionnaire de l'Académie.

Pour calmer des inquiétudes, continue votre commission, nous avons précisé quelques faits susceptibles de devenir des causes d'arrestations; mais nous.

nous sommes bien gardés de poser à cet égard aucune limite. Nous en avons, au contraire, voulu exclure jusqu'au soupçon, par une généralité à laquelle tout pût être ramené. Certes, si, après cette explication, les inquiétudes se calment, je les en félicite ; quant à moi, je ne conçois pas pourquoi, Messieurs, vos commissaires ont rejeté le mot de machinations, comme présentant un vague dont l'imagination s'effraie. Quand on adopte avec intention une généralité à laquelle tout peut être ramené, l'on ne peut pas redouter le vague ; et en introduisant dans la loi les mots de faits quelconques, on donne, ce me semble, la perfection du vague à ce beau idéal d'un arbitraire indéfini.

En écoutant la partie du rapport qui ordonne qu'après trois mois le prévenu ou l'inculpé, comme on le voudra, s'il est remis en liberté, aura connaissance par écrit des causes qui l'auront fait arrêter, j'avais cru voir dans cette disposition une espèce de garantie, bien insuffisante, sans doute, mais que faute de mieux j'acceptais. Je ne suis pas resté long-temps dans cette illusion consolante.

« Entendre cette obligation imposée à l'autorité, dit votre commission, dans un sens qui mît à la merci de la personne qu'on relâche les documens de tout genre recueillis sur son compte, serait manquer évidemment le but de la loi. On ne peut concevoir qu'avec un pareil système, on osât jamais faire au gouvernement la moindre ouverture confidentielle. »

J'oserai demander quelle est cette expression si adoucie, une ouverture confidentielle, quand cette ouverture tend à faire arrêter un homme, et que l'auteur de cette ouverture craint d'être nommé. Ne serait-ce pas ce que nous appelons grossièrement une délation? Je ne me permettrai plus de dire que la loi ne contient aucune garantie. Voici, je le reconnais, une garantie formelle pour les délateurs.

Est-ce sérieusement, Messieurs, que vous pourriez adopter ce système, renouvelé du Bas-Empire, ou, si l'on veut, de Bonaparte; car les agens de Bonaparte n'ont fait autre chose qu'user, sans loi expresse, ou plutôt d'après des lois expresses émanées de la Convention, précisément du pouvoir que veut créer la loi actuelle. Dans ce temps, j'ai quitté la France, parce que MM. les préfets de police et Bonaparte pouvaient me faire arrêter sur des ouvertures confidentielles, d'après leur conviction incommunicable. Je ne m'attendais pas à me retrouver à la merci de ces ouvertures confidentielles et de cette incommunicable conviction, sous un gouvernement constitutionnel.

Je passe sous silence trois autres amendemens qui, dit votre commission, viennent au secours de l'humanité et de la justice. Je n'y ai rien vu qui offrît le moindre appui à la justice et à l'humanité. Le choix de la prison remis à l'autorité, ou, pour mieux dire, au dénonciateur qui peut choisir lui-même le théâtre des faits qu'il invente, expose toujours l'inculpé à être traîné fort loin de son domicile. La substitution des procureurs généraux aux procureurs du roi n'est qu'un déplacement d'arbitraire, que le hasard peut rendre tout aussi fâcheux qu'utile. L'interrogatoire sur des documens qui ne seront communiqués à l'accusé, que discrétionnairement et en partie, est une vaine céré-

monie. Il n'y a dans toutes ces améliorations prétendues rien qui me rassure.

Mais ce que je remarque, c'est que votre commission ne s'est point expliquée sur le secret, sur cette
épouvantable peine de solitude absolue, qui conduit,
les détenus à leur ruine, en les séparant de l'administration de leurs intérêts, et qui les conduit à la démence en les arrachant à leurs affections. Ainsi, le
secret, ce supplice qu'un peuple vraiment libre considère comme le châtiment le plus douloureux, ce
supplice que, sous nos divers ministères, tous les
partis ont subi tour à tour, pourra être infligé pour
trois mois à tout homme qu'un subalterne aura ho-
noré de sa haine, un délateur de ses impostures, et
trois ministres de leur insouciance. Messieurs, si je
votais cette loi, je ne jouirais plus d'un instant de
repos. Je verrais toujours autour de moi l'image des
malheureux, peut-être innocens, que mon vote
aurait livrés à des tourmens destructifs de leur fortune, de leurs facultés morales ou de leur vie ; et si,
par une combinaison incroyable, une autre loi tuait
à la même époque la publicité, l'ignorance où je serais
du nombre de mes victimes doublerait mon angoisse
et mes remords.

Mais, vous dit-on, le rapport que les ministres devront mettre sous les yeux des Chambres, les contien-
dra dans de justes bornes jusqu'à la prochaine session.
Eh! savons-nous quelles Chambres aura la France à
la session prochaine? Je ne veux point anticiper sur
les discussions qui se préparent; mais daignez peser
cette considération ; réfléchissez aussi à l'effet que la

loi qui vous est soumise aura peut-être sur les élections mêmes.

J'ai lu, dans une opinion célèbre d'un noble pair, qu'en 1816, le ministère, pour influer sur les choix, ouvrit les prisons, et remit en liberté beaucoup d'électeurs détenus en vertu de la loi du 29 octobre. Ce qu'on obtint alors, si le fait est vrai, par des mises en liberté, ne pourrait-on pas l'obtenir par des arrestations à une autre époque?

Messieurs, la loi qu'on vous propose est la ruine non seulement de la liberté, mais de la justice, de la morale, du crédit, de l'industrie, de la prospérité de la France. Il n'est aucune vertu qui ne soit dégradée, aucun intérêt qui ne soit froissé par une loi pareille. Quand j'entends des hommes qui peut-être se préparent à voter pour cette loi, parler de puissance paternelle, de sainteté du mariage, de nécessité de liens domestiques; quand j'en entends d'autres parler de spéculations et de commerce, je reste stupéfait de leur aveuglement.

La puissance paternelle! Mais le premier devoir d'un fils est de défendre son père opprimé; et lorsque vous enlevez un père du milieu de ses enfans, lorsque vous forcez ces derniers à garder un lâche silence, que devient l'effet de vos maximes et de vos Codes, de vos déclamations et de vos lois?

La sainteté du mariage! Mais sur une dénonciation ténébreuse, sur un simple soupçon, par une mesure prise par des ministres, avec la précipitation des affaires et l'insouciance dédaigneuse du pouvoir, on sépare un époux de sa femme, une femme de son époux!

Les liens domestiques ! Mais la sanction des liens domestiques , c'est la liberté individuelle , l'espoir fondé de vivre ensemble, de vivre libres dans l'a sile que la justice garantit aux citoyens.

Le crédit, le commerce, l'industrie ! Mais celui que vos ministres arrêtent, a des créanciers dont la fortune s'appuie sur la sienne, des associés intéressés à ses entreprises. L'effet de sa détention n'est pas seulement la perte momentanée de sa liberté, mais l'interruption de ses spéculations, peut-être sa ruine. Cette ruine s'étend à tous les copartageans de ses intérêts ; elle s'étend plus loin encore : elle ébranle toutes les sécurités. Lorsqu'un individu souffre sans avoir pu démontrer son innocence, et sans avoir été convaincu d'un crime, tous se croient menacés, et avec raison, car la garantie est détruite. On se tait, parce qu'on a peur ; mais toutes les transactions s'en ressentent. La terre tremble, et le sol ébranlé ne menace pas moins, songez-y, les palais des gouvernans que la chaumière des opprimés.

Mais, vous dit-on, cette loi que l'on représente comme si terrible, a existé en 1817, et l'année 1817 n'a pas été une époque de tyrannie. Sans m'arrêter inutilement à vous prouver que, dans plus d'un article, la loi actuelle est plus vicieuse que la précédente, je vais m'expliquer avec franchise sur les chances de douceur et de modération qu'on espère. Daignez m'écouter avec impartialité.

Messieurs, depuis que la tribune est libre, plusieurs de nos honorables collègues ont usé du droit inviolable de la parole, pour vous communiquer leurs craintes sur ce qu'ils appelaient une tendance révolutionnaire. L'esprit révolutionnaire, vous ont-ils dit, se fait remarquer dans plusieurs lois, dans plusieurs actes, et cet esprit nous pousse vers un abîne. Vous avez respecté en eux leur légitime indépendance ; et ceux mêmes qui ne regardaient point leurs inquiétudes comme fondées, ont senti qu'ils avaient le droit de les exprimer. J'ose penser que j'ai le même droit, et j'attends de vous la même tolérance.

Je n'inculpe les intentions de personne ; mais de même qu'une portion de cette assemblée croit à une tendance révolutionnaire, je crois à une tendance contre-révolutionnaire. Je crois qu'un esprit contre-révolutionnaire s'annonce par des symptômes certains. Je crois que l'abîme de la contre-révolution s'ouvre devant nous.

J'entends, Messieurs, par contre-révolution un système qui attaquera graduellement tous les droits, toutes les garanties que la nation voulut en 1789, et qu'elle avait obtenues en 1814. J'entends par la contre-révolution le retour de l'arbitraire tel qu'il existait en 1788, et tel qu'il existera par les trois lois que l'on vous propose : car ce qui caractérisait le régime de 1788, c'étaient la censure, la Bastille, des organes imposés au peuple contre son choix et sans son aveu. Or, si nous avons les trois lois proposées, nous aurons et les lettres de cachet, et l'esclavage de la presse, et des organes imposés au peuple, sans qu'ils soient librement élus.

Je crois que la contre-révolution ainsi opérée pourra feindre d'abord de ménager ce qu'on appelle les intérêts matériels de la révolution ; mais, je suis convaincu qu'elle ne se condamnera pas long-temps à ces ménage-mens incommodes, et qu'aucun des intérêts créés par les transactions de trente années, ne seront complète-ment respectés.

L'expérience de tous les temps, celle surtout d'une révolution désastreuse, à plus d'une époque, nous ap-prend que, lorsqu'un gouvernement cède à un parti, ce parti ne tarde pas à le subjuguer. Je prends acte de ce que je dis ici, à cette tribune aujourd'hui. Oui, Messieurs, la digue qu'oppose avec indécision et mol-lesse à la contre-révolution imminente, le ministère actuel, cette digue cède, plie, s'ébranle, elle est sur le point d'être brisée. Le ministère lui-même ne le pré-voit pas encore peut-être. Mais toutes les lois que vous allez faire, la contre-révolution en profitera. J'appli-que ce principe à la loi actuelle comparée à celle de 1817. Autant la loi de 1817 a été exécutée, je ne di-rai pas avec justice, la justice n'a rien de commun avec de telles lois, mais avec réserve, autant celle-ci sera exécutée avec violence et rigueur. Ce qui, en 1817, n'était qu'irrégulier, en 1820 sera terrible. Ce qui, en 1817, n'était vicieux qu'en principe, en 1820 sera effroyable en application.

J'ai dû parler ainsi, Messieurs, parce que c'est ainsi que je pense, et j'ai eu encore un autre motif pour dire ma pensée.

J'ai toujours regardé comme enviable le sort des amis de la liberté, qui, lors du commencement des fureurs révolutionnaires, ont été les premiers frappés. Cette destinée les a préservés d'être les témoins d'autres fureurs encore plus affreuses. Le sort de ceux qui seront les premières victimes de la contre-révolution, si elle s'opère, me semblerait également digne d'envie : ils ne verront pas cette contre-révolution dans toutes ses horreurs.

Messieurs, deux routes vous sont ouvertes. Depuis deux ans, lors même que les ministres se sont égarés, les représentans de la nation ont marché dans la ligne constitutionnelle. Voudrez-vous en sortir? voudrez-vous rentrer dans les lois d'exception? La Convention, le Directoire, Bonaparte, ont gouverné par des lois exceptionnelles. Où est la Convention? où est le Directoire? où est Bonaparte?

Je vote le rejet des deux projets, tant de celui des ministres que de celui de la commission.

++

SUR LA MÊME LOI D'EXCEPTION.

(Séance du 10 mars 1820.)

MESSIEURS,

Je viens proposer quelques difficultes, et demander quelques éclaircissemens; car bien qu'on semble désapprouver les adversaires du projet, quand ils déclarent qu'ils voteront contre l'article, et qu'ils proposent néanmoins des amendemens, je n'y vois pas d'inconséquence. Je ne proposerai pas positivement d'amendemens; ce n'est pas qu'il ne me paraisse naturel d'en proposer, tout en étant déterminé à voter le rejet du projet en totalité. Dans la position où nous sommes, nous défendons de notre mieux nos droits constitutionnels et la Charte; et puisque d'honorables membres ne pensent pas comme nous sur ce sujet, nous devons chercher à diminuer, autant que possible, le mal que nous croyons qu'ils vont faire. Nous suivons en cela l'impulsion de notre conscience. D'abord nous disons le mieux; nous indiquons ensuite quel est le moins mauvais, tout en nous réservant de voter pour le mieux, c'est-à-dire, pour le rejet. C'est la conduite de bons citoyens attachés à la Charte et au gouverne-

ment. Ainsi, il est impossible de trouver de l'inconséquence dans cette conduite.

Je ne dirai pas, avec un honorable collègue, dont
je partage d'ailleurs plusieurs opinions, que nous
ne sommes pas envoyés ici pour défendre les droits
du trône. Il est nécessaire d'ajouter quelques expressions pour rendre son idée plus claire. Je crois
que ceux qui défendent les droits du peuple défendent aussi les droits du trône; que préserver le
trône des dangers et des abus de l'arbitraire est le
plus grand service que l'on puisse rendre au trône; je
crois que, dans ce moment-ci, nous sommes les défenseurs du trône, et que les ministres, contre leur volonté, sans doute, en sont les ennemis. (Vive agitation.)

Maintenant, j'entre dans l'examen de l'article, et je
demande d'abord aux ministres si les arrestations seront publiées. Il me paraît que c'est une question très
importante, dans un moment surtout où la censure va
interdire tous les moyens de publicité. Il faut savoir si
les ministres voudront bien nous faire connaître offi-
ciellement les hommes qu'ils mettront dans les cachots; ou si, au malheur d'être emprisonnés, ces
hommes joindront le malheur de n'avoir pas de défenseurs devant le conseil des ministres, qui deviendra un véritable tribunal. Que les ministres nous disent si, pendant trois mois, une nuit épaisse couvrira
le sort des détenus.

Je demande encore si les ministres auront le droit de
détenir les citoyens au secret. Vous savez tous de
quelle importance est cette question; et l'expérience de

toute l'assemblée peut m'áppuyer ; car il n'y a pas un de nous qui n'ait eu des amis languissans dans les tortures du secret.

Je demande si la puissance donnée aux ministres les autorisera à détenir au secret, pendant trois mois, les malheureux prévenus. On a vu de déplorables exemples à la suite de ce supplice ; on a vu des malheureux sortir du secret, privés de leurs facultés intellectuelles. J'en ai ici la preuve. Je tiens à la main la lettre écrite, à ce sujet, par madame Travot. Un général qui a servi dans nos armées, que la clémence ou la justice du roi avait sauvé des effets d'un jugement rigoureux, le général Travot est sorti de la prison, privé de ses facultés ; il est maintenant en état de démence, et il n'avait été tenu au secret que pour trois mois, et au cachot pendant quarante-huit heures. Si vous donnez aux ministres cette épouvantable puissance, je demande qu'ils s'expliquent. Je crois que les prévenus ou inculpés, comme on voudra les appeler, et qui ne sont que de véritables suspects, ont des droits à l'humanité, qu'ils doivent être préservés de ce supplice. Je sais bien qu'on va me parler de la sûreté de l'état. Je conçois qu'on prenne de telles mesures sous un gouvernement qui veut inspirer la terreur ; mais dans le nôtre, on ne doit vouloir inspirer que l'amour, et ne pas imiter les formes d'un Comité qui, au nom du salut public, a exercé sur la France les plus horribles persécutions.

Je demanderai ensuite que les ministres veuillent bien s'expliquer sur les motifs d'une disposition que je ne puis admettre. La commission m'a paru désapprouver cette disposition. Cependant, tout en la retranchant de l'art. 1er, elle l'a remise dans l'art. 3, sans qu'il y ait nécessité de le traduire devant les tribunaux. C'est une disposition très importante ; car si les ministres étaient obligés de mettre en jugement ceux qu'ils auraient arrêtés, il y aurait beaucoup moins d'arrestations ; la perspective d'un jugement servirait de frein aux ministres. Si cette disposition avait existé en 1816, il y aurait eu peut-être cinq, six ou même dix mille arrestations de moins (A droite : Il n'y a pas eu dix mille arrestations.) — Il y en a eu plus de cinquante mille.

Il est impossible de ne pas reconnaître que la responsabilité morale qui résulterait d'un grand nombre d'acquittemens arrêterait les ministres.

Certes, beaucoup de prévenus, mis en liberté après trois mois, n'auront pas envie de demander à être jugés ; ils se croiront heureux d'être relâchés ; et cependant ils pourront ne l'être que pour quelques instans. En effet, comme les ministres ne seront pas tenus de motiver l'arrestation, après une captivité de trois mois, ne peuvent-ils pas mettre en liberté un individu pendant quelques jours, et le reprendre ensuite, pour lui faire subir un nouvel emprisonnement de trois mois. Et certes la chose ne sera pas difficile ; on ne manquera pas de prétextes ; car, si le malheur a voulu qu'un individu ne fût pas bien affectionné pour le gouvernement, ce n'est pas une détention de trois mois qui l'aura rendu plus affectionné, et l'on aura facilement un nouveau motif pour le détenir.

On motive la loi demandée sur l'exécrable assassinat qui a été commis. On vous dit que c'est pour

préserver la vie du roi et des membres de la famille
royale d'un crime semblable. L'homme arrêté le sera
donc en vertu de suspicion de meurtre contre le roi ou
la famille royale. Il en résultera que ce malheureux sera
flétri dans l'opinion. Si une loi pareille eût pu empêcher le crime de Louvel, nous aurions à regretter que
cette loi n'eût pas existé. Mais je suppose qu'elle eût
existé, et qu'avant le crime de Louvel, plusieurs individus eussent été arrêtés comme complices d'attentat
contre la vie du roi et des membres de la famille royale;
ne sentez-vous pas combien leur position eût été affreuse? Quel cri d'horreur aurait retenti contre eux,
non seulement dans la France, mais dans toute l'Europe, si, au bout de trois mois, ils avaient été mis en liberté. La seule réparation que les ministres puissent
offrir aux suspects, est de leur donner la possibilité de
se justifier, après la détention arbitraire qu'ils auront
subie. Vous ne voudrez pas qu'ils sortent de leur prison, flétris dans l'opinion, sans pouvoir se justifier. Il
est donc impossible que les ministres persistent à maintenir cette disposition.

Je désire que quelques uns des membres qui veulent
adoucir le projet de loi, pèsent ces difficultés, et en
fassent l'objet d'une proposition que je ne puis faire
moi-même; car déterminé à voter par assis et levé,
pour l'adoucissement de la loi, je voterai contre l'ensemble de ses dispositions. J'invite les membres que
leur conscience, moins inflexible, quoique non moins
pure que la mienne, porte à adopter uné portion du
projet de loi, à garantir les prévenus du secret, et de la
funeste situation dans laquelle ils seraient placés, s'ils

étaient relàchés sans jugement, et à empêcher qu'on ne leur fasse subir une détention plus longue encore.

Je ne dirai qu'un mot sur une phrase de M. le ministre des affaires étrangères. Il a invoqué J.-J. Rousseau : mais toutes les fois qu'on a voulu proposer des lois contre la liberté, on s'est appuyé de l'autorité de J.-J. Rousseau. Avec beaucoup d'amour pour la liberté, Rousseau a toujours été cité par ceux qui ont voulu établir le despotisme. Rousseau a servi de prétexte au despotisme, parce qu'il avait le sentiment de la liberté, et qu'il n'en avait pas la théorie.

Il y a deux dogmes également dangereux, l'un le droit divin, l'autre la souveraineté illimitée du peuple. L'un et l'autre ont fait beaucoup de mal. Il n'y a de divin que la divinité; il n'y a de souverain que la justice. Il ne faut pas prendre les avis d'un ami fougueux, mais peu éclairé de la liberté, à une époque où la liberté n'était pas encore établie, et les proposer pour règles à des hommes qui ont acquis des idées plus saines par une expérience de trente ans de malheurs.

AMENDEMENT

A LA LOI D'EXCEPTION

CONTRE LA LIBERTE INDIVIDUELLE,

(Séance du 13 mars 1820.)

MESSIEURS

J'ai à plaider devant vous la cause de l'humanité ; les développemens dans lesquels je serai forcé d'entrer seront un peu longs.

Avant notre dernière séance, j'aurais craint de voir l'amendement que je vous propose, considéré par vous comme injurieux à l'autorité. J'aurais craint que vous ne m'accusassiez de vouloir jeter de l'odieux sur les ministres, en concevant la pensée qu'ils pourraient refuser à des malheureux sans défense et chargés de fers, la triste et faible consolation que je réclame pour eux ; l'événement aujourd'hui me justifie. Toutes les rigueurs, toutes les aspérités, toutes les mesures acerbes, doivent être prévues ; et maintenant que la discussion nous a fait pénétrer jusques au fond du système des ministres, nous devons reconnaître qu'il est aussi impossible, dans tout ce qui

tient à l'arbitraire, de les calomnier que de les attendrir. Il a été établi et décrété que les détenus n'auraient
point de conseils ; qu'autorisés par une faveur illusoire
à présenter leur justification, ils n'obtiendraient personne pour la rédiger ; qu'ignorant les lois, ils ne
pourraient apprendre de personne quelles étaient les
lois ; qu'ignorant peut-être l'art d'écrire, aucune main
secourable ne pourrait écrire pour eux. Le système
est complet, les suspects auront pour juges leurs accusateurs, et pour avocats leurs geoliers. Pour consolider l'échafaudage de cette doctrine, l'on n'a pas
craint d'inculper le corps entier des défenseurs ; car
l'on a dit que par cela seul qu'un d'entre eux serait
admis à recevoir les confidences de l'inculpé, le secret
serait divulgué ; comme si en écoutant le prisonnier,
le défenseur devait incontinent devenir son complice !
Tel est l'effet naturel de toutes les lois de ce genre :
des soupçons sans bornes former le cortége inévitable
d'une autorité qui veut être sans bornes ; et comme
elle aspire à pouvoir supposer partout le crime, elle
se condamne à voir partout la complicité.

Après cette décision d'avant-hier, Messieurs, rien
ne doit nous surprendre, et mon amendement devient
excusable ; car il est naturel de tout redouter.

Avant de le développer, néanmoins, je vous demande la permission de dire un seul mot à ceux de mes
honorables amis qui, je le sais, désapprouvent sur
cette matière les amendemens.

Peut-être l'inflexibilité des principes voudrait-elle
qu'on n'amendât jamais une loi mauvaise. Elle resterait
alors dans tout son odieux, et l'on pourrait se flatter

d'obtenir contre elle quelques suffrages de plus. Mais, d'un autre côté, si l'on n'obtenait pas ces suffrages, n'aurait-on point à regretter de n'avoir pas introduit dans cet horrible code quelques adoucissemens qui rendissent aux opprimés un peu de courage, et fissent luire un rayon de joie au fond des cachots? Je n'ai pas ce stoïcisme, je l'avoue. Je ne saurais prendre sur moi la responsabilité qu'il entraîne. Si cette mesure affreuse triomphe, je ne veux pas avoir à me reprocher de n'avoir point invoqué l'humanité, lorsque les lois étaient impuissantes, et sous un régime qui sera, au moins en théorie, celui de l'inquisition et du despotisme. Je ne rougis point de me traîner en suppliant aux pieds du pouvoir, pour épargner à d'infortunés captifs, de longues et solitaires angoisses dont, même sous ce funeste régime, il sera facile de les préserver. Si c'est une faiblesse, que mes honorables amis la pardonnent. Heureusement elle n'est pas dans notre intérêt : ceux qui défendent la liberté n'ont rien à espérer de ceux qui la détruisent; et si je réclame, c'est uniquement pour des victimes plus obscures et moins désignées.

Mon amendement, Messieurs, tend à accorder à tout détenu auquel le ministère jugera convenable d'infliger la torture du secret, le droit, après trois jours, de voir pénétrer dans sa prison une personne de sa famille; et je consens que ce soit sous la condition expresse, que cette personne ne pourra plus sortir de prison, ni communiquer au dehors sans la permission de l'autorité.

Certes, Messieurs, la prière est humble. Il y a quelques mois, nous ne nous serions pas crus réduits à des supplications de ce genre; mais enfin, acceptant les conséquences du régime qu'on veut donner, daignez réfléchir au bienfait immense qui résultera, pour ceux qu'il va frapper, de l'adoucissement que j'implore. Représentez-vous un malheureux prisonnier séparé de tout être humain, depuis trois fois vingt-quatre heures, ou n'ayant vu que les gendarmes qui l'ont saisi, le procureur-général qui l'a questionné, sans lui dire quel est son crime; enfin le geolier sévère et brutal qui le tient sous les verroux; et tout à coup, grâce à mon amendement, il entend une voix amie, le funèbre silence de son cachot est interrompu, il apprend qu'il n'est pas délaissé dans la nature. Je ne sais point, Messieurs, m'étendre sur des tableaux pathétiques; j'abandonne ce soin à ceux qui viennent, d'une voix si douce, vous demander contre leurs semblables tout ce qu'une législation captieuse a de rigoureux, et tout ce que l'arbitraire a d'horrible; qu'ils déplorent éloquemment ce qu'ils font, qu'ils modulent des gémissemens habiles, destinés à nous attendrir, non sur le malheureux qui est frappé, mais sur l'autorité qui frappe; qu'ils protestent de leur sensibilité. Quant à moi, c'est parce que je parle à votre ame, que n'ayant pas besoin d'excuse, je n'étalerai pas devant vous le fatigant spectacle de regrets fastueux et d'émotions stériles. Je demande, Messieurs, ce que les gouvernemens les moins libres les moins constitutionnels, ont souvent accordé aux détenus; ce qu'un gouvernement opposé à nos principes, au milieu d'une guerre d'extermination, n'a pu refuser à un homme qui a eu la gloire de réunir constamment les haines de tous les ennemis extérieurs et intérieurs de la liberté. M. de Lafayette, proscrit en France pour avoir défendu le trône abandonné par d'autres dans ses périls, gemissait au fond des cachots de l'Autriche. Tous les soupçons, tous les ressentimens des vieux cabinets de l'Europe pesaient sur la tête de l'ami de Washington ; et ces ressentimens et ces soupçons étaient encore aigris par le travail actif d'ennemis qui, en attendant qu'ils pussent asservir leur patrie, charmaient leur impatience, en persécutant leurs concitoyens dans l'étranger. Eh bien! Messieurs, modèles des vertus conjugales et filiales, Mme de Lafayette et ses filles se présentèrent à la porte du cachot ; cette porte s'ouvrit pour elles, la consolation descendit sous ces voûtes funèbres, et c'est peut-être au soin de ces affections courageuses et tendres que nous devons la conservation du grand et bon citoyen que nous présentons avec orgueil et à l'ancien et au nouveau monde. (Voix à gauche. C'est bien, très bien!)

Ce que le respect pour les biens domestiques, pour la sainteté des noms de père et d'époux, obtint d'une politique ombrageuse, sous un régime absolu, je le réclame d'un ministère qui se prétend encore constitutionnel; je le réclame, dis-je, pour tous les Français.

Quelles objections pourrait-on me faire ? Dira-t-on que le détenu, instruit de ce qui s'est passé au dehors depuis son arrestation, pourra concerter ses réponses avec ses complices? Eh! Messieurs, puisque la personne qu'on laissera pénétrer jusqu'à lui, ne ressortira plus, comment pourrait-elle reporter aux prétendus complices des informations propres à les soustraire à l'autorité ? Je me suis conformé en tout au système qu'on nous présente. Je n'ai point proposé d'accorder aux citoyens la libre société des êtres qui leur sont chers : j'ai senti qu'en entrant dans ce nouveau régime il fallait imposer silence aux droits aussi bien qu'aux affections naturelles ; que, puisqu'on frappait des hommes qui n'étaient pas reconnus coupables, il serait puéril d'exiger pour les innocens un respect scrupuleux. Je me suis soumis à toutes les précautions que l'inquisition peut désirer. Il me semble même que j'entre dans les intentions de l'autorité : elle veut des prisonniers, et je lui en livre deux au lieu d'un.

Mais ce que je veux, moi, c'est que ces prisonniers ne soient pas exposés, comme je vous l'ai dit il y a quelques jours, à devenir fous par la solitude. Personne ne m'a répondu ; MM. les ministres, en réclamant ce pouvoir horrible, n'ont point nié les faits que j'avais allégués ; ils ne nous ont point dit qu'ils eussent découvert quelque remède pour l'aliénation mentale qu'auront causée leurs trois signatures : c'est là pourtant ce qu'ils auraient dû nous dire, à moins qu'ils ne placent la démence de leurs prisonniers parmi leurs moyens de surveillance, et qu'ils ne regardent comme un perfectionnement merveilleux de leur police, de faire succéder aux prisons d'état l'hospice des insensés.

Messieurs, refuser mon amendement, c'est nous dire, ce qu'au reste on nous a déjà dit à satiété, qu'on veut une législation de fer, et sans pitié comme sans justice. Si telle est l'intention, il est bon qu'on la proclame ; mais qu'on le fasse du moins hautement. Qu'on ne nous parle pas de la peine qu'on éprouve, de l'intérêt qu'exciteront les détenus auprès des ma gistrats sensibles, par leur isolement, leur dénuement, leur misère. Qu'on nous fasse grâce de ces lamentations doucereuses que j'ai repoussées déjà.

Mais, me dira-t-on, quel intérêt vous témoignez à des prévenus du plus noir des crimes ! Messieurs, sur ce sujet, l'on ne peut que se répéter. Avant de reconnaître des hommes pour coupables, disais-je dans le tribunat, sous Bonaparte, et en parlant contre une loi bien moins terrible que celle-ci, ne faut-il pas constater les faits ? Ne dirait-on pas qu'on peut distinguer à des signes extérieurs et infaillibles les innocens et les criminels ? Parce qu'un homme est accusé d'un forfait atroce, vous voulez d'avance que je lui retire ma pitié, comme s'il en était convaincu ; singulier cercle vicieux, étrange pétition de principes, à l'aide de laquelle l'autorité, qui veut être absolue, croit toujours nous faire illusion.

Voilà, Messieurs, ce que, tribun, je disais sous Bonaparte, et ce que, député, je répète aujourd'hui, parce que je n'ai point changé ; car, quoi qu'on en ait dit à cette tribune, je n'ai point changé du 19 au 20 mars. Le 19, j'étais dévoué à la monarchie constitutionnelle ; le 20, je n'éprouvai aucun changement dans ma disposition, si ce n'est la surprise de me trouver seul. Plus tard, j'aperçus l'étranger qui s'avançait contre la France. Voilà ma réponse.

Enfin, pour rejeter cet amendement si faible et si légitime, répondra-t-on encore qu'il faut s'en remettre à MM. les ministres, parce que cette loi est une loi de confiance ? Cette allégation a déjà été réfutée vietorieusement par plusieurs de nos collègues. Je vous demande la permission toutefois de la considérèr sous un point de vue tout-à-fait nouveau.

La confiance! elle ne saurait être dans la loi, puisque, de l'aveu des ministres, la loi n'est que l'arbitraire. Il faut donc que cette confiance soit dans les hommes. La question est délicate, je le sais ; mais ce sont MM. les ministres qui la posent, ce sont eux qui choisissent le terrain: je vais les y suivre. Si, depuis plusieurs années, une constitution respectée nous avait fait jouir de toutes nos garanties ; si un ministère, observateur scrupuleux de cette constitution, nous avait donné, par de longs antécédens, des gages de sa force et de sa fidélité, et que, surpris soudain par un péril extrême, il vînt nous dire : vous connaissez nos intentions pures, notre respect pour tous les droits, notre loyauté ; le passé vous l'a démontrée, vous ne sauriez la révoquer en doute. Accordez-nous donc de confiance, au milieu des dangers inattendus qui surviennent, une autorité discrétionnaire, dont l'expérience vous assure que nous n'abuserons pas ; je concevrais ce langage. Mais, de bonne foi, Messieurs, est-ce bien là le cas aujourd'hui ?

Je ne veux point fouiller dans des annales plus ou moins récentes, pour rappeler des détails fâcheux ; je me borne à des questions générales.

Je demanderai donc à MM. les ministres, si le ministère est composé d'hommes qui n'aient jamais été les instrumens d'un pouvoir qu'ils déclarent maintenant illégitime, d'un système qu'ils proclament à présent blâmable; d'hommes qui n'aient jamais fait exécuter des lois iniques et dures, dont (je veux le croire, puisqu'ils le disent) ils gémissaient intérieurement; je leur demanderai si aucun d'eux n'a eu des complaisances ou même du zèle pour une autorité despotique ou pour ses créatures; et si, durant les douze années de la tyrannie, ils ont toujours offert à la France le noble spectacle d'une résistance patriotique, d'une civique inflexibilité. La réponse leur est aisée. Que MM. les ministres montent à cette tribune, et que, la main sur le cœur, ils nous disent : Nous n'avons jamais éprouvé pour la puissance aucune faiblesse; nous n'avons été les organes d'aucune injustice; aucun ordre arbitraire n'est sorti de notre bouche, aucun n'a été revêtu de nos signatures; nous n'avons ni encouragé l'espionnage, ni porté la délation jusqu'à l'oreille d'un maître ombrageux, ni retenu, pour lui complaire, l'innocence dans l'exil et dans les fers; nous sommes purs de toute connivence, et notre courage est connu. Qu'ils prononcent ici ces paroles, et je vote la loi de confiance.

Mais si MM. les ministres gardent le silence, je leur proposerai ce dilemne : Ou le précédent gouvernement était illégal, violent et vexatoire, ou il était légal, juste et modéré. S'il était violent, vexatoire et illégal, comme MM. les ministres le déclarent souvent à cette tribune (et je suis de leur avis), convient-il alors aux agens les plus immédiats et les plus actifs de ce gouvernement réprouvé, de venir, au nom d'un autre gouvernement, nous demander pour eux

une confiance sans bornes? Pour dire qu'ils la méritent, il leur faudrait prétendre que l'administration
antérieure, dont ils ont fait partie, n'a jamais été injuste ni despotique, et ce n'est pas ce qu'ils veulent
établir. Mais si cette administration antérieure a été
despotique et injuste, ils l'ont secondée, ils l'ont
servie : n'out-ils pas de la sorte perdu en partie les
droits qu'ils réclament à notre confiance? Ce qu'ils
ont fait pour un maître absolu, et contre une nation
asservie, qui nous répond, qui leur répond à eux-
mêmes que, si une faction les domine, ils ne le feront
pas contre cette même nation, pour cette faction puissante? Non, Messieurs, je respecte, comme je le
dois, les nominations de Sa Majesté ; je reconnais
même une haute sagesse dans des choix qui, malgré
leurs inconvéniens, lient par le souvenir la France
ancienne à la France nouvelle, et la restauration à l'empire; mais ma confiance se renferme dans les bornes
constitutionnelles. Elle peut accorder à MM. les ministres un pouvoir légal sur lequel pèse la responsabilité ; elle ne saurait leur accorder un pouvoir discrétionnaire. Voilà pour le présent ; que sera-ce si je
passe à l'avenir ?

Un de nos honorables collègues, M. le général Foy,
vous a dit avant-hier, que sa conviction, quels que fussent les hommes qui parviendraient au pouvoir, était
qu'ils marcheraient dans la ligne constitutionnelle. Je ne
doute pas que telle ne soit sa pensée ; mais je vais expliquer franchement la mienne; je puis me tromper, et je
ne veux désigner personne. Mais les hommes que je crois
voir derrière le ministère, loin de me laisser aucune es-

pérauce de constitution ou de liberté, sont, à mon avis, peut-être par suite d'une série d'idées qu'ils croient raisonnables, et sans intentions mauvaises, essentiellement dangereux à toute liberté, à toute constitution. Aussi, parvenus à la porte du pouvoir, ils en ont trois fois été repoussés par l'opinion publique effrayée. Leurs noms, honorables sous d'autres rapports, portent l'inquiétude d'un bout de la France à l'autre. (Agitation à droite.)

Messieurs, vous allez anéantir la liberté individuelle; vous allez étouffer la liberté de la presse : vous allez peut-être nous bannir de la tribune par des élections privilégiées. Nous pouvons vous dire ce que des proscrits disaient à Tibère : Ce sont des mourans qui vous parlent; laissez-nous parler. Je continue donc. Ces hommes, quand ils ne le voudraient pas, seraient forcés, par le vulgaire de leur parti, à faire peser de nouveau sur nous tous les maux que nous avons éprouvés, et des maux plus grands; car une liberté momentanée a laissé s'échapper les plaintes et se dévoiler les sentimens. Une sécurité trompeuse a séduit les opprimés : ils ont cru pouvoir donner un libre cours à leurs justes et nombreux griefs; ils ont appelé sur eux des haines plus actives, et leur liberté passagère n'aura été qu'un piége pour eux.

Tel, dans mon opinion, peut être notre avenir, et je ne suis pas le seul à penser ainsi. Un de mes collégues, distingué par l'élégance de ses paroles et par une modération que je trouve excessive, n'a-t-il pas témoigné, dans un style plus doux, les mêmes inquiétudes? et, j'ose interpeller ici, sans exiger d'autre réponse que le silence, la conscience intime de cette assemblée.

Certes, avec la possibilité d'un pareil fléau, je ne voterais pas des lois de confiance, quand ces lois arbitraires peuvent tomber en des mains qui m'inspirent la défiance la plus invincible et la plus profonde; et lorsque je verrai ces lois près d'être votées, je chercherai, par tous les moyens qui sont en ma puissance à en mitiger les cruels effets.

Messieurs, l'amendement que je vous propose est malheureusement de nature à ne rien changer à la loi. Vous avez mis tous les citoyens à la discrétion des ministres, c'est-à-dire des délateurs qui se presseront autour des ministres; vous avez privé les suspects de leur liberté; vous leur avez refusé des défenseurs; vous avez permis le tourment du secret. J'implore de vous un acte de pitié; ce n'est plus de liberté, c'est d'humanité que je vous parle. Je ne réclame plus les droits des détenus, je demande un léger adoucissement au plus affreux supplice.

✛✛✛

SUR UNE PROPOSITION

RELATIVE AUX PÉTITIONS.

(Séance du 16 mars 1820.)

Messieurs,

Les pétitions n'expriment pas toujours l'opinion publique, mais les pétitions sont un des organes de l'opinion publique, et par conséquent, dans un gouvernement qui est essentiellement celui de l'opinion publique, le droit de pétition, ainsi que tous les autres dont l'opinion publique se sert pour se faire connaître, ne doit pas être restreint. On vous a dit que cette opinion ne se faisait connaître, dans notre gouvernement, que par les élections. Cette assertion, je l'avoue, me parait étrange. Les élections sont bien le résultat de l'opinion publique; mais ce résultat a été préparé par tous les moyens dont elle peut se servir pour s'exprimer, et surtout par la liberté de la presse.

Je ne sais pas si l'orateur a cru que, d'après la loi que nous venons de discuter, et celle qui est proposée sur les journaux, la liberté de la presse cesserait bientôt d'exister, et qu'ainsi il fallait empêcher l'opinion publique de s'exprimer dans des pétitions. Quoi qu'il en soit, l'élection seule n'est pas l'expression de l'opinion publique ; et un peuple qui n'aurait pas d'autre moyen d'exprimer son opinion, et qui serait privé de la liberté de la presse, n'aurait ni liberté ni opinion publique quelconque.

Je ferai observer en même temps une singularité qui m'a frappé. Plusieurs orateurs, dans la discussion qui a fini hier, se sont autorisés des adresses qu'une douleur très naturelle, et que nous partageons tous, a dictées à la nation ; ils ne s'en sont pas autorisés uniquement pour vous prouver qu'elles exprimaient les sentimens qui sont dans tous nos cœurs, l'horreur du crime ; mais pour vous dire que ces adresses vous demandent des mesures répressives, qu'elles s'élèvent contre des doctrines pernicieuses, et qu'ainsi vous devez prendre des mesures contre la liberté de la presse et contre les autres libertés. Je ne conçois pas comment les mêmes membres qui ont appuyé des mesures que je crois fâcheuses et qu'ils trouvent utiles, se fondent sur une opinion communiquée à la Chambre dans des adresses, tandis qu'ils contestent le droit qu'ont les citoyens de communiquer leur opinion à la Chambre par des pétitions. Cette contradiction, je l'avoue, me paraît fort remarquable.

Dans tous les raisonnemens qu'on nous fait, on a toujours l'air de croire que les pétitionnaires nous dictent des lois. C'est avoir une étrange idée de cette Chambre, que de supposer qu'elle ne peut jamais écouter des pétitions qui lui sont envoyées, sans être obligée d'y accéder.

Mais, me dira-t-on, les pétitionnaires ne connaissent pas assez les intérêts généraux, ils n'en sont pas
juges. Je le sais bien; mais ne contribuent-ils pas à
faire connaître ce qu'une partie de la nation, qu'il faut
évaluer sous le rapport de la propriété, de la profession, de la richesse ou du nombre, pense sur tel ou
tel objet? Qui peut contester que ce ne soit là un élément pour les décisions que vous devez rendre dans
cette Chambre?

L'auteur de la proposition m'a paru s'être trompé,
en disant que la majorité de l'opinion des citoyens ne
devait avoir aucune influence sur vos décisions. Certainement, je n'exagère pas les droits de la majorité.
Je crois, quand elle abuse de ses droits, que ses décisions sont aussi illégales que celles de la plus petite
minorité; mais il est important de connaître ce qu'un
grand nombre de citoyens désirent. Car il peut arriver
que des lois bonnes dans le fond, soient mauvaises
dans leur résultat, si elles contrarient les habitudes,
les intérêts et les vœux d'un très grand nombre de
citoyens.

Si un grand nombre de citoyens riches ou industrieux venaient vous dire : « Ne faites pas ces changemens, ils tendent à nous priver des institutions que
nous aimons, qui nous semblent utiles; » il n'y a nul
doute, Messieurs, que ces citoyens, sans vouloir nous
imposer de loi, nous rendraient un grand service, en
nous éclairant sur leurs véritables intérêts; puisque
tous les maux de la révolution sont venus d'une erreur, dans laquelle les ministres me paraissent tomber
depuis quelques mois. L'Assemblée constituante a

commis quelques fautes légères, en prenant trop peu
en considération les habitudes ou les désirs des citoyens. Si elle les eût écoutés davantage, si elle n'eût
pas quelquefois mis trop de précipitation dans ses
votes, peut-être aurait-elle mieux réussi ? Dans ce moment, c'est la même chose; les citoyens viennent vous
dire qu'ils désirent conserver ce qui est, que c'est
un besoin pour eux. Or, vous avez, Messieurs, trop
d'expérience pour ne pas savoir que la manière dont
le peuple reçoit les lois décide presque toujours de
leur effet et de leur utilité.

Aujourd'hui, on vous propose des changemens au
droit de pétition : ils me paraissent désastreux en eux-
mêmes; mais fussent-ils utiles, je crois qu'il faudrait
eucore y renoncer, parce qu'ils arriveraient sous de
funestes auspices, au moment où l'on se croit obligé
de détruire la liberté individuelle et d'étouffer la liberté de la presse.

Je finirai par une observation. Les pétitions qu'on
vous propose de prendre en considération sont préci-
sèment celles qui ne sont pas de votre compétence,
car elles ont pour objet des griefs particuliers. Or,
vous ne pouvez rien à cet égard. Vous vous êtes interdit la faculté d'en demander compte aux ministres ;
ainsi, comment pouvez-vous être assurés qu'ils auront
egard aux griefs qui vous sont dénoncés ?

Il n'y a donc de véritablement utile pour vous, que
les pétitions qui réclament des dispositions législatives; c'est par là que vous apprenez les désirs et les
besoins des citoyens ; et ce sont ces pétitions qu'on
voudrait écarter! Ainsi, l'auteur de la proposition

voudrait vous faire faire ce qui n'est pas de notre
compétence, et empêcher que ce qui peut éclairer
vos délibérations ne vous parvienne.

Nous sommes maintenant occupés à discuter des
lois qui, sur beaucoup de points, restreignent les libertés de la nation. N'ajoutons pas à ce que le gouvernement nous demande, et que quelques-uns d'entre nous
se croient obligés de lui accorder; n'allons pas volontairement lui sacrifier une dernière liberté : ce n'est pas
au moment où l'opinion publique ne pourra plus se manifester hors des Chambres, que vous lui fermerez tout
accès à la tribune nationale. On ne comprendrait rien
à ce zèle ardent à devancer l'autorité, qui cependant
n'est pas trop en arrière. Permettez-moi une dernière
réflexion. L'art. 53 de la Charte n'a pas distingué entre
les diverses espèces de pétitions ; je crois qu'en admettant la distinction proposée, nous violerions cet article, et que cela produirait un mauvais effet dans
l'opinion publique, qui, quoi qu'on en dise, doit être
respectée, parce qu'elle est toujours sage, et que la
sagesse finit toujours par faire la loi.

Je demande donc que la proposition ne soit pas
prise en considération.

++

SUR LES AMÉLIORATIONS

AU MODE DE SCRUTIN.

——

(Séance du 20 mars 1820.)

——

MESSIEURS,

La commission que vous avez chargée de l'examen de la proposition qui a été faite d'améliorer les art. 14, 22 et 32 de votre règlement, vient vous soumettre le résultat de son travail. Pour ne pas consumer inutilement un temps précieux, elle ne vous rappellera point les motifs qui vous engagèrent à prendre cette proposition en considération, motifs fondés sur le désir unanime de prévenir toutes les erreurs; car dans cette Chambre, il ne sera jamais question que d'erreurs involontaires : votre commission se bornera à vous présenter les moyens les plus propres à atteindre ce but.

La proposition qui vous a été faite contient six articles. Le premier et le deuxième se rapportent à la régularité du scrutin. L'un des membres de votre commission lui a soumis un projet qui lui a paru à la fois court, sûr et facile.

Les noms des membres de la Chambre seront distribués en cases et rangés par ordre alphabétique. Chaque député, au moment de monter à la tribune pour voter, prendra son nom des mains d'un huissier qui le tirera de la case où il était placé, et en recevant les boules des mains d'un secrétaire, il remettra ce nom à ce secrétaire. Les noms restans dans les cases constateront les absens, et les absens seront seuls réappelés. Le nombre des membres qui auront voté sera constaté de la même manière : les absens étant déduits du nombre total, on saura tout de suite quel a été celui des présens. Ce nombre sera proclamé par M. le président avant le dépouillement des votes. C'est ainsi que votre commission croit remplir vos vues, quant aux deux premiers articles de la proposition qui fait le sujet de son rapport.

Elle vous propose d'adopter aussi l'idée d'une différence entre les deux urnes, pour qu'en les transportant sur la tribune, MM. les secrétaires eux-mêmes ne puissent se tromper. Le quatrième article tend à insérer dans l'art. 33 de votre réglement, que lorsqu'après la première épreuve, avant que le résultat soit proclamé, l'appel nominal sera réclamé par cinquante membres, il sera de droit accordé. Votre mode de voter par assis et levé a quelque inconvénient, surtout dans l'état actuel de cette Chambre, où la majorité consiste quelquefois en trois ou quatre voix. Non seulement les épreuves sont souvent douteuses, mais le bureau, parfois, n'est pas d'accord. Votre commission a cru qu'il fallait rappeler une disposition adoptée par toutes les assemblées antérieures, et pratiquée aujourd'hui même par la Chambre des pairs, où quinze voix suffisent pour obtenir l'appel nominal. Elle a néanmoins fixé un nombre plus élevé, afin que la Chambre ne fût pas à la merci de quelques membres. On ne saurait craindre que cinquante membres abusent de leur droit, quand la minorité sera tellement évidente, qu'ils se donneraient un tort sans pouvoir se flatter d'un succès

Quant à la disposition qu'on vous proposait d'ajouter à l'art. 14 de votre réglement, la commission a trouvé l'article suffisamment précis, attendu que la Chambre doit toujours être formellement consultée par M. le président, lorsqu'il y a lieu à un intervalle entre les séances.

Enfin, quant au dernier article de la proposition qui vous a été faite, votre commission l'a jugé inutile et vous propose l'ordre du jour.

Voici donc, Messieurs, les deux articles, l'un additionnel, l'autre amélioré, que votre commission vous propose :

« Lorsqu'à la première épreuve, avant que le résultat soit proclamé, l'appel nominal sera réclamé par cinquante membres, il est de droit accordé. »

Voici l'article amélioré :

« Les noms des membres de la Chambre sont distribués en cases et rangés par ordre alphabétique, pour procéder au scrutin. Un secrétaire fait l'appel nominal. Chaque député, au moment de monter à la tribune, prend son nom des mains d'un huissier qui le retire de la case à laquelle il appartient, et remet ce nom à un secrétaire qui lui remet en échange une boule blanche et une boule noire; il dépose dans l'urne placée sur la tribune la boule qui exprime son vote, et dans une autre urne, placée sur le bureau du secrétaire, la boule dont il n'a pas fait usage. La boule blanche exprime l'adoption, la noire le rejet. Les urnes sont de formes et de couleurs différentes.

« L'appel terminé, le réappel se fait de suite, uniquement pour les députés dont les noms, restés dans les cases, constatent qu'ils n'ont pas voté.

« Le nombre des votans est constaté et proclamé par le président, avant le dépouillement du scrutin. »

SUR LA LOI D'EXCEPTION

CONTRE

LA LIBERTÉ DE LA PRESSE.

(Séance du 23 mars 1820.)

MESSIEURS,

A Dieu ne plaise qu'après tant d'orateurs sur un projet de loi, le cinquantième peut-être qui ait été présenté à cette tribune, sous divers régimes, pour enchaîner la liberté de la presse et tuer la publicité, seule garantie réelle des citoyens, je fatigue la chambre de longs développemens. Ceux qui proposent la mesure sur laquelle vous délibérez, ceux qui la soutiennent ceux qui la repoussent, savent parfaitement ce qui en est et ce qu'ils veulent. Les ministres espèrent trouver dans cette mesure un moyen d'empêcher que, s'ils abusent du pouvoir discrétionnaire dont vous les avez libéralement dotés, pour incarcérer quiconque leur déplaira, cet abus ne soit dénoncé. Ils espèrent également, si, contre toute attente, la loi des élections qu'ils vont vous faire adopter laissait la porte de cette enceinte ouverte à des gens qui ne seraient pas leurs créatures, pouvoir mettre obstacle à ce que les choix du peuple se portent sur eux, en les entourant de calomnies et en leur interdisant la réponse. De notre côté, nous voyons dans cette proposition la destruction de la Charte, la violation de tous les principes, le retour au régime de la monarchie arbitraire ; et tous les raisonnemens dont on se donne la peine de nous faire subir l'étalage, ne nous paraissent qu'une dérision et un outrage de plus. Quand des deux parts on en est à ce terme, il faut, le plus possible, économiser les paroles et abréger les cérémonies.

Je demanderai au ministère s'il a bien réfléchi à une conséquence qu'entraînera inévitablement la suspension, temporaire ou non, de la libre circulation des journaux. Cette conséquence, c'est l'ignorance dans laquelle il sera lui-même de tout ce qui se passera au delà du cercle de ses courtisans et de ses flatteurs. Tous les gouvernemens, tant libres que despotiques, ont pour leur sûreté (vous voyez que j'abjure les mots

surannés d'intérêt de la liberté ou de droits du peuple)
besoin de savoir ce qui se passe dans leurs états.
Même en Turquie, les visirs se trouvent quelquefois
très mal d'avoir été trompés par les pachas, sur la situation des provinces ! et peut-être faut-il attribuer à
la connaissance inexacte qu'un prince, voisin de la
France, paraît avoir eue de la disposition des garni-
sons un peu éloignées de sa capitale, la surprise fâcheuse qu'il doit avoir éprouvée en les voyant se déclarer contre lui. Maintenant je pose en fait, Messieurs,
qu'en suspendant la libre circulation des journaux, le
gouvernement se condamne à ne rien savoir, que par
les renseignemens de ses salariés, c'est-à-dire, à ne
savoir jamais que la moitié de ce qui est, et quelquefois le contraire de ce qui est. Pour vous démontrer
cette vérité, ce n'est pas au raisonnement que j'aurai recours ; le raisonnement ressemble trop à la liberté pour être de mise. Ce sont des faits que j'invoquerai, parce que les faits sont les mêmes sous tous
les régimes. On peut, nous le voyons, mettre en pièces
les Chartes des peuples ; mais tout l'arbitraire du
monde ne peut rien contre des faits.

Or donc, Messieurs, veuillez vous retracer ce qui
est arrivé à Lyon, en juin 1817. La France se trouvait
alors sous les lois d'exception sous lesquelles vous
la remettez. La liberté individuelle était, comme elle
va l'être, à la merci des ministres, et la censure faisait des journaux ce qu'elle va en faire d'ici à huit
jours, si vous adoptez le projet de loi.

Qu'est-il advenu, Messieurs ? une conspiration vraie
ou fausse a éclaté. Des mesures très sévères ont été

prises. Beaucoup d'hommes ont été mis à mort, et, durant un assez long temps, l'instrument du supplice a parcouru les campagnes. Eh bien ! tout cela s'est fait, sans que le gouvernement sût précisément ce dont il s'agissait. Le gouvernement en est convenu lui-même : car, après que les exécutions avaient eu lieu, après que tout, par conséquent, était irréparable, un maréchal de France a été envoyé sur le théâtre sanglant de tant de sévérités redoublées ; il a été envoyé pour éclairer, enfin, les ministres sur ce véritable état des choses. En attendant, l'on avait incarcéré, jugé, condamné, exécuté, le tout sans bien savoir pourquoi : car, si l'on n'eût pas senti le besoin de l'apprendre, la mission tardive de M. le maréchal Marmont n'eût pas été reconnue nécessaire.

Je ne veux point rentrer dans le fond de cette lugubre histoire, ni prononcer entre ceux qui affirment et ceux qui nient la conspiration. Qu'elle ait été vraie ou fausse, cela n'importe en rien à ce que je prétends prouver. Ce qui importe, c'est que, durant plusieurs mois, le gouvernement est resté dans l'ignorance des faits, et qu'il lui a fallu l'envoi d'un témoin oculaire, pour lui apprendre enfin à quoi s'en tenir.

Mais, Messieurs, ne sentez-vous pas qu'il n'en aurait point été ainsi, s'il y eût eu alors, dans le département du Rhône, un seul journal libre. Ce journal, jacobin, révolutionnaire, comme on voudra l'appeler, aurait présenté les choses sous un point de vue autre que celui sous lequel les présentait l'autorité locale ; le gouvernement aurait entendu les deux parties. Il n'eût pas commencé par frapper, sans connaissance de cause, pour envoyer ensuite examiner sur place s'il avait eu raison de frapper. (Mouvement d'adhésion à gauche.)

Je ne sais si je me trompe, mais il me semble que ce côté de la question n'avait point encore été indiqué, et qu'il est digne de quelque examen. En suspendant la libre circulation des journaux, le ministère déclare qu'il ne veut rien apprendre que par ses agens, c'est-à-dire, que, lorsque ses agens, soit par imprudence, soit par quelque motif ou passion personnelle, se seront engagés dans une fausse route, il n'apprendra d'eux que ce qu'ils croiront convenable pour mettre leur mérite en évidence, ou pour assurer leur justification. Cela est-il dans son intérêt? C'est sous ce rapport uniquement que j'invite MM. les ministres à y réfléchir.

Toutefois, si je ne traite cette question que sous le point de vue de l'intérêt des ministres, c'est que je cherche à leur parler une langue qu'ils écoutent; car je suis loin de vouloir me faire un mérite qu'assurément je n'ai pas. S'il ne s'agissait que d'eux seuls, je n'aurais point pris la parole. Que l'autorité porte la peine de ses empiétemens, de ses vexations, de ses fausses mesures, rien n'est plus juste; et ce qui peut en résulter pour MM. les ministres m'est fort indifférent.

Mais, comme l'exemple de Lyon nous le démontre, le peuple s'en ressent aussi, et je voudrais épargner à ce pauvre peuple une partie des souffrances que lui prépare infailliblement le nouveau régime vers lequel on nous conduit. J'appelle ce régime nouveau, parce qu'il est différent de celui que la Charte avait commencé d'introduire en France. Mais je pourrais, tout aussi bien et plus justement, l'appeler l'ancien régime ; car c'est l'ancien régime que nous reconstruisons pièce à pièce : lettres de cachets, censure, élections oligar- chiques, voilà les bases de l'édifice ; les colonnes et les chapiteaux viendront après. (Mouvement à droite).

Je demande à MM. les ministres si leur intention est de gouverner la France sans la connaître, de prendre des mesures sur des événemens dont ils ne seront instruits que par des hommes intéressés peut- être à les déguiser, de commettre ainsi, sans profit pour eux, beaucoup d'injustices qu'ils ne pourront plus réparer. Si leur intention est telle, suspendre la liberté des journaux est un moyen sûr de la rem- plir. Mais s'ils trouvent que le peuple français vaut la peine d'être entendu avant d'être condamné, et que les 28 millions de citoyens des départemens, ne doivent point être frappés d'après des données incertaines, et des rapports peut-être faux, il faut qu'ils laissent les journaux libres. Quelle que soit au reste leur détermination, je suis bien aise d'avoir posé la question ainsi. La France saura, en cas de refus, combien peu d'importance MM. les mi- nistres mettent à son sort, et avec quelle legerete ils la traitent. J'ajouterai que je les supplie, s'ils me font l'honneur de me répondre, de me réfuter sur l'exemple que j'ai puisé dans l'affaire de Lyon, et de ne pas s'égarer dans des déclamations vagues, quand je leur cite un fait précis.

Je passe à un autre sujet sur lequel je crois que

deux mots d'explications seraient très utiles. Suspendre la libre circulation des journaux, c'est mettre les journaux dans la main du ministère, c'est l'autoriser à faire insérer dans les journaux ce qu'il lui plaira.

Or, avez-vous oublié, Messieurs, ce qui est arrivé, lorsqu'une loi pareille à celle dont on vous demande la résurrection, donnait au ministère cette faculté? Ce n'est pas des élections que je veux parler. J'aurais honte de raconter des faits si connus. D'ailleurs, il ne faut savoir mauvais gré aux gens que du dommage qu'ils causent, et, dans trois élections successives, le ministère avait tellement décrédité ses articles officiels, qu'en faisant attaquer les candidats, il contribuait à leur élection. Je lui dois pour ma part de la reconnaissance en ce genre, et je pardonne l'intention en faveur du résultat.

Le fait dont je vais avoir l'honneur de vous entretenir est beaucoup plus grave.

Vous vous souvenez probablement, Messieurs, que, dans le courant de l'été de 1818, plusieurs individus, qui avaient rempli des fonctions marquantes, furent arrêtés comme prévenus de conspiration. Je ne suis nullement appelé à m'expliquer sur ces individus en bien ni en mal : leur innocence ou leur culpabilité ne font rien à l'affaire. Ils étaient détenus, ils étaient dans les fers, ils devaient être jugés ; et, par cela même qu'ils étaient exposés aur rigueurs de la justice, ils avaient droit à ses sauvegardes : M. le général Canuel était du nombre.

Eh bien! Messieurs, tandis que M. le général Canuel était au secret, qu'a fait le ministère? Il a choisi un journal dont les rédacteurs étaient favorables à l'inculpé, pour y faire insérer d'autorité l'article le plus injurieux; et, comme il s'agissait d'un homme arrêté, non jugé, non convaincu, je dirai franchement, l'article le plus infâme. Cet article a parcouru toute la France, et celui contre lequel il était dirigé n'a pas eu la faculté de répondre une ligne. Trouvez-vous que cet usage ministériel de la dépendance des journaux soit délicat, loyal et légitime? C'est pourtant cet usage des journaux esclaves qu'on vous sollicite de consentir de nouveau.

Cela ne se renouvellera plus, dira-t-on : la composition du ministère actuel nous en est garant.

Je sais que depuis quinze jours on nous demande des lois de confiance, et j'ai moi-même été forcé d'indiquer déjà quel degré de confiance j'accorde aux ministres. Mais, en me référant à ce que j'ai dit en général sur ce point, j'ajouterai ici, quant au fait particulier, une réponse plus directe. Je serais bien fâché qu'elle parût offensante : ce n'est pas mon intention. Mais elle va si droit au fait, que je ne saurais la supprimer. Ou ma mémoire est bien en défaut, ou le ministère, qui a de la sorte abusé contre un détenu sans défense, du monopole des journaux, était présidé par le président actuel du conseil des ministres, et M. le ministre des affaires étrangères était alors garde-des-sceaux. Il était alors garde-des-sceaux, c'est-à-dire, que les accusés, les prévenus, les hommes arrêtés étaient sous sa protection spéciale. A-t-il permis qu'on attaquât le général Canuel dans les journaux soumis à la censure? c'est un oubli de ses devoirs. Ne s'est-il pas informé si on l'attaquait? c'est une insouciance fâcheuse; dans tous les cas, cet antécédent, je vous l'avoue, m'alarme sur l'avenir. (Nouveau mouvement à gauche.)

Par la loi contre la liberté individuelle, vous avez mis à la discrétion des ministres toutes les personnes. Par la suspension des journaux, vous allez mettre à leur merci toutes les réputations.

Car je ne m'arrêterai point à examiner les promesses de M. le ministre de l'intérieur sur cette censure anodine qui repoussera les personnalités, encouragera les lumières, et laissera les écrivains libres, quelque opinion qu'aient les censeurs.

M. le ministre des affaires étrangères s'est chargé à la Chambre des pairs de réfuter son collègue : la nature des choses l'aurait réfuté à défaut du ministre. Les censeurs ne sauraient jouir d'aucune indépendance, ni pour empêcher l'invective, ni pour respecter les opinions. Quand on fait pour de l'argent un métier peu noble, c'est l'argent qu'on veut mériter. On paie les censeurs pour rayer ce qu'on ne veut pas qui s'imprime; on les paiera pour ne pas rayer ce qu'on voudra qui soit imprimé. Le gouvernement aura, comme par le passé, le monopole des retranchemens et celui de l'injure. Quant à la liberté des doctrines, M. le commissaire du Roi qui a parlé dans une de nos dernières séances, s'en est expliqué avec une louable franchise. Il a fait l'énumération de toutes les doctrines pernicieuses. Cette énumération a duré une demi-heure, et l'orateur a fini par nous annoncer qu'il y avait encore bien d'autres doctrines dignes d'anathème. Si les censeurs se sentent gênés par les paroles de M. le ministre, ils n'auront qu'à consulter le discours de M. le commissaire du roi, pour se trouver à leur aise.

Les censeurs sont à la pensée ce que les espions sont à l'innocence! Les uns et les autres gagnent à ce qu'il y ait des coupables; et quand il n'y en a pas, ils en font. Les censeurs se prennent nécessairement dans la classe dite lettrée, qui ne produit rien par elle-même, et l'on a toujours de l'humeur de sa stérilité. Aucun écrivain qui se respecte ne consentirait à être censeur. Le titre de censeur royal était presque un reproche sous l'ancien régime; croit-on qu'il se soit réhabilité sous les censeurs impériaux? Ces hommes apporteront dans notre monarchie toutes les traditions de l'empire. Il en sera de la liberté de la presse comme de l'administration. Nous marcherons sur les errements de Bonaparte, moins le prestige de la gloire et le repos de l'unité.

Je me permettrai encore deux observations : l'une est relative à cet argument perpétuel tiré des circonstances et du droit qu'a l'état de se conserver. Hélas! Messieurs, cette logique n'a pas même le mérite de la nouveauté; elle n'est autre que celle du salut public, et vous n'ignorez pas ce que tous les gouvernemens de la France ont fait au nom du salut public. Toutes les fois que l'autorité aspire à l'arbitraire, elle suppose des dangers chimériques pour s'arroger des droits usurpés, et les gouvernemens les plus légitimes sont réduits alors à reproduire les sophismes des gouvernemens les plus illégaux. Si vous prenez les discours de MM. les ministres, et si vous substituez au mot de monarchie celui de république, et à l'épithète de régicide celle de liberticide, vous trouverez leurs phrases dans les plus illustres des conventionnels; mêmes idées, mêmes expressions, même système.

MM. les ministres ne s'irriteront pas, j'espère, de ce rapprochement. L'un d'eux s'est appuyé en propres paroles de l'exemple de la Convention, à la Chambre des pairs; et, en effet, le discours qu'il a prononcé dans cette Chambre semble copié du *Moniteur*.

« Quelle autorité, a-t-il demandé, quelle force est ou peut rester debout devant les doctrines des journaux? Je vois toutes les puissances s'écrouler également : je me trompe, une seule demeure, celle des journalistes. Est-il dans l'ordre naturel des choses que cent individus qui écrivent dans les feuilles publiques, représentent la société tout entière? D'où leur vient cette étonnante mission? Où sont leurs titres à cette inconcevable souveraineté?

« Quelle est donc, s'écriait, à peu près dans des termes identiques, un conventionnel en 1796, cette éternelle domination des écrivains sur les guerriers, sur les orateurs, sur les magistrats, sur les représentans du peuple, sur les premiers fonctionnaires publics ? Quelle est cette association qui prétend à des statuts particuliers ? Quelle est cette puissance qui veut disposer souverainement de l'honneur et du repos des citoyens?

« Ce n'est point au moment de la révolution la plus importante, a poursuivi le ministre, que l'Angleterre a affronté la liberté des journaux.... Malheur à ceux qui ne savent pas attendre.... La censure, entre les mains d'un gouvernement, peut devenir l'arme d'un parti ! Oui, sans doute, mais du moins ce parti sera celui de la monarchie.

« C'est précisément, poursuivait de même le conventionnel, lorsqu'un gouvernement libre est établi, qu'il faut se hâter de ramener la liberté de la presse à sa juste mesure, et, pour l'intérêt général, lui tracer des limites étroites.... Une révolution est-elle donc consolidée, parce qu'une constitution vient de s'établir ? N'est-ce pas dans son berceau que les plus grands dangers l'attendent ? Mais on ne pourra donc écrire que pour votre constitution ? Je vous entends : c'est le gouvernement que vous voulez renverser ; c'est la république que vous brûlez de détruire. »

Le conventionnel ne l'emporta pas tout de suite sur les scrupules de ses auditeurs, mais peu de temps après ses principes triomphèrent : la liberté des journaux fut détruite ; beaucoup de journalistes furent arrêtés ou déportés. Oserai-je demander à M. le ministre ce que la république est devenue ? Elle ne s'était pourtant refusé aucun des moyens de conservation qu'il recommande.

Ma seconde observation, Messieurs, se rapporte à cette licence des journaux qui motive la violation de la Charte. Oui, sans doute, il y a eu des journaux qui ont franchi les bornes de la convenance : il y en a eu qui ont été plus loin, et qui ont foulé aux pieds ce qu'il y a de plus respectable et de plus sacré.

Parmi les premiers, je reconnaîtrai, si l'on veut, pour un petit nombre d'articles, quelques journaux libéraux. Des railleries personnelles, des anecdotes privées ont donné, de temps à autres, à certaines feuilles, une apparence de malignité : c'est un tort, elles en portent la peine. Car, disons-le de bonne foi, mes collègues, il y a, dans l'indignation généreuse qui éclate contre les écrivains périodiques, au moins autant d'impatience des petites attaques dont on a été l'objet, que de zèle pour les grands intérêts de l'ordre social. Les journaux ont ce défaut capital, qu'ils troublent cette paix si douce que bien des fonctionnaires publics regardent comme un privilége de leur place. Mais on se dessine mieux en s'armant pour le trône, et les paroles retentissent plus sonores, quand on a l'air de plaider plutôt pour la patrie que pour soi.

Les journaux qui ont foulé aux pieds les lois de la décence et de la morale, ne sont pas, je dois le dire, les journaux libéraux. Ce sont au contraire ceux qui, au grand détriment de la monarchie, se sont dit exclusivement royalistes. C'est dans ces journaux qu'on a trouvé des appels au meurtre et à la guerre civile. Ce sont ces journaux qui vous ont appelés, vous, mes collègues, des députés traîtres et parjures. Ce sont ces journaux qui ont renouvelé les déclamations féroces, et les fureurs ignobles dont les démagogues de 1793 épouvantèrent jadis l'Europe.

Mais, contre ces journaux, certes, les lois répressives étaient suffisantes. Une seule ligne de leurs pro-

vocations incendiaires aurait forcé les jurés le plus
indulgens à sévir contre eux. Pourquoi l'autorité, qui
se plaint aujourd'hui de ces excès, a-t-elle gardé le
silence ? Est-ce une suite de la partialité que M. le
ministre des affaires étrangères a promise aux pairs ?
A-t-il cru devoir respecter la devise de ces journaux,
vive le roi, quand même! A-t-il pensé que le parti qui
demandait du sang, qui accusait les élus du peuple de
trahison, et un ancien collègue et ami de M. le ministre des affaires étrangères, de complicité dans un
assassinat, était le parti de la monarchie, de la France,
de la Charte, de la maison des Bourbons ? Ou bien le
ministre a-t-il voulu se ménager par l'inexécution des
lois pénales, un moyen de conclure à la nécessité des
lois préventives ? (Mouvement à gauche.)

Quoi qu'il en soit de ces motifs, c'est le ministère
et non la liberté des journaux qui est coupable ; et les
faits sur lesquels il s'appuie pour vous proposer les
dispositions que je combats, devraient nous conduire
à un résultat tout différent, résultat qui ne serait pas
la suspension des journaux, mais la mise en accusation des ministres, pour n'avoir pas fait exécuter les
lois. Les considérations générales que je pourrais ajouter seraient fort inutiles. Vous êtes trop éclairés pour
ne pas vous rendre compte de ce que vous faites.

Vous n'ignorez pas que la loi que vous avez votée,
le 15 de ce mois, était un pas rétrograde. Celle que
vous discutez maintenant, serait, si vous l'adoptiez,
un second pas dans le même sens ; vous remonteriez
à des époques dont nous nous flattions d'être pour jamais sortis, avec cette aggravation de plus, que ce se-

rait précisément au moment où une loi qui menace
toutes nos libertés vous est présentée, que vous in-
terdiriez aux journaux de s'occuper de cette loi, loi
funeste, loi décréditée par les précautions mêmes que
l'autorité prend en sa faveur ; car elle confesse par
ces précautions, que pour empêcher que l'opinion ne
frappe cette loi d'une reprobation rigoureuse, il faut
soigneusement bâillonner ses organes. Enfin, Messieurs, l'adoption du nouveau mode d'élection qui doit
déshériter le peuple francais, serait le troisième et
dernier pas : car je ne vois guères après celui-là ce qui
resterait encore à faire.

Mais avant d'aller plus loin, Messieurs, daignez regarder autour de vous. Je le dis dans toute la sincérité de mon ame, aux hommes, quels qu'ils soient,
à quelque rang qu'ils soient placés, qui veulent la
contre-révolution. S'il n'y a personne qui la veuille
je n'offense personne ; mais permettez-moi de continuer, comme s'il y avait quelqu'un. Cette contre-révolution que vous voulez, vous ne la ferez pas : vous
mettrez la France en péril, tout en courant à votre
ruine ; vous vous êtes crus souvent bien près d'atteindre votre but, et quand vous avanciez la main pour y
toucher, une circonstance imprévue, ce que vous
nommez un hasard malheureux, le caprice ou la perfidie de tel ou tel homme, dites-vous, vous ont rejetés bien loin en arrière. Mais quand les hasards se
répètent ainsi ; quand l'intervention de tel ou tel
homme arrive toujours tellement à point nommé,
c'est que ce hasard ou cette intervention sont con
formes à la nature des choses.

La chance aujourd'hui vous semble favorable ; mais il y a trois mois, quand vous censuriez ce qui n'était pas d'accord avec vos doctrines, ne nous citiez-vous pas l'exemple de l'Espagne. Là, point de limites au pouvoir, point de révolutionnaires tolérés, point de journaux portant les idées libérales dans tous les villages, point de législation séparée de la religion de l'état, point de loi d'élection démocratique. Au contraire, tout ce que vous voulez nous donner, l'Espagne le possédait : votre loi contre la liberté individuelle, n'est qu'une faible copie de mesures qui peuplaient les châteaux forts, les couvens, les galères ; vos restrictions à la presse auraient fait sourire les inquisiteurs ; votre loi d'élection oligarchique ne vaudra jamais le conseil de Castille. Eh bien ! qu'est-il résulté pour l'Espagne, de tout ce que vous tâchez d'introduire en France ?

Rentrez donc en vous-mêmes ; ne repoussez pas la leçon des faits. Les faits ont cet avantage, qu'on peut leur céder sans que l'amour-propre en souffre.

Je suppose que vous obteniez momentanément toutes les lois que vous désirez ; ces lois d'exception, ces lois torturées, alambiquées, remises sans cesse sur le métier, ne vous meneront à rien : rien ne durera contre ce que la France a voulu depuis trente ans, et ce qu'elle veut encore. Vous êtes des gens de beaucoup d'esprit : malheureusement vous vous étourdissez vous-mêmes de formules convenues que nous vous laissons dire parce que nous sommes polis, mais qui n'ont plus ni sens ni force. Rien n'est fort que ce qui est national : nationalisez-vous, et surtout

ne dénationalisez pas le trône. Ne vous trompez pas
sur votre parti ou sur votre nombre. La moitié de
ceux qui vous suivent vous redoutent et vous observent; ils se concertent déjà contre vous; votre alliance les importune : ils craignent que d'alliés vous
ne deveniez maîtres; et ils savent que, si la chose arrivait, vous et eux seriez perdus.

Je vous dis ceci, je le répète, dans la sincérité
de mon ame; car c'est une vraie pitié de voir des
talens distingués, des qualités privées, des connaissances positives, tout ce qui pourrait vous rendre
des citoyens utiles et éminens, s'engouffrer dans le
tourbillon d'une faction sans ressource, qui n'aura
jamais de triomphe durable, qui, tout au plus, si le
mauvais génie de la France l'ordonnait ainsi, pourrait amener des révolutions, mais qui en serait victime, et que peut-être ceux qui les combattent seraient, dans leur esprit de justice, obligés de protéger.

Quant à moi, quoi qu'il arrive, je me féliciterai toujours d'avoir pu manifester mon opposition à une
tendance que je déclare de nouveau contre-révolutionnaire, et c'est avec la conviction que je remplis
mon devoir envers la France, que je vote le rejet du
projet de loi entier. (Vif mouvement d'adhésion dans
la partie gauche.)

AMENDEMENT

TENDANT

A EXCEPTER DE LA CENSURE LES OUVRAGES

QUI NE PARAÎTRAIENT QU'UNE FOIS PAR MOIS.

(Séance du 27 mars 1820.

MESSIEURS,

L'amendement que je propose est plutôt, à ce que je crois, nécessité par une erreur que par l'intention des ministres. Dans toutes les lois précédentes, les écrits périodiques ont toujours été définis de cette manière : Les écrits périodiques paraissent soit à jour fixe, soit irrégulièrement, par livraison *et plus d'une fois par mois*. Je ne comprends pas pourquoi, dans la loi actuelle, on a omis ces derniers mots : *et plus d'une fois par mois*. Je croirais assez que c'est par erreur. S'il en était autrement, aucun ouvrage, l'Encyclopédie même, les œuvres de Voltaire, ne pourraient paraître par livraisons, puisqu'ils renferment des matières politiques. Je demande donc que les mots qui ont été omis, soient rétablis dans cette loi. Si MM. les ministres s'y opposent, je développerai mon amendement. (*Les ministres s'y opposent.*)

Alors, Messieurs, je demanderai si, par contrebande, si, sous le prétexte de n'attaquer que les journaux et les écrits périodiques, on ne veut pas en effet attaquer toutes les libertés de la presse. Il est évident que, d'après l'opposition des ministres, l'article peut s'appliquer à tous les ouvrages qui paraîtraient par livraisons ; qu'ainsi les voyages du célèbre Humboldt ne pourraient être publiés par livraisons. Je suis bien aise d'avoir provoqué cette explication de MM. les ministres. Ainsi, c'est à vous à décider si les ministres replongeront une nation civilisée dans toutes les ténèbres de la barbarie. Messieurs, j'ai compris le système dirigé contre les journaux ; je sais que l'autorité est toujours inquiète à l'égard des journaux ; mais je ne comprends pas le système qui tendrait à refuser aux éditeurs la faculté de faire paraître des ouvrages par livraisons. Ce système serait celui de l'inquisition. L'esprit et la lettre de la Charte s'y opposent également. Dans un pays voisin, il y a quelques mois, de telles mesures auraient pu être exécutées, et je croirais presque que ses inquisiteurs, fuyant le pays soustrait à leur domination, sont venus donner à nos ministres des conseils aussi dangereux. Sous l'ancien régime, et à toutes les époques de la révolution, la liberté de la presse n'a jamais été dans une telle contrainte. C'est attenter à toute espèce de dissémination des lumières ; c'est un système qui vous est arrivé d'un pays voisin, qu'on a voulu cacher dans l'ombre, et que je suis heureux de dévoiler à cette tribune. Non, Messieurs, vous n'adopterez pas un article destructif de toutes les libertés de la presse. Remarquez bien qu'il ne s'agit plus ici de la seule censure des journaux, mais qu'en repoussant mon amendement, après l'opposition du ministère, vous établissez la censure sur tous les ouvrages les plus propres à répandre des lumières, ainsi il ne s'agit plus des journaux, mais des lumières et de la civilisation.

Je persiste dans mon amendement.

SUR UN AMENDEMENT

TENDANT A EXCEPTER DE LA CENSURE

LE COMPTE RENDU DES DISCUSSIONS DES CHAMBRES.

(Séance du 28 mais 1820.)

MESSIEURS,

Un malheur particulier accompagne tous les amendemens qu'on vous propose; on déclare superflus ceux que l'expérience a démontrés les plus nécessaires; des ministres viennent vous dire à cette tribune le

contraire des faits qui sont consignés dans vos registres, le contraire des faits qui se sont passés sous vos
yeux ; et quand on leur prouve que, par erreur sans
doute, ils ont dit précisément le contraire de ce que
vous savez tous, de ce que la France entière sait, ils
gardent le silence, et l'amendement, dont le but est
de prévenir ce qui s'est passé, est rejeté. C'est peut-
être aussi le sort de cet amendement.

M. le ministre des affaires étrangères vient de prouver, par des raisonnemens, qu'il est impossible que
des censeurs mutilent nos discours, qu'il est impossible que le ministère ose porter atteinte à la liberté
de la représentation nationale. Cependant ce fait est
arrivé : deux de nos honorables collègues pourront
attester que, par l'ordre d'un ministre, qui était le
collègue de M. le ministre des affaires étrangères, des
discours ont été mutilés ; et que ce ministre, car alors
les ministres n'avaient pas pris le parti de ne répondre
presque jamais, avait expliqué à la Chambre les motifs qui l'avaient obligé à faire mutiler le discours de
M. Corbière.

Un autre fait est encore certain. Un journal a été
supprimé pour avoir inséré le discours de M. Cau-
martin tout entier. Ce journal n'a pu reparaître que
plusieurs jours après.

Je demande s'il n'y a pas quelque chose de bizarre
que je ne veux pas qualifier, à venir dire à une assemblée, que ce qui s'est fait dans un temps où, certes,
le gouvernement ne demandait pas plus l'arbitraire
qu'aujourd'hui, où l'on regardait comme fâcheuse
l'époque où il y avait eu beaucoup d'arrestations, où

l'on était ramené à un système d'adoucissement, ne peut être fait, aujourd'hui que le ministère, appuyé sur la confiance qu'il s'accorde (On rit.), je dis sur la confiance qu'il désire et qu'il demande, vient nous dire, nous voulons l'arbitraire, afin de disposer à notre gré de la liberté des citoyens, et la censure, pour détruire la liberté de la presse. Et malgré cela, nous serions plus confians en ce ministère qu'en celui qui marchait alors dans des voies de réparation : non Messieurs, vous ne le croirez pas.

M. le ministre des affaires étrangères nous a ·dit que la loi du 17 mai autorisait le compte de nos séances, rendu de bonne foi. Il a ajouté que les censeurs seraient obligés de les recevoir de confiance. Il paraît que dans cette loi tout est de confiance, le ministère et les censeurs ; mais s'ils y voient une disposition dangereuse, ne voudront-ils pas la censurer ? On met alors nos séances à la merci des censeurs. Ces censeurs sont, pour la plupart, des gens de lettres attachés surtout au ministère de la police et à la préfecture de police. Voilà quels seront ceux qui jugeront tout ce que vous dites à la nation, tout ce que vous prononcez à cette tribune dans l'intérêt de la nation ! En vérité, c'est une dérision ; il est impossible que vous y consentiez.

M. le ministre vous a dit que nous serions toujours à même de demander à cette tribune des réparations. Je vous demande, Messieurs, si ces réparations ne seraient pas illusoires. Il est possible que l'assemblée nous accorde la parole pour dire qu'on a mutilé nos opinions, mais si le ministère ne veut pas répondre, s'il se renferme dans un superbe silence, à quoi nous servira d'avoir réclamé, si l'on supprime nos réclamations?

Dans un ministère, dont M. le ministre des affaires étrangères était membre, on défendait aux journaux de dire qu'une suppression avait été ordonnée ; on ne permettait pas de faire mention de la lettre par laquelle on avait défendu l'insertion d'un article. Ainsi, nous ne pourrons pas même faire connaître à la France que nos opinions ont été mutilées : il est clair que nous serons complétement à la merci des ministres. Je crois que successivement tous les partis s'en plaindront; car s'il y a des partis qui croient que l'arbitraire peut leur servir, ils oublient que la possession de l'arbitraire a son terme, et que si l'on nous habitue à supporter l'arbitraire, il passera de main en main; et ceux qui aujourd'hui se montrent des zélés auxiliaires, d'habiles constructeurs de l'arbitraire, pourront, comme on l'a fait naguère, s'en plaindre à leur tour; ils pourront bien être tout étonnés que les chaînes qu'ils ont forgées leur soient imposées à eux-mêmes. (Mouvement d'approbation à gauche.)

Pour moi, Messieurs, je voudrais que personne ne fût victime de l'arbitraire, et je trouve que c'est un déplorable délire de vouloir l'organiser dans un but, quand on est à peu près sûr que tôt ou tard on en sera victime.

M. le ministre des affaires étrangères vous a dit, qu'il faudrait supposer le ministère insensé, pour croire qu'il pût faire tronquer nos séances. Eh! Messieurs, quand la France s'attache si fortement à ses institutions, et qu'on voit le ministère les démolir successivement sous de vains prétextes; quand la France est menacée de perdre à jamais ses institutions, et qu'on laisse ces craintes fermenter dans toutes les imaginations, d'un bout du royaume à l'autre, et qu'on ne fait rien pour rassurer ceux qui sont alarmés; quand le ministère se présente en un jour avec trois lois qui forment une organisation complète de tyrannie, non pas aussi féroce, aussi sanguinaire en fait, mais aussi complète en droit, que celles qui ont existé à quelque époque de la révolution que ce soit, même à celle de la loi du 17 septembre sur les suspects (car elle n'était pas plus mauvaise que celle que vous avez rendue dernièrement), n'y a-t-il pas délire? Avant que ces lois ne fussent présentées, vous n'auriez pas voulu y croire; vous auriez dit : Non, le ministère ne sera pas assez insensé pour les proposer. Eh bien! tout cela est arrivé, cela arrive encore, malgré la voix des hommes qui ont bien mérité de la liberté à plusieurs époques, et dont il suffisait de citer les noms honorables pour rassurer l'opinion. Quand on voyait ces hommes appuyer les mesures du ministère, quoiqu'elles éprouvassent beaucoup d'opposition, on pensait qu'il était possible que le gouvernement eût raison : mais aujourd'hui qu'ils l'abandonnent, la douleur dans le cœur, qu'ils viennent rompre des liens qui leur étaient chers, et déclarer que le ministère compromet la dynastie en perdant la liberté, le ministère persiste dans ses projets, appuyé par quatre ou cinq voix, et foule aux pieds l'opinion publique, celle de ses amis, viole enfin la Charte tout entière.

Et ce ministère viendra nous dire qu'il faut s'en

remettre à sa raison , qu'il n'abusera pas de la loi ;
qui pourrait l'en croire ! c'est l'abandonner qu'il faut ,
et ni dans cette circonstance, ni dans aucune autre ,
vous ne pouvez vous fier à lui.

J'appuie de toutes mes forces l'amendement.

AMENDEMENT

TENDANT A LAISSER AUX PERSONNES CALOMNIÉES

LA FACULTÉ DE SE DÉFENDRE MALGRÉ LA CENSURE.

(Même séance.)

MESSIEURS,

Si l'évidence ne m'avait pas prouvé qu'il faut souvent démontrer des choses que personne ne conteste
ou bien que des choses qui n'étaient pas niées et qui
avaient l'air d'être consenties, ont cependant été rejetées, je n'aurais pas fatigué la Chambre du développement d'un amendement dont la nécessité est évidente,
et que je défie MM. les ministres de contester, à
moins qu'ils ne veulent faire de la loi un monopole
d'injures et de calomnies. (On demande le rappel à

l'ordre.) Je n'ai pas dit qu'ils le feraient, j'ai dit que, s'ils contestaient l'amendement, nous pourrions en tirer cette conclusion.

Je demande la permission de faire observer aux membres de cette Chambre, qui font un usage fréquent de la demande de rappel à l'ordre, qu'ils devraient bien se rappeler cette circonstance où ils ont fait rappeler à l'ordre un membre, quoique le fait qu'il avait avancé fût vrai; ce membre était M. Voyer-d'Argenson, qui a cité des faits qui malheureusement n'ont été que trop vrais, et qui ont été avoués à cette tribune.... (Nouvelle interruption.)

- (M. LE PRÉSIDENT. Je rappelle à la Chambre qu'il n'est pas permis d'interrompre l'orateur.)

La censure a été funeste à tous les partis, à tous les individus. Ceux qui prenaient quelque part aux affaires publiques, ont réclamé contre l'abus que le pouvoir d'alors faisait des journaux. M. de Chateaubriant a publié plusieurs fois des réclamations très importantes, et jamais il n'en a pu faire insérer aucune dans les journaux, tandis que le ministère y faisait insérer les articles les plus injurieux contre cet écrivain, dont il est impossible de contester et l'éloquence et le talent, quand bien même on serait le plus éloigné de partager ses opinions politiques.

J'ai cité un autre fait que M. Sappey vient de rappeler, et comme c'est un des faits principaux qui m'ont déterminé à proposer mon amendement, je suis obligé de le reproduire. M. le général Canuel n'a jamais pu se défendre contre les invectives insérées dans le *Journal des Débats*, pendant qu'il était arrêté! Il a

fait tout ce qu'il a pu, soit pour avoir justice de cet outrage, soit pour faire insérer dans un journal sa justification; il ne l'a jamais pu.

Si vous réfléchissez maintenant que vous donnez au
ministère le droit de choisir des censeurs, qu'il pourra
les prendre parmi ses créatures, ses protégés, ses salariés, vous sentirez que ce ne sont pas du tout les
censeurs, mais les ministres, qui doivent être responsables de tout ce qu'ils feraient insérer d'injurieux dans
les journaux. Certes, c'est pour le ministère une bien
petite peine de s'abstenir de l'injure, quand il a commandé le silence : c'est bien le moins, de ne pas invec-
tiver des hommes qu'on aura bàillonnés; et si l'expérience ne m'avait pas prouvé que le contraire était
possible, certes je n'aurais jamais pu le soupçonner.
Je ne vois donc pas de raisons qui puissent engager le
ministère à repousser un article de loi, dont il ne
pourra jamais, s'il le veut, encourir la rigueur.

La responsabilité des articles injurieux, insérés dans
les journaux, doit retomber sur le ministère, et non sur
les censeurs; car, ces censeurs, pris parmi les employés du ministère, parmi ces hommes qui se pres-
sent toujours à la suite du pouvoir, et qui écrivent
tout ce qu'on voudra, pourvu qu'on les salarie; on ne
les soupçonnera certainement pas d'indépendance, et si
le ministère leur dit de ne pas attaquer tel ou tel individu, je ne vois pas comment on peut craindre qu'ils
ne les attaquent.

Je sais bien que cela obligera les ministres à une
réserve qui peut leur être incommode; que s'il leur
échappe des choses fàcheuses contre un individu qui

sera dans l'opposition, ils auront peur que quelque ami trop zélé, que quelque serviteur trop diligent, n'aille transmettre aux journaux, dont ils se sont réservé le monopole, ces choses fâcheuses échappées à l'impatience ministérielle; mais quand on prend les bénéfices, il faut supporter les charges. Quoi! nous ne pourrons pas dire dans les journaux un mot que vous ne mutiliez, et vous ne voudriez pas consentir à ne pas frapper des hommes que vous avez désarmés et garottés! Je ne ferai pas aux ministres l'injure de croire qu'ils voudraient se réserver le privilége'de l'attaque, contre des hommes qu'ils ont volontairement privés du droit de défense.

Dans cette discussion, j'ai l'avantage, Messieurs, ou le malheur de ne jamais marcher qu'appuyé sur des faits. Vous vous souvenez tous des élections qui ont eu lieu, lorsque les journaux étaient censurés. Vous devez avoir tous présentes à la mémoire les inconcevables invectives que ces journaux censurés renfermaient contre les candidats qui avaient le malheur de ne pas plaire aux ministres. Je pourrais citer des élections où un ministre s'est trouvé en concurrence avec tel ou tel candidat; celui-ci se voyait chaque jour exposé aux accusations les plus virulentes, dans les journaux censurés par le ministère; je ne dis pas par ce ministre. Malgré ce que nous a dit hier un membre, qu'il valait mieux que les élections fussent sous l'influence du gouvernement que sous celle d'un parti, vous conviendrez que c'est livrer toutes les réputations aux ministres, c'est leur permettre de flétrir les hommes en qui des électeurs vraiment français auraient pu placer leur confiance. C'est causer la ruine et le désespoir des hommes ainsi flétris.

Après tous les pouvoirs que vous avez donnés au ministère, il ne reste plus qu'à lui accorder encore celui-là, pour faire de notre gouvernement le plus despotique qui puisse exister ; car un gouvernement est d'autant plus despotique, qu'il a plus les formes de la liberté, et que, dans la réalité, cette liberté n'existe pas. Malheur au pays où l'on voit le ministère dans la minorité de la nation ! Il ne faut pas laisser aux ministres des moyens propres à ramener cette époque désastreuse.

Comme les ministres peuvent éviter tous les inconvéniens qui résulteraient, pour eux, de mon amendement, et qu'il dépend d'eux qu'aucun individu ne soit attaqué dans les journaux censurés, je ne crois pas qu'il y ait des motifs pour rejeter cet amendement; car nous ne demandons pas le libre privilége de la défense, mais seulement à n'être pas frappés, déshonorés, quand on nous a lié les pieds et les mains, quand on nous a mis à la discrétion du ministère.

Je demande donc, qu'à la mesure en vertu de laquelle on peut mettre nos personnes dans les cachots, vous ne joigniez pas celle qui mettrait nos réputations à la merci des ministres.

Je persiste dans mon amendement. (L'amendement est vivement appuyé à gauche.)

SUR UN AMENDEMENT

TENDANT A REFUSER AUX TRIBUNAUX

LE DROIT D'AGGRAVER LES PEINES POUR LE SIMPLE FAIT
DE LA PUBLICATION D'UN ARTICLE RAYÉ PAR LA CENSURE.

(Séance du 29 mars 1820.)

MESSIEURS

Il est clair que la question se réduit à des termes bien simples. Dans la publication d'un article non communiqué ou non approuvé, il y a le délit de publication contre la loi censoriale que vous allez faire ; il peut y avoir un autre délit qui résulterait du contenu de l'article.

Il est clair aussi que la première condamnation ne peut jamais avoir lieu que pour la simple publication de l'article non communiqué. Si au tribunal, qui jugera correctionnellement ce délit, et qui est toujours le même dans toutes les circonstances, vous donnez la faculté de prononcer des peines différentes, vous lui accordez gratuitement, sans aucun motif quelconque, un pouvoir arbitraire, qui s'introduit là je ne sais comment. On serait tenté de croire que c'est une distraction d'arbitraire venue de l'habitude. (On rit.)

Il n'existe pas, dans le fait de publication, plus ou moins de culpabilité ; comment voulez-vous qu'un tribunal puisse graduer des peines pour un délit qui est nécessairement le même ? Je ne verrais là dedans que le désir de faire peser des peines plus graves, suivant la qualité et les opinions des personnes. Si tel journal favorisé par le tribunal ou par un parti qu'il se croirait intéressé à ménager, avait eu l'indiscrétion de publier un article non communiqué, alors le *minimum* de la peine serait appliqué ; si, au contraire, cela arrivait à un journal qui aurait le malheur de leur être odieux, pour avoir défendu des institutions que nous avons été accoutumés à chérir, et que nous avons été encouragés à chérir par ceux mêmes qui les attaquent aujourd'hui, alors viendrait le *maximum* de la peine ; mais je ne, crois pas que vous puissiez consacrer cette théorie de l'arbitraire pour un délit toujours identique.

Puisque je suis à cette tribune, je ferai une autre observation sur le vice de l'article. Je crois que mon honorable collègue a été trop loin dans une concession qu'il a faite. Il ne m'est pas prouvé que le délit sera nécessairement soumis au jugement par jury. La loi pénale a établi des faits pour lesquels on est passible du jugement par jury. Le fait de publication d'articles non communiqués à la censure, n'a pu être mis au nombre de ces faits, puisqu'il n'existait pas alors de censure. Je crois que le gouvernement pourra soustraire les citoyens au jugement par jury. C'est un vice

dans la loi, et le ministère pourrait être fort embar-
rassé, lorsqu'un écrivain se sera rendu coupable des
infractions dont il est question, s'il venait à réclamer
le jugement par jury.

Je reviens à l'amendement. Je soutiens qu'il n'est
pas nécessaire de laisser au juge la faculté de graduer
la peine, puisque le délit est toujours le même, et que
le cas de récidive est prévu. C'est donc ici un luxe
d'arbitraire ; j'espère que la Chambre en fera justice,
en adoptant l'amendement.

AMENDEMENT

TENDANT A LIBÉRER DE TOUTES POURSUITES

L'AUTEUR D'UN ARTICLE APPROUVÉ PAR LA CENSURE.

(Même séance.)

MESSIEURS,

Je sais qu'on nous accuse, mes honorables amis et
moi, de multiplier les amendemens, bien que nous
connaissions d'avance leur inutilité, dans le seul but
d'entraver la discussion, et de retarder l'adoption des

lois. Il ne m'appartient de répondre à ce reproche que
pour ce qui me regarde personnellement, et je con-
viendrai que le motif que l'on voudrait m'imputer à
crime est, non pas le seul, mais un de ceux qui ont
dirigé ma conduite. Les opinions sont libres, Messieurs ; j'ai le droit d'avoir la mienne, et je suis envoyé
ici pour le dire. Je crois les lois qui sont présentées à
notre adoption, détestables, aussi détestables qu'au-
cunes de celles qui ont été faites à aucune époque de
la révolution. Je les crois plus mauvaises, beaucoup
plus mauvaises que celles dont le ministère de 1817
s'est fait un mérite de nous délivrer graduellement.
Je crois que la promulgation de ces lois détruira en un
instant tout le bien qui s'était opéré dans l'opinion depuis le 5 septembre ; et j'entends par ce bien opéré
dans l'opinion, l'attachement croissant du peuple à ses
institutions constitutionnelles, et au gouvernement
qu'il croyait dans l'intention de les maintenir. Il est
donc bien simple, bien excusable, bien légitime en
moi de chercher, par tous les moyens en ma puissance,
à retarder un moment que je regarde comme funeste
au repos de mon pays, à l'établissement d'une liberté
que je me flattais de voir assurée, à la stabilité du trône
que je désire voir inséparable de la liberté, enfin, au
bien-être privé, à la sécurité domestique de tous
mes concitoyens. Eh ! Messieurs, quand je n'aurais retardé que d'une nuit l'adoption de la loi de suspicion et de détention arbitraire, n'aurais-je pas dû
me féliciter de ce que, pendant une nuit de plus,
les Français auraient pu dormir tranquilles sans
avoir, à chaque bruit qui eût frappé leurs oreilles, la

pensée qu'un délateur inconnu les a désignés au pouvoir discrétionnaire, qui peut les plonger dans les cachots. Et si, maintenant, je parvenais à faire ajourner d'un jour la loi qui tuera la manifestation de la pensée, et qui étouffera les réclamations des opprimés, ne devrais-je pas me trouver heureux d'avoir laissé, durant vingt-quatre heures de plus, une chance à la vérité pour se faire connaître, pour se glisser peut-être aux pieds du trône, et pour l'éclairer sur le système ministériel qui tend à perdre et le trône et la nation. (Vive sensation à gauche.)

J'accepte donc, pour ma part, l'accusation que l'on croit si propre à décréditer nos derniers efforts : dans la situation désespérée dans laquelle me semblent placées la liberté et la France, gagner du temps, gagner un peu de temps est beaucoup ; car, lorsque le monarque et le peuple n'ont qu'un intérêt, ceux qui veulent leur faire illusion sur cet intérêt, n'y peuvent réussir qu'à la faveur des ténèbres factices dont ils les entourent ; et ces ténèbres peuvent se dissiper d'un instant à l'autre.

Cependant, le motif que j'avoue ici avec franchise, n'est pas le seul qui me détermine. Les amendemens que nous proposons, Messieurs, sont sans résultat positif, je le sais ; mais ils nous font pénétrer dans le labyrinthe du système dont on se flattait de ne nous offrir que les contours extérieurs. Le rejet de chacun des amendemens est une révélation pour nous et pour la France.

Sans un de ces amendemens, aurions-nous su, qu'en vertu de la loi précédente, sur la liberté individuelle, on prétendrait séparer à discrétion les détenus de leurs familles, leur refuser des adoucissemens que l'ancien régime, le despotisme impérial et le gouvernement absolu d'Autriche n'osaient leur refuser.

Sans un autre amendement, aurions-nous su que les détenus seraient dénués de tous défenseurs? Sans un troisième, que si leur détention les ruinait, ou si leur pauvreté antérieure les privait des moyens de se nourrir au fond des cachots, on leur refuserait les secours alimentaires que le gouvernement de Louis xv accordait à ses prisonniers d'état? Aurions-nous su, sans un quatrième amendement, que les détenus, dans leur désespoir ou leur agonie, n'obtiendraient pas même les secours de cette religion qu'on veut, dit-on, rétablir, et dont les zélés défenseurs ont disputé à des captifs les consolations ; car c'est disputer à des hommes les consolations religieuses, que les condamner à ne les recevoir que par l'entremise de prêtres étrangers à leur croyance. (Nouveau mouvement à gauche...... Vive agitation dans le reste de la salle.)

Il en est de même de la loi que nous discutons maintenant; c'est un amendement qui nous a appris que, lorsqu'un homme serait calomnié dans un journal censuré, lorsqu'il y serait accusé d'un délit ou d'un crime, il n'aurait pas le droit, même en adoptant les formes judiciaires, en s'adjoignant la signature d'un conseil, de faire rétablir dans le journal calomniateur la vérité outragée.

C'est par un amendement que nous avons su que nos propres discussions seraient censurées par des salariés à 6 ou 1,200 francs; que nos commettans perdraient le droit de savoir si nous défendons leurs intérêts, si nous remplissons leur mandat à cette tribune.

C'est par un amendement qu'il nous a été révélé que les machinations tendant à introduire des troupes étrangères au sein de la France, à porter atteinte à la liberté des cultes, à attaquer les biens nationaux, ne pourraient pas, si, dans l'avenir un ministère favorisait ces coupables manœuvres, être portées à la connaissance du prince ou du public.

Messieurs, ces découvertes sont précieuses; et l'on doit savoir gré aux auteurs des amendemens qui nous les ont procurées.

Celui que je prends la liberté de vous proposer, et qui sera rejeté comme les autres, probablement sans qu'on daigne le discuter, aura cet avantage que son rejet prouvera que ce n'est pas uniquement pour réprimer la licence des journaux qu'on veut la censure, mais pour entourer les journaux, même innocens, dè tant de dangers et de tant d'obstacles, qu'on parvienne à fatiguer les hommes qui ne sont pas doués d'une persistance à toute épreuve, sauf à frapper ensuite du pouvoir discrétionnaire ceux qui montreraient plus de ténacité.

En effet, quel est le but avoué de la censure? De confier à des hommes en qui le gouvernement a confiance l'examen de tous les articles destinés aux journaux, de manière à ce qu'aucun article ne paraisse qui puisse ébranler les principes que le gouvernement veut maintenir. Or, il est clair que lorsqu'un auteur, soumis à la volonté de l'autorité, porte au censeur

nommé par elle le fait ou l'opinion qu'il désire publier, c'est à ce dernier à examiner si ce fait ou cette
opinion ont des inconvéniens de doctrine ou de circonstance. L'auteur n'est pas libre de choisir pour
juger son écrit l'homme dans les lumières duquel il a
le plus de confiance : le censeur lui est imposé. N'est-
il pas souverainement injuste de lui faire porter la
peine de l'incapacité, de l'ineptie, du défaut de tact
de ce juge qu'il n'a pas choisi? Que pouvait-il faire de
plus que ce qu'il a fait? N'est-ce pas aux ministres
qui nomment les censeurs à chercher dans leurs bureaux, dans leurs antichambres et dans leurs polices
des instrumens qui répondent à leurs vues? Ils peuvent leur donner des instructions secrètes; ils peuvent les mettre dans la confidence de ce qu'ils veulent
qui soit la vérité d'aujourd'hui, et de ce qui devra
être la vérité de demain; s'ils ne le font pas, faut-il
en punir des écrivains étrangers à tous leurs calculs,
des écrivains qui croiront peut-être avoir écrit dans
leur sens, mais qui se trouveront avoir écrit contre,
parce que dans la nuit ce sens aura changé.

Permettez-moi, Messieurs, de vous citer un exemple qui vous frappera.

Il y a un an que les censeurs auraient refusé tout article tendant à porter atteinte à la loi des élections.

Telle était l'ordre du ministère d'alors, ministère
composé de trois des membres qui siégent encore aujourd'hui dans l'administration décidée à détruire cette
loi d'élection de fond en comble. Eh bien, je suppose
un écrivain moins heureusement flexible; je ne veux
point même lui prêter des motifs bien relevés; il croit

plaire aux ministres, en leur prouvant combien ils avaient raison ; il ne se doute pas que c'est leur faire à présent une injure mortelle. Il porte son article au censeur; celui-ci, admis dans l'intimité de quelque protégé du secrétaire de quelques ministres, a recueilli quelques mots d'embarras ou‾ d'impatience échappés au maître sur l'entreprise dans laquelle il s'est engagé. Le subalterne voit dans ces paroles plus qu'elles ne signifient : il s'imagine que, comme les ministres ont déjà varié, ils varient une fois de plus ; la chose est possible, et la conjecture n'est pas criminelle. Il croit servir leurs vues secrètes; il permet au malheureux écrivain de faire l'éloge du ministre de l'an passé, qui est encore le ministre d'aujourd'hui. L'écrivain se repose sur la pénétration du censeur, homme considérable, qui apprend dans la domesticité ministérielle les secrètes intentions du gouvernement. Il a rempli tous les devoirs que vous lui avez prescrits ; et c'est lui, c'est son journal, c'est sa propriété, que vous puniriez de cette erreur commise dans une antichambre où il n'a jamais pénétré ! Cela serait, Messieurs, contre toute justice. (Nouveau mouvement.)

Les censeurs sont des guides que vous donnez à la pensée de tous les Français. L'autorité prend ces guides où elle veut. Le ministère n'est pas tellement dépourvu de mémoire, que ses membres ne puissent se souvenir des hommes qui étaient, sous un autre gouvernement, des agens dévoués et dociles. Il peut rappeler ces hommes à son service, si toutefois ils en sont sortis : ce sera un acte de reconnaissance; il est doux d'obliger d'anciens amis. Il a sous la main la matière censoriale. Mais quand il a fait son choix ; quand les écrivains s'y sont conformés ; quand, humbles et soumis, ils suivent les guides auxquels l'autorité remet la direction de la chaîne, ils doivent être à l'abri de toute poursuite.

J'ai développé peut-être trop long-temps l'équité parfaite de mon amendement; et je suis convaincu, mes chers collègues, qu'avant de le rejeter, vous l'aurez trouvé parfaitement fondé en justice. Mais j'ai cru devoir vous en démontrer la nécessité et la raison, parce que, dans la discussion du projet de loi de 1817 sur la presse, il a été contesté par M. le ministre des affaires étrangères, alors garde-des-sceaux. Le venin caché, a dit M. le ministre, peut n'être découvert qu'avec effort et contention d'esprit. Mais, Messieurs, d'abord ce venin caché n'est pas bien dangereux, s'il faut tant d'efforts pour le découvrir ; et les lecteurs des journaux, feuilles éphémères, qu'on parcourt à la hâte avec une attention bien légère, ne démêleront certainement pas ce qu'un censeur, payé pour cela, et dont ce genre de découverte fait la seule gloire et le seul mérite, n'aura pas remarqué. D'ailleurs, les censeurs sont là pour se donner de la peine, pour faire des efforts, pour s'imposer de la contention d'esprit. C'est pour cela qu'on les salarie ; c'est leur métier, c'est la condition de leurs gages, c'est leur gagne-pain. Ou bien, MM. les ministres croiraient-ils que, par cela seul qu'on est choisi par eux pour de telles fonctions, on perd toute sagacité, toute pénétration, toute perspicacité ? Un poète ancien a dit, il est vrai, que le jour où un homme libre est mis aux fers, la moitié de ses facultés l'abandonne ; et je conviens que le talent qui se dégrade cesse d'être du talent. Mais, pour être l'agent du pouvoir, et surtout du pouvoir discrétionnaire, ce n'est pas du talent qu'il faut : il suffit d'avoir une certaine intelligence subalterne, que l'on trouve même dans des créatures autres que les hommes, une certaine sagacité de police, qui est au moral ce qu'est au physique l'odorat. MM. les ministres trouveront facilement des censeurs doués de cette qualité, la seule nécessaire. Ils les trouveront dans les gardes-meubles impériaux, qu'ils connaissent beaucoup mieux que vous et moi.

Messieurs, si vous voulez que les écrivains soient responsables, laissez-les libres ; car la liberté est une condition essentielle de la responsabilité. Si vous les enchaînez, la responsabilité doit passer d'eux à leurs geoliers, à moins qu'ils ne se révoltent. S'ils se soumettent à vous demander la permission pour tout ce qu'ils doivent dire, vous ne pouvez les punir ensuite, s'ils ne disent pas autre chose que ce que vous aurez permis.

Messieurs, cette discussion touche à son terme. J'ai eu l'honneur de vous expliquer pourquoi les amendemens se sont multipliés, et quelle était mon intention dans la plupart de ceux que j'ai proposés.

Cette intention, dans celui-ci, est de forcer MM. les ministres à reconnaître, soit dans leurs répouses, soit par un silence qui sera aussi bien entendu qu'une réponse, que s'ils veulent que l'autorité puisse atteindre les écrivains censurés, c'est qu'ils veulent pouvoir frapper des innocens pour épouvanter tout

le monde ; pour épouvanter tout le monde, dis-je, et
pour faire taire tout le monde. C'est en effet, je le dis
franchement, ce que le ministère me paraît vouloir.
Il n'est pas satisfait de n'avoir que des journaux esclaves ; il veut le moins de journaux possible. Il a dans
les articles précédens accumulé les entraves ; en rejetant les amendemens, il accumulera les périls.

Messieurs, vous trouvez peut-être mes défiances
exagérées et mes pronostics bien lugubres ; mais une
longue et triste expérience nous apprend que, lorsque les gouvernemens prennent la route de l'arbitraire, ils ne s'arrêtent plus. Leur intention n'est
jamais d'abord que d'opprimer autant qu'il est nécessaire pour que leur volonté s'execute ; mais ils rencontrent des oppositions, ils oppriment un peu davantage. Ces vexations nouvelles amènent des résistances
plus fortes : l'oppression va croissant et arrive au
comble.

Ainsi s'organisent, malgré leurs auteurs, toutes
les tyrannies : elles ont toutes, à leur naissance, protesté de leur modération ; elles ont toutes été entraînées à l'abjurer ; elles sont venues, pour motiver cette
abjuration, s'autoriser de prétendues malveillances,
de soulèvemens vrais ou supposés, de conspirations
réelles ou prétendues. C'est la marche funeste et inévitable.

Or, Messieurs, comme je le disais hier, la tyrannie
n'est dans le fait, que par accident ; elle est tout entière dans le droit.

Il y a tyrannie là où il n'y a plus de liberté individuelle.

Il y a tyrannie là où il n'y a plus de liberté de la presse. Les murmures, les accusations, Messieurs, ne changent rien au fond des choses.

Or, la tyrannie a toujours ses résultats.

Ces résultats sont de deux espèces : ou l'abâtardissement, la stupeur, la dégradation du peuple opprimé ; alors ce peuple descend au dernier rang des nations. On vous a cité l'Espagne moderne, je vous citerai l'Espagne ancienne. Libre sous ses anciennes Cortès, l'Espagne était la reine du monde, l'arbitre du commerce, la souveraine des mers ; elle avait 30 millions d'habitans : le despotisme politique et les persécutions religieuses ont pesé sur elle ; sa suprématie a disparu, ses trésors se sont dissipés, ses flottes n'ont plus été redoutables ; et 9 millions d'habitans, pauvres et nus, ont erré sur son territoire à peine cultivé.

Puisse-t-elle aujourd'hui, que sa liberté renaît, se relever glorieuse, et offrir un asile à la liberté dont ses voisins sont dépouillés !

Cependant, cet abâtardissement des peuples n'est pas toujours le seul résultat de la tyrannie.

Ici, Messieurs, j'entends des accusations. On prend des avertissemens pour des menaces, des craintes pour des désirs. Hélas ! nous ne préparons pas ce qui pourra être, nous déclarons ce qui est ; nous ne le déclarerions pas que la chose serait la même, et ce qui pourra être nous remplit d'inquiétude ; car ce n'est pas nous, fidèles à la monarchie constitutionnelle et satisfaits de la Charte, qui pourrions voir sans effroi, se rouvrir l'abîme des révolutions.

Messieurs, si le 31 décembre 1819, de bons citoyens

de loyaux Espagnols avaient entouré Ferdinand VII, et lui avaient exposé respectueusement toutes leurs alarmes, avec quelle rage les inquisiteurs ne les auraient-ils pas dénoncés ? Combien de cachots se seraient ouverts ! Combien d'échafauds auraient puni cette franchise ! Eh bien, Messieurs, qui aurait eu raison ?

Je persiste dans mon amendement.

(Un mouvement d'adhésion très vif se manifeste à gauche.)

SUR UN AMENDEMENT

TENDANT

A NE PAS CONFÉRER LA CENSURE A UN SEUL CENSEUR.

(Séance du 30 mars 1820.

MESSIEURS,

L'assertion principale de M. le ministre est qu'on ne pouvait insérer dans les lois ce qui tenait à leur exécution. Cela est vrai ; mais ce que mon honorable ami avait proposé tient à une garantie à donner aux citoyens, et nullement à l'exécution de la loi. Il importe de savoir jusqu'à quel point la censure sera vexatoire, et s'il y aura un appel. Jamais l'appel d'un tribunal à un autre n'a été regardé comme la simple exécution d'une loi. L'appel doit changer la position des écrivains : s'il y a un recours auprès d'une commission quelconque, ils peuvent espérer plus de justice que de la part d'un seul censeur ; ils peuvent s'en flatter au moins ; car moi je n'oserais l'espérer. C'est donc améliorer la condition des parties, ce n'est pas introduire un article exécutoire dans le texte de la loi. Le raisonnement de M. le ministre n'est donc pas fondé. J'en dirai autant de l'omission qu'on a signalée. J'avoue que l'espèce de censure qu'on organisera a sur mon esprit quelque importance, quoique je ne puisse consentir à aucune espèce de censure. Mais si elle doit être organisée sous une forme tout-à-fait nouvelle, s'il doit y avoir une commission de censure, pourquoi n'avoir pas daigné nous le dire ? Je ne sais pas si cela eût beaucoup changé mon opinion, je ne le crois pas ; mais plusieurs membres auraient pu avoir moins de répugnance pour une censure collective que pour une censure individuelle. Je ne conçois pas qu'on puisse traiter la Chambre avec assez de légèreté pour insérer dans la loi des dispositions obscures, tandis qu'on jette du haut de cette tribune des demi-aveux, des demi-révélations, pour montrer que la loi serait autre qu'elle nous est présentée ; mais quand même les révélations feraient voir que la loi serait meilleure qu'elle ne paraît devoir l'être, il y aurait, je le répète, de la légèreté, de l'arrogance à nous laisser discuter pendant quatre jours, sans nous dire un fait qui aurait pu influer sur notre décision. Les vagues espérances qu'on nous donne ne sauraient nous déterminer à rejeter l'amendement.

Le gouvernement trouvera certainement quinze ou vingt hommes dociles à ses volontés. Il ne doit pas en désespérer; d'après ce qui arrive souvent, le danger ne serait pas extrême. Il y a des exemples qui prouveraient que le gouvernement a trouvé dans plus de quinze hommes une complète docilité. ` (Vif mouvement à gauche.) J'appuie donc de toutes mes forces l'amendement de mon honorable collègue.

RÉPONSE

A M. BLANQUART-BAILLEUL

SUR LE MODE DE SCRUTIN ET L'APPEL NOMINAL.

(Séance du 3 avril 1820.)

MESSIEURS,

Je ne fatiguerai pas l'assemblée en l'entretenant long-temps de ma proposition; je reconnais que depuis quelque temps elle a perdu de son intérêt; mais je m'applaudis que cette proposition ait donné lieu au discours aussi profondément pensé qu'éloquent que nous venons d'entendre. (On rit à gauche, et des murmures s'élèvent au centre et à droite.)

Je suis charmé qu'à propos de modifications à votre réglement, de scrutin et d'appel nominal, on soit venu vous entretenir des partisans de la monarchie et vous signaler les révolutionnaires ; je suis charmé qu'un membre de la commission qui, au sein de cette commission, n'avait élevé aucune objection contre la proposition, ait trouvé ici l'occasion de vous entretenir de ce qu'il appelle les partisans de la souveraineté du peuple. Cependant j'ai quelques mots à répondre au préopinant. J'ai dit, il est vrai, qu'en discutant des projets de lois que je crois mauvaises, j'ai tâché de retarder, autant qu'il a été en moi, le moment où ces projets seraient devenus des lois ; j'ai cru quand, dans mon opinion, ces lois ne peuvent entraîner que des vexations et des malheurs, un retard même de vingt-quatre heures était un avantage ; qu'un jour de plus donné à la liberté individuelle, à la liberté des journaux, était quelque chose : c'est en ce sens que j'aurais voulu retarder la délibération. Si on n'a pas repoussé nos argumens, si MM. les ministres se sont renfermés dans un dédaigneux silence, nos amendemens n'en ont pas moins conservé toute leur valeur ; et vous voyez qu'il ne s'agissait pas seulement ici de quelques jours de retard, mais d'éclairer la France entière, présente à nos débats, et qui attendait, en réponse à nos propositions, autre chose que le silence.

A cet égard, il me semble que l'orateur auquel je succède, aurait dû alors prendre la parole pour ras-

surer la France, que nous disions alarmée sur la
conservation de ses libertés. Dans son zèle pour le
système du ministère, il devait alors nous parler, de
ces traînées de poudre, dont il vient de dire qu'il est
dangereux d'approcher une étincelle; il devait prouver
que ce ne sont pas les ministres eux-mêmes qui les
ont établies; car c'est à eux, en effet, que le reproche
paraît pouvoir s'adresser.

Quant à ce qu'a dit l'orateur de la probité politique,
je ne sais si, en effet, il n'y en a plus, ainsi qu'il nous
l'a déclaré. Apparemment il est plus à même d'en juger
que moi; je ne le savais pas, et je ne l'apprends que
de ce moment. (Vive sensation à gauche.)

Relativement à ceux que l'orateur a signalés comme
ayant gardé le silence sous le despotisme, j'ignore qui
il a voulu désigner; mais, Messieurs, entre se taire
sous la tyrannie, et lui prodiguer des applaudissemens, je trouve la distance très considérable : mieux
vaut le silence sans doute, et je ne sais pas si ceux qui
ont parlé sous cette tyrannie ont des reproches à faire
à ceux qui du moins ont su se taire. (Même mouvement à gauche.)

Je viens aux propositions qui vous sont faites. La
seule chose à laquelle j'attache de l'importance dans
ces propositions, c'est la faculté de réclamer l'appel
nominal, quand un certain nombre de membres le
croit nécessaire, et le mode de constater le nombre
des votans auparavant de dépouiller le scrutin. Je
voudrais qu'à cet égard on s'arrêtât à un procédé quelconque, et jusqu'à ce qu'on en ait proposé un meilleur, je persisterai dans celui qui est présenté. Je crois

la chose indispensable, et cela dans l'intérêt de tous. Quant à la faculté de demander l'appel nominal, comment le refuserait-on à cinquante membres? J'ai été plus loin, à cet égard, qu'on n'y est allé pour les assemblées nationales précédentes. Pour l'assemblée constituante, cinq membres pouvaient exiger l'appel nominal; à la Chambre des pairs, quinze membres ont le droit de l'exiger. Ici je bornais cette faculté à cinquante : quels abus en pourrait-on redouter? Pourrait-on imaginer que si la majorité était évidente, il se trouvât cinquante membres réclamant l'appel nominal? Cette demande ne peut se supposer que dans le cas de doute sur une première épreuve, et déjà vous l'avez accordée contrairement à votre réglement. Récemment, après une première épreuve douteuse, on a demandé l'appel nominal, et la Chambre y a procédé. (M. de Villèle et plusieurs membres à droite : La Chambre avait été consultée.)

Je crois, Messieurs, que les dispositions présentes sont utiles; màis je reconnais, je le répète, que leur utilité est fort diminuée, aujourd'hui qu'une majorité s'est formée, qu'elle ne discute pas, qu'elle rejette les propositions sans consentir à les débattre, et qu'on pourrait en conclure, pour ainsi dire, que le vote, même au scrutin, est superflu. Si je n'avais pas fait ma proposition, je ne la ferais peut-être pas maintenant. Alors je croyais que des argumens, forts de raisons et fondés en justice, pourraient faire quelqu'impression sur la majorité; mais puisqu'elle est décidée à les entendre et à les laisser sans réponse, la proposition a beaucoup moins de valeur, et ce n'est qu'en

qualité de rapporteur, que je persiste dans les conclusions de la commission.

OPINION

SUR LE

PROJET DE LOI RELATIF AU RÉGLEMENT DES COMPTES ANTÉRIEURS
A L'EXERCICE 1819.

(Séance du 5 avril 1820.)

MESSIEURS,

En prenant la parole sur le réglement définitif du
budget de 1818, j'ai besoin de solliciter votre indulgence. Non seulement je parle devant des hommes
plus éclairés, à beaucoup d'égards, que je ne puis l'être
sur des matières de finance, mais le temps a manqué à mes efforts, pour rendre les observations que je
veux vous soumettre plus dignes de vous être présentées. Quand toutes les libertés d'une nation sont
attaquées à la fois sur tous les points; quand tous
ses droits sont envahis, toutes ses garanties menacées;
quand le repos dont elle espérait jouir et qu'elle avait

mérité par tant de sacrifices, est troublé tout à coup
et gratuitement par l'imprudence ou la perfidie; il
est assez naturel que ses défenseurs, surpris par ces
agressions inattendues et pour ainsi dire désarmés par
l'étonnement qu'ils éprouvent de voir toutes les promesses violées, tous les engagemens foulés aux pieds
ne sachent où porter la force qui leur reste, et quels
coups parer les premiers.

Quelque importans que soient les objets de finance,
il est des intérêts d'une nature et plus pressante et
plus relevée. L'autorité s'emparant d'un pouvoir discrétionnaire, tous les cachots ouverts, la pensée
étouffée, la publicité devenant un monopole de faits
dénaturés et d'allégations injurieuses, des élections
factices préparant à un peuple des représentans qui
ne le représenteront pas; ces choses, Messieurs, sont
d'une gravité assez désastreuse pour qu'on ait quelque peine à s'en distraire, à fixer son attention sur des
chiffres, et à se livrer à d'arides calculs.

D'ailleurs, il ne faut pas s'y tromper : quelque effort
que l'on fasse pour separer les finances de la liberté
la liberté et la bonne administration des finances sont
essentiellement liées.

C'est vainement que, dans un pays d'où l'on bannit
la liberté constitutionnelle, des ministres viennent apporter en pompe des comptes que nul ne saurait vérifier. Quand la publicité est proscrite, qu'importent
les faits qu'on allègue ? Le pouvoir les arrange comme
il veut, et je n'ai pas oublié qu'il y a peu de jours,
nous avons vu MM. les ministres se lever contre un
amendement de mon honorable ami, M. Casimir

Périer, et déclarer ainsi à la face de la France, qu'ils ne voulaient pas que la lumière pénétrât dans les replis de l'administration financière. Aussi, je le confesse, je n'espère rien de nos tentatives pour rétablir ou maintenir l'ordre dans nos finances, pour mettre un terme à des dépenses énormes, pour arrêter ou modérer des transactions dont le moindre vice est d'être onéreuses. Les ministres nous échapperont toujours à la faveur des ténèbres dont ils sont par venus à s'entourer; vous aurez beau faire des lois, elles seront éludées; demander des communications, on vous les refusera, et probablement vous en aurez la preuve dans cette séance même. Si, comme l'a dit un de nos honorables collègues, M. Laffite, une bonne constitution est le meilleur des systèmes de finance, une constitution violée est le plus mauvais.

Cependant, j'ai contracté, l'année dernière, un engagement que je dois remplir. Cet engagement, Messieurs, vous l'avez contracté vous-mêmes; c'est à vous à voir si vous croirez devoir y rester fidèles.

Le 24 mai 1819, j'ai eu l'honneur de proposer à la Chambre, tout en renvoyant à cette année le réglement définitif des comptes de 1818, de demander au ministre des finances, 1° communication de toutes les pièces relatives aux deux emprunts de 14 millions 600,000 fr., et de 24 millions, ainsi que de toutes celles qui se rapportent aux opérations faites sur les rentes avec les fonds du trésor, à dater du mois de juin jusqu'au mois de novembre 1818; 2° l'impression et la distribution de la liste de souscription de l'emprunt de 14 millions 600,000 fr., et de celle de la répartition de cet emprunt.

Vous n'avez passé à l'ordre du jour qu'en déclarant expressément que votre seul motif était que le moment de statuer sur le budget de 1818 n'était pas venu. Telle fut l'unique raison alléguée par tous les orateurs; M. le garde-des-sceaux, alors présent, observa que ma proposition ne trouverait son application que cette année. M. de Villèle ajouta que l'examen que je réclamais allait de droit à notre session prochaine, c'est-à-dire, à la session actuelle; et mon honorable ami, M. Laffite, en qualifiant mon amendement de prématuré, dit ces paroles qui décidèrent la Chambre : Nous n'avons rien à statuer dans ce moment sur les opérations de 1818. La Chambre en a renvoyé le réglement à la session prochaine. C'est alors qu'on demandera au ministère tous les renseignemens qu'on croira utiles, et particulièrement la liste des souscripteurs des 14 millions et des 24 millions.

Ainsi, Messieurs, vous vous êtes engagés, envers la France, à lui procurer une connaissance exacte des transactions étranges qui donnèrent lieu, il y a deux ans, à tant de réclamations véhémentes, et à tant de soupçons fâcheux. Le moment fixé par vous-mêmes est arrivé. J'ose espérer que vous remplirez votre engagement.

Nous sommes, pour le remplir, dans une meilleure situation que l'année dernière. Alors, un ministère nouveau avait remplacé celui sur lequel pesaient ces transactions mystérieuses; les espérances nationales

s'étaient réunies autour de ce ministère, qui, s'il n'a
pas répondu en entier à ces espérances, a eu du
moins la gloire trop rare, dans nos annales ministérielles, de voir trois de ses membres sacrifier leurs
fonctions à leurs devoirs. Une sorte de générosité,
peut-être excessive, disposait plusieurs d'entre nous
à ne pas s'enquérir trop rigoureusement de la conduite d'un ministère tombé, dont on croyait le retour, soit en tout, soit en partie, heureusement
impossible. Aujourd'hui, trois des ministres, qui
avaient coopéré à cette opération, que je vous ai
prouvée, il y a un an, et que je vous prouverai de
nouveau avoir été désastreuse, ont repris la direction
des affaires. Avec eux sont revenues déjà les lois
d'exception; avec eux doivent revenir aussi les éclaircissemens que, certes, ils sont plus à même de nous
donner que personne.

J'espère qu'on ne dira pas maintenant, comme l'année passée, qu'au lieu de demander des éclaircissemens aux ministres, il faut, si nous les soupçonnons
d'avoir malversé, les accuser formellement. Je ré-
pondais alors, en mon nom et au nom de mes honorables amis : « Nous n'intentons point d'accusation
légale, parce que nous voulons prouver par un excès
de modération peut-être excessive, que le repos avec
la liberté est ce que nous désirons le plus vivement.
Nous évitons avec scrupule de faire usage, dans les
occasions les plus naturelles, de nos prérogatives les
plus légitimes, pour peu que l'exercice de ces prérogatives ait une ressemblance même trompeuse avec
ce qui s'est fait dans des temps d'orage. Voilà les

motifs de notre réserve qu'on affecte de nous reprocher comme une faiblesse. » Aujourd'hui, Messieurs, si j'en juge par mon sentiment intime, la réponse serait toute différente, et je crois fermement que, si l'interpellation se reproduisait, cette réponse ne se ferait pas attendre long-temps.

Messieurs, vous ne pouvez avoir oublié l'histoire des emprunts sur lesquels je viens appeler votre attention. Je suis toutefois forcé de vous en retracer quelques circonstances, et de rentrer dans quelques détails que je vous ai déjà soumis une fois. Mais je tâcherai de les abréger autant que la nécessité d'être clair pourra me le permettre. Je commencerai par l'emprunt de 24 millions, parce que sur celui-là mes observations seront plus longues. Vous savez que cet emprunt fut livré à des étrangers. On nous a dit dans le temps que les puissances l'avaient exigé, qu'elles avaient réclamé la garantie de MM. Hope et Baring. Il faut qu'on nous le prouve; car il est de notoriété publique qu'à la même époque les ambassadeurs de ces mêmes puissances démentaient ce bruit, et le repoussaient comme injurieux à leurs souverains. Il faut qu'on nous le prouve; car je lis dans un traité du 18 août, une clause portant que la France interposerait ses bons offices pour que six millions de rentes, dont les puissances avaient à disposer, fussent donnés à MM. Hope et Baring, clause qui, certes, semble indiquer que le choix de ces deux capitalistes n'était pas un résultat de la volonté des puissances elles-mêmes.

Vous savez aussi que, parmi les conditions de l'emprunt, était une clause résolutoire, dans le cas de la non évacuation du territoire français. Cette clause était légale. Le crédit voté par les Chambres était conditionnel. Mais une autre question reste à résoudre : cette clause résolutoire était pour les prêteurs un immense avantage. Elle plaçait les étrangers, que le ministre avait adoptés pour cet emprunt, dans une condition bien meilleure que les Français admis à l'emprunt de 14 millions 600,000 francs.

Ceux-ci avaient dû supporter les chances les plus fâcheuses comme les plus favorables. Si le territoire n'eût pas été évacué, les rentes auraient baissé : cette baisse eût été à la charge des prêteurs français. Les étrangers, au contraire, étaient, dans leur emprunt, à l'abri de tout danger par la cause résolutoire. Si le territoire n'était pas évacué, leurs engagemens étaient nuls, ils se retiraient sans perte. Si le territoire était évacué, la hausse était infaillible, et leurs bénéfices assurés.

Comment se fait-il donc que, dans cet emprunt, les rentes aient été données aux prêteurs, qui ne pouvaient que gagner à un prix inférieur à celui qu'avaient payé les prêteurs des 14 millions, qui pouvaient perdre ?

Pour excuser le ministre, il faudrait qu'on prouvât que les puissances avaient fixé le prix de nos rentes. Je crois que la preuve ne serait pas facile à fournir. Dira-t-on que les prêteurs étrangers ne les auraient pas prises à un prix plus raisonnable ? Mais ils ne couraient point de chances ; ils ne pouvaient, grâce à la clause résolutoire, que gagner et jamais perdre ; à qui persuadera-t-on qu'ils ne se seraient pas contentés d'un bénéfice infaillible, lors même qu'il eût été moins exorbitant? Nul ne peut concevoir le motif du ministre dans cette opération ruineuse, qui seule, en la séparant de toutes les autres, a coûté à l'état plus de 20 millions.

Troisième question. Messieurs, pourquoi cette négociation, entamée au mois de mars, a-t-elle été conclue subitement et presque clandestinement dans le mois de mai, tandis que, huit jours plus tard, elle eût été moins défavorable d'un dixième? On voulait, dira-t-on, devancer le congrès d'Aix-la-Chapelle; mais il n'a eu lieu que quatre mois après. Ne pouvait-on pas attendre huit jours? Les puissances avaient-elles fixé l'époque? A moins qu'on ne vous le démontre, je ne pense pas que vous ne le croyiez, et personne que je sache n'a osé le dire.

Quatrième question. Pourquoi le ministre, au moment de conclure cet emprunt, a-t-il rendu une baisse inévitable par une vente de deux millions de rentes? Pourquoi cette vente a-t-elle eu lieu à l'instant où la baisse qu'elle devait produire, était si funeste aux opérations qu'il négociait? Ne pouvait-il subvenir aux besoins de l'état pour quelques jours, en empruntant sur le dépôt de ces rentes? La différence de quelques jours aurait considérablement diminué les désastres de ces négociations.

Cinquième question. Cette baisse occasionée par une vente intempestive et précipitée, pourquoi le ministère l'a-t-il encore favorisée, en exigeant des prêteurs français, 20 pour cent de leurs capitaux en quatre jours, et 50 pour cent dans deux mois ? Les besoins du trésor n'y étaient pour rien; car le ministre plaçait à la même époque, d'abord 11 millions, plus tard 37 millions à la bourse : et par ces placemens, il ramenait la hausse, mais il la ramenait quand ces emprunts étaient conclus, quand les rentes étaient dans les mains des étrangers, quand cette hausse était toute en leur faveur. Ainsi, avant l'emprunt, il faisait baisser les rentes comme pour les livrer aux étrangers à vil prix ; après l'emprunt, il les faisait hausser comme pour augmenter leurs bénéfices.

Certes, Messieurs, vous penserez comme moi, qu'il faut éclairer toutes ces transactions, et que le ministre lui-même est intéressé à nous expliquer pourquoi il a sacrifié de la sorte la France à des capitalistes anglais.

Dernière question sur cet emprunt. Six millions de rentes ont été rendues par MM. Hope et Baring, après l'opération consommée. De quel droit le ministre les reprenait-il ? La loi lui avait accordé un crédit de 24 millions ; il en avait usé, tout était fini. Annuler la vente de 6 millions de rentes, c'était les racheter · c'était excéder son pouvoir par une opération illégale qui nous a causé une perte de 26 millions. Car nous avons de plus 6 millions de rentes qui en valent 74, et de moins 100 millions que nous payons cette année et l'année prochaine.

Mes questions sur l'emprunt de ' 14,600,000 fr. seront moins multipliées, mais non moins importantes ; elles se réduiront à deux :

Pourquoi le mode de la concurrence indiqué par la discussion des Chambres a-t-il été écarté ?

De quelle manière le ministre, après avoir repoussé la concurrence, a-t-il choisi parmi les souscripteurs?

Quant à la première question, il faut que le ministre nous prouve qu'il a été forcé de renoncer à la concurrence, ou il restera convaincu d'un tort grave.

Quant à la seconde question, puisqu'il s'arrogeait le droit de choisir entre les divers soumissionnaires, il a dû faire les choix les plus convenables : les a-t-il faits ? S'il a fait des choix arbitraires, s'il n'a point eu égard à la solvabilité des souscripteurs ; s'il a enrichi par des dons gratuits, quoique déguisés, ses créatures, celles de ses amis, de ses protecteurs ou de ses collègues, c'est un second tort plus grave que le premier.

Ceci me ramène, Messieurs, à la demande que j'avais déjà formée l'an dernier de l'impression de la liste. Cette impression seule peut lever les doutes, et vous ne pouvez prendre une décision sur cette partie de la loi des comptes, que lorsque ces doutes seront levés.

Objectera-t-on que l'impression de cette liste donnera lieu à des révélations scandaleuses? Mais le scandale est dans les faits. Pourquoi fait-on ce qui est scandaleux à révéler? Le plus grand scandale, Messieurs, et malheureusement le plus permanent des scandales, c'est l'impunité. Le plus grand scandale, ce sont des opérations qui ont fait perdre plus de 80 millions à la France, à cette France dont on semble traiter les intérêts pécuniaires avec la même légèreté, les mêmes insultes, que ses garanties politiques et ses droits acquis.

Messieurs, je vous ai retracé des faits anciens, mais

ils tiennent à une question présente, à une question que vous avez professé vouloir examiner cette année.

J'aurais désiré néanmoins vous épargner tous ces détails, et j'espérais que le rapport de votre commission m'en fournirait les moyens, soit en vous mettant sous les yeux les éclaircissemens que vous aviez, à la session dernière, déclaré désirer pour cette année, soit en rappelant la demande que j'avais faite de la communication de toutes les pièces. Mais, d'une part, j'ai appris que cette communication n'avait pas été accordée à la commission, et de l'autre, je n'ai trouvé, dans cette partie de son rapport, que des choses beaucoup trop vagues pour être satisfaisantes.

S'agit-il des énormes bénéfices prodigués aux prêteurs étrangers? Le rapporteur vous dit qu'il n'a pas encore été bien établi qu'il eût dépendu du gouvernement d'obtenir de meilleures conditions. Et si le gouvernement nous cache les pièces, comment quelque chose pourrait-il être établi? Il ne répond d'ailleurs à aucune des objections tirées et de l'époque qu'une différence de huit jours aurait rendue moins défavorable, et de la clause résolutoire qui, par l'avantage que les étrangers y trouvaient, semblait devoir au moins nous préserver de voir nos rentes leur être livrées à un prix inférieur à celui qu'on exigeait des capitalistes indigènes.

S'agit-il de cette vente de 2 millions de rentes, cause immédiate d'une baisse si déplorable? La supposition injurieuse, dit le rapporteur, que le ministre ait combiné cette vente dans la vue de produire cette baisse, ne s'appuie sur aucune vraisemblance.

S'agit-il de la hausse produite ensuite par des place-mens intempestifs, et aussi lucrative pour les étrangers, aussi fatale aux Français que la baisse précédente? Un récit vous est offert sur les faits. Aucune explication n'est donnée sur les motifs.

S'agit-il de la préférence accordée aux étrangers, et du refus opiniàtre opposé par le ministère d'alors, qui est en grande pàrtie celui d'aujourd'hui, aux offres des prêteurs français? Le traité passé avec MM. Hope et Baring, répond le rapporteur, se liait *probablement* à d'autres convenances.

S'agit-il enfin de la détermination arbitraire par laquelle le ministre, au mépris du vœu de la Chambre, s'est écarté de la concurrence? Le rapporteur parle de motifs qui se présentent à la pensée et peuvent sembler justes, comme s'il n'eût pas été du devoir du ministre de ne pas laisser la commission s'égarer en hypothèses, mais de lui déclarer ses véritables motifs.

Ainsi, pas un fait, mais d'incertaines conjectures, que le rapporteur ne vous présente lui-même qu'avec l'air de doute, et comme pressé de sortir, par des phrases insignifiantes et des complimens sur les intentions, de cette partie difficile d'un travail qu'il ne voulait pas rendre accusateur.

Vous dira-t-on, Messieurs, qu'il ne faut plus revenir sur des transactions consommées depuis deux ans? Je n'aurais qu'une remarque à vous faire : l'année dernière on vous disait qu'il n'était pas temps encore, et l'on prétendrait cette année qu'il n'est plus temps? Ce serait vraiment insulter à la sagesse de cette Chambre, ou la croire tellement dévouée et docile, qu'elle n'aspire qu'à trouver des prétextes pour tout permettre comme pour tout approuver.

Quoi qu'il en soit, Messieurs, j'ai rempli mon devoir. J'espère être soutenu, dans la disposition que je vous propose d'adopter ou plutôt de renouveler de l'année dernière, par les honorables collègues qui ont reconnu alors que ma demande serait juste cette année. Je compte donc sur des appuis qui ont, à bien des titres, plus d'autorité que moi dans les matières de finances. Je compte beaucoup, par exemple, sur notre honorable collègue M. de Villèle, qui a dit que ma proposition allait de droit à cette session

Au moins pour l'emprunt de 14 millions, M. de Villèle me doit son assistance, car il s'est prononcé en 1818. « La rédaction de la loi, a-t-il dit, le 24 avril, établit elle-même le principe de la concurrence. Elle se sert de cette expression, il *sera ouvert un emprunt*. L'idée de la concurrence en est le résultat inséparable : qui dit ouverture dit concours. » Je ne veux pas me laisser décourager dans mon espoir par une expérience récente. J'aime à croire qu'il n'en sera pas pour des objets de finance comme pour la liberté de la presse et la liberté individuelle.

Quoi qu'il en soit, Messieurs, je le répète, j'aurai rempli mon devoir, et c'est beaucoup dans les circonstances actuelles. Au milieu des calamités qu'on nous prépare, qui sait si quelqu'un d'entre nous aura bientôt une autre consolation que sa conscience? Oui, Messieurs, au milieu des calamités qu'on nous prépare; car bouleverser toute la situation d'un peuple, lui ravir ses institutions, lui arracher ses droits, le dépouiller de ses garanties, c'est préparer de grandes calamités. Du moins nous n'y aurons pas coopéré, même par notre silence ; et si nous en sommes les victimes, comme bien d'autres, car au milieu de la conflagration qu'on attise, les résultats sont incalculables, ce n'est pas sur nous que la responsabilité pesera. Cette responsabilité sera grave : c'est une chose grave que de troubler gratuitement le repos, d'attaquer sans motif et sans excuse la liberté des nations ; c'est une chose grave que de conspirer contre un ordre établi, garanti par les sermens les plus saints, productif déjà d'une prospérité croissante, et que les ministres sacrifient au dépit d'avoir vu quelques unes de leurs combinaisons inutiles et quelques unes de leurs prétentions froissées.

J'ai donc cru, Messieurs, devoir faire entendre de nouveau ma voix à cette tribune, qui, par miracle, est encore libre, au milieu de la France esclave et muette. (Interruption.) Messieurs, j'appelle esclave tout pays où les citoyens peuvent être arrêtés et détenus arbitrairement.

Luttons néanmoins jusqu'au dernier moment. Si des élections factices nous bannissent de cette tribune ; si une loi torturée, alambiquée, refaite cent fois, et qui n'est plus, dit-on, celle qui nous a été soumise, vient balayer les derniers vestiges du système représentatif, alors seulement toute espérance sera perdue ; alors reparaîtront ces deux degrés, objets des vœux ardens de ceux qui veulent s'imposer comme députés au peuple, et qui, pour cela, ne veulent avoir besoin que de leurs propres voix, ces deux degrés que notre honorable collègue M. Lainé a foudroyés dans cette enceinte d'une éloquence alors puissante par la vérité, et qu'il a démontrés être incompatibles avec toute élection franche, destructifs de toute participation réelle de la masse des électeurs, et contraires, par conséquent, à l'esprit et au texte de la Charte; alors reparaîtront ces cent ou deux cents plus imposes, invention perfectionnée d'un despote qui les portait à six cents, combinaison de l'oligarchie pour transformer, au profit de dix mille privilégiés, les véritables électeurs en une classe d'ilotes, et pour ramener exclusivement sur ces bancs ces hommes de l'ancien régime, que, dans un discours plein de force et de verve, notre honorable collègue M. Beugnot qualifiait à cette tribune de courtisans révoltés, d'ennemis des rois et d'auteurs de tous les troubles qui ont coûté tant de sang et de larmes à la France.

Nous resterons purs de toutes ces choses. Continuons donc à défendre les principes que le monarque et le peuple avaient jurés. Défendons-les, ne fût-ce que pour les léguer comme traditions à une autre époque. Les grandes crises politiques ont aussi leurs dédommagemens. On peut vaincre avec honte, on peut être vaincu avec gloire. Heureux les noms qui, dans une lutte généreuse, s'associent noblement aux derniers efforts pour la liberté !

La proposition que j'ai l'honneur de vous faire n'est, comme je l'ai dit en commençant, que l'exécution d'une proposition ajournée, mais adoptée l'an passé. Votre décision fera voir à la France si la majorité de la Chambre veut que la gestion des ministres soit connue, ou si l'examen de leurs comptes n'est qu'une dérision ; si elle veut que justice soit rendue à tous, au ministre s'il n'a pas de torts, au trésor s'il a été lésé ; ou si elle préfère que des opérations qui ont coûté à l'état et par conséquent aux contribuables, plus de 80 millions inutilement, deviennent son ouvrage par son indulgence, et soient, par sa sanction, couverte d'un voile officieux. Je propose, comme l'année dernière, la disposition suivante :

1º. Toutes les pièces relatives aux deux emprunts de 14 millions 600,000 fr. et de 24 millions, seront produites à la Chambre par le ministre des finances, ainsi que toutes celles qui se rapportent aux opérations faites sur les rentes avec les fonds du trésor, à dater du mois de juin jusqu'au mois de novembre 1818.

2º La liste de souscription de l'emprunt de 14 millions 600,000 fr., et celle de la répartition de cet emprunt seront imprimées et distribuées aux Chambres.

Sans cet amendement, je vote le rejet du projet de loi portant réglement définitif du budget de l'exercice de 1818.

++

OPINION

SUR LES

AMENDEMENS PROPOSÉS A L'ART. 8 DU SECOND PROJET DE LOI
RELATIF AUX COMPTES ARRIÉRÉS.

———

(Séance du 15 avril 1820.)

———

MESSIEURS,

Après les discours de deux de nos honorables collègues, et surtout de mon honorable ami M. Casimir
Périer, je n'aurais pas eu la présomption de demander
la parole, si quelques objections de MM. les ministres ne m'avaient paru encore exiger une réponse.
Auteur de l'amendement qui a valu à la Chambre la
connaissance de tant de faits précieux, je crois devoir
ne laisser sans éclaircissement aucun des subterfuges
que l'on nous oppose; mais je serai court : mes honorables prédécesseurs ont abrégé ma tàche et l'ont rendue facile

Je serai court, Messieurs, par respect pour le temps
que vous accordez à nos débats, et par un sentiment
de convenance qui, j'espère, ne cessera jamais de me
diriger; mais non par ces étranges invitations de
MM. les ministres, invitations étranges, je le répète,

et par les principes qu'elles établissent, et par la forme dont elles sont revêtues. Je ne puis reconnaître que nous encourions un blâme mérité, et que nous faussions le système représentatif, lorsque nous ne votons pas sans examen une loi qui doit régler les comptes qu'ils nous présentent. Je ne puis croire que le droit de discuter les dépenses faites ou à faire ne soit, comme ils ont la bonté de nous l'apprendre, que le droit de les consentir; je ne puis croire, comme ils permettent ou ordonnent que leurs écrivains l'impriment, qu'en remplissant nos devoirs nous soyons ridicules, et qu'il fût naturel de rire de nous, si quelque chose de trop sérieux ne se trouvait au fond de ce ridicule. Ce sont, Messieurs, les propres expressions du *Moniteur,* qui, certes, appartient doublement aux ministres, et comme officiel et comme censuré. Mais ces épigrammes, si généreuses et si décentes, dans des feuilles dont ils ont le monopole, et où ils insultent des députés qui n'ont pas la faculté de répondre, ne sauraient me décourager.

Vous êtes encore, Messieurs, les légitimes et indépendans mandataires de la France, et je pense que MM. les ministres, dans l'impatience et l'ardeur de leurs désirs qui ne sont pas encore accomplis, devancent l'époque où, s'ils réussissent dans leurs projets, ils ne verront ici que leurs salariés et leurs créatures. Car, sans vouloir rentrer dans une carrière qu'a rouverte le ministre auquel je succède à cette tribune, il me sera permis de dire que la France, que je crois aussi constitutionnelle et royaliste, aurait beau être royaliste et constitutionnelle, si des lois nouvelles et astucieuses l'asservissaient à un parti que je crois également peu constitutionnel et peu royaliste.

Je vais donc répondre à quelques raisonnemens de MM. les ministres, et, pour abréger cette discussion, je ne vous présenterai point de considérations suivies ; je prendrai les objections une à une.

Quant à l'emprunt de 24 millions, que vous a-t-on dit ? deux .choses, dont l'une est sans preuves et l'autre sans vérité. Celle qui est sans*preuves, c'est qu'il était commandé au ministère, par des raisons diplomatiques, de livrer cet emprunt aux étrangers.

Celle qui est sans vérité, c'est qu'on n'avait pu le donner à des capitalistes français, parce que ces capitalistes avaient fui au moment de la crise. Cela est dénué de tout fondement, vous le savez tous. Ces capitalistes se sont offerts, et. ont été repoussés. C'est pour se disculper que le ministère les inculpe. Je l'avoue, quand sur deux assertions je trouve que celle dont je puis juger est directement contraire à des faits connus, je suis peu disposé à admettre celle qui n'est appuyée d'aucune preuve. Que dis-je, d'aucune preuve ? L'aveu de la fausseté de cette assertion est enfin obtenu : le ministre qui m'a précédé à cette tribune est convenu que les puissances n'avaient pas exigé que l'emprunt fût remis à des capitalistes étrangers : c'est un aveu précieux. Il a voulu en détruire les conséquences en parlant des avantages indirects qui en sont résultés ; mais ces avantages indirects ont été que cet emprunt a été ruineux ; c'est-à-dire, que, quand vous objectez à MM. les ministres que l'emprunt a été ruineux, ils vous répondent qu'ils ont été forcés à le livrer aux étrangers ; et quand vous leur demandez pourquoi ils l'ont livré aux étrangers, ils vous répondent qu'ils l'ont fait pour empêcher qu'il ne fût ruineux.

Cet aveu n'est pas le seul que cette discussion ait arraché aux ministres. Ils vous disent qu'il ne suffit pas qu'un emprunt ait été souscrit, qu'il faut encore qu'il soit exécuté. Ainsi, si l'emprunt n'a pas été exécuté, l'excuse des ministres tombe. Or, l'emprunt avec les étrangers n'a pas été exécuté, il a fallu en résilier une partie, il a fallu racheter 6 millions de rentes ; la France a perdu 21 millions à ce rachat. Ainsi donc, on vous allègue pour excuses des nécessités prétendues ; et quand vous examinez ces nécessités, il se trouve qu'elles ne sont point réalisées.

On nous a dit que la baisse causée par la vente de 2 millions de rentes, au moment de l'emprunt, n'avait pu être dans l'intention du ministère, parce que ceux à qui ces 2 millions étaient vendus, se trouvaient intéressés à faire hausser la rente, puisqu'ils en avaient.

Mais c'est vouloir vous faire illusion sur la question. La petite considération de la perte que leur occasionerait la baisse, pour ce qu'ils avaient, était bien contrebalancée par le bénéfice que leur procurait cette même baisse pour les achats qu'ils devaient encore. Vous serez frappés de cette vérité si vous daignez y réfléchir un instant

Un homme a 100 mille francs de rentes. S'il ne veut pas faire d'achats ultérieurs, il est certain qu'il gagne à ce que la rente soit à 80 plutôt qu'à 70 : il est plus riche d'un huitième. Mais cet homme doit acheter 500 mille francs de rentes : il est clair qu'il gagne à ce que la rente soit à 70 plutôt qu'à 80 ; car s'il perd le huitième du capital de ses 100 mille francs de rentes, il gagne le septième du capital des 500 mille francs de rentes qu'il doit acheter.

Quant à l'emprunt de 14 millions 600,000 fr., l'on a dit que la publicité de la liste serait la révélation des affaires personnelles des prêteurs. Mais cette liste n'est pas leur bilan. Le public n'a sans doute aucun droit à connaître les affaires personnelles des individus, quand ses intérêts n'y sont pas mêlés. Mais l'emprunt n'est pas seulement l'affaire personnelle des prêteurs, c'est encore l'affaire personnelle de l'emprunteur. La France a droit de connaître ses affaires personnelles ; et si, comme je le crois, les affaires personnelles de la France ont été sacrifiées aux affaires personnelles de quelques hommes qu'on a voulu enrichir et favoriser, c'est une raison de plus pour que la France le sache.

Messieurs, daignez réfléchir dans quelle position vous mettez le gouvernement, le ministère, vous-mêmes, en refusant obstinément la publicité que nous demandons. Eh quoi ! des ministres, des députés, ont souscrit pour un emprunt : l'opinion ne sait ce qu'elle doit penser d'une opération qu'elle ne connaît qu'imparfaitement. Les uns sont convaincus que ces souscripteurs n'ont rien fait que de légitime et d'honorable ; mais les autres, il faut bien le dire, pensent, à tort si vous le voulez, que ces souscripteurs puissans, ou protégés par des hommes puissans, ont obtenu d'énormes et scandaleux avantages. Refuser les éclaircissemens, les pièces, la liste qu'on réclame, ce serait déclarer que tous les soupçons sont fondés. Quant à moi, je l'avoue, j'étais, je suis encore disposé à repousser tous les bruits désavantageux : mais je ne pourrais résister à la conviction que votre refus porterait dans mon esprit; et si vous vous obstiniez à nous cacher ce que nous avons, pour l'honneur même des intéressés, le désir d'apprendre, j'aurais la douleur de croire qu'ils ont intérêt à ce mystère, et qu'ils se résignent aux soupçons pour échapper aux certitudes.

J'ajouterai, Messieurs, une considération délicate à exprimer, mais dont l'énoncé même vous prouvera combien tout esprit de parti est loin de moi, et combien j'ai à cœur l'intérêt et l'honneur de cette Chambre. Plusieurs de mes honorables amis figurent parmi les souscripteurs de l'emprunt, pour des sommes diverses, en raison de leur fortune. De ce nombre sont MM. Laffitte, Casimir Périer, Saulnier, Sapey. Eh bien ! Messieurs, il n'ont aucune objection à la publicité de la liste; ils la sollicitent au contraire : ils se joignent à moi pour la réclamer. Que voulez-vous que pense la France, si d'autres députés, si des ministres semblent reculer devant cette publicité ? Pourquoi notre honorable collègue M. Pasquier-redouterait-il ce que désire M. Laffitte ? Pourquoi notre honorable collègue M. Roy craindrait-il ce que ne craint pas M. Périer ?

Messieurs, sous Henri IV, il y avait aussi des dilapidations de la fortune publique ; mais le ministre de ce grand prince ne s'opposait point à la publicité ; il la recherchait comme le seul frein à ces manœuvres. Vous trouverez dans ses mémoires la liste des personnes enrichies par des opérations scandaleuses. Cependant la France n'avait pas alors ce que nous avons, un gouvernement constitutionnel, essentiellement ami de la publicité. Mais il est vrai de dire qu'elle avait ce que nous n'avons pas : elle avait Sully.

On vous a dit encore que la foule des soumissionnaires, parmi lesquels étaient des gens peu solvables, avaient forcé le gouvernement à choisir entre eux. Mais reste à savoir s'il a choisi des prêteurs solvables ; car si, par hasard, il a choisi des prêteurs insolvables, pour qui le bénéfice qu'ils retiraient de l'emprunt était un pur don, tout ce qu'on vous a dit sur la nécessité de choisir, à cause de la solvabilité des prêteurs, est une moquerie.

Enfin, quant à la question générale de l'examen des deux emprunts, on vous a dit qu'il était trop tard. Je l'avais prévu ; mais il y a un an, il était trop tôt. Quand donc était l'époque convenable, et comment a-t-elle passé imperceptiblement ? On a dit que ce n'était pas après deux ans qu'il fallait juger. Mais vous avez empêché qu'on ne jugeàt il y a un an, quand voulez-vous qu'on juge ? ou voudriez-vous par hasard qu'on ne jugeàt point ?

MM. les ministres nous ont priés de les débarrasser de nos clameurs importunes. L'expression n'était ni constitutionnelle ni polie. Nous ne sommes pas ici pour examiner si nous importunons les ministres : nous sommes ici pour préserver les contribuables de l'importunité des dilapidations

Ma proposition conserve donc toute sa force : Vous devez procurer à la France tous les éclaircissemens qu'il est en votre pouvoir d'obtenir pour elle. Vous le devez d'autant plus que vous êtes maintenant le seul moyen de publicité que la France conserve ; le ministère a tué tous les autres.

Lorsque les emprunts dont il s'agit furent négociés presque clandestinement, il y a deux ans, la liberté de la presse donnait aux citoyens qui voyaient le trésor public livré à l'étranger, la faculté de réclamer. Un de nos collègues, qui n'était pas alors député, M. Casimir Périer, dénonça ces emprunts, et sa dénonciation, répétée dans les journaux (alors la censure était moins scandaleusement et audacieusement oppressive qu'aujourd'hui), sa dénonciation, dis-je, fit connaître les pertes que ces emprunts nous préparaient.

Aujourd'hui, toute révélation de ce genre serait repoussée par une censure qui semble avoir l'ordre d'interdire les vérités et d'accueillir les calomnies. On dilapiderait sous vos yeux les finances, que pas un citoyen n'aurait le moyen de l'apprendre au roi ni à la nation. Des journaux esclaves vanteraient l'économie, la régularité, la fidélité de l'administration dilapidatrice, comme ils vantent la modération du ministère et la liberté dont nous jouissons. Aucune réclamation ne serait admise.

Cette tribune est donc le seul asile de la vérité. Cette Chambre est la seule autorité capable de la faire con naître. Il est, en conséquence, de notre devoir de faire pénétrer le jour partout où nous le pouvons ; et ma demande de la communication des pièces et de l'impression de la liste, relatives aux deux emprunts, doit être accueillie comme moyen de répandre, dans les replis d'une opération ténébreuse, une lumière tardive, mais indispensable. Cette lumière nous apprendra s'il y a eu malversation, incapacité ou déplorables complaisances. Quant à moi, je suis lom de vouloir représenter le délit autre qu'il n'est ; je ne crois point, dans cette circonstance, à l'improbité proprement dite ; je crois à une obséquieuse faiblesse de la part d'un ministre envers ses collègues, et, ce qui est pis, envers des généraux et des diplomates étrangers. A cette époque, il était de bon goût, dans le patriotisme de la bonne compagnie, de courtiser ceux qu'on appelait nos libérateurs ; on rabaissait la gloire française de trente années devant les succès anglais d'un jour ; on élevait les triomphes du hasard et d'une médiocrité que ce hasard avait trop bien servie, au-dessus des victoires obtenues par le talent de tant de nos immortels guerriers : les ministres ne voulurent pas rester en arrière des salons ; ceux-ci prodiguaient des hommages, les ministres prodiguèrent des trésors. Ces prodigalités doivent être connues, non pour être réparées quant au passé, mais pour que notre avenir en soit préservé.

J'espère donc, Messieurs, comme je l'ai dit en commençant, que vous excuserez ma persistance à réclamer une publicité que ceux-là seuls qu'elle compromettrait peuvent redouter. J'espère que vous approuverez qu'au moins en ma qualité de votre collègue, je me croie au-dessus de cet ignoble privilége que tout autre ministère que le nôtre rougirait de s'arroger ; privilége d'insultes et d'inculpations dans des feuilles fermées à toute réplique. Vous ne trouverez pas qu'examiner avec soin les comptes de MM. les ministres, ce soit, comme ils le disent, fausser le système représentatif. Ce système ne serait faussé, au contraire, que si nous nous dispensions de l'examen que la nation nous a imposé. Ce système, déjà faussé par l'abus qu'ils font du monopole que vous leur avez concédé, pour laisser à la fois outrager et les souverains étrangers loyalement réunis à leurs sujets libres et fidèles, et ces sujets que les écrivains ministériels invitent à la révolte contre les constitutions jurées par les rois, et tout ce qu'il y a d'indépendant, d'ami de la Charte et d'honorable en France ; ce système, dis-je, déjà faussé de la sorte, achèverait de l'être, si vos discussions de finances aussi ne devenaient qu'une vaine parodie, abrégée encore par un assentiment servile et précipité.

Je persiste dans mon amendement, et j'insiste sur l'impression de la liste, avec l'indication des choix et des répartitions qui ont eu lieu.

SUR LA PÉTITION

DE M. MADIER MONTJAU,

RELATIVE

AU GOUVERNEMENT OCCULTE ET AUX ASSASSINATS DU MIDI.

(Séance du 25 avril 1820.)

MESSIEURS,

Si nous ne considérions que les crimes dénoncés par la pétition, nous pourrions nous contenter de la renvoyer au gouvernement, dans la conviction que tout gouvernement a intérêt à réprimer de pareils attentats, et à rassurer les citoyens contre des assassinats commis en plein jour et sans aucun mystère ; mais cette pétition indique les causes de ces crimes, et acquiert par là une nouvelle et plus grande importance : elle mérite par conséquent une attention plus spéciale.

L'orateur que je remplace a fait tout ce qu'il a pu pour nous distraire de la question et nous détourner de ce qui y avait rapport. C'est dans cette intention qu'il s'est attaché à combattre longuement un orateur qui l'avait précédé à la tribune. Confondant sans cesse le roi avec ses ministres, il a prétendu que, puisque notre honorable collègue, M. Sébastiani, avait attaqué des ministres, il avait porté atteinte aux droits du trône. Dans le même but, il s'est servi à plusieurs reprises des qualifications de général, de militaire, tandis qu'il devait savoir que dans cette Chambre il n'existe que des citoyens. Il a blâmé la dénomination donnée par le député à une loi que nous repoussons, et s'est appesanti sur le mot de loi conspiratrice. Mais il aurait dû réfléchir que, dans plus d'une occasion, un côté de cette Chambre, dans ses discours, dans ses écrits, a prodigué cette épithète à un ministre qui n'avait point sa faveur.

M. Lainé s'est récrié également contre la dénonciation d'un pouvoir invisible. M. le garde-des-sceaux actuel n'a-t-il pas déclaré lui-même à cette tribune, dans la session précédente, que cette puissance protégeait les assassins de Nimes, d'Avignon, de Rhodès même, et leur assurait l'impunité ? Ce ministre n'a point été désavoué par ses collègues d'alors ; et M. le ministre des affaires étrangères d'aujourd'hui, quoique alors il ne fît point partie du ministère, doit se rappeler qu'il n'a nullement réclamé contre les paroles de M. de Serre : voudra-t-il entrer maintenant en contradiction avec lui-même?

Ce pouvoir invisible existe ; il protége les manœuvres qui émanent de son sein. Ai-je besoin, Messieurs, de vous rappeler que long-temps il a existé un journal qui provoquait à tous les désordres, un journal clandestin, le *Moniteur royal*, qui jamais n'a été arrêté ni puni ?

On fait un crime au pétitionnaire de ne s'être point

adressé à l'autorité locale ; mais on oublie que les autorités ont été impuissantes pour prévenir ou pour réprimer les crimes qu'on vous dénonce. Un homme, dont je suis forcé de prononcer le nom à cette tribune, *Trestaillon*, a été mis en jugement à Riom, parce qu'on savait qu'à Nimes il serait acquitté.

Un membre de la Chambre des pairs (M. Lanjuinais) a dénoncé des associations secrètes, et bien que par égard pour le pouvoir invisible, un ministre l'ait désavoué, le fait n'en est pas moins resté constant et prouvé. On sait généralement qu'elles existent ; leur organisation a même été rendue publique. D'où vient donc cette chaleur à nier maintenant jusqu'à leur existence? A une époque antérieure, le ministère avouait qu'il y avait beaucoup de maux à réparer, que le bien ne pouvait s'opérer que lentement, parce que le pouvoir invisible s'y opposait, et il faisait cet aveu quand tout tendait à une amélioration graduelle; à présent, il soutient au contraire que la France est tranquille et heureuse, et qu'il n'y a plus de maux à réparer; il le soutient parce que la marche est rétrograde, et tend à nous replonger sous le gouvernement occulte que le pétitionnaire dénonce.

Messieurs, l'action de cette puissance *invisible* se fait sentir dans toutes les occasions. Depuis l'esclavage des journaux, les feuilles censurées sont restées quelques jours dans un état de neutralité; lorsque tout à coup, comme entraînées par une puissance cachée, nous avons vu des feuilles, dont le ministère a pris sur lui la responsabilité, déclarer qu'on voulait la contre-révolution entière, la contre-révolution morale, et la contre-révolution matérielle, aussi complète que le permettrait la volonté et sans égard pour les promesses du roi. (Des murmures s'élèvent à droite. On s'écrie : non, non! Un grand nombre de voix à gauche : c'est vrai, c'est vrai!).... Messieurs, j'ai ce journal sur moi au moment où je vous parle.

La pétition de M. Madier vous dénonce, à vous, au roi, à la France entière, les menées les plus coupables et les plus dangereuses; oui, sans doute, il faut la renvoyer à tous les ministres, mais nous ne devons point nous borner à cette formalité. La Charte nous donne le droit de faire une humble adresse au roi, quand nous croyons que les ministres ne peuvent plus faire le bien, ni empêcher le mal. Dans cette adresse, nous dirons au roi : Sire, les députés des départemens, les citoyens de toutes les parties de la France, n'aspirent qu'à se réunir autour du trône. Ils veulent votre règne, Sire; ils veulent vivre sous l'empire de la Charte et de vos lois. Inconsidérés et imprévoyans, vos ministres cèdent à une influence désastreuse; un pouvoir mystérieux les égare et accable vos sujets : que Votre Majesté daigne nous délivrer de cette force invisible qui n'est ni légale ni constitutionnelle, qui ébranle le trône et qui menace la liberté. Voilà ce que nous oserons représenter respectueusement à notre monarque constitutionnel. Mais, pour motiver cette adresse en connaissance de cause, je demande que la pétition de M. Madier soit lue à cette tribune, et qu'ensuite elle soit imprimée et distribuée. (Un grand nombre de voix de la gauche appuient cette proposition.)

SUR UNE PÉTITION

ACCUSANT M. DE CAZES

DE L'ASSASSINAT DU DUC DE BERRY.

(Séance du 28 avril 1820.)

MESSIEURS

L'ordre du jour est la seule mesure que vous puissiez adopter sur deux des pétitions dont on vient de vous entretenir, et cet ordre du jour serait également naturel, quant à la troisième, si elle ne se rattachait pas à des circonstances qui intéressent essentiellement la paix de la France et l'honneur de cette Chambre. Mais ces circonstances me semblent telles, que d'une part l'examen de cette pétition peut, si vous prenez les mesures nécessaires, vous conduire à une découverte qui serait éminemment salutaire, et que, de l'autre, si vous passiez à l'ordre du jour, vous encourriez la défaveur de trop d'indifférence sur la valeur de ce qui se dit à cette tribune.

Je viens en conséquence m'opposer à l'ordre du jour, et vous demander une autre décision. Pour la motiver, je dois entrer dans quelques développemens d'une nature assez délicate, et je réclame, non votre indulgence, mais votre attention.

Messieurs, la pétition dont il s'agit remonte évidemment à une époque où le parti, ou, si on l'aime mieux, le pouvoir invisible dont on vous a naguère entretenus, avait formé le projet d'arracher d'auprès du trône le ministre que cette pétition inculpe. On vous a fait connaître, dans une de vos dernières séances, les deux circulaires qui démontrent l'existence de ce projet; divers moyens furent employés simultanément pour le réaliser. La petition dont on vous parle n'a-t-elle pas été l'un de ces moyens, destiné à concourir avec d'autres?

Remarquez, Messieurs, que les invectives contre M. de Cazes, contenues dans cette pétition, ont trait à l'effroyable assassinat de Mgr le duc de Berry, et que, sous ce rapport, cette pétition semble un développement, un commentaire de l'accusation portée à cette tribune contre le même ministre; accusation étrange, inouie, et devenue bien plus étonnante par le silence que son auteur a gardé depuis : comme si l'on pouvait à volonté hasarder, puis retirer des mots pareils, sans les rétracter; comme si, après avoir accusé un homme, ministre ou non, peu importe, d'un attentat exécrable, on pouvait dire lestement à cette Chambre, à la France, à l'Europe, prenez que je n'aie rien dit; je l'ai accusé d'être un assassin, et n'en parlons plus. On peut reprocher à un ministre un système vicieux, une administration mauvaise; lorsque sa chute entraîne celle de son système, et met un terme à son administration, l'on peut penser qu'il est inutile de persister dans une poursuite devenue sans but.

Ainsi, qu'on eût porté à cette tribune une accusation contre M. de Cazes, pour sa conduite ministérielle, je l'aurais conçu; qu'on l'eût ensuite retirée, je l'aurais compris encore. J'y aurais vu de la générosité, ou de la modération, ou de la prudence; mais ce n'est pas le cas : c'est un fait qu'on a affirmé, un fait positif, un fait qui est vrai ou faux; que, dans ma conviction intime, je crois faux; mais qui, s'il était vrai, devrait attirer sur son auteur une punition terrible, et qui, s'il est faux, ne doit pas rester impuni dans l'accusateur.

Vous en avez déjà jugé de la sorte : vous avez, sur ma demande, ordonné l'insertion, au procès-verbal, de la réponse faite à cet accusateur, par M. de Saint-Aulaire, et aussi long-temps que cet accusateur gardera le silence, cette réponse, que toute la France a entendue, pèse sur lui de tout son poids.

Maintenant, Messieurs, pouvez-vous passer à l'ordre du jour sur une pétition qui, sans être aussi explicite que l'accusation portée contre M. de Cazes, à la tribune, rappelle pourtant cette accusation, en rattachant un meurtre déplorable à la conduite et aux intentions de ce ministre? Non, Messieurs; vous devez saisir cette occasion d'éclaircir un fait sur la fausseté duquel je crois bien que personne ici n'a des doutes, mais qui néanmoins, affirmé solennellement par un homme revêtu de fonctions importantes, a pris un caractère tel, qu'il est nécessaire que la fausseté en soit démontrée. Vous le devez à la France, qu'une assertion aussi incroyable a pu inquiéter. Vous le devez à vous-mêmes, car il est douloureux qu'on puisse penser que de telles paroles se prononceraient légèrement dans cette enceinte; et une assemblée qui permettrait que des accusations d'assassinat fussent des moyens oratoires contre des ministres, et n'eussent pas d'autres conséquences, serait nécessairement frappée de déconsidération

Vous ne pouvez pas forcer l'accusateur qui a parlé ici, à s'expliquer, comme la morale, comme la justice, comme son propre intérêt lui en faisait un devoir; mais vous devez souffrir de cette impuissance. Elle vous donne un air de tolérance pour la calomnie qui, certes, est loin de vos sentimens. Montrez que c'est malgré vous que vous vous résignez à cette tolérance forcée; montrez que vous la désavouez au fond de vos cœurs. En renvoyant au conseil des ministres une pétition analogue à l'accusation calomnieuse, montrez que vous voulez que la vérité éclate, et que vous aimez à réparer, autant qu'il est en vous, même envers un ministre dont vous avez pu désapprouver beaucoup d'actes, un tort inattendu qu'a pu lui causer la liberté de la tribune, liberté qui nous a été donnée, pour censurer, pour accuser les ministres, mais qui, certes, n'avait jamais été destinée à nous autoriser à des accusations d'assassinat et de meurtre, en nous dispensant de les prouver.

En renvoyant cette pétition au conseil des ministres, vous fournirez aussi aux collègues de M. de Cazes, qui ont partagé, secondé, approuvé, loué toutes ses mesures, aussi long-temps qu'il a été puissant, une occasion qu'ils ont sûrement regretté de ne pas rencontrer plus tôt, je veux dire l'occasion de repousser, en son

nom, une accusation à laquelle ils n'ont opposé, je ne
sais pourquoi, quand ils l'ont entendue ici, qu'un
étrange silence.

Je propose donc, sous ce premier rapport, le renvoi
de la pétition au conseil des ministres, et nommément,
à M. le garde-des-sceaux, comme chef de la justice.

Mais je propose de plus, Messieurs, le dépôt d'une
copie de la pétition au bureau des renseignemens; et
mes motifs, pour cette seconde proposition, sont d'une
nature plus générale et plus importante encore que
pour la première.

J'ai eu l'honneur de vous dire que cette pétition me
semblait se rattacher au grand projet formé au milieu
de la douleur et de l'indignation publique, pour tirer
parti de cette indignation; et, si j'ose ainsi parler,
pour exploiter cette douleur : et j'ai ajouté que cette
pétition était un moyen parmi beaucoup d'autres.

En effet, vers le même temps, on trouve cette même
accusation répétée dans des journaux, et, ce qui est
plus remarquable, dans des ordres du jour signés,
m'a-t-on dit, par des chefs de corps, et rédigés dans
des termes dont les annales militaires n'offrent pas
d'exemples. Ces ordres du jour ont été connus par
plusieurs de nos collègues : ils étaient vrais ou ils
étaient supposés. S'ils étaient vrais, comment se fait-il
que MM. les ministres qui nous ont parlé, à cette
tribune, du danger de l'influence des prétoriens, et de
l'ascendant des généraux, n'aient pris aucune connaissance de ces manières vraiment prétoriennes? S'ils
étaient supposés, comme ils étaient parfaitement identiques avec les accusations portées à cette tribune, et

répétés dans la pétition, ils sont une preuve de plus que la faction invisible qui profane audacieusement le nom du roi et de son auguste famille, emploie aussi le nom d'autorités inférieures, pour pousser aux troubles qu'elle médite.

Dans le même temps encore, des périls d'une nature inusitée parmi nous, sont venus menacer les jours du même ministre. Il a dû pourvoir à sa sûreté par des précautions extraordinaires; et ces précautions ont offert, à la capitale étonnée, un spectacle qu'on ne voit jamais dans les villes civilisées de l'Europe, mais quelquefois dans Constantinople et dans Alger.

S'il était vrai que la pétition actuelle ait été présentée à la même époque, et j'ai lieu de le croire, puisque alors le même pétitionnaire en présenta une qui fut discutée à la Chambre des pairs, il se pourrait que cette pétition, les ordres du jour, l'accusation à cette tribune, les accusations dans les journaux, les menaces à main armée, fussent des parties du même système, des manœuvres émanant de la même source, je veux dire de ce pouvoir occulte, de ce gouvernement autre que le gouvernement légal, de cette faction enfin qui, pour répéter l'expression de M. de Saint-Aulaire, reconnaît un autre roi que le roi.

Ici, Messieurs, comme on a voulu jeter de l'odieux sur les hommes qui ont les premiers indiqué les symptômes d'une ténébreuse intrigue, comme on les a, dans des discours et dans des écrits, accusés de diriger les soupçons contre ce qu'il y a de plus vénérable, je dirai qu'on a dénaturé à la fois et leurs paroles et leurs pensées. Affirmer qu'une faction se sert de noms respectables, ce n'est point insinuer qu'on les y autorise. Les factions abusent de ces noms respectables sans leur aveu, à leur insu. Se plaçant hors de l'empire des lois, elles cherchent à se donner de la force, en se targuant de chefs augustes qu'elles n'ont point, qu'elles n'auront jamais, et en démasquant ces factions, l'on n'attaque point, l'on défend au contraire ce qu'elles ont l'inconcevable et inexcusable audace de profaner. Si la pétition dont nous sommes saisis est émanée d'un pouvoir occulte, il n'est pas impossible qu'en prenant des renseignemens sur le pétitionnaire, nous ne parvenions à remonter jusqu'à ceux qui l'ont mis en mouvement. Nous trouverons peut-être quelque affinité entre ce pétitionnaire qui demandait l'expulsion de M. de Cazes, et ceux qui écrivaient dans la circulaire n° 34 : *Nous arracherons d'auprès du trône le ministre favori.* Peut-être en trouverons-nous aussi entre sa demande et l'accusation portée à cette tribune. Enfin, sans vous fatiguer de l'énumération incertaine des découvertes que nous pourrons faire, nous tenons peut-être dans cette pétition un fil qui, tout exigu qu'il semble, conduirait, par beaucoup de détours, jusqu'au centre du labyrinthe.

Vous avez tous senti de quelle importance serait une révélation de ce genre. Vous avez renvoyé, dans cet espoir, la pétition de Nimes au président du conseil; vous en avez ordonné l'impression; vous en avez ordonné le dépôt au bureau des renseignemens. Ordonnez le même dépôt pour la pétition actuelle : elle cadre d'esprit et d'intention avec les circulaires, elle en est un appendice : elle peut servir à les expliquer.

Les orateurs de toutes les opinions ont reconnu que ce serait un grand bonheur pour la France, que la découverte du vaste complot qui menace et l'indépendance du trône et les libertés de la nation. Tous ont avoué que ce complot, s'il existe, est un véritable crime, un crime de lèze-majesté, une machination contre la sûreté de l'état. Ne négligeons donc pas le plus petit indice.

Quelle satisfaction pour nous, mes collègues, si, parvenant enfin à mettre en évidence la source de tant de maux, nous pouvons proclamer cette vérité consolante dont j'ai toujours été convaincu, que cette source est tout-à-fait étrangère à notre gouvernement constitutionnel; qu'à elle seule remontent les inquiétudes qui agitent la France, et les projets désastreux qui la menacent : que ce n'est point un pouvoir légal, mais un pouvoir occulte qui veut, par d'incroyables astuces, détruire le système représentatif, en assurant le triomphe d'une imperceptible minorité sur les choix de la majorité nationale; que c'est ce pouvoir occulte seul qui, dans ses combinaisons, naïvement tyranniques, veut, par des projets subversifs de nos institutions les plus sages, faire prévaloir une voix sur cent, dix voix sur mille.

Le plus beau jour pour des sujets fidèles, pour de loyaux députés, sera celui où ils se diront, où ils diront à la nation tout entière : « Le trône est complétement d'accord avec la nation; il ne veut que son bonheur, son repos, sa liberté, la stabilité qu'elle chérit; les nuages passagers qui ont couvert l'horizon, partaient d'un autre point, d'un point qui n'a rien de commun avec le roi ni avec sa famille. La vérité a dissipé ces nuages ; les issues sont libres ; la communication est rétablie entre l'amour du peuple et la sincérité du monarque, seul appelé, suivant la Charte, à le gouverner d'après les principes de la liberté. »

Par ces motifs, et dans l'espoir que l'examen de cette pétition, dévoilant le secret des calomnies qu'elle renferme et de toutes les calomnies de ce genre, nous procurera des lumières précieuses sur la faction qui met en péril la monarchie et la Charte, je demande le renvoi au président du conseil des ministres et le dépôt au bureau des renseignemens

DISCOURS

PRONONCÉ

A L'OCCASION DE LA PROPOSITION D'ADRESSE FAITE A LA CHAMBRE DES DÉPUTÉS PAR M. MANUEL.

(Comité secret du 3 mai 1820.)

MESSIEURS,

En écoutant les orateurs qui m'ont précédé à cette tribune, je me suis félicité d'avoir rédigé par écrit les observations que je voulais vous soumettre. Cette précaution que j'avais prise, sans prévoir combien elle pouvait m'être utile, me servira à me renfermer dans le cercle que je m'étais tracé, et à me préserver de la chaleur avec laquelle je serais tenté de repousser des invectives et des accusations sans mesure. A l'occasion d'une proposition faite d'après les formes voulues, et par la présentation de laquelle un de nos collègues n'a fait qu'exercer son droit de la manière la plus régulière, on a parlé de crimes, de complots, d'audace coupable; on a épuisé tous les mots sinistres en usage dans le vocabulaire des factions qui dénoncent, en attendant qu'elles puissent opprimer. Je n'imiterai pas cet exemple, je dirai seulement qu'un pareil langage est contraire à toute loyauté, et à la dignité d'une assemblée représentative.

Mais, si je puis me dispenser d'entrer dans cette arène de personnalités inconvenantes, je crois devoir répondre à d'autres allégations échappées à M. le ministre des affaires étrangères.

Par une confusion trop habituelle, il a voulu se prévaloir de ce que mon honorable collègue s'est servi, dans ses développemens, du mot de gouvernement royal, pour l'accuser d'avoir attaqué la majesté du trône. Faut-il donc répéter ici, pour la centième fois, que, lorsqu'on parle dans cette Chambre du système du gouvernement, ce n'est jamais le roi qu'on attaque? Les ministres eux-mêmes se désignent sans cesse comme étant le gouvernement du roi. Cette expression, dans le langage parlementaire et dans celui que nos précédens ont établi, ne s'applique jamais qu'aux ministres. Il peut y avoir des ministres qui, audacieux et timides à la fois, voudraient envahir toutes nos ga-

ranties, fouler aux pieds'toutes nos libertés, manquer
à toutes les promesses que la sagesse royale rend inviolables, et reculer ensuite derrière le trône, pour qu'à
leur place le trône fût compromis. Vous ne serez pas
trompés par cet artifice, et vous saurez toujours distinguer le pouvoir accusable et responsable, du pouvoir
bien plus élevé qui n'est exposé à aucune accusation,
et ne peut encourir de responsabilité.

Du reste, M. le ministre des affaires étrangères a
comme pris soin de se réfuter ; il a dit que mon honorable ami voulait accuser le roi devant le roi lui-
même. La contradiction renfermée dans ces paroles
répond assez à l'inculpation.

Cependant un aveu est échappé à M. le ministre, un
aveu dont je crois devoir prendre acte. Il a précisé la
date de ce qu'il appelle les attaques dirigées contre le
gouvernement. Ces attaques, a-t-il dit, ont commencé
il y a cinq mois. Ainsi, avant cette époque, il n'y avait
point d'attaques. En effet, Messieurs, on pouvait, il
y a cinq mois, désirer encore beaucoup d'améliorations partielles, et ce désir s'exprimait quelquefois
avec cette impatience, cette franchise, cette vivacité
de paroles qu'autorise la liberté, et qui, même dans
leur manque de mesure, n'ont rien d'alarmant pour un
pouvoir constitutionnel : mais il n'y avait point d'attaques, le ministre en convient. Pourquoi, Messieurs ?
C'est que le gouvernement était populaire ; il s'affer-
missait dans l'opinion, il était l'objet des espérances ;
on sentait qu'il devenait plus stable parce qu'il était
loyal, et sa stabilité et sa loyauté étaient, pour tous
les bons citoyens, un sujet de joie et de reconnais-

sance. Qui est-ce qui a bouleversé cet état de choses ?
Les ministres, Messieurs, leurs projets hostiles, leur
volonté obstinée de nous ravir tous nos droits : ils ont
troublé gratuitement une nation paisible, et ce sont
eux qui l'accusent.

Un mot encore, Messieurs, sur ces insinuations de
conspiration qu'on fait planer sur toutes les têtes. Il
faudrait enfin que l'on s'expliquât. Si des députés
connaissent des conspirateurs, qu'ils les dénoncent.
Si les ministres en connaissent, leur devoir est de les
démasquer et de les poursuivre. Mais que l'on ne cherche plus à frapper les imaginations d'alarmes mystérieuses et d'inculpations équivoques ; ou, si l'on ne
veut, si l'on ne peut rien articuler de précis, qu'on
s'abstienne d'accuser sans preuves, et de laisser soupçonner ce qu'on sait bien n'être pas.

Car je ne suppose point que l'on travestisse en conspirations des souscriptions de bienfaisance en faveur
de malheureux atteints par les lois discrétionnaires. Je
sais qu'on a prétendu que secourir des détenus qui
ne sont que suspects, et leurs familles qui, fussent-ils
coupables, seraient innocentes, c'était provoquer la
désobéissance aux lois : comme si les associations pour
soulager les condamnés eux-mêmes étaient des encou-
ragemens pour le crime ; comme si les souscriptions
qu'on accuse n'impliquaient pas au contraire l'obéissance aux lois, puisqu'elles ne sont destinées qu'à
ceux qui se seront soumis à ces lois terribles.

Je passe maintenant, Messieurs, à l'examen que
j'avais préparé sur la proposition même qui vous est
soumise.

Lorsque le projet de présenter une humble adresse à S. M. sur l'état de la France et sur les mesures du ministère, me fut communiqué pour la première fois, il fut pour moi le sujet d'une longue et pénible incertitude. Je craignis que, dans un moment où la réunion de tous les citoyens bien intentionnés, de tous les hommes qui veulent conserver, je ne dis pas tel ou tel détail, mais l'esprit de nos institutions telles que la Charte les a établies, et telles qu'elles sont nécessaires au repos si souvent menacé de notre patrie; je craignis, dis-je, que dans un moment où la réunion de tous ces hommes, amis de leur pays, est si désirable, une démarche volontaire, spontanée, et que les uns pouvaient croire intempestive, tandis que les autres la considèrent comme indispensable, ne semât entre les esprits les plus faits pour s'entendre, des germes de division dont on saurait profiter avec habileté. Cette inquiétude m'a poursuivi jusqu'à mon entrée dans cette enceinte; et je ne suis parvenu à la calmer qu'en me disant que, soustraits momentanément aux regards du public, réunis, pour ainsi dire, en famille, nous avions une occasion naturelle de nous expliquer les uns avec les autres, et que la connaissance parfaite de nos intentions respectives et des vœux de chacun de nous, aurait certainement bien plus d'avantages que la chaleur même d'une discussion dans laquelle une portion de cette Chambre n'entre qu'avec répugnance, ne peut avoir d'inconvéniens.

L'explication dont je vous parle, Messieurs, tient essentiellement à la question qui nous occupe, je veux dire, celle de savoir si nous prendrons en considération la proposition de notre honorable collègue, M. Manuel; car c'est là, je vous prie de le remarquer, la seule question véritable. Un projet d'adresse présenté par un membre, ne peut être qu'un canevas qui, d'après notre règlement, doit être envoyé à une commission; c'est cette commission qui fait l'adresse et vous la soumet.

Il ne faut donc point confondre deux choses distinctes. En prenant en considération la proposition de notre collègue, vous ne faites que déclarer qu'il peut y avoir utilité à s'occuper d'une adresse. Vous ne préjugez rien sur l'adoption de celle dont lecture vous a été donnee.

Or, il est évident que, pour savoir s'il peut y avoir lieu à une adresse quelconque, une explication franche et complète de ce que nous croyons être l'état des choses, et de ce que nous désirons que cet état devienne, un aveu sincère et sans réserve de nos vœux, de nos espérances, de nos craintes, est un préalable d'une nécessité manifeste.

Lorsqu'on parle en public, les spectateurs exercent une influence, la tribune impose un apprêt qui empêche les pensées de paraître dans toute leur simplicité. L'on ne dit rien qui ne soit vrai; mais on ne dit pas tout ce qui est vrai, et les réticences faussent les demi-vérités que l'on énonce. De là, des soupçons respectifs, des irritations souvent mal fondées : et vous l'éprouvez chaque jour; car nous ne sommes pas dans la salle des conférences ce que nous sommes à cette tribune : nous nous entendons mieux, nous nous sentons plus rapprochés. Eh bien ! je crois qu'en apportant dans ce comité secret le même abandon, nous obtiendrons le même avantage.

Messieurs, que la France soit dans un état critique ne peut être nié. Toutes les parties de cette Chambre en conviennent; nos honorables collègues du côté droit parlent de comités directeurs, insurrectionnels, révolutionnaires. Nous parlerons de conspirations contre les droits acquis, contre les institutions données, contre les intérêts que la révolution a créés et qu'a sanctionnés la Charte.

Nous sommes, j'en suis convaincu, les uns et les autres de très bonne foi dans nos alarmes : j'en juge par moi-même. Quand je dis que la contre-révolution se médite et s'opère, je puis me tromper; mais je ne dis que ce que je pense très-réellement. Ainsi, je n'ai pas le droit de prétendre que d'autres honorables collègues ne soient pas sincères, quand ils affirment qu'une revolution se prépare.

Vous, Messieurs, que des opinions plus prononcees, dans l'un et l'autre sens, taxent d'une modération qu'elles nomment excessive, mais aux intentions desquels toutes les opinions rendent justice; vous qui, par la nature des choses, malgré les plaintes alternatives dont vous êtes tour à tour l'objet, êtes cependant constitués forcément nos arbitres et nos juges; vous dont les suffrages, encore incertains peut-être, décideront en dernier ressort des destinées de la France, et sur qui porte en conséquence toute la responsabilité de ces destinées, vous trouvez difficile de savoir, au milieu de tant d'accusations qui se croisent, à qui accorder de la confiance, ou de qui vous défier.

Cependant, des lois s'avancent qui changent tout le système actuel; ces lois, vivement sollicitées par les uns, qui leur ont fait traverser une commission presqu'au galop, j'en atteste ici nos collègues, et qui voudraient leur faire également traverser la Chambre avec une vitesse accélérée; ces lois, redoutées et détestées par les autres, qui croient y voir la destruction de toutes nos libertés, vous semblent à vous-mêmes, j'ose en appeler à votre sentiment intime, au moins fort alarmantes. Si vous les votiez, ce ne serait pas pour elles-mêmes, ce serait à cause des craintes que vous nourrissez, ce serait à cause de certains dangers réels ou imaginaires. Sans ces motifs, vous n'éprouveriez aucune hésitation; votre conscience, la justesse de votre esprit, vos intentions, vos intérêts, qui, indépendamment de l'estime qu'on vous doit, seraient au besoin des garans suffisans de vos intentions, votre amour pour la stabilité, vous porteraient à rejeter des innovations qui, n'eussent-elles pas d'autre inconvénient, auraient au moins celui d'avertir le peuple français que jamais rien n'est consolidé. Ainsi, nous nous trouvons dans cette situation triste et singulière, qu'il se peut que des hommes intègres, consciencieux, éclairés, lèguent à leur patrie et à l'avenir de mauvaises lois dont l'influence n'est pas calculable, et dont le terme n'est pas défini, uniquement parce qu'ils sont frappés de certaines alarmes, et effrayés de certains périls.

Certes, Messieurs, ces circonstances sont graves; si le résultat trompait vos espérances bien intentionnées; si au lieu d'éviter, d'ajourner au moins des secousses funestes, vous en provoquiez par votre assentiment à des lois fautives; si, rendus comme vous le serez bientôt avec nous à la condition commune des citoyens, pour être remplacés par les élus de la minorité favorisée, vous ne reportiez dans vos départemens que la responsabilité douloureuse d'avoir détruit ce qui existe, sans avoir pu mettre à l'abri ce que vous vouliez sauver, vous éprouveriez, je le pense, une profonde tristesse, une tristesse du genre de celle dont ceux d'entre vous qui ont été membres de l'honorable minorité de 1815 doivent avoir conservé le souvenir.

Si donc il est des moyens de nous éclairer, avant de prendre, dans ces circonstances, un parti décisif; si l'un de ces moyens, et peut-être le plus efficace, c'est de prendre en considération la proposition qui vous est faite, et qui donnera lieu à une discussion instructive, et d'appeler ensuite sur cet important objet l'attention du trône, dont les intérêts sont toujours d'accord avec ceux du peuple; si, par une humble adresse, vous pouvez engager notre auguste monarque à se faire représenter de nouveau l'état de la France, vous ne devez pas, ce me semble, vous y refuser.

· Je le répète : les périls existent; tout le monde les proclame. En adoptant la proposition qui vous est faite, vous ne préjugez rien sur la nature de ces périls; car, encore une fois, c'est votre commission qui fera l'adresse, et c'est vous qui la discuterez et l'adopterez.

Maintenant que je crois avoir prouvé que, par la mesure qui vous est proposée, vous n'enchaînez votre opinion ni dans un sens ni dans un autre, je ne descendrai point de cette tribune sans m'expliquer sur l'espèce de périls contre lesquels, dans votre adresse, il faut prémunir le trône.

Les deux parties opposées de cette salle se divisent sur cette question. L'une voit ces périls dans une révolution qu'on médite : l'autre, dans une contre-révolution déjà commencée. Vous, Messieurs, attentifs à tous les genres de maux que vous croyez menacer là France, vous pensez apercevoir un double danger.

C'est ici qu'il faut s'expliquer avec franchise. Je le déclare, si je croyais démêler, n'importe où, des projets révolutionnaires, je les combattrais de tout mon pouvoir. En écartant de cette question tous les devoirs que mes sermens m'imposent, en ne la considérant que sous le rapport de l'utilité, sous celui de la liberté que je chéris, je parcours toutes les chances que des révolutions nous présentent, et je les trouve toutes désastreuses. Je vois dans les unes l'anarchie, dans les autres la tyrannie militaire; dans d'autres, l'influence de l'étranger; dans toutes, un gouvernement qui serait nécessairement dur et vexatoire, par cela seul qu'il serait nouveau. Assurément je n'ai nulle envie de flatter le ministère actuel. Depuis qu'il a obtenu les deux lois qui mettent à sa merci les personnes et les pensées, nous ne jouissons plus d'un gouvernement libre : mais, au moins, les moyens de réparation nous restent, et il y a loin du système très mauvais que suit le ministère, aux convulsions d'une démagogie populaire, à l'oppression d'un chef armé, ou à l'esclavage diplomatique auquel nous réduisait un prince étranger.

Si donc, au lieu de vœux naturels et légitimes d'amélioration, je voyois des projets pour troubler l'ordre existant, je serais le premier à leur résister. Mais, je l'avoue, dans le côté auquel on attribue de pareils projets, je ne distingue rien de semblable. Je vois des hommes que leurs commettans ont choisis dans l'espoir qu'ils obtiendraient pour eux la réparation de beaucoup d'injustices, et, sous ce rapport, les élections qu'on a présentées comme les hostilités d'un parti, n'ont été que défensives et ont été l'ouvrage du ministère. Je vois des hommes empressés de remplir leur mission, consultant quelquefois leur conscience plus que l'opportunité, incapables, précisément parce que cette conscience est pure, de se plier à des ménagemens pour calmer d'injustes défiances, mais pénétrés tous de la conviction que si la Charte était exécutée, elle suffirait à la liberté, et ne demandant son exécution avec tant de chaleur, que parce qu'il leur paraît insensé dans un ministère de vouloir, sans profit pour un gouvernement, arracher à une nation ce qui assure la stabilité de l'un et le repos de l'autre. Je me demande si ces hommes peuvent avoir un intérêt caché, s'ils pourraient nourrir une arrière pensée, et je vois que tous leurs intérêts sont d'accord avec le trône constitutionnel, et qu'il n'en est pas un qui, comme considération, comme influence, comme repos ou comme carrière d'une ambition honorable, ne trouve sous le régime de la Charte une route plus digne de lui, que sous l'anarchie du directoire, l'hypocrisie du consulat, ou le despotisme de l'empire.

Ce n'est donc point de ce côté, Messieurs, que le péril existe. Mais si je retourne mes regards vers un parti opposé, ce que j'y découvre est tout différent.

Je voudrais éviter tout ce qui pourrait agiter cette assemblée. Mais comme nous sommes ici sans témoins, je crois pouvoir parler clairement sans trop d'imprudence.

Je vois un parti organisé, dont l'organisation n'a pas été interrompue un instant, qui a des chefs, des intelligences, des dépôts d'armes; qui, lorsqu'on veut lui ôter ces moyens illégaux, lutte contre l'autorité royale, et·j'en ai pour preuve la résistance des Vendéens contre un arrêté qui tendait à leur enlever un dépôt de ce genre, résistance dont *le Conservateur* a été l'organe. J'en ai pour preuve la proclamation d'un chef vendéen, qui vous a été lue à cette tribune, et qui n'a pas été révoquée en doute.

Ce parti, terrible quand il domine, a été invincible même quand il n'a pas dominé. J'en ai pour preuve les aveux de tous les ministres qui, après le 5 septembre, en 1817 et 1818, ne sont jamais parvenus à réorganiser l'administration du royaume dans le sens du gouvernement royal. Je ne puis citer les aveux de M. De Cazes ; ils sont, au reste, connus de plusieurs d'entre vous. Mais je puis m'appuyer du témoignage de M. Lainé, qui lui-même s'est plaint dans la Chambre des pairs des luttes constantes, bien que secrètes, de ce parti. Depuis 1815 ce parti n'a jamais suspendu ses résistances. Dispersé au 5 septembre, il a, par tous ses actes, par tous ses écrits, protesté contre cette salutaire décision. *Le roi voulait nous entraîner dans le chemin de la honte : nous lui avons résisté pour suivre le chemin de l'honneur*, écrivait un des députés renvoyés dans ses foyers par cette ordon-

nance : *nos adversaires ont suivi les conseils du mi-*
nistère et du roi ; ils sont méprisés, et nous jouissons
de notre fermeté et de notre courage.

Lors d'un événement à jamais déplorable, ce parti
a voulu exploiter cet affreux événement. Je ne vous
retracerai pas tous les détails ; mais, certes, entre
deux partis, le parti redoutable est celui qui a écrit
des circulaires, le parti qui a menacé la vie d'un ministre, le parti qui a annoncé d'avance qu'il arrache-
rait ce ministre d'auprès du trône, et qui l'en a arraché.

Maintenant la seconde question reste encore. Le
ministère a-t-il fait alliance avec ce parti? Messieurs,
il faut ici s'entendre. Quand, après le renversement
du ministre que ce parti avait arraché d'auprès du
trône, de nouveaux ministres ont été nommés, je le
crois, ces ministres ne voulaient pas faire alliance
avec ce parti ; mais, comme il arrivera toujours quand
des ministres hésiteront, ce parti a profité de leur hésitation, et le ministère aujourd'hui est subjugué.

Et ceci, Messieurs, me conduit à une considération
importante. Entre les deux partis entre lesquels balancent les membres qui décident de la majorité de la
Chambre, le plus dangereux pour la France, pour le
trône, pour la majorité de la Chambre elle-même,
c'est celui qui, par sa nature, doit toujours subjuguer
les ministres qui consentiront à transiger avec lui.
L'autre parti n'est point dangereux. Il peut éclairer
le pouvoir, il ne saurait le dominer. La preuve en est
que toutes les fois que des ministres ont marché dans
un sens semi-libéral, ce n'est pas avec le parti qu'on
feint de croire dangereux qu'ils se sont alliés, c'est

avec les hommes plus doux, plus réservés, dont l'assentiment est plus habituel, bien que leurs intentions ne soient pas moins pures. Lorsqu'au contraire le parti opposé l'a emporté, ces hommes modérés, qu'on veut irriter contre nous, ont été bien vite repoussés par nos adversaires, dédaignés, soupçonnés, accusés par ce parti. J'en appelle encore à l'expérience de la minorité de 1815.

Oui, Messieurs, je crois que l'alliance est faite, peut-être contre la volonté des ministres. Je crois que cette alliance peut perdre la France. Elle peut la perdre, soit en la livrant sans défense au parti de 1815, soit par les alarmes qu'elle excite, par l'irritation qu'elle provoque, et, permettez-moi de le dire en comité secret, où mes paroles ne peuvent nuire et ne sont pas destinées à être publiques, par la résistance que le régime de 1815 amènera toujours.

Je pense donc, Messieurs, qu'une adresse peut être utile, que les idées contenues dans le projet qui vous a été soumis peuvent y être admises, et que, sans rien préjuger sur sa rédaction, vous devez prendre en considération la proposition qui vous a été faite de présenter une humble adresse à Sa Majesté.

SUR L'USAGE

FAIT DE LA CENSURE

PAR LE MINISTÈRE.

(Séance du 12 mai 1820.)

MESSIEURS,

Je demande le renvoi de cette pétition au ministre de l'intérieur, non pour renouveler des débats sur les lois d'exception, mais pour appeler l'attention des ministres sur l'usage qu'on fait en leur nom de l'une au moins des lois d'exception. Ceci n'est point étranger à la pétition ; car les lois peuvent être considérées sous deux rapports, celui de leur contenu et celui de l'usage qu'on en fait. Le motif qu'ils ont allégué pour demander la censure des journaux, et certainement le vôtre, pour leur accorder cette censure, ont été de bannir des journaux la calomnie, l'invective, les personnalités. Or, il est de fait que, depuis l'établissement de la censure, certains journaux ont redoublé d'outrages, d'insultes, d'attaques personnelles qui rappellent parfaitememt le style de 1793. Entre ces journaux que, cependant, la censure autorise, et ceux qui paraissaient dans le temps de la plus scandaleuse licence, il n'y a que cette différence, que les individus ou même les pouvoirs constitutionnnels que l'on outrage ne peuvent pas être défendus. La censure s'oppose à toute réponse et à toute explication.

Je pourrais multiplier les preuves de ce scandale. Ici c'est un journal qui rattache un assassinat aux diseussions de la Chambre elle-même ; qui, après avoir imprimé que tout est calme en France, hors dans un seul lieu, mais que dans le théâtre où se jouent ces scènes tumultueuses, on voit les agitateurs qui ont usé le mensonge donner des preuves de délire, ajoute, pour qu'on ne se trompe pas sur le lieu de la scène, le *bruit meurt à la porte du palais Bourbon*, et continue : Qu'est-ce qui répond aux chefs de l'agitation ? Le crime froid et solitaire errant la nuit dans des lieux déserts pour dévorer quelque victime isolée. Ailleurs, une feuille qui prétend indiquer où sont les conspirateurs, car, grâce au ciel, depuis qu'un certain parti se flatte de s'emparer du pouvoir, nous n'entendons parler que de conspirations comme en 1815, désigne, parmi les coupables, des députés, des pairs, nommément l'ancien ministre de la guerre, M. le maréchal Saint-Cyr, pour un discours prononcé dans la Chambre des pairs, et termine par ces mots : « Conspira- « teurs de 1820, successeurs de 1789, ayez l'audace « de contester la vérité de ces faits ou l'absurdité d'en « nier la conséquence. »

Si je voulais descendre dans des détails plus minutieux, mais qui me sembleraient trop ignobles, je vous

montrerais ces mêmes feuilles épiant dans nos corri-
dors les conversations que nous avons entre nous
(parce que, sans penser de même, nous nous esti-
mons réciproquement), et cherchant à compromettre
les uns pour incriminer les autres; ou je vous citerais
des passages dans lesquels l'accusation de complicité
avec Gravier, est formellement dirigée contre des
membres de cette Chambre; et, tout bien considéré,
je vous demande la permission de vous les citer en
deux mots, parce que vous jugerez de l'emploi que
fait de son autorité la censure ministérielle.

« Gravier, dit cette feuille, s'est reconnu l'auteur
« du premier pétard. La veille de son arrestation il
« avait dîné avec de grands et constans libéraux. » Le
mot de constans est imprimé en lettres italiques. Le
journaliste continue

« Diverses lettres trouvées chez Gravier annoncent
« qu'il etait en correspondance avec des capitalistes
» très connus. » Et le lendemain cette feuille affirme
que les opinions professées par Louvel et Gravier, sont
les mêmes que celles qu'on professe dans quelques salons de la Chaussée-d'Antin.

Lorsque la presse est libre, ces choses sont indiffé-
rentes, le mépris suffit. Mais sous la censure, la
calomnie devient un privilége; ce n'est pas ce privilége que vous avez pu vouloir.

Certes nous pouvons être divisés d'opinion, mais
aucun de vous ne peut voir, sans en être révolté, la
majorité ou la minorité de la Chambre, ou même un
de ses membres accusé par des misérables de la manière la plus scandaleuse; et quand une feuille recourt

à des italiques pour m'impliquer dans des complots absurdes et atroces, je rends assez de justice à tous mes collègues, pour croire que ce n'est pas moi qui en éprouve le plus d'indignation.

Messieurs, autoriser des infamies pareilles n'a pas pu être votre but ; quand vous avez donné au ministère la censure des journaux, vous n'avez pu vouloir qu'on insultât, qu'on accusât vos collègues, sans qu'on pût les défendre ; oui, sans qu'on pût les défendre : car je tiens en main la réponse qu'un estimable écrivain avait essayé de faire à ces odieux italiques dont je vous ai parlé, et la censure l'a rejetée.

Je ne fais pas le tort aux ministres de croire qu'ils soient informés de ces abus.

Je ne sais où ils ont pris leurs censeurs ; on dirait qu'ils les ont cherchés dans ce qui reste de la fange révolutionnaire. (De violens murmures interrompent au centre et à droite.) Mais quoi qu'il en soit, je suis convaincu que, puisqu'ils ont craint la calomnie entre les mains de tous, ils ne voudront pas qu'elle soit le monopole impuni de quelques uns. C'est un moyen d'ajouter à nos dissentimens, d'aigrir les haines, et de produire une irritation dont les tristes résultats seraient le crime de l'autorité qui les provoquerait par sa perfidie ou sa connivence.

Comme moyen d'attirer l'attention du ministère sur ces désordres, je demande le renvoi de la pétition au ministre de l'intérieur.

OPINION

SUR LE

PROJET DE LOI RELATIF AUX ÉLECTIONS.

(Séance du 23 mai 1820.)

MESSIEURS,

Si je prenais à la lettre les paroles significatives d'un des plus véhémens défenseurs du projet de loi qu'on nous présente, je me sentirais fort découragé. « Les uns ni les autres, a dit l'un de nos honorables collègues, nous ne parlons pour nous convaincre. Les opinions sont formées et peut-être *comptées*. Autant vaudrait aller de suite aux voix. »

J'ose croire que l'orateur que je cite s'est exagéré la puissance de cette conviction prématurée ; je l'espère pour toute la Chambre , qui ne se prêterait pas sans doute à la vaine cérémonie d'une discussion stérile ; je l'espère pour notre collègue lui-même , et je suis autorisé dans mon espérance par l'aveu sincère qu'il nous a fait qu'il a déjà une fois changé d'opinion. Sûrement il n'a pas changé d'opinion parce que

le ministère en avait changé: Défenseur de notre loi
d'élection en 1817, il n'est pas devenu son détracteur
en 1820, pour être constamment à la suite de quelque
ministre : il a cédé à la force de raisonnemens qu'il a
trouves justes. Si je puis lui en offrir qu'il trouve
plus justes encore, il changera de nouveau, et de nouveau nous entendrons une troisième déclaration qui
le rangera de notre côté. (Mouvement à gauche.)

Pour juger en connaissance de cause le projet qui
nous est soumis, nous devons, avant tout, examiner
quel but on s'est proposé d'atteindre par les dispositions qu'il renferme

Ces dispositions sont dans le 1er, le 2e, le 3e et
le 4e articles.

Le premier établit deux genres de collèges différens.

Ce n'est pas le seul exemple que nous ayons, dans
notre histoire représentative, d'une division de cette
espèce. Sous la république, les droits politiques, con-
férés à un nombre immense de citoyens, rendaient
cette division indispensable : car on peut considérer
les assemblées primaires comme des collèges inférieurs procédant à un premier degré d'élection. Sous
Bonaparte, objet à cet égard de l'admiration de notre
honorable collègue M. de Labourdonnaye, qui nous
a vanté sa force de conception et ses idées d'ordre peu
communes, l'instinct du despotisme avait conservé
cette division, en substituant aux assemblées primaires, des collèges à vie, et en y joignant la candidature. Mais, sous la république, le collège qui nommait des députés émanait lui-même d'une source

populaire. Sous Bonaparte, la corporation qui choi-
sissait entre les candidats, obéissait à la volonté d'un
maître

Il y avait donc, dans le premier cas, garantie pour
la liberté ; dans le second, force donnée au pouvoir :
l'un et l'autre atteignent leur but ; et bien que,
dans le premier, le but fût noble, et dans le second
perfide, il n'y avait au moins, même dans ce dernier,
ni absurdité ni inconséquence.

Quand j'ai vu, après trois années d'élection directe
exercée paisiblement, reparaître au milieu de nous
deux espèces de colléges, comme sous la république,
et la candidature, comme sous l'empire, je me suis
demandé quel était le but de ces résurrections simultanées. Est-ce la nécessité qui les suggère ? Ou bien
veut-on rendre notre constitution plus populaire ? Ou
bien encore veut-on la rendre plus monarchique ?

Quant à la nécessité, j'ai dû me répondre qu'elle
n'existait pas. Sous l'empire de la Charte, les droits
politiques sont concentrés entre les mains des 80,000
propriétaires les plus riches de France, et les divisions établies par la loi du 5 février 1817 répartissent
ce nombre d'électeurs en assez de colléges séparés,
pour que l'élection directe puisse avoir lieu, dans
chacun de ces colléges, sans confusion et sans trouble. L'expérience l'a prouvé.

Ce n'est donc point une nécessité résultant du
nombre des électeurs, qui porte aujourd'hui le ministère
à nous proposer la division des deux colléges, au pré-
judice de l'élection directe que le même ministère
avait si chaudement défendue à deux reprises ; cir-

constance que je ne rapporte point pour l'opposer à lui-même, comme l'ont fait d'autres orateurs. Quand des hommes blanchis dans tant d'affaires, serviteurs de tant de gouvernemens, viennent humblement confesser des erreurs qu'on ne peut certes attribuer à l'inexpérience ni à la candeur de la jeunesse, je ne leur disputerai pas l'avantage qu'ils croient trouver dans cette amende honorable. Je penserai seulement qu'il est étrange que la conclusion qu'ils en tirent soit qu'ils doivent encore nous servir de guides, et, pilotes inamovibles, garder le commandement dans un navire qu'ils ont, disent-ils eux-mêmes, poussé vers les écueils..

Puisque ce n'est pas la nécessité qui a dicté cette altération dans nos institutions, est-ce le désir de rendre notre constitution plus populaire ? Non, sans doute. Le nombre des électeurs n'est pas augmenté ; le collége de département n'est pas élu. Les droits politiques de 28 millions de Français continuent d'être concentrés dans les mains de 80,000 électeurs. Seulement, les quatre cinquièmes de ces électeurs sont privés d'une portion des droits qu'ils avaient, et de la portion la plus importante. Ce projet n'est donc nullement populaire.

Est-ce le pouvoir du gouvernement que l'on veut accroître ? Non assurément, puisque les choix entre les candidats ne sont point confiés à un corps dépendant du gouvernement, mais à des colléges séparés également et du gouvernement et de la masse du peuple, et qu'en même temps ces colléges, beaucoup moins nombreux et plus invariables dans leurs élémens que ne l'était la masse électorale, réduisent par là même presque à rien cette haute prérogative royale qui consiste à dissoudre une assemblée factieuse, et à en appeler à la nation des égaremens de ses mandataires.

Ce projet n'est donc nullement monarchique. Mais qu'est-il enfin, ce projet, source de tant d'agitations et de tant d'alarmes ?

En y pensant bien, j'en ai soupçonné l'intention cachée : et portant mes regards sur les dispositions qui viennent après la division des colléges, je me suis convaincu que mes soupçons étaient fondés. Je voudrais vous en convaincre de même : je vais l'essayer

Le premier article divise, ainsi que je l'ai prouvé, les élections en deux parts, d'une manière qui ne favorise ni les droits du peuple, ni l'autorité du gouvernement. Il faut donc qu'il soit rédigé dans un intérêt qui ne soit pas précisément celui du gouvernement ou celui du peuple. Quel peut être cet intérêt ? Je consulte, pour le savoir, l'article 2, qui décide de la composition du collége de département ; je vois qu'il se formera des plus imposés.

Je consulte, pour savoir comment ce collège opérera, l'article 4 : je vois qu'il pourra repousser les candidats de la majorité la plus imposante, et choisir ceux de la minorité la plus exiguë.

J'en conclus que ce projet est dans l'intérêt d'un parti qui trouverait ou croirait trouver dans les plus imposés, de dévoués auxiliaires, et qui gagnerait à ce que ce fût la minorité qui fît les choix.

Est-il dans la France un tel parti? Oui, je crois qu'il existe.

Plus réservé que certains orateurs qui ont fait à cette tribune rejaillir leurs dénonciations sur un côté de la Chambre, je ne place dans cette chambre ni le centre, ni aucune ramification de ce parti. Si quelques uns de nos honorables collègues le favorisaient, ce serait sûrement à leur insu. Si pourtant les choses que je dois dire avaient le malheur de leur déplaire, je les prierais de se rappeler ce qu'eux-mêmes ont dit.

Nous avons entendu l'un d'entre eux décrire la marche audacieuse d'une faction qu'il prétendait signaler, peindre cette faction comme recourant aux armes de la trahison et de la perfidie, du fer et du poison, et dire en même temps que c'est à l'aide du système électoral actuel que cette faction se flatte de réussir, et que déjà trois succès annoncent son triomphe. Trois succès dans le système électoral, Messieurs, ce sont les trois élections des trois dernières séries; ainsi, notre entrée dans cette Chambre fait partie des victoires de cette faction dont le fer et le poison sont les armes. Un des honorables amis du même orateur nous a dit encore que la loi des élections était devenue l'instrument de l'opinion qui crée des Louvel. Un troisième enfin, pour prouver la conspiration flagrante que le nouveau projet doit déconcerter, nous a parlé des protestations de la minorité de la Chambre, qui calomnie les lois.

Nous avons écouté en silence un tel langage. Le mien, qui certes ne l'égalera pas, obtiendra, j'espère, le même silence. Je sais qu'on veut rétablir des priviléges de plus d'un genre ; mais celui d'attaquer sans courir le risque des représailles, n'est pas encore conquis à cette tribune ; qu'on attende pour le réclamer que la loi soit adoptée. S'il reste alors dans cette enceinte quelque imprudent ami de la vérité, l'on pourra le rappeler à l'ordre, comme le fut en 1815 celui qui plaidait pour des protestans, pendant qu'ils étaient assassinés. (Vive sensation.)

Vous, Messieurs, que la modération et l'équité distinguent, vous nous protégerez contre des interruptions que nous nous sommes interdites ; vous nous laisserez développer nos raisonnemens ; et si nos raisonnemens doivent être en grande partie puisés dans des caractères, des doctrines et une conduite passée et présente, comme on a emprunté les raisonnemens allégués contre nous de ce qu'on dit être notre conduite, notre caractère et nos doctrines, vous sentirez qu'en rappelant des faits, en retraçant des malheurs, en remontant à des époques de deuil et de sang, nous ne faisons que suivre un exemple donné, obéir à une nécessité cruelle, et que ceux-là seuls seraient coupables, qui auraient agi de telle sorte qu'ils doivent murmurer toutes les fois qu'on rappelle leurs actions.

On vous a beaucoup parlé d'une faction révolutionnaire qui, dès 1789, a médité la chute de la monarchie ; qui, en 1792, a renversé le trône ; qui a conspiré au 20 mars 1815 ; qui lève aujourd'hui une tête audacieuse, et que les dernières élections, on vous l'a dit positivement, ont favorisée.

Ce n'est pas le moment d'examiner toutes ces assertions ; de prouver que les auteurs du mouvement national de 1789 ont défendu le trône en 1792, et ont été victimes de la terreur de 1793 ; qu'ils ont averti le gouvernement en 1814, et l'auraient sauvé en 1815, si d'autres ne se fussent acharnés à le perdre par leurs violens, absurdes et ensuite pusillanimes conseils ; et qu'aujourd'hui ce sont les mêmes hommes que l'on inculpe, ou ce qui en reste, car beaucoup ont péri tandis que le parti contraire s'était mis en sûreté hors de France, qui, de nouveau, tâchent de préserver le gouvernement des fautes déplorables qu'on lui fait commettre.

Laissons de côté ces réfutations qui nous détourneraient de notre recherche, et permettez-moi de vous entretenir d'une autre faction qui, dès 1789, a conspiré contre la liberté de la France ; qui, en 1791, a soulevé l'indignation d'un peuple passionné, en le menaçant de la force étrangère, et en faisant flotter sur ses frontières les étendards d'une coalition qui outrageait son indépendance ; d'une faction qui, rentrée sous l'empire, s'est dévouée à l'établissement du despotisme impérial ; qui a pardonné à l'usurpation d'avoir empêché la monarchie, à condition qu'elle tuerait la liberté ; d'une faction qui, en 1814, a égaré le gouvernement royal à peine rétabli, qui l'a isolé de la nation en 1815 ; qui a vexé, incarcéré, destitué jusqu'au 5 septembre ; qui, à la même époque, a témoigné peu d'indignation pour ceux qui assassinaient, et à laquelle, depuis le 5 septembre, si l'on en juge par ses fureurs contre le système électoral, les élections ont été contraires. (Même mouvement.)

En disant que les élections lui ont été contraires, je ne prétends rien dire d'injurieux à ceux qui n'en ont pas ou n'en ont plus été les objets. Mais on a dit ici, Messieurs, que trois victoires successives dans les élections avaient ouvert les portes de cette Chambre à la faction libérale, dont les armes sont le fer et le poison. L'on ne doit pas s'irriter si je dis à mon tour que trois défaites successives ont fermé ces portes à la faction anti-libérale, et j'aurai même la discrétion de ne pas qualifier les armes qu'elle a employées à Nîmes, à Avignon, à Toulouse. (Impression générale.)

Maintenant, Messieurs, il est évident que, pour rentrer dans le pouvoir, cette faction n'a qu'un moyen. Elle est en horreur à la France : partout où les élections se feront à la majorité des votes, elle n'obtiendra jamais cette majorité. Pour qu'elle parvienne même à être élue par une minorité, il faut que cette minorité soit la plus petite possible, qu'elle se compose, s'il se peut, d'un seul suffrage.

Or, que doit faire cette faction pour atteindre ce but ? Séparer d'abord la masse nationale du collége qu'elle rendra vraiment électeur unique : c'est ce que fait l'article 1er du projet de loi ; composer ensuite le collége électeur de ceux qu'elle croit lui être le plus dévoués : c'est ce que fera l'article 2 ; enlever de plus aux colléges inférieurs tout droit d'élection réelle : c'est ce que fera l'article 4 dans son premier paragraphe ; créer enfin, pour la plus imperceptible minorité, une chance certaine : c'est ce que fera le second paragraphe du même article.

Vous voyez que la correspondance de ces divers

articles entr'eux, est d'une évidence non méconnais-
sable : examinons-les l'un après l'autre.

Je vous ai annoncé que la faction repoussée, ré-
prouvée, détestée par la majorité de la France, devait
s'efforcer de composer le collége électeur de ceux
qu'elle croirait lui être le plus dévoués. Que fait
l'article 2? Il compose ce collége des plus imposés.

L'on vous a répété beaucoup que les plus imposés
ne seraient point les auxiliaires de la faction dont je
parle ; que les calamités de la révolution, une suite de
spoliations fort injustes, les rapides mutations de la
propriété, les progrès de l'industrie, ont fait passer
en des mains nouvelles les richesses jadis concentrées
dans une seule classe peu nombreuse

Je ne nie point que ces assertions ne soient vraies
jusqu'à un certain degré, c'est-à-dire, que la classe
intermédiaire ne soit dans une plus grande aisance, et
la classe laborieuse beaucoup moins misérable qu'avant
la révolution ; mais de ce que les gens qui n'avaient
rien ont acquis quelque chose, de ce que ceux qui
avaient quelque chose ont acquis un peu plus, il ne s'en-
suit nullement que les richesses se soient complète-
ment déplacées. Les grandes fortunes sont indestruc-
tibles : enveloppées par l'orage, elles sortent de leurs
ruines au premier moment du calme, parce que leur
base est large, et que les fondemens restent toujours
pour réédifier. Cela est si vrai, qu'une statistique faite
sous l'empire constate que les trois quarts des plus imposés d'alors, et certes la classe privilégiée n'a rien
perdu depuis, se trouvaient dans cette classe. Cette
classe s'est enrichie sous l'empire même ; elle a mérité

de s'enrichir, car elle a servi Bonaparte avec un zèle, une ardeur, un dévouement dont la classe plébéienne en masse n'a jamais approché; elle l'a servi dans des places lucratives, près de sa personne, dans sa domesticité (murmures prolongés à droite), tandis que la nation plébéienne servait la France dans les camps.

Elle a obtenu et accepté non seulement autant de faveurs que cette nation plébéienne, mais encore ce qu'elle a nommé des restitutions. Il s'est donc ouvert devant elle une double source d'opulence, et les gens ruinés d'autrefois sont encore, à quelque exception près, les gens les plus riches d'aujourd'hui. Pour vous en convaincre, Messieurs, regardez autour de vous, et si vous voulez juger cette question d'après un seul fait incontestable, comparez la misère de ceux que les malheurs de la France ont dépouillés de leur état, et la misère de ceux qu'avait dépouillés la révolution.

Vous verrez les premiers réduits au dénûment le plus absolu, condamnés aux métiers les plus pénibles, cachant, par une noble pudeur, le signe honorable de leur gloire sous les haillons qui les couvrent à peine. Les autres ont perdu sans doute une portion de ce qu'ils possédaient, et je respecte leur infortune, mais ce qui leur reste ferait la richesse de cette autre classe; et je défie que l'on me cite un seul des anciens privilégiés réduit à l'excès de pauvreté qui accable 20,000 officiers de notre ancienne armée.

Il est donc certain, Messieurs, que ces collèges des plus imposés seront formés en grande majorité des classes ci-devant privilégiées, auxquelles il faut join

dre une sorte de clientelle que ces classes ont recon-
quise sous Napoléon même.

Parmi les erreurs graves de cet homme si extraordinaire et si funeste, sa faiblesse pour la caste qu'il
croyait son ennemie a été l'une des plus remarquables.

Il pensait à tort qu'il rencontrerait beaucoup d'obstacles à la conquérir; et malgré les facilités merveil-
leuses qu'il a trouvées à chaque pas, cette conquête
paraît toujours avoir eu pour lui le mérite d'une difficulté surmontée.

Cette caste, recrutée de quelques nouveaux noms
devenus illustres, dont elle s'appuyait alors, et qu'elle
a voulu écarter depuis, a donc été, même sous l'empire, remise en possession de la prééminence sociale.

Aussitôt s'est réunie à elle une portion de la classe
intermédiaire, désavouant la révolution qui l'avait
enrichie et affranchie. Des vanités bourgeoises ont été
charmées d'être admises, et toutes surprises d'être
caressées. Ainsi s'est formée une tourbe d'auxiliaires
des privilégiés; et l'on conçoit que, depuis la restauration, ces auxiliaires n'ont été que plus dévoués et
plus fidèles. Ils supportent docilement les dédains
qui renaissent, les mépris qui échappent; et, de son
côté, l'aristocratie qui a encore besoin d'appui, sus-
pend le travail qu'elle fera bientôt pour se débarrasser
avec élégance d'alliés inutiles qui lui sembleront des
intrus. (Rires et bravos.)

Ces hommes entreront avec elle dans les colléges
des plus imposés; plusieurs y entreront de droit,
d'autres par faveur : car vous savez qu'à cette tribune
on vous a déclaré que les droits des membres de ces

collèges ne seront vérifiés que par l'autorité; et que pour leur sûreté ou leur convenance, on les dispensera d'une publicité importune.

Ainsi, les colléges des plus imposés seront incontestablement dans le sens du privilége. En adoptant le projet, c'est au privilége que vous confierez le droit d'élection; car l'article 4, que vous devez combiner avec l'article 1er dont il est la suite, donne, comme vous le savez, au collège électeur, le droit de choisir les candidats de la plus petite minorité.

C'est là que l'on voulait en venir ; c'est là le but qu'il fallait atteindre, parce que c'est là le seul moyen de rouvrir les portes de cette enceinte à la faction dont la France ne veut pas.

On nous dit que pour éviter cette chance, les arrondissemens n'ont qu'à ne pas nommer les mêmes candidats. Mais d'abord, quand un homme a la confiance de l'immense majorité de son département, de quel droit forcez-vous trois arrondissemens sur quatre, ou deux sur trois, à ne pas manifester cette confiance ? De quel droit vous opposez-vous à l'expression de la véritable opinion publique ? De quel droit prononcez-vous une proscription contre ce qu'il y a de plus honorable pour un député, l'assentiment de la masse nationale ?

Mais, vous a dit M. le rapporteur, il faut bien pourvoir au cas où, par une intelligence devenue facile, les arrondissemens ne présenteraient que les mêmes individus, et ne pas laisser tous ses moyens à l'intrigue qui saura bien établir un concert, pour que les mêmes candidats soient présentés en plusieurs arrondissemens. Mais si les arrondissemens, par une intelligence devenue facile, présentent tous les mêmes candidats, c'est que ce sont les candidats qu'ils préfèrent. S'il y a concert pour les présenter, c'est qu'il y a préférence dans l'opinion. Quand vous voulez échapper à ce concert, c'est que vous voulez que cette préférence soit déçue. Vous voulez qu'elle soit un anathème, et que le repoussement devienne un titre. Etrange combinaison qui fait que plus un homme réunira de voix, plus grand sera le nombre des arrondissemens qui l'investiront de leur estime, plus il sera certain de voir surgir à côté de lui un candidat factice, un candidat qui pourra n'avoir eu qu'une voix, n'avoir eu que la sienne, et pourtant lui être préféré!

Ajouterai-je que les élections d'arrondissement étant simultanées, et le résultat des élections pouvant paraître incertain, plus les arrondissemens désireraient tel ou tel député, plus ils seront exposés à ces nominations doubles qui, par un renversement inouï de toute loyauté et de toute justice, auront pour conséquence à la fois de constater le vœu de tout un peuple, et de fournir les moyens de l'éluder.

Non, je le dis sans feinte, jamais on n'insulta de la sorte à toute une nation; jamais on ne la méprisa au point de croire qu'elle assisterait, spectatrice résignée, à l'audacieux escamotage de ses droits les plus précieux, qu'elle se prêterait à la cérémonie illusoire d'élections où son vote sera toujours dédaigné, où ceux contre lesquels elle se sera formellement déclarée, obtiendront constamment la préférence, et qu'elle reconnaîtra pour ses représentans légitimes les hommes

d'une caste imposés par cette caste, d'après une loi
faite au profit de cette caste par un ministère qu'elle
a subjugué.

Ce système, Messieurs, n'est autre chose que la
mise à exécution des protestations incendiaires de tous
les dissidens fugitifs ou conspirateurs de l'Assemblée
constituante. C'est la révolte du privilége contre le
droit qui l'a remplacé.

Cependant, je l'avoue, j'éprouve une sorte de pitié
pour les gloires ternies et pour les illustrations déchues, et au milieu de l'étonnement que me cause cette
révolte, aussi criminelle qu'imprudente, une considération me frappe qui m'inspire un sentiment douloureux. Elle est donc bien tombée cette oligarchie altière,
qui déclare à la face de l'Europe que si elle ne parvient
à fausser le suffrage national, il sera toujours contre
elle, que jamais elle ne pourra compter sur une seule
nomination libre, que la majorité la repoussera sans
cesse, et que, pour arriver au pouvoir, il faut qu'elle
l'usurpe ou plutôt qu'elle le dérobe : car ce n'est pas
même d'une usurpation qu'il s'agit; il ne s'agit pas de
conquête, il s'agit d'un larcin honteux, que déguisent
misérablement d'indignes subterfuges, au prix desquels pas un citoyen qui se respecte ne s'abaisserait à
accepter la puissance ou à exercer l'autorité. (Bravo,
bravo!)

Je le sais, si ces subterfuges réussissent, cette faction fera payer cher à la nation les humiliations qu'elle
se condamne à subir en sa présence. Le temps du
mensonge sera remplacé par celui des fureurs, et ces
fureurs sont assez connues. Elle punira, durant son

éphémère victoire, cette majorité nationale qui la force à se dénoncer elle-même comme un objet d'exécration. Tous les abus seront rétablis; tous les abus, Messieurs, je n'exagère pas, et je vais le prouver par les paroles mêmes de nos adversaires.

« Si votre magistrature, a dit l'un d'entre eux, était
« autre chose qu'un établissement de juges, si votre
« clergé n'était pas une simple réunion d'apôtres, si
« votre noblesse formait un corps quelconque, je vous
« en féliciterais. »

Messieurs, que doit être une magistrature qui est autre chose qu'un établissement de juges? Que doit être un clergé qui n'est pas une simple réunion d'apôtres? Que doit être une noblesse qui, notez - le bien, n'est pas la pairie, et qui forme pourtant un corps?

Certes, pour ne pas voir dans ces trois choses les parlemens, le clergé et la noblesse de l'ancien régime, il faut fermer les yeux à toute évidence, et vouloir être trompé. (Vive agitation.)

Mais, de bonne foi, Messieurs, quel sera, croyez-vous, le résultat de cette réapparition soudaine de tant d'institutions oppressives dont le peuple se félicitait d'être délivré?

A Dieu ne plaise que je vous annonce des résistances violentes! Je déteste ces appels à la force aveugle, à l'opposition illégale, à toutes les ressources quelconques qui sortent de la sphère de l'ordre et de la régularité; comme moyens de raisonnemens, ces moyens sont mauvais; comme moyens oratoires, ils sont usés; comme faits, ils sont .la plupart du temps cent fois

plus funestes que les maux auxquels on veut mettre
un terme.

Mais cependant, Messieurs, pour des hommes raisonnables, il faut que tout entre en ligne de compte.
Il ne faut pas que les leçons de l'histoire soient per-
dues; quand vous en déchirerez les pages, vous n'en
anéantirez pas les faits, et quand vous ramenerez les
causes, les effets suivront.

A la vérité, l'un de MM. les commissaires du gouvernement nous a dit qu'il augurait trop bien de ses
concitoyens et des nôtres, de leur patriotisme, de leur
amour de l'ordre, de leur besoin de repos, pour
craindre que la privation de leurs droits, légalement
prononcée par une loi, devînt une cause de destruc
tion pour le trône, de destruction pour la France.

Et moi aussi je rends justice à l'amour de l'ordre,
au besoin de repos de l'immense majorité des Français.
Mais ne vous semble-t-il pas bizarre que les agens de
l'autorité, en leur payant ce tribut d'éloges, en prennent avantage pour les dépouiller? Si en effet ces électeurs auxquels vous arrachez ce dont ils jouissent,
sont tellement amis de l'ordre, que la spoliation qu'ils
éprouvent ne puisse lès porter à des résistances hasardeuses, comment ces hommes amis de l'ordre sont-
ils indignes d'être électeurs? Je ne conçois pas, je
l'avoue, que M. le commissaire du roi témoigne d'un
côté tant de confiance, et de l'autre tant de méfiance
dans les mêmes hommes. Si les Français sont tels que
M. le commissaire du roi nous l'assure, pour nous engager à les priver de leurs droits, nous ne devons pas
les en priver, car il n'est pas à craindre qu'ils en abu-

sent. Si le malheur voulait qu'ils ne fussent pas complétement tels que M. le commissaire du roi l'espère, ce serait une raison non moins forte pour que leurs droits fussent respectés. On me répondra, je le sais bien, qu'il ne s'agit pas seulement des institutions; qu'avec les institutions viendront les hommes, et qu'alors tout ira merveilleusement. J'ignore jusqu'à quel point cet avertissement d'un congé prochain donné à MM. les ministres peut les satisfaire; mais, quant à moi, il ne me rassure dans aucun sens. Je fais, comme vous voyez, tout ce que je puis pour n'avoir pas ces institutions. Mais si cela dépendait de moi, je ferais encore cent fois plus d'efforts pour n'avoir pas les hommes : car si je crois les institutions mauvaises, je crois les hommes encore bien plus dangereux.

Ces hommes nous ont gouvernés, Messieurs; ni vous, ni nous, ni la France, nous ne l'oublierons de sitôt. Comment ils nous ont gouvernés, vous le savez. Comment nous avons échappé par miracle à leur entreprise, vous le savez encore. Et certes, quand, pour calmer les craintes que leurs lois me causent, ils offrent leurs personnes, au lieu de se calmer, mes craintes redoublent. Si la loi passe, on vous le dit assez ouvertement, nous aurons les hommes. Si nous avons les hommes, la faction triomphe; déplorables instrumens de cette faction, car on ne peut les élever au rang de ses auxiliaires, les ministres sont expulsés. Les lois d'exception sont en embuscade, elles n'attendent que le signal, et il n'y a pas un de nous, il n'y a pas un citoyen en France qui ait une garantie.

Voulez-vous, Messieurs, connaître d'un mot notre

avenir dans cette hypothèse? L'on a hier appliqué au ministère le mot d'une femme, qu'on a nommée forte, à un prince faible, à propos d'un coup d'état contre les factieux : *c'est bien coupé, mais il faut coudre.* Savez-vous quel était ce prince faible? Henri III; cette femme forte? Catherine de Médicis ; ce coup d'état rappelé comme exemple à suivre, et par lequel on avait si bien coupé? L'assassinat du duc de Guise. Je ne me permettrai aucun commentaire. (Vive sensation.)

Je sais qu'on nous berce d'espérances fallacieuses. Si la loi passe, nous dit-on, le ministère saura conserver un contre-poids. Un cinquième seulement viendra, d'après la loi nouvelle, renforcer, ou pour mieux dire, troubler cette Chambre. Ainsi la plus brillante de nos perspectives serait ce système de bascule, source d'injustices, de vexations, de proscriptions qui alternent et se succèdent ; système qui blesse tous les partis, qui avilit l'autorité, dont la loyauté s'indigne, et que l'opinion publique repousse et méprise. Mais cela même est une assertion fausse et mensongère. La même faction qui force les ministres à lui livrer la loi d'élection, les forcera de nous dissoudre. Elle voudra détruire le contre-poids, achever son ouvrage, jouir du succès ; et déjà, dans son esprit, dans sa détermination, dans ses traités avec les ministres, traités qu'elle impose et qu'elle violera, la dissolution de la Chambre est prononcée.

Messieurs, ce n'est pas la première fois que j'ai annoncé à cette tribune ce qui se préparait, ce qu'on m'a contesté et ce qui s'est réalisé presque immédiatement. Il n'y a pas deux mois que j'avais l'honneur de vous dire qu'après les lois d'exception, l'on nous proposerait une loi d'élection à deux degrés, l'oligarchie des plus imposés et la misérable parodie des candidatures.

A cette époque, une commission s'occupait encore du premier projet ; rien d'officiel n'annonçait qu'il dût être retiré, et des murmures et des dénégations répondirent à ma prophétie. Vous voyez aujourd'hui si j'avais tort.

Que direz-vous, Messieurs, si, immédiatement après l'adoption du projet actuel, on vous demande deux douzièmes, et que vous fassiez ensuite place à des successeurs imposés à la France par le privilége, successeurs auxquels on livrera la fortune comme on leur aura livré le droit des Français ? (Adhésion à gauche.)

Alors ces lois organisatrices dont on vous a parlé dans une dernière séance, seront présentées sans doute. Elles sont prêtes, vous a dit l'un de MM. les commissaires du gouvernement ; mais vous n'êtes pas dignes de les discuter. On attendra les élus du petit nombre : c'est à eux qu'on soumettra la composition des municipalités, composition conforme au vœu de ces communes qui, ainsi qu'on nous l'assure, redemandent leurs seigneurs. Ils voteront l'organisation de la garde nationale. On sait assez comment ils l'organisent. Ils ont de l'expérience en ce genre. La garde nationale de Nîmes fut organisée par eux. (Mouvemens divers.)

Je dis ici toute ma pensée. Je reconnaîtrai, si vous voulez, que les calamités qui auront lieu ne se méditent pas aujourd'hui encore. Mais les conséquences des révolutions, et c'est une révolution qu'on vous propose de faire, ne sont jamais prevues de ceux qui les commencent. Ceux même qui renversèrent le trône en 1792, ne prévoyaient pas l'épouvantable terreur de 1793. Ils avaient une affreuse arrière-garde : elle les jeta par terre, les foula aux pieds, les dépassa. Les révolutionnaires d'aujourd'hui ne sont ni plus heureux ni plus habiles que leurs devanciers. Ceux qui détruisent la Charte et la liberté en 1820, ont une arrière-garde non moins féroce et non moins dangereuse qui de même les dépassera. Nous en serons les premières victimes : vous en serez les secondes. Dans toutes les révolutions, la lie des partis se soulève et méconnaît la voix de ses chefs.

Et déjà, Messieurs, ne remarquez-vous pas les symptômes qui s'annoncent ? Je ne parlerai point de cette étrange accusation, sur laquelle son auteur garde un silence plus étrange encore ; de cette accusation dont nous aurions dû, j'oserai le dire, exiger ou la rétractation ou la preuve ; car il est dur, pour nous tous, de voir peser sur cette Chambre la solidarité d'une calomnie long-temps tolérée. (Vive sensation.)

Je ne vous parlerai pas des *moyens infâmes* employés pour accréditer cette accusation, qui se reproduira sans doute en temps opportun, de ces *dépositions mendiées*, de ces *sollicitations criminelles*, tendant à obtenir contre l'ex-ministre, en butte à ces manœuvres, des déclarations fausses que la probité de ceux qu'on voulait entraîner a refusées, ni de ces dépositions obtenues, dit-on, mais tellement semblables à la grossière intrigue d'un mélodrame, que leur absurdité ne saurait produire que le mépris et la pitié. Ces choses s'éclairciront, je l'espère, devant un tribunal auguste, aux pieds duquel viendront expirer les efforts d'une faction haineuse que rien ne désarme et que rien n'arrête. Mais je vous rappellerai ces bruits de conspiration répandus chaque jour comme en 1793 et 1815, ces complots chimériques supposés pour faire planer la terreur, et préparer des apologies à l'injustice ; ces agens peut-être provocateurs qui se portent sur les routes, ces rassemblemens de la populace ameutée dans nos provinces, pour faire crier à des bouches impures : *A bas les députés! à bas les* 115 ! comme avant le 10 août, sous la protection d'une municipalité conspiratrice, des groupes salariés vociféraient : *A bas les Feuillans!* Le cri de *vive la Charte!* transformé, qui eût pu le penser, en cri séditieux ; la pitié proscrite, des souscriptions d'humanité dénoncées, des hommes mis en jugement, comme en 1793, pour avoir offert de secourir l'infortune, en l'invitant à se soumettre à la loi ; et la bienfaisance envers des suspects, c'est-à-dire peut-être envers des innocens, punie comme un crime, tandis que tous les gouvernemens qui ont eu quelque pudeur ont autorisé les secours même pour les condamnés.

Jusqu'ici, Messieurs, j'ai combattu le projet parce qu'il détruit toute réalité d'élection, et par là même toute liberté, toute sûreté, toute la Charte. Mais je le repousse aussi dans l'intérêt du pouvoir royal. Comme j'ai eu l'honneur de vous le faire observer, de toutes les prérogatives de la couronne, le droit de dissoudre l'assemblée élective est la plus nécessaire.

Sans elle vous tombez sous la domination des assem
blées, la plus tumultueuse, la plus anarchique et
souvent la plus sanguinaire des dominations. Or, la
division des électeurs en deux natures de collèges et
la composition du collége supérieur, rendent le droit
de dissolution complétement illusoire entre les mains
du prince. Par l'effet naturel de l'influence des grandes propriétés, elles se pérpétuent et s'accroissent
dans les mêmes mains.

Tandis que le nombre et l'individualité des électeurs
payant 300 fr., varieront nécessairement chaque année, les grands contribuables, dans tous les départemens, resteront toujours à peu près les mêmes. Deux
ou trois fortunes nouvelles, rapidement acquises, ne
suffiront point pour changer leur esprit. Il s'ensuivra
que la dissolution, cet appel de la couronne au peuple
pour savoir s'il avoue ses mandataires, s'adressant
toujours à un nombre d'électeurs invariables dans leurs
intérêts qui ne seront pas ceux de la masse, n'obtiendra jamais que la même réponse ; une réponse qui l'o-
bligera de plier sous la volonté de ces électeurs, devenus une aristocratie incommutable et inamovible.
L'on a répondu par une ironie, qui, sous quelques
rapports, peut être fondée, à la comparaison des plus
imposés avec les grands vassaux qui dominaient jadis
la couronne. J'en conviens, ce ne seront pas de grands
vassaux qui tiendront nos rois dans une telle dépendance. L'aristocratie ne sera plus brillante et guer-
rière, mais flétrie et rusée. Son joug n'en sera pas
moins pesant; il sera plus honteux. Les hauts faits sont
remplacés par l'astuce, la vaillance par la chicane, les

paladins par des sophistes, et les lions par des renards.
(Vif mouvement à gauche.) Le remède de la dissolution aura été faussé; y recourir ne serait qu'une imprudence : il ne ferait qu'empirer le mal.

L'on a cru répondre à cette objection en rappelant
que les mêmes colléges qui avaient nommé la Chambre
de 1815, ont nommé ensuite celle de 1816, compo-
sée d'élémens bien dissemblables, et empreinte d'un
tout autre esprit. Mais qui ne voit, Messieurs, en examinant cette réponse, que cette différence s'explique
par des circonstances qui, il faut l'espérer, ne se re-
produiront plus? En 1815, la France était envahie par
des troupes étrangères. Auxiliaires de ces étrangers,
des compagnies secrètes, des comités occultes, pesaient sur tous les départemens

On égorgeait dans le Midi, on menaçait dans l'Ouest;
les Anglais et les Prussiens occupaient l'Est et le Nord.
Sous ces auspices, une Chambre fut formée par des
colléges à peine composés d'un quart des électeurs; le
reste avait fui....

Plusieurs voix à droite : Cela est faux.... (Longue
et vive interruption.)

Messieurs, il est possible que, dans quelques départemens, le nombre des électeurs ait été plus considérable que je ne le prétends; mais le fait est certain
pour le plus grand nombre. A Nimes, par exemple,
dira-t-on que les électeurs aient été nombreux? lorsqu'on sait que la veille des élections seize électeurs ont
été assassinés et traînés à la voirie.... (Vif mouvement
à gauche.)

En 1816, après le 5 septembre, la France respira.

Les fugitifs reparurent, les élections furent différentes. Mais ce fait ne prouve autre chose, sinon qu'il est une classe d'hommes qui ne sauraient être élus que grâce à la présence des baïonnettes et à l'absence des électeurs.

Il n'en sera point ainsi pour le haut collége. Ses élémens, je l'ai dit, seront invariables, son esprit sera fixe, ses nominations opiniàtres, et le pouvoir royal viendra, par des dissolutions impuissantes, se briser contre sa résistance obstinée.

Ainsi le monarque sera gêné, la nation asservie par un pouvoir qui n'émanera ni du monarque, ni de la nation. Nous aurons en grand, comme on vous l'a dit, le gouvernement de Venise, un doge captif, un sénat despotique et un peuple esclave. A la vérité, c'est ainsi que l'un de nos honorables adversaires, M. de Bonald, conçoit le gouvernement représentatif. Il nous a dit en propres termes que c'était un état de choses où le roi se donnait beaucoup d'égaux et le peuple beaucoup de maîtres. Le même orateur a prétendu que le côté droit avait eu sa loi en 1815, le côté gauche la sienne en 1817, et que le centre aurait la sienne en 1820. Je ne sais si cette réponse à un préopinant qui avait affirmé que la loi nouvelle enlèverait les sommités, c'est-à-dire, les hommes distingués de tous les partis, aura paru obligeante ou convenable à ceux qu'elle était destinée à captiver. Je l'ai trouvée, quant à moi, inconvenable et injuste; mais elle est de plus de toute fausseté. Pour que la Chambre se composàt de ces hommes que M. de Bonald désigne sous le nom de centre, hommes un peu réservés peut-être dans leur amour pour la liberté, et trop enclins à d'excessives craintes, mais éclairés, scrupuleux et modérés, il faudrait que les élémens des élections participassent à cette modération.

En scindant les colléges, au contraire, en mettant dans les uns tous les élémens démocratiques, dans les autres tous les élémens privilégiés, on forme deux camps où l'exagération est inévitable ; car on sépare tout ce qui réciproquement la neutralisait. On vous a dit, je crois que c'est M. de Villèle, que la loi proposée serait une loi de paix, parce que les intérêts nouveaux auraient dans l'administration une part égale à celle des intérêts anciens. Etrange moyen de paix que de rendre deux ennemis à la fois plus forts et leurs armes plus acérées ! Ce serait un moyen de guerre civile. Aussi notre honorable collègue n'est-il sûrement pas tombé dans cette absurdité. Il sait comme nous que les intérêts nouveaux n'auront pas une part égale : il les flatte pour les immoler. Non, il n'y aura pas d'hommes du centre dans les Chambres nommées d'après la nouvelle loi ; ou si quelques uns, par un hasard inespéré, y parviennent, ils seront entraînés par le torrent.

Ils étaient dans la Chambre de 1815, ces esprits modérés dont les hommes de cette époque ont l'air de prédire et de saluer le retour. Ils ont lutté noblement : qu'ont-ils empêché ? Malgré eux, malgré les ministres, l'amnistie royale a été dénaturée ; malgré eux, des rappels à l'ordre ont étouffé la voix de l'humanité ; malgré eux, le ministère a pensé être mis en accusation pour l'évasion d'un malheureux condamné, et des discussions épouvantables ont montré je ne sais quelle effroyable soif du sang des victimes ; malgré eux, des pétitions qui demandaient la tête d'un vieux général couvert de gloire, ont été accueillies avec un enthousiasme sauvage. (Forte sensation.)

Malgré eux on a fait retentir cette enceinte de ces mots terribles : Il faut à la France des fers, des supplices, des bourreaux. Que ne fesiez-vous pas néanmoins pour sauver cette malheureuse France! J'en appelle à votre conscience, à votre mémoire, au souvenir qui doit vous être si doux, de vos honorables efforts; sans le 5 septembre, l'auriez-vous sauvée?

Messieurs, le résultat du projet que je combats serait de reproduire une Chambre semblable à celle où vous avez toujours succombé. La France n'est pas assez forte pour résister à de nouvelles secousses. Une Chambre pareille perdra la liberté, la France et la monarchie.

Elle perdra la liberté. Est-il besoin de preuves? Y a-t-il jamais eu de la liberté quand de tels hommes ont dominé? Il n'y en a pas eu plus que sous les forcenés partisans de l'anarchie révolutionnaire. Comme ceux d'aujourd'hui, ils nous ont donné, en 1815, des lois des suspects; ils nous ont donné l'esclavage de la presse; jetés un moment par une opposition calculée, dans les rangs des défenseurs des principes, ils se sont hâtés de les désavouer.

Ils perdront la monarchie, car d'une part ils éluderont ses prérogatives les plus nécessaires, ils perpétueront en dépit d'elle leur dangereux pouvoir; de l'autre ils la rendront odieuse par l'horreur qu'ils inspirent, ils jetteront sur elle ce poids qui les accable : elle ne pourra le porter.

Messieurs, j'ai vu dans ce pays une république tumultueuse, anarchique, mal organisée; mais les vices constitutionnels n'ont pas été la cause de sa chute : la cause de sa chute s'est trouvée dans les hommes qui se prétendaient plus républicains que la république, et qui, par leurs fureurs, leurs excès, leur démence, décréditaient cette république qu'ils disaient défendre. Craignez pour la monarchie les hommes qui se prétendent plus royalistes que la Charte et que le roi. La république a péri par les jacobins de la république. Les jacobins de la royauté serait la perte de la royauté.

Ils ne la perdront pas, je l'espère. Vous et nous réunis, Messieurs, nous la défendrons; vous qui toujours avez été ses solides appuis; vous qui avez cru devoir, pour l'affermir, vous résigner à des sacrifices qui ne nous semblaient pas indispensables; nous qui, plus ardens, plus passionnés peut-être, ne voulons pourtant que ce que vous voulez.

En effet, il est temps de réfuter d'absurdes calomnies. On parle de projets factieux, de regrets coupables, de combinaisons contraires à l'ordre établi : qu'on les précise donc, ces projets; il n'en est pas un qui ne fût le rêve d'un insensé. Je ne sais pas dire à demi ma pensée : je vais entrer dans la question tout entière. (Grand silence.)

La liberté est le droit de l'espèce humaine. La monarchie constitutionnelle est une forme suffisante pour nous assurer la jouissance de la liberté. La Charte est suffisante aussi pour consolider la monarchie constitutionnelle. Les Bourbons avec la Charte sont un immense avantage, parce que c'est un immense avantage qu'une famille antique sur un trône incontesté. (Adhésion du côté gauche.)

Je ne prends point la légitimité comme un dogme; mais avec la liberté, la légitimité est un grand bonheur. Toute révolution est terrible; tout nouveau gouvernement est dur et vexatoire : l'expérience le dit, les peuples le savent. Forcés quelquefois dans leurs retranchemens, malgré leur résignation persévérante, ils peuvent se séparer de la légitimité; mais ce n'est jamais qu'avec douleur, et cette douleur a de justes causes.

L'Angleterre elle-même, affranchie sous Guillaume III, aurait, si l'ancienne race des Stuarts n'avait opiniâtrement voulu le despotisme, été plus heureuse et surtout bien plutôt heureuse qu'elle ne le fut durant les vingt années qui suivirent la révolution de 1688. Oui, l'Angleterre eût été cent fois plus heureuse, elle eût eu deux guerres civiles de moins, si la pensée d'un pacte rompu, d'une succession intervertie, n'eût troublé dans beaucoup d'esprits la jouissance de la liberté; si tous les vœux avaient pu se réunir, tous les scrupules être contens, toutes les délicatesses calmées, la puissance des souvenirs satisfaite, puissance enracinée qui, cinquante ans après, armait encore l'un contre l'autre des citoyens conduits par des devoirs opposés.

Que la France jouisse de ce bonheur : qu'elle voie se combiner, par de nobles et inébranlables garanties, un pouvoir constitutionnel et une dynastie révérée; ce

DE M. BENJAMIN CONSTANT.

qui est antique et ce qui est juste; ce qui est imposant et ce qui est raisonnable; ce que le passé consacre, ce que le présent demande. Qu'elle soit tout à la fois libre et loyale, énergique et fidèle!

Voilà mes sentimens, Messieurs, voilà ceux des honorables amis avec lesquels je fais gloire de siéger. Il n'y a point là d'arrière-pensée, point d'exagération, point de flatterie, point de cet enthousiasme factice, qui fait payer si cher aux princes son bruyant hommage. Les Bourbons, rien que les Bourbons avec la Charte; toute la Charte sous les Bourbons, telle est ma profession de foi tout entière. (Une voix générale s'élève : Bien! très bien.)

Après des considérations si graves, vous n'exigerez pas que je me livre à des arguties grammaticales, à des détails minutieux. J'aurais pourtant bien des sophismes à réfuter, bien des allégués faux à détruire; je l'essaierai peut-être lors de la discussion des articles.

Je vote, en attendant, contre le projet de loi.

RÉPONSE

A M. DE SERRES,

SUR LE DRAPEAU TRICOLOR, LA SOUVERAINETÉ DU PEUPLE,
LES SERMENS RÉCIPROQUES, ET M. DE LA FAYETTE.

(Séance du 27 mai 1820.)

MESSIEURS,

Je n'abuserai pas des momens de la Chambre ·
mais je ne puis m'empêcher de répondre à ce qui
vient d'être dit par M. le garde-des-sceaux. Il a tiré
cette conséquence de ce que vous avez entendu,
que vous deviez savoir la conduite que vous aviez à
tenir en votant sur la question; ce sera donc traiter
la question que de répondre à M. le ministre du roi.
Puisqu'on attaque les amis de la liberté, et que
c'est en les signalant comme dangereux qu'on motive
le projet présenté et qu'on l'appuie, c'est combattre
ce même projet que de défendre les mêmes amis
de la liberté contre les imputations injurieuses et
injustes qu'on se permet sans cesse contre eux.

Lorsque M. le garde-des-sceaux a cru voir, dans le
discours de mon honorable ami, un appel à la ré-

volte, il a complétement déplacé la question ; s'il avait mieux écouté l'orateur, il aurait vu que son discours n'était autre chose qu'une réponse à d'odieuses allégations.

Il en est de même dé ce qui a été dit sur le drapeau actuel, et sur le devoir de le respecter; mais c'est aussi un devoir de respecter, pour le passé, un drapeau qui, pendant trente ans, a conduit les Français au combat et à la victoire, pour la défense de la patrie. Ceux qui ne respectent pas ce drapeau pour le passé, je le répète.... (M. CASTELBAJAC : Nous ne respecterons jamais ce drapeau, ce fut celui de la révolte....) Je prends acte de cette interruption ; ces Messieurs refusent le respect dont je parle, pour le passé, au drapeau sous lequel le peuple français a combattu, et je déclare que ceux qui font cet aveu ne peuvent être les amis de l'ordre, et ne peuvent que calculer les chances de l'exaspération des esprits et de l'irritation des partis.....

Oui, Messieurs, ce qui a été cher à la France, le signe de vingt-cinq ans de gloire, sera toujours un objet respectable. Le signe qui existe aujourd'hui a le droit au même respect, à la même fidélité. Professer ces principes, c'est faire un acte de prudence, de modération; c'est se rendre l'interprète des sentimens de tous les citoyens; ainsi, l'imputation contre le discours de mon honorable ami est sans fondement.

Il en est de même de ce qui a été dit de la souveraineté des nations. L'imputation n'est pas plus fondée ;

mon honorable ami n'a parlé que du droit que conservent toujours les nations, de changer, de modifier
leurs lois fondamentales, et cela dans des formes
déterminées. Si M. le garde-des-sceaux n'avait été
malheureusement retenu loin de nous par l'état de sa
santé, il aurait vu qu'à la tribune, et dans tous les
écrits ministériels, on n'a cessé de proclamer et de
soutenir le principe que notre loi fondamentale était
susceptible de révision, de modification. Mon honorable ami n'a pas dit autre chose : personne ne
peut penser à cette souveraineté illimitée du peuple, qui entraîne les nations de révolutions en révolutions, et de calamités en calamités ; mais on
soutient, et MM. les ministres l'ont fréquemment
soutenu, que la nation, représentée par les élémens
constitués des divers pouvoirs à la tête desquels est
placé le roi, avait toujours le droit de modifier ses
institutions fondamentales. Ce n'est pas là entendre
la souveraineté absolue du peuple, ce torrent dé-
vastateur dont nous avons vu les ravages et les
excès ; ce n'est pas de celle - là que nous pouvons
parler ; ce n'est pas de celle-là qu'il peut être question ; nul plus que nous n'en a repoussé l'idée. Nous
ne séparons pas le peuple du roi ; nous ne voulons
pas qu'on sépare le roi du peuple. Mon honorable ami
a seulement dit que les changemens qu'une nation
avait le droit de faire à sa constitution, ne pouvaient
être faits dans les formes ordinaires des lois. Or,
cette vérité a été reconnue, et n'a jamais pu être
attaquée.

J'ai une autre observation à faire sur ce qui a été dit : elle est fort délicate ; mais la bonne foi a le droit de tout dire. On a parlé du serment, et l'on a reproché à l'orateur d'avoir donné à entendre que le serment était réciproque, et qu'en violant le sien, on délie de celui qui a été prêté : ici, Messieurs, toute conjecture est funeste, et il se présente des questions insolubles, toujours dangereuses à agiter. Les sermens prêtés, Messieurs, seront tenus, parce qu'ils ont été prêtés par la vertu, par l'honneur, et j'ajouterai par les intérêts. Quoi qu'on ait pu dire dans l'entraînement de la tribune, nous pensons que le roi sera fidèle à ses sermens, et nous serons fidèles aux nôtres ; mais il y a une étrange imprudence à venir nous dire implicitement que quand même on manquerait à ses sermens, les nôtres seraient sacrés ; sans doute il faudrait les tenir encore, et n'en doutez pas, Messieurs, nous les tiendrions ; c'est toutefois un malheur, un danger, que de jeter du doute sur la sincérité mutuelle de tels engagemens : j'aime à croire que M. le ministre du roi n'a voulu, en effet, en élever aucun ; j'aime à interpréter ses paroles dans le sens le plus avantageux.

Une dernière observation du même ministre m'a bien étonné. M. le garde-des-sceaux a dit qu'on devait se souvenir, avec la rougeur sur le front, qu'après avoir lancé les masses populaires, on était obligé de les suivre, et presque de les conduire : or, je le demande, à quelle action de l'honorable membre une telle expression peut-elle s'appliquer ?... (Voix à droite : Au 6 oc-

tobre.... — M. Castelbajac : Au sommeil du 6 octobre....(Très vive agitation.)

Eh! Messieurs, l'honorable membre suivait-il, conduisait-il les masses populaires, quand, dévouant sa
tête à la proscription, il se présentait à la barre de
l'Assemblée législative, pour y demander vengeance
des outrages faits à la Majesté royale, pour défendre,
pour sauver le trône et le roi?....(Voix à droite: Il
n'était plus temps.) Les conduisait-il quand il était
nuit et jour occupé à prévenir, à comprimer, à arrêter
ces émeutes populaires sans cesse renaissantes, dont
nous avons appris à reconnaître la véritable source
dans cette solidarité entre les riches ennemis du nouvel
ordre de choses, et la classe la plus misérable, en proie
à toutes les intrigues et à toutes les suggestions d'un
parti qui poussait à tous les excès, párce que, disait-
il, le bien finira par renaître de l'excès du mal?.....
(Violent murmure à droite.) Et cette solidarité, Messieurs, on n'y a pas encore renoncé! En 1789, on provoquait aux actes anarchiques, pour empêcher ce que
la révolution devait produire de bon et d'utile; et c'est
dans cette position, que les amis de la liberté ont eu
tant à souffrir, tant à combattre; aujourd'hui on laisse
aussi percer le même système; on a voulu l'appliquer
aux élections; vous avez vu les efforts qu'on a faits,
pour obtenir l'alliance des suffrages de la classe la
plus pauvre, en faveur des classes élevées, et cela,
aux dépens de la classe intermédiaire; de cette classe
calomniée, qui a toujours voulu l'ordre et la liberté,
qui a servi le despotisme quand le territoire était me-

nacé, tandis que ceux qui l'accusent sans cesse, ont accusé, servi, élevé, affermi ce même despotisme pendant quatorze années.... (Vive sensation à gauche.)

C'est à regret, Messieurs, que je suis monté à la tribune pour combattre un ministre dont, l'année passée, j'ai reconnu plusieurs fois le zèle pour les idées libérales et constitutionnelles. Mais les accusations portées à la tribune ne me permettaient pas de gàrder le silence, d'autant plus que la brièveté du discours du ministre a rendu ses imputations plus incisives et plus tranchantes. Ce n'était pas mon tour de parole.. ('Mouvement à droite); mais il était question des personnes; les personnes ne sont point étrangères au projet; on ne peut traiter l'un, sans attaquer et sans justifier les autres; car pour savoir de quel côté est et doit être l'attachement et la fidélité à notre ordre de choses, c'est-à-dire, à la Charte et aux Bourbons, il faut bien reconnaître de quel côté sont les droits acquis et reconnus et les espérances remplies, et de quel côté sont les intérêts sacrifiés et les pertes irréparables : il faut bien reconnaître de quel côté la Charte a été reçue comme un bienfait qui nous a donné toutes les institutions pour lesquelles la révolution a été faite, et de quel côté on déclare que la Charte a été une concession de la nécessité; de quel côté enfin tous les intérêts sont satisfaits, et de quel côté sont les intérêts qu'on voudrait rétablir, c'est-à-dire, les priviléges........... Oui, Messieurs, car vous n'avez pas oublié combien de fois on a dit qu'avec la légitimité, il y avait d'autres légitimités qui en étaient inséparables. Vous voyez

donc , Messieurs , à quels intérêts divers se rapporte le projet que nous discutons, et de quel côté
doivent être ses partisans et ses défenseurs. Je vote
contre l'art. 1er du projet de loi. (Vif mouvement à
gauche.)

OPINION

SUR L'ARTICLE PREMIER

DU PROJET DE LOI RELATIF AUX ÉLECTIONS.

(Séance du 3 juin 1820.)

MESSIEURS ,

Cette discussion a prouvé, d'une part, que le côté
de cette Chambre qui défend avec ardeur la loi du
5 février, veut par-dessus tout conserver l'élection
directe et l'égalité des suffrages, mais ne se refuse
d'ailleurs à aucun moyen de conciliation. Nous voulons conserver l'élection directe, parce que l'élection
directe est le seul mode qui donne à un peuple une
représentation réelle et de véritables interprètes
Tout mode qui porte atteinte à l'élection directe ,

et fait traverser aux suffrages des électeurs des formes compliquées qui les morcèlent et les éludent, sépare l'élection de la volonté dont elle devrait émaner, et peut la rendre étrangère et même opposée à cette volonté.

L'élection directe peut *seule* faire naître entre les électeurs et les députés cette sorte de responsabilité morale qui garantit la bonté des choix, et dont l'influence va croissant à mesure que ces deux classes d'hommes se connaissent et se lient davantage. C'est cette responsabilité morale et réciproque que nous devons chercher à fortifier et à étendre.

L'opinion de l'orateur que je cite aurait eu sans doute, dans un autre temps, quelque poids dans cette Chambre ; cet orateur, c'est M. Lainé.

Nous voulons conserver l'égalité des suffrages, parce que l'égalité des suffrages est dans la Charte, que vous ne pouvez établir des distinctions que la Charte n'indique point, des inégalités qu'elle n'établit pas, des priviléges qu'elle repousse.

Mais nous avions adopté l'amendement de M. Camille Jordan. Nous soutenons celui de M. Desrousseaux ; et un de mes honorables amis a rappelé hier l'ouverture de M. de Serre.

Ainsi, toutes les preuves d'un esprit conciliateur et de l'amour de la paix sont de notre côté. Cette conciliation est dans nos vœux et dans notre caractère.

Pour ma part, je désirerais beaucoup calmer les craintes que certains esprits que j'honore, sans être de leur avis, ont conçues de la loi du 5 février. Cette loi inspire aujourd'hui des terreurs même à ceux qui

ont désapprouvé que l'on voulût lui porter atteinte.
Ils la regardent en quelque sorte comme irritée du
mal qu'on lui a fait; ils croient qu'elle s'en vengerait
par des choix dangereux : je ne partage point cette
opinion. La nation veut, avant tout, le repos ; elle
veut des défenseurs et non des factieux. La preuve
en est qu'elle reste immobile, bien qu'elle soit trop
justement alarmée. Les aveux échappés à l'un des
partis, les vérités qu'on a forcé l'autre à dire, ont dû
lui causer des inquiétudes ; mais elle attend, elle
espère, elle désire l'ordre et la paix ; elle ne se trouble
que lorsque les privilégiés annoncent leur triomphe :
alors des symptômes d'effroi et d'effervescence écla
tent. Dès que les privilégiés se retirent, la tranquillité
se rétablit. Je ne crois donc, dans aucune hypothèse,
à des choix insensés ; mais d'autres les redoutent, et
je respecte toutes les terreurs sincères. Autant je déteste les dénonciateurs de la nation, autant je pense
que les amis même trop timides et trop ombrageux de
l'ordre doivent être ménagés

De l'autre côté de cette Chambre, aucune idée de
conciliation n'est admise.

L'amendement de M. Camille Jordan a été rejeté ;
cependant tous les dangers prétendus ou réels de
la loi du 5 février étaient prévenus par cet amendement.

On avait objecté le déplacement des électeurs ; il
n'y aurait plus eu de déplacement. On craignait les
réunions nombreuses : elles n'auraient plus eu lieu.
On déclamait contre les comités directeurs : s'ils
existent, les influences locales les paralyseront.

La priorité est opposée à l'amendement de M. Desrousseaux.

Un silence absolu est gardé sur l'ouverture faite par M. de Serre.

On veut donc la lutte, l'exclusion, le privilège. On veut tout ou rien. On ne veut pas seulement que la minorité ait une part, on veut qu'elle les ait toutes. On n'est pas satisfait de la voir dotée d'une influence disproportionnée à son petit nombre, on exige qu'elle ait une influence exclusive. On ne réclame pas pour elle la liberté, mais l'empire.

L'amendement de M. Desrousseaux tend à empêcher cette influence sans bornes d'une minorité audacieuse. Il repousse la création du collége de département, qui n'est autre chose que le règne de la minorité consacré.

Parmi les défenseurs du projet, les uns ont voulu réduire le nombre des électeurs, les autres celui des éligibles ; et le projet a cette double tendance. Vouloir que la majorité actuelle des électeurs fasse les choix, a dit M. de Corbière, c'est vouloir le maintien de la loi du 5 février. Donc, vouloir le projet du ministère, c'est vouloir que la majorité des électeurs actuels ne fasse pas les choix. Or, les électeurs actuels sont les électeurs créés par la Charte. Ne pas vouloir que leur majorité fasse les choix, c'est vouloir que la minorité les fasse.

Les conditions d'éligibilité sont remplies par trop de sujets, a dit M. de Villèle.

Donc on veut réduire le nombre des éligibles. Réduire le nombre des éligibles, c'est encore gêner le vœu des élections, c'est encore un moyen de rendre impuissante la majorité. Dans le cas de doubles nominations, a continue M. de Villèle, si vous confiez le choix à la majorité, vous avez tout à craindre. Donc l'honorable orateur ne sera sans crainte que lorsque le choix sera confié à la minorité. Voilà tout le système. Aussi M. Cuvier a-t-il versé le dédain sur l'arithmétique et les scrutins

Qu'importe la majorité ou la minorité, a-t-il dit, si les choix sont bons ? Avec ce raisonnement, on pourrait confier les choix à un seul homme.

Or, Messieurs, le règne des minorités a toujours été funeste, même (et ce n'est pas le cas en France) lorsque les circonstances semblaient lui être le plus favorables.

On vous a souvent cité Rome durant cette-discussion. A Rome, la minorité patricienne gouvernait. Qu'a-t-elle fait ? Elle a chassé les rois loin des murs de la cité qu'ils avaient fondée ; elle a chassé les plébéiens sur le mont Sacré.

On vous a cité l'Angleterre. En Angleterre la minorité, c'est-à-dire les barons, ont conquis la grande Charte ; ils ont long-temps combattu pour la liberté avec les communes ; ils ont donc des droits acquis à la reconnaissance du peuple ; ils règnent de fait, car ils disposent des élections. Qu'en résulte-t-il ? Des luddistes et des radicaux.

Si tels sont les inconvéniens généraux de l'empire des minorités ; si elles ont été funestes même à Rome et en Angleterre, ces peuples avaient eu du moins le bon sens de confier le gouvernement à des minorités qui avaient voulu la liberté politique et l'indépendance nationale. Mais la minorité qui nous assiége, est ennemie de nos institutions, qui l'ont privée d'une portion de ses propriétés et de tous ses priviléges.

En repoussant la création d'un collége de département, l'amendement nous délivre de cette usurpation méditée par la constitution des plus imposés en accapareurs de tous les droits, en envahisseurs de toutes les capacités, en maîtres de toutes les élections, et par là même du trône et du peuple.

On a voulu vous faire illusion, Messieurs, sur cette vérité. M. le garde-des-sceaux, en la contestant, vous a rappelé l'influence innocente des plus imposés sous Bonaparte. Mais c'est vraiment compter un peu trop sur notre simplicité

Sous Bonaparte, les plus imposés n'ont pas fait de mal, parce qu'ils étaient, comme tout le reste de la nation, immobiles sous son bras de fer. En sera-t-il de même aujourd'hui ? Messieurs, j'en appelle à votre conscience, et je m'en remets à ce qu'elle prononce intérieurement. Vous sentez comme moi, qu'on se joue de vous, lorsqu'on vous dit que les plus imposés n'ayant pas compromis les intérêts nouveaux sous un despote qui subjuguait tout, ne les compromettraient pas aujourd'hui davantage. (M. DUPONT DE L'EURE : Il s'agissait bien d'opinion publique sous Bonaparte !)

Bonaparte était lui-même un intérêt nouveau, un intérêt funeste, car il sacrifiait de la révolution tout ce qu'elle avait de noble et de juste. Mais il était forcément le protecteur de ses intérêts matériels : sans eux, son gouvernement despotique aurait péri. Cette vérité, sentie de la nation, faisait toute la force de son gouvernement ; nul n'eût supporté ce pouvoir oppressif, en opposition à tous les intérêts moraux, à tous les principes, s'il n'eût donné aux intérêts matériels une garantie. En sommes-nous là ? je vous le demande, et j'en appelle à votre conviction silencieuse.

Ne sentez-vous pas que, sous Bonaparte, la puissance suprême était naturellement, par son origine et ses habitudes, l'alliée de ce que la révolution avait établi, tandis que, sous la restauration, ce serait par un effort de raison et de sagesse, que la puissance suprême se séparerait des intérêts anciens, pour accorder aux intérêts nouveaux une protection que les entours du trône tàcheront toujours d'affaiblir.

Vous contestez mon assertion ; mais les ministres eux-mêmes l'avouent. Voici ce que je lis dans le jour nal ministériel qui a paru hier

« M. Courvoisier prétend que Georges Ier abandonna les torys. Est-ce à dire que les Bourbons doivent sacrifier au génie de la révolution les victimes qui lui sont échappées ? Mais Georges était fils de la révolution. En s'appuyant sur elle, il rendait témoignage à la source d'où sa grandeur émanait. Il était wigh de droit, puisque son titre était dans le droit des wighs. »

Ici, je répondrai, en passant, à une subtilité fort ingenieuse de M. de Villèle, subtilité qui prouve de l'adresse, mais pas autre chose. J'ai dit, dans mon opinion sur l'ensemble du projet, qu'une statistique faite sous l'empire prouvait que les anciens privilégiés for maient les deux tiers au moins des plus imposés; et comme j'avais tâché d'établir que ces privilégiés n'étaient pas favorables à la cause populaire, M. de Villèle a supposé que je prétendais qu'ils étaient ennemis de Bonaparte, et est parti de là pour faire l'éloge de leur fidélité aux Bourbons. Mais je n'avais rien dit de pareil. L'*Almanach impérial,* la liste des chambellans, des préfets et des maires m'auraient démenti. Etre ennemi des intérêts du peuple, ou ennemi de la cause impériale, est fort différent. Les anciens privilégiés n'étaient point ennemis de Bonaparte. J'en fournis deux preuves : la première, c'est qu'ils le servaient ; or, des chevaliers français ne servent pas un homme pour le trahir. Leur fais-je tort? Me trompé-je? Ils peuvent le dire. S'ils déclarent qu'ils le trahissaient, je serai bien forcé de les croire; mais tant qu'ils ne le déclareront pas, je devrai croire à leur loyauté.

Ma seconde preuve, c'est qu'employés par Bonaparte, ils ont appuyé son gouvernement par leurs actes, leurs votes, leurs discours. En effet, Bonaparte, sous plus d'un rapport, était le restaurateur de ce qu'ils désirent. Ils prenaient moins en attendant plus.

Il ne s'agit pas de leurs affections; il est question de leurs systèmes : ils étaient sous Bonaparte (je parle de la masse, et je rends hommage aux exceptions individuelles); ils étaient, dis-je, sous Bonaparte, ce qu'ils seront toujours, amoureux de leur suprématie sociale sous un nom quelconque, et ennemis de l'égalité.

Pour vous réconcilier avec l'influence des plus imposés, on a passé de Bonaparte à Servius Tullius qui, vous a-t-on dit, avait trompé Rome comme on trompe aujourd'hui le peuple français, et cette tromperie, a-t-ou ajouté, lui a valu sept siècles de gloire. Oui, mais sous la république. En attendant, la monarchie avait été renversée, grâces à cette tromperie; car vous n'ignorez pas que la monarchie fut renversée par les patriciens, les grands propriétaires fonciers de l'époque. Ils établirent une oligarchie insupportable. Est-ce là où l'on voudrait nous mener?

Le gouvernement de Rome monarchique était précisément celui d'une caste avec un roi à sa tête. Or, sur sept rois, trois périrent, et un quatrième fut chassé.

L'amendement de M. Desrousseaux nous préserve donc d'un système déplorable, d'un système par lequel, je le dis franchement, la France sera bouleversée.

Un bonheur inespéré avait introduit parmi nous l'influence d'une majorité paisible, d'une majorité propriétaire et industrieuse : vous repoussez ce bienfait du ciel; vous rendez inutile l'instinct de la nation, qui avait consenti la seule aristocratie que le siècle puisse supporter.

Les quatre-vingt mille propriétaires les plus riches de France, alliés puissans, à quelque parti qu'ils prêtent leur force, auraient, si vous les aviez maintenus dans leurs droits, prêté cette force au gouvernement constitutionnel. Vous en repoussez, vous en dépouillez soixante-dix mille; ces soixante-dix mille descendront vers les classes inférieures. Ils auraient contracté avec nous une alliance naturelle et heureuse : vous les forcez à contracter contre vous une alliance contre nature et fatale.

Ceci n'est plus une menace, mais un fait, que les meilleurs amis de la dynastie, les hommes qui l'ont défendue le plus chaudement, reconnaissent avec moi. En effet, les droits acquis enlevés, soixante-dix mille électeurs exclus ou réduits à une coopération dérisoire, et, comme l'a si bien dit M. de Serre, les intérêts exclus se rejetant dans la nation et l'agitant, la petite et la grande propriété devenant ennemies, la haine des priviléges justement mais dangereusement réveillée, nul ne peut calculer les résultats de ces germes de discorde et de désordres.

Si j'aimais les révolutions, certes je voterais contre l'amendement et pour le projet de loi ; mais j'ai l'horreur des révolutions ; elles immolent les individus ; elles dénaturent les caractères, elles corrompent la morale, elles mettent des devoirs factices à la place des devoirs réels, elles substituent une force aveugle à la force de la raison et à celle de la loi, elles pervertissent la justice, elles attentent aux droits de chacun : et quand la justice est violée, les droits foulés aux pieds, les vertus proscrites ou abjurées, il m'est fort égal que cet exécrable système ait pour étendard la liberté qu'il déshonore, ou le despotisme. J'aime mieux même que la liberté n'y soit pour rien, parce que je gémis de la voir souillée.

Mais cependant, Messieurs, verrez-vous de sang-froid les chances que prépare ce projet, le plus insensé, le plus détestable, le plus subversif de toute égalité, de toute justice, de toute liberté qui ait jamais insulté la raison d'une assemblée ? En le votant, vous votez la contre-révolution et la guerre civile. Je sais que les ministres promettent de nous en préserver ; mais que pourront bientôt les ministres ?

Ils proclament leur indépendance. Ces proclama tions ne me rassurent point. Le projet qu'ils nous présentent est, à lui seul, une démonstration d'asservissement : ils le disent eux-mêmes. Le premier projet valait mieux. Ils y ont renoncé, parce que nous n'en voulions pas ; mais ils ont dû prendre un projet que d'autres voulussent, et celui qu'ils présentent porte l'empreinte des lois que leur ont imposées leurs nouveaux alliés.

Séparés désormais de la nation par son invincible horreur pour ce projet qu'à leur tour ils lui imposent, séparés de ces soutiens respectables qui les ont défendus tour à tour contre tous les partis, ils n'ont d'appui que dans le parti qui veut que la minorité règne, et ce parti, il n'appuie pas, il domine. (Agitation.)

M. le garde-des-sceaux nous a parlé de ce qu'étaient en révolution les hommes du jour, du lendemain, du sur-lendemain ; je le sais comme lui. J'ai vu plus que lui, peut-être, ces lendemains terribles, et c'est pour cela que je déteste les révolutions. Mais la contre-révolution aussi a ses hommes du jour et ses hommes du lendemain.

Si vous rejetez l'amendement, si vous adoptez le projet de loi, tout est compromis pour de longues années. Je m'attends, pour ma part, à tous les malheurs, à toutes les oppressions, à toutes les proscriptions des époques les plus désastreuses.

Je les prévois pour moi, pour mes amis, pour tout ce qu'il y a de courageux et de constitutionnel en

France. Telle est ma conviction sur ce point, que j'éprouve moins d'irritation que de pitié pour les ministres. Ils seront accablés plus tôt qu'ils ne pensent sous la terrible responsabilité qu'ils ont prise. Ils ont remis en question le sort de leur pays. Ils ont, pour leur intérêt privé, pour un intérêt qui n'obtiendra qu'un succès éphémère, sacrifié la liberté, la sûreté, le repos de la France. Ils ont déchaîné 1815 ; ils seront après nous, mais comme nous, et je leur dirai avec franchise, moins glorieusement que nous, dévorés par 1815. (Mouvement à gauche.)

Je réclame l'adoption de l'amendement et le rejet de l'article, pour le salut de la liberté, de la Charte de la monarchie, de la dynastie, de cette dynastie à laquelle on veut nous rendre suspects, quand nous gardons le silence, et auprès de laquelle on calomnie nos déclarations les plus formelles, au mépris de l'évidence qui résulte de notre position seule. Car il est clair que, sous cette dynastie constitutionnelle, nous pouvons espérer cette liberté que nous avons tant désirée, et que sans elle, rejetés au sein des orages, nous ne pouvons, ni prévoir, ni calculer les convulsions de l'avenir.... (Vive sensation.)

J'ai voulu vous entretenir une dernière fois sur un avenir aussi menaçant. Je ne suis probablement pas, plus qu'un certain nombre de vos collègues, destiné à jouir long-temps de la liberté de cette tribune, la seule de nos libertés qui survive encore. Bientôt, renvoyés dans nos foyers par la dissolution de la Chambre, soumis, dans ces foyers, à vos lois sur la liberté individuelle, privés, comme tous les citoyens français, de la faculté de manifester notre pensée, et sans sécurité pour nos personnes, pouvant, sur la signature de trois des ministres que nous avons été appelés à contredire, être jetés dans les fers, menacés même dès aujourd'hui d'une captivité plus ou moins longue, pour avoir plaint l'infortune et offert au malheur quelques secours, en butte, de la sorte, à un genre de persécution dont la France n'offrait plus d'exemples depuis 27 ans ; car, si je ne me trompe, la pitié n'a été considérée comme un crime qu'à deux époques, en 1793 et en 1820, par les procureurs-généraux et par les jurés de ces deux années ; j'ai pensé que nous avions quelques titres à être admis à remplir des devoirs dont le terme approche, et que vous toléreriez des paroles importunes à quelques oreilles, et qui retentissent pour la dernière fois peut-être dans cette enceinte.

Je vote pour l'amendement et contre l'article 1er du projet de loi. (Vif mouvement d'adhésion à gauche.)

SUR LES TROUBLES

DE PARIS,

AU MOIS DE JUIN 1820.

(Séance du 5 juin 1820.)

MESSIEURS,

J'ai à ajouter quelques faits à ceux qui sont énoncés, non qu'ils me soient personnels ; ceux-là je les igno_ rais, et c'est M. Sivard de Beaulieu qui me les a appris ; mais en voici de non moins importans, ils corroborent ce qui a été dit.

Avant-hier, une personne fort connue, et que je nommerai dans l'enquête qui devra avoir lieu, est venue me dire : Ceux qui ont attaqué M. Chauvelin , hier, sont à la tribune, et sont prêts à recommencer. Je trouvai trois personnes dans la rotonde, deux hommes et une femme ; la femme me dit : Avertissez M. de Lafayette, on l'attend à la porte ; je répondis : Je vous remercie, nous sortirons ensemble. Le mari de cette femme que je ferai connaître , est venu me dire, ensuite, que nous avions été écoutés par un

I. 25

jeune homme qui dit : Tant mieux, nous leur ferons crier *vive le Roi!*

Ceci n'est encore rien. Un officier d'un âge déjà avancé, et portant plusieurs décorations, dit aux groupes dont ce jeune homme faisait partie : Non, non, ne bougez pas, ce n'est pas de leur faire crier *vive le Roi!* qu'il s'agit; laissez-nous les envelopper, et ne bougez pas..... Je ne sais ce qu'ils voulaient faire de M. de Lafayette après l'avoir enveloppé.

Je demande qu'on nous communique les rapports faits à l'état-major de la place et à la police. Les faits s'éclaireront, et nous pourrons savoir ce que l'on se proposait de faire. Par exemple, l'homme qui a parlé à M. Leseigneur, je le connais, je l'indiquerai. Il est facile de remonter à la source de ce qu'il a dit. Je ne veux point, en ce moment, proférer son nom, pour ne point exciter les passions. Mais j'en conclus que le devoir le plus pressant des ministres est de pénétrer au fond de cette affaire, de voir quel parti, contre leurs intentions, contre la volonté du roi, a vu un cri séditieux dans ce cri de *vive la Charte!* Si les ministres ont le zèle qui doit les animer, ils peuvent remédier à tout. La dernière classe du peuple est restée étrangère à ce mouvement; ainsi, il leur est très facile de réprimer tout désordre ultérieur dont ils seraient responsables. J'insiste pour que les ministres prennent connaissance de l'enquête qui devra avoir lieu. Je nommerai les personnes à ma connaissance, et j'indiquerai les témoins qui peuvent être entendus.

Le ministre vous demande, si vous croyez con-venable de suspendre les plus importantes délibéra-tions pour vous occuper d'injures personnelles? non, certes. S'il en était ainsi, s'il ne s'agissait que d'in-jures personnelles, je serais le premier à réclamer la continuation de la délibération; les dangers per-sonnels ne sont rien pour nous, nous en avons déjà donné assez de preuves; mais il s'agit des intérêts les plus chers de la France, et nous ne devons pas l'oublier. Des désordres étaient annoncés : de toutes parts des bruits nous parvenaient, on nous faisait des rapports, des lettres anonymes nous étaient adres-sécs... Ce qu'on nous annonçait s'est accompli, et c'est parce qu'il ne s'agit plus de danger personnel, mais de la tranquillité publique, gravement compromise, que nous ne pouvons, dans de telles circonstances, con-tinner notre délibération, avant d'avoir reçu les com-munications qui nous sont nécessaires.

Cependant, si MM. les ministres avaient observé une impartialité complète dans leur exposé des faits et l'énoncé des mesures qu'ils ont prises, je pourrais consentir à la continuation; mais, contre leur inten-tion, sans doute, leurs réponses sont marquées de l'empreinte de la partialité. Leur réponse est de nature à redoubler les désordres au lieu de les faire cesser.

Nous connaissons tous les moteurs de ces scènes déplorables.......... (Très vif mouvement à droite. .....Nommez, nommez franchement ceux que vous accusez!....) Je ne cacherai point, et je désignerai tout à l'heure le parti auquel j'attribue ces désor-dres..... (Nommez, nommez!....)

Tant que je serai interrompu, je ne pourrai donner l'explication que l'on demande ; je ne sais pas pourquoi, lorsque je parle d'un parti, ces Messieurs se croient insultés..... (Voix à droite : Pourquoi regardez-vous de ce côté en en parlant?) Précisément je ne me tournais pas de ce côté au moment où j'ai été interrompu. Je disais, Messieurs, que les réponses des ministres n'annonçaient point d'impartialité, et que le mal pouvait s'en accroître. Les excès qui ont eu lieu, nous le savons tous, et les ministres doivent le savoir, s'ils ont vu les rapports faits à l'état-major et à la police... Ils doivent savoir qu'il n'y a pas eu deux partis en présence, mais un seul parti agresseur. Des citoyens étaient rassemblés autour de cette enceinte : ils criaient *vive le Roi, vive la Charte!* ils n'ont crié vive la Charte, en la séparant du cri de vive le Roi, que quand des individus furieux et armés de bâtons se sont précipités sur eux pour leur faire crier : *vive le Roi!* Et l'on vous dit que des excès ont entraîné à d'autres excès! et l'on vous a parlé d'une jeunesse égarée, tandis que cette jeunesse est restée calme; qu'elle a été victime du désordre; que ceux qui l'assassinaient étaient épargnés; et qu'il n'y a eu de personnes arrêtées que parmi celles qui étaient insultées, provoquées, frappées et foulées aux pieds des chevaux. Pour être vrai, il fallait dire : Il y avait en présence deux classes de jeunes gens : ici, une jeunesse animée de sentimens généreux, fière de nos institutions, et animée d'un zèle ardent pour la défendre; une jeunesse amie de la liberté, et prête à braver noblement tous les périls pour une si belle

cause; et de l'autre, une jeunesse qui ne cesse de provoquer, et qui veut proscrire les défenseurs de cette
liberté; une jeunesse qui se montre constamment ennemie de nos institutions, et qui a commencé ses ex-
ploits par violenter la volonté royale, et par arracher
d'auprès du trône un ministre que tout le monde savait
être cher au monarque. Si, dis-je, on avait tenu ce
langage, il y aurait de l'impartialité; mais on ne vous
a parlé que d'une partie de cette jeunesse qu'on a dit
égarée, tandis qu'elle tombait sous les coups des provocateurs, et qu'un infortuné, fuyant sans défense, a
été atteint d'un coup mortel. Je demande si cette manière de présenter les choses n'est pas de nature à redoubler le danger.

La journée de samedi, Messieurs, n'est pas un événement isolé. Il est préparé de longue main. Dès le
jour où un crime effroyable a consterné la France,
on a médité les moyens de nous livrer à une faction; les journaux de cette faction qui a obligé le
monarque à sacrifier un ministre qui lui était cher,
ont continué leurs provocations, et enfin le désordre
a éclaté : je ne sais s'il ira plus loin. M. le garde-des-
sceaux le prend sur sa responsabilité; je désire que
les mesures prises aient tout leur effet; mais si ses
espérances étaient trompées, si la sécurité qu'il nous
garantit était compromise, je déclare que ce n'est pas
lui que j'en accuserais le plus.

Remarquez bien quelle a été la marche de la faction; elle a d'abord répandu le bruit d'accusations
factices; en voyant que cela ne réussissait pas, elle
a eu recours à des conspirations imaginaires; vous

savez ce qu'elles sont devenues, ce qu'elles ont produit ; on n'en a plus entendu parler. Enfin, quand
on a eu reconnu que toute provocation à la guerre
civile était inutile, et que les conspirations prétendues
n'amenaient à rien, on a marché le front levé; on a
marché contre la Charte à force ouverte, et vous
avez eu samedi..... (Voix à gauche : Ils demandaient
une journée.) Je le sais bien. Je n'examine pas quelle
part l'autorité a eue dans la direction de la force
armée, et dans quel esprit on l'a fait agir; mais ce
que nous avons vu, et que tout Paris a vu, c'est
que cette force sévissait contre les gens insultés et
frappés, et qu'elle laissait aller les provocateurs qui
les accablaient d'outrages et de coups.

Je déclare, au surplus, que je n'ai pas approuvé
plus que l'honorable collègue qui en était l'objet, les
témoignages éclatans dont on a parlé; mais ce sont
de ces choses qui ont bientôt un terme en elles-mêmes. Etablir un parallèle entre cette ovation et le
lendemain, entre les félicitations données à un député, et des excès graves contre un député, établir l'égalité entre des actes si différens de leur nature, voilà, Messieurs, ce que vous ne pourriez
admettre ? Et, en effet, quelle différence de conduite.
Une partie de la jeunesse criait *vive le Roi et la
Charte !* L'autre partie ne criait pas seulement *vive
le Roi!* mais *vive le Roi tout seul, et à bas la Charte'*
(Mouvemens violens à droite. C'est faux, c'est faux
Voix à gauche : Oui, oui... M. CASIMIR PÉRIER : Nous
demandons une enquête, cela sera prouvé..... Voix à
droite : Et nous aussi.) J'ai vu des lettres signées,

dont je ferai connaître les auteurs quand l'enquête aura lieu. On sait que, dans un lieu public, soumis à la surveillance de la police, on a crié *vive le Roi! le Roi tout seul! à bas la Charte! à bas les libéraux! vengeons dans le sang des libéraux la mort du duc de Berry!....* (Même mouvement à droite A gauche : C'est vrai, au café Valois....)

Dans un tel état de choses, Messieurs, vous ne pouvez délibérer, non qu'il y ait du danger, car, prenez garde qu'à l'égard des factieux qui vous menacent, que vous délibériez ou non, le danger serait le même; mais les motifs de la suspension ont été développés devant vous; je ne demande pas un ajournement indéfini, mais seulement jusqu'au moment où les ministres auront eu connaissance des rapports de l'état-major et de la police. Je sais qu'ils trouveront la conviction qu'un parti seul a agi, et se dispose à agir encore à l'instant où je parle.

Il reconnaîtra le danger véritable; il ne déploiera point de rigueurs illégales, nous sommes loin de le demander, mais une ferme et impartiale surveillance. Il mettra le parti hors de nuire; s'il ne le fait pas, en un jour, en une heure, ce parti qui n'est pas redoutable en lui-même, mais qui a de la témérité, peut dévorer et nous, et la France, et le ministère lui-même. (Violente agitation. Voix à gauche : C'est vrai, c'est vrai!) Et, lorsque je parle du ministère, je dirai qu'il est de sa prudence de ne pas insister pour que la loi, dont nous nous occupons, soit rendue sous de tels auspices. Déjà elle a été précédée par deux lois qui ont profondément affligé les amis de la liberté, celle sur la liberté individuelle, celle sur la liberté de la presse; aujourd'hui faudra-t-il que la délibération sur la loi des élections, après avoir été précédée de bàillons et de lettres de cachet, soit accompagnée de violences, entachée du sang qui a été versé.. Il importe donc, Messieurs, que les ministres fixent l'opinion de la France et la vôtre, sur les événemens qui ont eu lieu. Il importe, qu'ils éclaircissent tous les faits, qu'ils entendent tous les témoignages, alors je ne doute pas qu'ils viennent vous déclarer qu'il n'y a eu qu'un parti agresseur, et qu'un parti coupable. Jusque-là nous ne pouvons délibérer : je demande l'ajournement à trois jours. (Vivement appuyé à gauche. A droite : On veut nous faire perdre du temps. On a déjà réussi à nous faire perdre une séance.)

———

Vous avez entendu, il y a peu d'instans, M. Lainé, vous parler avec un sentiment sincère et une profonde affliction de ce qui s'est passé ; et quand des membres vous retracent les outrages, les provocations dont ils ont été l'objet, on ose dire que notre but est atteint, que notre intention est satisfaite, que nous avons fait perdre une séance à la Chambre ? Une telle expression est un outrage à la Chambre, et un outrage à chacun des membres qui ont été entendus. Je demande le rappel à l'ordre.

SUR LES MÊMES TROUBLES.

(Séance du 6 juin 1820.)

MESSIEURS,

Quand vous vous êtes déterminés à suspendre l'adoption de votre procès-verbal, c'était en considération des événemens de samedi, parce qu'ils avaient compromis la sûreté de quelques uns des membres de la Chambre   (Voix à droite : Parlez pour vous.... Violens murmures à gauche.)

Je rappelais un fait certain, reconnu, savoir qu'hier, lorsqu'on a annoncé les attentats commis contre plusieurs députés, cet outrage à la représentation nationale a paru vivement senti par l'unanimité de cette Chambre ; je plains ceux qui m'ont interrompu ; ils n'ont pas réfléchi qu'ils contredisaient les ministres, qui ont pris l'engagement de poursuivre les coupables, et qu'ils se séparaient de leurs collègues, avec peu de générosité. Ils ont entendu MM. Leseigneur, Kératry, Girardin, et je ne croirai pas qu'ils attendent, pour croire la représentation nationale en péril, qu'un de leurs honorables amis soit insulté.

Vous avez suspendu votre déclaration sur le procès-verbal, pendant toute la séance. D'après la manière dont l'autorité s'explique, d'après l'article du *Moniteur* de ce jour, nous ne sommes pas en mesure de délibérer. Tout ce que les journaux censurés, et tout ce que le *Moniteur* a rapporté, est de la fausseté la plus complète; l'article du *Moniteur* appartient au système qui vous a été développé par M. le garde-des-sceaux. Il est bien question de jeunes gens égarés, tandis que les jeunes gens qui criaient : *vive le Roi! vive la Charte!* étaient assommés par ceux qui criaient *vive le Roi!* et que les premiers étaient seuls poursuivis et arrêtés !

Un des ministres du roi a paru dire que le cri de *vive le Roi!* n'avait été proféré qu'en réponse à celui de *vive la Charte!* et que les partis en présence avaient lutté l'un contre l'autre; il n'en est rien; un des partis était paisible, et des forcenés l'ont attaqué. Le ministre a gratuitement fait injure à cette admirable jeunesse qui aime l'ordre et la liberté, le roi et la Charte, qui prépare à la France une génération qui vaudra mieux que nous; et, en effet, où jamais a-t-on vu une jeunesse plus studieuse, plus digne d'éloges, et sur laquelle on puisse fonder plus d'espérances ?

L'inexactitude des faits est démontrée, nous ne pouvons délibérer même l'adoption du procès-verbal, nous ne sommes pas libres; des précautions sont prises par les agens subalternes du gouvernement pour intercepter toute communication avec les départemens; un de nos collègues vous citera des faits qui prouvent le plus coupable abus de confiance de la part de l'administration des postes. C'est par de telles communications subreptices, par des envois fallacieux que l'on veut égarer l'opinion publique.

Hier, les attroupemens n'ont pas eu un caractère plus répréhensible que samedi; le cri qui retentissait était celui de *vive le Roi! vive la Charte!* mais ils étaient très nombreux; les rassemblemens étaient de 10, 20, 30 et 40,000 personnes dans les divers points où ils se sont réunis... Et cependant les ministres avaient annoncé que toutes les mesures avaient été prises pour les prévenir. Nous devons revenir à leur demander un compte de la situation de Paris, une garantie de la sûreté des députés, non pas un compte de l'instruction judiciaire, mais un compte moral de ce qui a été fait par l'administration et par la police; nous devons demander compte des rapports faits à l'état-major et à la place; nous devons savoir si, en effet, il y a eu des officiers déguisés, à la tête des provocateurs. Ce compte nous est indispensable pour connaître si nous avons la liberté nécessaire pour délibérer. Sans cette mesure préalable, que je réclame dans l'intérêt des ministres, la loi dont nous nous occupons sera discréditée. Je renouvelle la demande de la suspension de toute délibération, même sur le procès-verbal, avant que nous ayons reçu non des renseignemens partiaux et inexacts, mais bien des détails de nature à nous satisfaire. (Appuyé à gauche.)

SUR LES TROUBLES

DE PARIS.

(Séance du 7 juin 1820.

MESSIEURS,

La sûreté de la Chambre n'existe pas, et depuis hier celle des citoyens n'existe pas davantage. Il est du devoir des ministres, il est de leur responsabilité de réprimer les excès qui ont eu lieu. Hier, un citoyen très estimable, M. Dubief, bijoutier, homme important dans son commerce, connu par son attachement au roi et à la Charte, était sur la place de la Concorde. (Murmures à droite.............. A droite : C'est une expression de la révolution.) Je dis sur la place Louis XV. J'avais improprement employé le mot de place de la Concorde, et je vois que ce mot ne convient pas à ceux qui m'interrompent..... M. Dubief marchait avec un ami, non au milieu de la place, mais de côté. Il ne proférait pas un seul cri. Le commandant d'un détachement de dragons de la garde s'est approché, et a traité ces deux individus, qui étaient fort tranquilles, d'une manière très injurieuse.

L'un d'eux ayant fait quelques observations, a reçu un coup de sabre ; M. Dubief a le bras droit coupé jusqu'au tendon. Voilà comme la police s'exerce. Il sera facile de savoir le nom de l'officier qui a si indignement rempli sa mission. Je dépose la lettre de M. Dubief et la déclaration du chirurgien. J'espère que nous n'entendrons plus parler de charges de cavalerie contre des hommes qui ne font rien, qui n'ont aucune mauvaise intention. Je mets de tels actes tout entiers sous la responsabilité des ministres, et je demande si, dans cet état de choses, la sûreté de la Chambre et de la capitale est assurée.

RÉPONSE SUR LE MÊME SUJET.

Messieurs

J'ai à répondre aux diverses allégations qui ont été présentées contre les membres de cette assemblée, qui, alarmés de la situation présente, ont voulu vous faire connaître l'état d'une capitale si malheureuse depuis huit jours. Je n'ai vu dans ce qui vous a été dit que des reproches injustes, le besoin de chercher un prétexte aux mesures violentes qui ont été prises et le dessein de vous donner une fausse idée du principe véritable des mouvemens qui ont eu lieu.

Il nous appartient donc de vous présenter d'autres

considérations, et de vous dire comment il se fait que des citoyens paisibles aient été maltraités, frappés, dispersés; qu'il y ait eu des actes de violences coupables, des actes illégaux qui ne sauraient être justifiés. On ne voudra sans doute pas emporter le fond par la forme.

Nous avons le droit de dire aux ministres qu'ils doivent prendre des mesures propres à calmer les esprits, et que celles qu'ils ont prises n'ont fait jusqu'ici que les exasperer. On a déplacé la question, et c'est le malheur de toute cette discussion; c'est la cause des événemens que nous déplorons. Si, après la journée de samedi, on était venu nous dire la vérité, si on était venu nous entretenir du complot réel qui a existé contre la représentation nationale et contre plusieurs députés notoirement menacés; si on fût venu vous dire : Les coupables sont connus et ils seront punis tout serait apaisé; mais on vous a présenté les faits de la manière la plus inexacte; on a nommé rebelles ceux qui avaient été victimes. Ce n'était pas là le langage qu'on devait tenir; la vérité a une puissance universelle; il fallait la faire entendre; on ne l'a pas voulu, et voilà la seule cause de cette longue agitation et de cette fermentation que des mesures imprudentes n'ont fait qu'augmenter.

Si on fût remonté franchement à l'origine des troubles, on aurait reconnu un complot organisé par des chefs qui dirigeaient tous les mouvemens, qui désignaient parmi nous des victimes que le hasard seul a dérobées au sort qui leur était réservé. En vain reporterait-on la cause première à un hommage rendu à l'un de nos collègues : cet hommage pouvait être déplacé; mais assurément, ce mouvement libre, spontané, n'avait nullement le caractère d'un complot.

C'est par des récits infidèles qu'on a excité la fermentation. Le déploiement de forces qu'on a ordonné en a été une autre cause. A qui attribuer ces actes de violence, cet état d'ivresse des troupes, ces charges de cavalerie qui formaient les attroupemens au lieu de les dissondre, puisque les citoyens pressés, foulés en fuyant, se réfugiaient et se serraient les uns contre les autres. On a aigri les esprits, on a excité le mécontentement. Je ne justifie pas les attroupemens, je désapprouve les résistances illégales, mais il ne faut pas confondre avec des résistances illégales, des rassemblemens qui n'ont point un caractère hostile.

Mais au milieu de ces rassemblemens on a entendu des cris séditieux! Je veux le croire; mais connaissons-nous quels ont été les provocateurs? A Lyon aussi il y a eu des provocateurs; ils ont été reconnus, signalés; on connaît les noms de ces infâmes agens · ne peut-il en être de même à Paris? Il y en a eu d'arrêtés; pourquoi ont-ils été relâchés? Les ministres doivent le savoir; ils ont ici les rapports sous les yeux.

Les ministres se sont conduits avec faiblesse d'une part, et avec peu de loyauté de l'autre; je ne leur en fais pas un reproche particulier; je vois ici la même source que celle des malheurs du Midi. Oui, il faut le dire; je vois ici l'effet des combinaisons, de ce qu'il faut bien appeler le gouvernement occulte......
Oui, Messieurs, il est certain que le complot de samedi appartient à l'agent du gouvernement occulte

Cet agent est le même homme qui a écrit les fameuses circulaires. (Nommez, nommez.)

Une procédure existe! les interrogatoires auront lieu; les dépositions seront faites en présence de la justice: c'est alors que je déclarerai les noms; la Chambre n'est pas juge, et je ne dois nommer personne.

M. le garde-des-sceaux a accusé et n'a nommé personne; vous n'avez rien dit; il nommera sans doute ceux qu'il accuse. Quant à moi, je crois que le pouvoir secret dont je parle a provoqué l'égarement des soldats; qu'il est l'auteur des troubles; qu'il peut entraîner la France aux plus grands malheurs. J'oppose des faits à des faits, des allégations à des allégations, et je ne m'attache pas à des interpellations auxquelles je ne dois pas répondre

On vous a lu l'extrait d'un procès-verbal. M. le garde-des-sceaux s'en est prévalu pour vous signaler un parti séditieux. Je prendrai la liberté de lui demander, puisqu'il ne croit pas contraire à ses devoirs de nous donner connaissance de ce procès-verbal, pourquoi nous refuser de nous communiquer les rapports faits à l'état-major de la place et à la police, sur la journée de samedi? Ces rapports confirmaient ce que j'ai dit; je le tiens d'une personne qui le tenait de même de la bouche de M. le préfet de police Anglès. Ils contiennent la preuve d'un complot contre trois membres de cette Chambre; les postes étaient assigués. Chacun d'eux devait être attendu à l'une des portes du palais. On nous lit un procès-verbal; pourquoi ne lit-on pas les rapports que j'indique? Je le répète, avec de l'impartialité, on aurait calmé toute l'effervescence; on à accusé un parti qui n'était pas coupable, et les esprits se sont irrités. En ne démasquant pas le parti coupable, et en accusant celui qui a été victime, on a causé tous les malheurs résultant de l'égarement et de l'enivrement complet des soldats. Une lettre, que m'adresse un médecin des hospices, prouve que ces malheurs sont dus, non aux attroupemens, mais aux mesures imprudentes prises pour les dissiper.

Cette lettre renferme la liste, les noms, la demeure des personnes blessées. (Voix à gauche : Lisez, lisez. Voix générales : Non, non.)

Messieurs, de graves désordres ont eu lieu; ils se perpétuent; j'affirme, sur ma responsabilité personnelle, qu'ils ne sont pas dus à la cause qui vous a été signalée. M. le garde-des-sceaux s'est montré partial dans les explications qu'il a données à cette tribune; ce sont les fausses mesures des ministres qui ont fait tout le mal. Ils devaient invoquer l'assistance des officiers civils et celle de la garde nationale...... (Voix à droite : Cela a été fait.) Et quel usage a-t-on fait de la censure dans cette circonstance ? Ne lit-on pas aujourd'hui dans un journal un article dans lequel on appelle mouvement militaire les charges de cavalerie et les coups de sabres qui ont été donnés ? Si le gouvernement avait agi avec impartialité, s'il eût fait arrêter les véritables provocateurs, tout serait fini; il n'y a pas de gouvernement où de pareils désordres continuent huit jours, s'il n'est pas asservi par la faction qui les provoque. Remarquez que cette faction, ne trouvant pas que les événemens tournassent assez à son profit, a voulu tenter un dernier effort; et il est bien digne d'observation que les désordres ont redoublé en gravité quand elle a cru voir que le ministère n'osait rien réprimer : le ministère est le maître d'apaiser les troubles quand il le voudra. Tous les amis de l'ordre et de la liberté n'ont qu'un vœu, ce ne sont pas des factieux. Et ne nous sommes-nous pas réunis à lui chaque fois qu'il a présenté des dispositions qui n'étaient pas tout-à-fait inconstitutionnelles? Quand au contraire il secondera un parti qui veut sa perte, il ne peut compter sur la tranquillité, et il n'aura pour lui que la majorité misérable dont il s'est lui-même reconnu trop peu appuyé. Il vient d'avoir une grande majorité pour une transaction entre les diverses opinions; mais, certes, cette majorité, qui a pour lui le mérite de la nouveauté, n'est pas tout-à-fait ministérielle; elle se retournera contre lui au premier moment où il reprendra une marche contre-révolutionnaire; il ne retrouvera que sa majorité de trois ou quatre voix. Il peut rendre permanente une grande et forte majorité. Je conclus à la proposition de suspendre la délibération; il ne tient qu'aux ministres de faire cesser les désordres, et, s'ils le veulent, nous y contribuerons de tout notre pouvoir.

SUR LA NÉCESSITÉ

D'UN NOUVEAU CODE MILITAIRE.

(Séance du 21 juin 1820.)

MESSIEURS,

Je ne viens point proposer de réduction positive, et à la manière dont sont reçues les propositions de réductions, je m'en félicite. Il en est aujourd'hui des dépenses comme des lois d'exception : ceux qui combattaient le plus les unes et les autres dans les sessions précédentes, les votent aujourd'hui les unes et les autres avec empressement, non seulement pour la guerre, mais pour l'intérieur. Je n'ai de but, en prenant la parole, que de demander à M. le ministre de la guerre quelques éclaircissemens qui peuvent être utiles pour l'avenir.

Il est de notoriété publique, qu'à une époque ou l'on semblait vouloir nous donner des garanties au lieu de nous les enlever toutes, c'est-à-dire, il y a dix mois, sous l'administration de M. le maréchal Saint-Cyr, administration chaque jour plus regrettable, un nouveau Code militaire avait été préparé. Ce Code, d'après tout ce qui en avait transpiré dans le public et, je puis ajouter, d'après les détails qu'en donnaient publiquement les personnes consultées par le ministre, et qui avaient concouru à la rédaction de cet ouvrage, était de nature à satisfaire pleinement les amis de la liberté constitutionnelle et de la discipline militaire, partie essentielle de cette liberté.

Ce Code devait nous être présenté avec l'organisation des administrations municipales, avec celle du jury, avec celle de la garde nationale. Tout paraît avoir été entraîné dans une ruine commune. Institutions promises, institutions consacrées ; tout a disparu.

Toutefois, comme la liberté de la France s'est trouvée plusieurs fois, depuis trente ans, dans des situations qui semblaient désespérées, et qu'elle s'en est toujours relevée, je crois, en votant les frais demandés pour la justice militaire actuelle, frais que nous ne pouvons refuser, puisqu'il faut conserver les formes qui existent, jusqu'à ce que de meilleures les remplacent, je crois, dis-je, devoir demander à M. le ministre de la guerre, si nous pouvons espérer qu'à la session prochaine, du moins, le Code militaire préparé par son illustre prédécesseur sera soumis aux Chambres, ou si cet utile travail aura le sort de tant de mesures nationales et d'ordonnances salutaires, que le renvoi de M. le maréchal Saint-Cyr a replongées dans le néant.

Je respecte trop vos momens, Messieurs, pour vous les faire perdre en vous prouvant des vérités démontrées. Vous savez aussi bien que moi que l'organisation de la justice militaire est une des choses les plus importantes pour la liberté. C'est en confondant les juridictions, en enlevant les citoyens à leurs juges naturels, en les traînant, sous les prétextes les plus frivoles, devant des conseils ou des commissions qui n'ont sur eux aucune compétence légale, que la tyrannie s'organise.

Durant toute la révolution, pour peu que le délit, faux ou vrai, sur lequel on avait à prononcer, impliquât un militaire de la manière la moins en rapport avec ses fonctions, nous avons vu siéger, pour juger des citoyens, des hommes dont le vêtement seul annonçait qu'ils étaient voués à l'obéissance, et ne pouvaient en conséquence être des juges indépendans.

Sous ce prétexte, nous avons vu des hommes nourris sous la tente, mais ignorans de la vie civile, interroger des prévenus qu'ils étaient incapables de comprendre, condamner sans appel des citoyens qu'ils n'avaient pas le droit de juger.

L'abus des juridictions militaires est d'autant plu dangereux, qu'il ne s'établit pas avec fracas et scandale, comme s'opèrent les coups d'état : il s'introduit dans la théorie, et se met ensuite à exécution en temps opportun.

Après la journée de vendémiaire, journée où la convention crut consolider sa puissance en rougissant les rues de Paris du sang des citoyens, elle créa des commissions militaires, et les hommes qui avaient échappé à la furie de la soldatesque furent condamnés militairement, pour des discours et des pamphlets travestis en complots et en révolte par un gouvernement qui, pour échapper à l'accusation, se hâtait de se constituer lui-même accusateur de ses victimes.

Bonaparte n'osa pas, dès l'origine de sa puissance, s'arroger le droit de détention arbitraire, et ce ne fut que dans les derniers temps de son despotisme, qu'il établit sept châteaux forts pour y renfermer ceux qui étaient en butte aux soupçons de ses ministres. Mais, héritier des commissions militaires de la révolution, il s'en fit un instrument actif et terrible.

Le nom seul des juridictions militaires appliquées à des citoyens pour des délits qui ne sont pas militaires, inquiète tous les hommes éclairés, tous les peuples libres. Circonscrire ces juridictions dans les bornes les plus fixes et les plus étroites, est le devoir d'un gouvernement constitutionnel. Les despotes mêmes ont rendu hommage à l'exigence de l'opinion ombrageuse à cet égard.

Bonaparte, lors de sa seconde apparition sur le territoire, crut devoir lui complaire. Les art. 54 et 55 de la constitution éphémère de 1815, portaient que les délits militaires seuls étaient du ressort des tribunaux militaires, et que tous les autres délits, même commis par les militaires, étaient de la compétence des tribunaux civils; ce que Bonaparte s'est cru forcé de faire, un gouvernement fondé sur la Charte le fera librement, j'ose le croire.

Je ne vote donc les 226,000 fr. demandés pour la justice militaire, que dans l'espoir que M. le ministre de la guerre n'ajoutera pas à nos regrets, en répudiant l'une des plus nobles portions de l'héritage de son prédécesseur, et j'ai l'honneur de lui demander si le nouveau Code militaire, qui est tout prêt, sera bientôt soumis aux Chambres.

SUR LA SPÉCIALITÉ.

(Séance du 30 juin 1820.

MESSIEURS,

Quand notre honorable collègue, M. Sébastiani, a fait sa proposition, j'étais assez disposé à entrer dans ses vues. Je craignais que la Chambre, en effet, très fatiguée, ne pût porter assez d'attention à la discussion d'une question aussi importante que celle de la spécialité, et qu'il n'en résultàt un précédent très fàcheux, l'année prochaine, sur la question en elle-même. Mais la manière dont cette question s'est engagée, et ce qu'ont dit MM. les ministres, donne lieu de croire qu'il s'agit moins ici de préjuger la question que de la repousser tout-à-fait. M. le ministre des finances vient de nous déclarer qu'il ne saurait consentir à l'admission d'un amendement, présenté incidemment au budget, sur la spécialité; et, cependant, depuis huit mois, la question s'agite, le mot de spécialité est prononcé à la tribune, et jusqu'ici il semblait qu'on n'était divisé que sur la place la plus convenable à cette discussion. Quand nous

l'avons demandée, on nous l'a promise ; et c'est après
avoir gardé le silence, c'est après nous avoir fait
voter toutes les dépenses, qu'on vient nous déclarer
qu'on s'oppose à ce que la question soit traitée. J'a-
voue, Messieurs, que je ne reconnais pas dans cette
marche, cette franchise qui devrait toujours caractériser un ministère. Mais est-ce bien un amendement
que l'on présente ? Est-ce un amendement improvisé
à la tribune ? Non, c'est le travail de votre commission qui est depuis quelques mois sous vos yeux.
Il y a quelque chose de plus : il y a une proposition.
Je l'ai faite au commencement de la session ; je l'ai
déposée : M. le rapporteur de la commission des
comptes m'a dit que la question serait traitée; dans
cette espérance, j'ai déclaré à la commission que je
consentais à ne pas donner de suite à ma proposition,
que je m'en remettais à elle de ce soin.

Quand le rapport fut fait, je remarquai que la question de la spécialité n'y était pas abordée, et l'on me
répondit qu'elle le serait plus tard, et lors de la loi des
dépenses ; aujourd'hui on veut la remettre à l'année
prochaine. Je crois, moi, qu'il faut la traiter à l'instant
même, et sortir de ces ajournemens indéfinis dans lesquels nous sommes successivement retenus. Qu'on
ouvre la discussion, il sera facile de répondre aux argumens de ceux qui ne veulent pas la spécialité. Ils
abusent contre nous d'un singulier moyen de raisonnement qui n'a quelque force apparente, qu'en ce qu'on
nous accuse de vouloir ce que nous ne voulons pas.
Nos adversaires prétendent que nous voulons l'absurde, et par conséquent ils ont un grand avantage à rai-

sonner contre nous. Ils prétendent que nous voulons pousser la spécialité hors des bornes raisonnables, entraver le gouvernement; mais, Messieurs, nul de nous n'a cette intention. Nous voulons, une spécialité légale, d'une exécution raisonnable et possible; sans elle vous n'établirez jamais d'ordre dans vos finances. Sans elle vous ne connaîtrez jamais l'emploi des deniers publics; sans elle, des dépenses que vous aurez créées, Messieurs, et que vous aurez unanimement votées, ne seront pas faites, et d'autres que vous aurez crues inutiles, que vous aurez rejetées, seront continuées; sans la spécialité, Messieurs, vous aurez voté des fonds pour une armée, et l'on vous donnera un immense état-major; sans elle vous aurez voté des fonds pour des curés et des succursalistes, et vous aurez des évêques; sans elle, quand vous aurez voté des fonds pour les employés, on augmentera les traitemens des chefs et des directeurs généraux; quand vous aurez enfin voté le nécessaire, on l'emploiera pour le superflu. Je termine cette discussion, Messieurs, en vous rappelant que MM. les ministres, depuis six mois, ont entendu cette discussion s'élever, qu'ils ont consenti à ce qu'elle s'élevât...... Et ce n'est qu'aujourd'hui que l'on s'oppose à ce que la discussion s'établisse . Je combats l'ajournement.

SUR LES SIX DOUZIÈMES

PROVISOIRES.

(Séance du 8 janvier 1821.)

MESSIEURS,

Bien qu'appelé à la tribune par l'ordre de l'inscription, je n'aurais point pris la parole dans cette discussion, ayant souvent exprimé mon opinion sur la question financière des six douzièmes, si je n'avais entendu aujourd'hui, à l'occasion de la proposition du gouvernement, des doctrines qu'il me semble singulièrement nécessaire de réfuter, car elles ne vont à rien moins qu'à anéantir l'indépendance de la Chambre et l'influence la plus douce et la plus constitutionnelle qu'elle puisse exercer. Un moyen presque infaillible d'assurer aux ministres l'impunité, c'est de dire toujours : accusez-les ; premièrement, parce que l'accusation est un moyen violent dont les amis du repos et de la monarchie répugnent long-temps à se servir ; en second lieu, parce que, quoi qu'en ait dit le ministre que j'ai l'honneur de remplacer à cette tribune, la loi de la responsabilité n'existant pas, et les articles de la Charte pouvant être interprétés très différemment, il est probable qu'une accusation n'aurait aucun résultat. D'ailleurs, lorsque les ministres suivent un système général que les membres de cette Chambre ne trouvent pas avantageux à l'état, il peut cependant ne point y avoir un délit positif qui motive la responsabilité. Alors il est bien clair que la manière la plus douce d'avertir le gouvernement que la Chambre croit que les ministres s'égarent, c'est de refuser ou au moins de restreindre le consentement qu'ils vous demandent pour les impôts. Cette marche est beaucoup plus douce qu'une accusation; elle est aussi très constitutionnelle : et je dirai à cette occasion que la doctrine qui tend à établir qu'une telle mesure serait contraire à l'esprit de la Charte, me paraît en opposition formelle avec les principes de tout gouvernement représentatif. Voyez le piége dans lequel cette doctrine vous engage. On vous dit : vous ne refuserez pas les impôts, car vous forceriez le gouvernement à céder. Et en même temps on vous dit : mettez les ministres en accusation. Mais vous forcez bien plus par là le gouvernement à céder ; tandis qu'en accordant une partie ou en refusant tout ce qu'ils demandent, les ministres peuvent être changés sans que l'état éprouve de secousse ; et alors vous sauvez la chose publique sans ces moyens violens qui répugnent toujours aux hommes modérés, et s'associent dans nos pensées à de tristes souvenirs. Il est donc clair que tout ce que le préopinant a dit à cette tribune ne s'applique nullement à la question.

La question des six douzièmes est une question de finance. Ce provisoire a des inconvéniens, on vous l'a souvent dit et prouvé. Je regrette de n'avoir pas sous les yeux le lumineux discours qu'a prononcé le preopinant, le 24 décembre 1815 ; il me fournirait des argumens contre les inconvéniens de ce provisoire, qui est, financièrement parlant, un détestable système ; mais ce n'est pas sous le rapport de ces inconvéniens financiers que je veux l'examiner. De légers motifs de mécontentement contre les ministres, un regret, une plainte ne sont pas suffisans pour nous engager à refuser ce qu'on nous demande ; car il y a nécessité pour une portion ; mais cette nécessité n'existe pas pour la totalité ; nous ne pouvons l'accorder en désapprouvant le système suivi par les ministres ; et, certes, il me paraît qu'il y a au moins partage dans la Chambre sur la sagesse de leur administration. Quant à moi, voulant ménager les momens de la Chambre, je ne dirai que quelques mots à cet égard.

Ce que je pensais l'année dernière, je le pense plus fortement encore aujourd'hui. Mes prédictions se sont réalisées, mes craintes se sont malheureusement accomplies, et si je suis étonné de quelque chose, c'est de ne m'être trompé en rien lorsque j'ai parlé de l'avenir. Je ne fatiguerai pas la Chambre par des développemens fastidieux ; j'aborderai une autre question, celle de la réponse que vous font habituellement les apologistes des ministres. Tantôt ils vous disent confidentiellement, tantôt ils insinuent que si les ministres ne gouvernaient pas, il y a auprès d'eux, autour d'eux, des hommes qui gouverneraient beaucoup plus mal encore. Vous voyez qu'il y a de la modestie dans cette apologie. D'un autre côté l'on vous dit : Si les ministres ne gouvernent pas bien, ce n'est pas leur faute; ils sont poussés à ce qu'ils font malgré eux; ils en ont du regret; et de la sorte les ministres vont toujours, je ne dirai pas en calomniant, mais en dénonçant une portion de la nation à l'autre. Quand ils sont injustes dans un sens, que voulez-vous? disent-ils; c'est que le parti opposé nous force la main. Quand ils sont injustes dans un autre sens, ils font dire : Que voulez-vous? nous avons été obligés de faire toutes ces choses malgré nous. Je crois ce système détestable. On nous dit : Si les ministres actuels ne gouvernaient pas, vos libertés seraient anéanties, il y aurait une censure tyrannique sur les opinions, et un pouvoir arbitraire sur les personnes. On dit encore : Si les ministres actuels ne gouvernaient pas, le système constitutionnel serait vicié dans sa source; la liberté des élections ne serait pas respectée, les électeurs ayant droit seraient repoussés ; mille fraudes auraient lieu : alors s'organiserait je ne sais quelle police d'agens provocateurs ; alors la délation menacerait les citoyens; chacun serait forcé de se barricader dans son domicile, de peur d'être impliqué dans un chimérique complot. On vous dit encore: vous auriez conspiration sur conspiration ; l'honnête citoyen ne pourrait se reposer en paix sur son innocence; les tribunaux seraient dominés par le parti dominateur; plus de modération dans le ministère public, plus d'indépendance dans les juges, plus d'impartialité dans le jury. Et c'est après toutes ces menaces qu'on vous répète toujours, et chaque année, qu'il faut accorder les six douzièmes. Ainsi, toutes les fois que les ministres vous demanderont une portion des revenus publics ou des libertés des citoyens, on a soin de vous dire : Accordez, car il y a là-bas des hommes bien plus terribles dont les ministres vous garantissent. (On rit.)

Voilà, dans mon opinion, le résumé de l'apologie des ministres depuis plusieurs années. Eh bien ! cette apologie nous présente deux questions : la première, si les hommes dont on nous fait peur existent en effet ; je n'émettrai pas là-dessus mon opinion personnelle ; la seconde question, c'est de juger la manière dont les ministres nous préservent des hommes sous le joug desquels, à les entendre, nous tomberions sans eux. Or, je tourne mes regards sur toutes les parties de l'administration. Je me demande si la censure n'est pas tyrannique ; s'il n'y a pas des agens provocateurs ; si les élections sont libres ; s'il n'y a pas conspiration sur conspiration. Je trouve que les ministres ne nous préservent d'aucun de ces inconvéniens, et, en conséquence, cette apologie est dans mon opinion tout-à-fait mal fondée. D'ailleurs je n'aime pas que les ministres aillent de gauche à droite et de droite à gauche, dénonçant leurs amis d'hier à leurs amis d'aujourd'hui. Ce n'est pas ici une vaine allégation ; et en prenant les paroles des ministres, je me fais fort de prouver qu'ils présentent la nation comme divisée en deux bandes d'hommes furieux, disant toujours à chacune d'elles : *Prenez-garde*, et se donnant comme ayant seuls le monopole de la modération et de la sagesse. Ce n'est pas ainsi, Messieurs, qu'on parvient à calmer les partis ; il faut qu'un ministère mette de la franchise dans sa marche; qu'il s'applique à modérer les partis, et non à les aigrir. Loin de là, le ministère, depuis de longues années, attise le feu de la discorde entre les opinions diverses, et trahit ainsi ses devoirs.

Je voudrais, Messieurs, ne rien avancer sans preuve; je passerai légèrement sur des faits personnels, pour insister sur le système suivi par le ministère. Vous n'avez qu'à ouvrir *le Moniteur*, à deux époques remarquables, vous trouverez, sortis de la même bouche, deux discours, l'un du 23 mars 1819, l'autre du 5 juin 1820, qui formeront la preuve de ce que j'avance.

Je crois qu'il est heureux que, sans porter la moindre atteinte à la prérogative royale, nous ayons un moyen d'exercer notre initiative constitutionnelle. Nous indiquons, par là, que nous n'approuvons pas le système de dénonciation continuelle que j'ai signalé. Je crois donc que nous devons nous borner à n'accorder qu'une portion des six douzièmes, et ici j'observerai que les argumens du préopinant tombent entièrement. Si nous accordons deux douzièmes, il n'y aura ni déficit, ni aucune souffrance dans le service public.

C'est en poussant les choses à l'extrême, que M. de Villèle a peint, comme si terribles, les conséquences de votre refus; mais en prenant un parti moyen, nous donnons aux ministres le temps de s'amender. Il se peut qu'au lieu d'un ministère fâcheux, querelleur, et, si j'ose le dire, dénonciateur des partis à eux-mêmes, il devienne un ministère de concorde et de paix. Cela se peut, je ne dis pas que cela sera. Puisse-t-il, s'il veut réparer ses fautes et faire le bien, songer qu'un empire ne doit pas s'établir sur la division, qu'il ne faut pas calomnier une nation pour exciter l'un contre l'autre les partis qui la composent! Puisse enfin le ministère songer qu'il arrive tôt ou tard une époque où les deux partis qu'on a dénoncés tour à tour, s'aperçoivent qu'ils sont joués et se réunissent tous les deux contre leur dénonciateur.

DÉVELOPPEMENT

D'UNE PROPOSITION SUR LA CLOTURE.

(Séance du 29 janvier 1821.)

MESSIEURS,

Depuis que j'ai déposé la proposition que je viens développer, je me suis aperçu que quelques personnes la voyaient avec peine, parce qu'elles la comprenaient mal. Pour écarter cette défaveur anticipée, je déclare qu'on se trompe, si l'on croit que je demande aucune innovation à notre réglement. Vous avez sagement ajourné, il y a peu de temps, la proposition de le refondre : vous avez prouvé par là votre attachement à ce qui existe. La stabilité est bonne en toutes choses : conserver ce qui est pour en profiter, vaut mieux que chercher des nouveautés hasardeuses.

On se trompe également, si l'on croit que, fondé sur une interprétation trop sévère de ce réglement, je veuille entourer de difficultés l'expression du désir que peut avoir la Chambre de prononcer lorsqu'elle est éclairée. Il y a des bornes à tout, et je ne me permettrai jamais de chicaner sur ce qui est raisonnable.

Ce que je désire, Messieurs, c'est qu'un juste milieu s'établisse entre l'excès de la lenteur et celui de la précipitation.

Pour atteindre ce but, il suffira d'assurer l'exécution de notre réglement, en ajoutant, à l'un de ses articles, une seule phrase évidemment conforme à l'intention première de ses rédacteurs. J'ai cherché à la rédiger en aussi peu de mots qu'il m'a été possible ; sa brièveté même suggérera peut-être à quelques esprits l'idée qu'une correction minutieuse n'aurait pas dû être entourée de la solennité d'une proposition : mais je répugne à faire plus qu'il ne faut, pour éviter le reproche de ne faire que peu de chose. D'ailleurs, ce qui est indispensable n'est jamais minutieux ; et quoi de plus indispensable que de prévenir enfin cette espèce de violence inarticulée qui, pesant tour à tour sur chaque partie de cette assemblée, et s'exerçant au nom d'une majorité imaginaire, puisqu'elle est anonyme, offre, en quelque sorte, à la Chambre en masse, l'holocauste journalier de la Chambre en détail.

L'article 20 de notre réglement porte : « *Nul ne parle qu'à la tribune.* » Qu'on n'applique point cet article à la demande de la clôture, lorsque la clôture n'est point contestée ; rien de plus simple.

Mais la proposition de la clôture est quelquefois la

plus importante, la plus décisive, la plus irréparable dans ses conséquences. Demander la clôture, c'est dire en deux mots beaucoup de choses, c'est dire : La question est épuisée ; elle a été envisagée sous toutes les faces ; toutes les opinions ont été entendues et pesées ; la Chambre a recueilli toutes les lumières, apprécié toutes les objections, et balance tous les avantages contre tous les inconvéniens.

Si la demande de la clôture ne signifiait pas tout cela, que signifierait-elle ? Voudrait-elle dire : La Chambre ne veut pas examiner les questions ; elle ne veut pas entendre les vérités ; elle veut voter dans un sens déterminé d'avance ; elle sait tout ce qu'elle a besoin de savoir, puisqu'elle sait ce que veut l'autorité ? Ou bien encore, le sens de cette demande serait-il : Il y a des injustices, des vexations, des abus de pouvoir, dont la Chambre ne veut pas qu'on parle · elle craint que les faits ne soient dévoilés, que les victimes ne soient nommées, que le silence si laborieusement maintenu par la censure ne soit rompu tout à coup dans cette enceinte; elle ne veut rien apprendre, parce qu'elle ne veut rien réparer?

Non, Messieurs, les honorables membres qui réclament la clôture ne veulent rien dire de pareil : leurs intentions sont pures, leurs motifs respectables; mais ils peuvent d'autant mieux les avouer. La Chambre alors, en délibérant sur leurs demandes, ne délibèrera plus sur une proposition qui, toute honteuse d'elle-même, semble se plaire, comme je l'ai dit, à être anonyme; car il est de fait que quelquefois, au milieu des questions les plus importantes, un bruit confus qui part on ne sait d'où, grossit et circule jusqu'à ce que l'oreille exercée de M. le président le saisisse, l'accueille et le mette aux voix, et la discussion se trouve fermée au nom de toute la volonté de la Chambre, sans qu'aucun de ceux qui siégent dans la Chambre ait déclaré, en son propre nom, que c'était sa volonté.

Observez, Messieurs, que, par une bizarrerie assez injuste, c'est contre ceux qui expriment le vœu de voir la discussion se continuer, que la défaveur se manifeste d'ordinaire : eux seuls pourtant déclarent une chose qu'ils peuvent savoir ; ceux qui demandent la clôture non seulement affirment qu'ils sont instruits, mais que toute la Chambre l'est également, ce dont il est impossible qu'ils soient juges.

Sans doute ceux de nos collègues qui demandent la clôture, n'ont point l'intention de prononcer sur des questions qu'ils n'entendent pas : tandis que notre intelligence trop lente ne saisit les raisonnemens et les faits qu'avec lenteur et à l'aide d'une attention prolongée, leur intelligence rapide prévoit, devine et juge les pensées qu'ils trouvent inutile de nous permettre d'exprimer. Mais si ces honorables membres étaient obligés de motiver la clôture, nous jouirions de leurs lumières ; ils nous élèveraient à leur niveau ; nous les atteindrions dans la rapidité de leurs conceptions.

Craindrait-on la perte de temps ?

Ici, je soumets à la Chambre une question. Parle-t-on de notre temps comme individus ? Nous sommes ici pour l'employer sans réserve au service de nos commettans ; il leur appartient tout entier. Aucun plaisir, aucune affaire personnelle, aucune raison susceptible d'être surmontée par notre activité et notre zèle, ne peut être admise pour nous dispenser de notre devoir.

Une fois investis de la confiance de nos départemens, nous sortons de leur dépendance : il ne leur est plus accordé de révoquer le mandat qu'ils ont cru pouvoir déposer entre nos mains. Tout est remis à notre conscience, à notre propre sentiment de nos devoirs.

Toute considération privée doit donc disparaître devant l'intérêt de ceux qui nous ont fait ce que nous sommes; et aussi long-temps que nous sommes députés, nous devons, avant tout, être députés. Abréger une discussion pour se retirer à une heure fixe; ou pour avoir un lendemain libre, est non point une paresse excusable, mais une mauvaise action, car elle peut conduire à une mauvaise loi. C'est une action dont nos voisins ne se rendent jamais coupables. La Chambre des députés est assurément bien plus incorruptible que le parlement anglais; mais le parlement anglais lui donne l'exemple de l'activité, de la persistance dans les débats, malgré la lassitude et la nuit qui s'avance; et cet exemple mérite d'être suivi. (Une voix à droite : Voudriez-vous des séances du soir?)

J'entends demander si je désire des séances du soir; non, sans doute; l'expérience a prouvé parmi nous que la sagesse ne présidait pas aux délibérations qui y étaient prises; mais sans avoir de séance le soir, on peut prolonger et occuper celle du matin, de manière à ce que les discussions y obtiennent toute la latitude désirable.

S'agit-il du temps consacré à nos délibérations? Ici, la question change, et l'objection est valable si l'allégation est fondée.

Mais, Messieurs, nous avons plus de temps qu'il ne nous en faut pour délibérer sur ce qu'on nous propose, nous avons voté avec empressement la clôture dans la discussion des six douzièmes, et plusieurs jours se sont écoulés sans que nous reprissions nos séances; et la clôture avait été cause qu'une doctrine inconstitutionnelle professée par un ministre, était restée sans réfutation. Nous avons voté la clôture dans la discussion qui s'est élevée à l'occasion de la présentation du budget, et nos séances ont été de nouveau suspendues. La clôture d'aujourd'hui nous ôte la connaissance d'un traité. Je crains que la France ne trouve que ce n'est pas là remplir nos devoirs.

Messieurs, la proposition que je vous soumets est plus importante que vous ne pensez. C'est de la maturité, de la liberté de vos discussions, que dépend le respect de la France pour ses députés; c'est du respect de la France pour ses députés, que dépend son respect pour les lois et l'autorité de ces lois.

Si nous étions les ennemis du gouvernement, savez-vous ce que nous pourrions souhaiter? Une assemblée, dont l'impatience ôterait à ses délibérations toute apparence de calme et d'indépendance, une assemblée qui, se targuant d'une majorité compacte, opposerait à tous les raisonnemens la clôture; qui, par la clôture, rejetterait des pétitions fondées; qui, par la clôture, adopterait de mauvaises lois, consa-

crerait les empiètemens du pouvoir, et comme impor-
tunée de toute vérité, ferait de la clôture pour la
tribune, ce que l'autorité fait de la censure pour les
journaux, tenant amsi la nation dans une inquiétude,
résultat nécessaire du silence imposé à la plainte, et
protecteur de la vexation. Alors serait détruit tout
le bien que l'auteur de la Charte a voulu atteindre
en s'entourant des lumières nationales. Alors la France
ne verrait plus dans nos formes représentatives,
comme dans celles de Bonaparte, qu'une dérisoire
parodie, et désespérant de son salut par des moyens
réguliers, serait livrée aux suggestions toujours pé-
rilleuses de l'imprudence et de l'ambition.

C'est parce que nous ne voulons pas un tel état
de choses, que nous demandons des discussions suffisantes et des délibérations prises avec maturité.
Quand la minorité réclame cette justice, c'est qu'elle
n'est pas factieuse; elle fait, pour ainsi dire, un acte
d'abnégation; car ce qu'elle désire tend en quelque
sorte à sa défaite. Si elle voulait des succès illégaux,
il lui conviendrait d'être opprimée; mais nous savons tous les maux qui accompagnent ce qui n'est
pas régulier, ce qui est illégal, lors même que les
conséquences éloignées en peuvent être heureuses.
Loin de moi, certes, l'hypocrisie servile qui m'empêcherait d'avouer mes vœux pour les peuples entrés récemment dans la carrière constitutionnelle,
pour l'union de ces peuples avec leurs monarques,
pour l'affermissement de leurs institutions, et pour
la destruction des obstacles que leur opposent les préjugés et la perfidie. Ces vœux que je forme haute-

ment sont ardens et sincères, ils ne me sont pas in-
spirés seulement par l'intérêt de la liberté, ils le sont
par l'intérêt de la France; car désormais il n'y a de
repos pour l'Europe et pour la France, que dans la
liberté légale, sous une monarchie constitutionnelle.
Toutes les interventions qui contrarieraient cette tendance, ne seraient pas seulement des iniquités, mais
encore des fautes qui porteraient leur peine avec
elles. Mais en demandant au ciel du bonheur pour
les peuples et de la sagesse pour les rois, je me félicite de ce qu'un retour complet à la Charte peut
écarter de nous toutes les chances de convulsions
hasardeuses.

Je me félicite de ce que nous n'avons pas encore
perdu le port de vue; de ce que, autour de nous,
dans l'opinion publique que nos institutions ont créée,
dans plusieurs élémens de notre assemblée, et de
nos divers pouvoirs, nous apercevons la haine des
proscriptions et de l'arbitraire, le besoin de la justice et de la sécurité, et des preuves de modération
et des élans de courage; un instant de réflexion, un
acte de prudence, peuvent nous ramener au bien sans
secousse et nous y fixer pour jamais. Cet instant de
réflexion, cet acte de prudence, seront puissamment
secondés par des discussions franches, qu'aucune
précipitation, qu'aucune violence n'auront étouffées.
Ces discussions sont dans l'intérêt de notre dignité;
il ne convient pas à une majorité française de triompher par la force grossière et par la clameur bru-
tale.

J'ajouterai, pour ceux qui, comme moi, veulent

le trône constitutionnel, tel qu'il existe, tel que nous avons juré de le maintenir, que pour défendre avec succès ce trône, il faut avoir défendu la liberté ; que dans les accès d'orage que provoque souvent l'imprudence, le peuple n'écoute que des voix populaires, n'accorde la confiance qu'à ceux qui ont plaidé pour ses droits. Méritons donc, pour l'intérêt du trône lui-même, la confiance nationale. Prouvons à la France qu'en défendant la monarchie, ce n'est pas le pouvoir absolu que nous défendons ; alors, nous serons pour cette monarchie constitutionnelle, des auxiliaires utiles.

Je propose que, dans le cas seulement où la clôture serait contestée, on applique à la demande de la clôture, l'article 20 du réglement, et que par suite de l'application de cet article 20, on rédige ainsi l'artiele 51 :

« Lorsque la clôture est demandée, le président « consulte la Chambre avant de fermer la discus- « sion. Si la clôture est contestée, elle doit être mo- « tivée à la tribune avant d'être mise aux voix. »

SUR LA COCARDE

TRICOLORE.

(Séance du 7 février 1821.

MESSIEURS,

Le ministre que je remplace à cette tribune aurait dû, avant de faire peser une accusation, au moins imprudente, sur les orateurs qu'il a voulu réfuter, se rappeler que les éloges qu'ils ont pu donner à ce qui fut pendant trente ans un signe de gloire, ne sont venus que parce qu'une seule épithète qui n'avait rapport qu'au passé, une épithète bien naturelle en parlant des hommes qui ont contribué à la gloire française, avait été prononcée par un des préopinans, et repoussée à l'instant par des murmures que je ne puis caractériser. Cette épithète qui a excité un étrange et un imprudent scandale.... (Murmures à droite.) Oui, un imprudent scandale ; si cette épithète n'avait pas été relevée, et si l'on n'avait pas, je ne sais sous quel prétexte, demandé le rappel à l'ordre pour cette épithète, il n'y aurait eu ni ces éloges qui

devenaient une défense légitime, ni aucun symptôme
de cette agitation et de cette effervescence qui, malheureusement depuis quelque temps, troublent cette
Chambre....

Oui, Messieurs, vous chercheriez en vain à vous
le déguiser : nous voulons ce qui existe, et nous sau-
rons le défendre ; mais, comme Francais, nous ne devons pas souffrir qu'on flétrisse le passé. Dites, et vous
aurez raison, que ceux qui aujourd'hui arboreraient
un autre signe que la cocarde blanche, seraient en
révolte ; mais ne murmurez pas quand on dit que la
cocarde tricolore a été portée avec gloire à l'intérieur
et à l'extérieur. N'essayez pas de rattacher à ces couleurs des excès épouvantables qui, comme on l'a très
bien dit, n'ont pas plus de rapport avec la cocarde
tricolore, que la Saint-Barthélemy avec la cocarde
blanche, ou, pour mieux dire, que la Saint-Barthélemy avec la religion ; car la liberté est aussi étrangère aux épouvantables excès commis en son nom,
que la religion l'a été aux assassinats de la Saint-Barthélemy et à des assassinats plus récens.

C'est par cette déplorable confusion d'idées, dans
laquelle je suis fâché qu'un ministre du roi soit tombé,
ainsi que plusieurs de nos collègues, qu'on est entré
dans cette discussion. Mais non, jamais on ne parviendra à déshonorer les fastes de notre gloire. Ce
n'est pas à ceux qui ont occupé des places, et qui portaient alors la cocarde tricolore, à ceux qui ont été
chargés de faire exécuter les lois dans les pays conquis sous cette même cocarde ; ce n'est pas à eux,
dis-je, à venir la flétrir, car ils se flétrissent eux-

mêmes, et ce serait une imprudence bien inconcevable.....

J'ai cru devoir monter à cette tribune pour faire
voir que s'il y a imprudence, elle est tout entière de
la part du membre qui, pour une seule épithète, pour
une épithète légitime, a voulu faire rappeler son collègue à l'ordre. S'il y a imprudence, elle a été encore
plus dans les paroles de M. le garde-des-sceaux, qui
est venu représenter comme une provocation peut-
être involontaire (et ici, je dois lui rendre justice,
il n'a pas accusé les intentions), l'éloge naturel d'une
cocarde sous laquelle la France est arrivée au plus
haut degré de gloire.

Messieurs, ne finirons-nous jamais d'accuser le
passé ? Les membres qui tombent dans cette imprudence ne reconnaîtront-ils pas que ce n'est pas là le
moyen d'arriver à un ordre stable ? On ne déshérite
pas une nation de ce qu'elle a conquis avec tant de
gloire. On ne peut pas lui faire mépriser un signe
qu'elle a porté, et sous lequel, je le repète, elle s'est
élevée à une immortelle renommée. Respectez le passé,
si vous voulez donner à nos successeurs la leçon de
respecter le présent. Nous, nous voulons défendre
le présent et la mémoire du passé ; parce que le présent est une espérance, parce que nous croyons que
si nous pouvons consolider ce présent, et le préserver
de l'imprudence des hommes qui l'attaquent sans cesse
avec tant d'inconsidération, et j'ose dire, avec tant
d'extravagance ; si, dis-je, nous pouvons le préserver
de leurs attaques, nous aurons la liberté sous laquelle
il existe le plus de calme, le plus de douceur et une

heureuse réunion de toutes les opinions. Mais ne
croyez pas rallier la nation, si vous méprisez sa
force et sa gloire, si vous méprisez ce signe que
l'auguste auteur de la Charte a lui - même arboré
en 1789, lorsqu'il est venu lui-même dire que la
révolution était inévitable, qu'elle devait amener les
plus heureux changemens, et que son auguste frère,
s'en déclarait le chef. Vous pouvez trouver ces paroles mémorables dans tous les journaux du temps...
(Une longue et vive agitation succède.)

Dites, si vous le trouvez nécessaire, que, dans le
cours de la révolution, on a commis des crimes épouvantables ; mais reconnaissez que le motif principal,
essentiel de la révolution était respectable. Apprenez
(car peut-être il y a parmi vous des hommes qui
n'étaient pas sur les lieux, et qui connaissaient mal
les dangers que courait une patrie dont ils étaient
absens), apprenez que les mêmes hommes qui ont
arboré cette cocarde et qui seraient coupables de l'ar-
borer aujourd'hui, ont défendu ce trône constitutionnel, qu'ils ont été ensevelis dans les cachots pour
la défense du trône constitutionnel ; qu'ils ont péri
pour la défense de la liberté ; car, Messieurs, dans
nos troubles révolutionnaires, il est tombé plus d'amis
que d'ennemis de la liberté, et cela, parce que les
amis de la liberté étaient restés au poste du danger,
tandis que ses ennemis s'étaient mis en sûreté.

J'ai cru devoir vous soumettre ces observations
dans le désir de voir la liberté s'établir à l'ombre de la
monarchie constitutionnelle ; et je suis fermement
résolu, et ma résolution est partagée par beaucoup

de membres de cette Chambre, de ne jamais permettre qu'on flétrisse une des époques à la fois les plus glorieuses et les plus malheureuses que jamais une nation ait traversées. (Mouvement d'adhésion à gauche.)

OPINION

SUR L'AMENDEMENT PROPOSÉ PAR M. BERTIN DE VAUX

AU PROJET DE LOI

RELATIF AU REMBOURSEMENT DU PREMIER CINQUIÈME DES RECONNAISSANCES DE LIQUIDATION.

(Séance du 19 février 1821.)

MESSIEURS,

Je viens appuyer l'amendement de notre collègue M. Bertin de Vaux, parce qu'il me paraît nous con duire au mode le plus simple, le plus littéralement conforme à nos engagemens, et, par conséquent, le plus loyal d'acquitter la dette, au paiement de laquelle le projet que vous discutez a pour but de subvenir.

Mon premier motif, c'est que cet amendement est conforme à l'exécution stricte et littérale de l'article 3 de la loi du 25 mars 1817, tandis que le projet actuel est une déviation, et, en quelque sorte, le rapport de

cette loi. Or, l'exécution littérale et stricte de tout engagement financier est, à mon avis, un grand avantage. Il y a dans cette fidélité scrupuléuse une simplicité, une rectitude, qu'il est toujours fâcheux de voir
obscurcir par des combinaisons compliquées et des
propositions incidentes. Je sais que nous ne faisons
qu'offrir à nos créanciers ces combinaisons nouvelles,
et qu'ainsi nous ne manquons point formellement à
nos promesses. Cependant, il n'en est pas moins vrai,
comme vous l'a fait observer très justement M. de
Bouville, qui n'a eu que le tort de pousser à l'extrême
les conséquences de cette remarque; il n'en est pas
moins vrai que nous changeons notre engagement,
que nous le changeons par notre volonté à nous débi-
teurs, en l'absence de nos créanciers; et que notre
intérêt est le motif ou le prétexte de ce changement.
Une conduite parfaitement simple nous servirait mieux.

L'on a souvent, et beaucoup trop souvent, dans
cette discussion, comparé, sous le rapport des finances, l'état aux particuliers. Cette comparaison, presque toujours inexacte, ne sert d'ordinaire qu'à fausser
les idées; mais ici je l'emploie, parce qu'ici, selon
moi, elle s'applique.

Un négociant, auquel je présenterais une traite à
son échéance et qui me demanderait des termes en
m'offrant des avantages, m'inspirerait moins de considération, lors même qu'il me laisserait libre de refuser ou de consentir, que celui qui tout uniment ferait
honneur à sa signature. Si je ne conservais point de
doute sur sa solvabilité, et je reconnais qu'on ne peut
en concevoir sur la nôtre, je désapprouverais néan-

moins cette manie de ne point payer, cette demande d'altérer l'exécution d'une promesse ; et je soupçonnerais le négociant de quelque projet aventureux, de quelque spéculation occulte ou hasardée, pour l'emploi des fonds qu'il chercherait à ne pas me livrer. Cette vérité s'applique bien plus encore à une nation qu'à un particulier, parce qu'un particulier peut légitimement spéculer pour s'enrichir, au lieu qu'une nation, si elle veut avoir des finances solides et stables, ne doit jamais spéculer, mais payer ses dettes.

Aussi, les soupçons de projets occultes ou de spéculations hasardées se sont présentés à mon esprit, à la première inspection du projet actuel, et j'en dirai deux mots tout à l'heure ; mais je poursuis maintenant la considération que je vous présente. La proposition de changer les clauses d'un engagement au moment où il va écheoir, est déjà une déviation des principes ; et il est si vrai qu'une déviation en entraîne une autre, que ce malheureux projet a dicté à M. le ministre des finances et à l'un de nos honorables collègues, les phrases, j'ose le dire, les moins réfléchies, les plus subversives du crédit public.

M. le ministre vous a dit que, s'il n'y avait de moyens, pour payer en numéraire les reconnaissances de liquidation, que d'ajouter aux charges des contribuables, aucune considération ne l'y déciderait.

Pour juger de cette assertion, Messieurs, il faut partir du système du ministre. D'après ce système, le paiement des reconnaissances de liquidation serait ruineux. Je suis d'un avis tout-à-fait contraire ; mais, pour apprécier la déclaration ministérielle, je dois me placer dans son hypothèse.

Ainsi, s'il n'y avait moyen de payer les reconnaissances en numéraire qu'en ajoutant aux contributions, le ministre s'y refuserait.

Que ferait-il donc? Ou il paierait en rentes, ou il ne paierait point. Mais s'il était vrai qu'une émission de rentes dût, comme il nous l'a répété sans cesse, ruiner le crédit, il ruinerait donc le crédit plutôt que de charger momentanément les contribuables. Mais le crédit, nous a-t-il dit encore, est la fortune des contribuables. En ruinant le crédit, il ruinerait donc, en définitif, les contribuables, c'est-à-dire que, de peur de leur déplaire, il se résoudrait à les ruiner.

Ne pensez point, Messieurs, que je force l'hypothèse; elle résulte des propres paroles du ministre : « Lors même qu'il n'y aurait pas d'autres moyens « de payer en numéraire les reconnaissances de li- « quidation, il n'ajouterait pas aux charges publi- « ques. »

Donc, dût-il avilir nos rentes et dans son système, qui n'est pas le mien, mais d'après lequel il faut juger ses paroles, il les avilirait s'il les employait à ce paiement; dût-il, dis-je, avilir nos rentes, il les avilirait plutôt que d'ajouter aux impôts, et cependant l'avilissement de nos rentes serait, d'après sa propre doctrine, la ruine de la fortune publique et particulière.

J'accorde que M. le ministre n'a pas senti tout ce qu'il disait. Il a voulu faire un compliment aux contribuables, mais il a mal pris son texte. Les contribuables sont trop éclairés pour ne pas savoir que les complimens qu'on leur ferait, les ménagemens qu'on aurait pour eux aux dépens du crédit, n'auraient d'effets qu'à leurs dépens, et qu'en résultat, ils paieraient seuls et chèrement ces politesses ministérielles.

Je n'ai pas abordé l'autre hypothèse, qui est pourtant insinuée dans la déclaration du ministre, celle où ne pouvant payer en numéraire sans charger les contribuables, et ne voulant pas charger les contribuables; ne pouvant payer en rentes sans avilir les rentes, et ne voulant pas avilir les rentes, le ministre ne paierait pas.

Je lui rends justice : il n'a pas été jusqu'à nous laisser entrevoir cette possibilité; mais elle est pourtant renfermée dans sa déclaration qu'il n'ajouterait aux charges publiques pour aucune considération quelconque; et telle est la contagion des systèmes vicieux, qu'un de ses plus zélés apologistes n'a pas suffisamment reculé devant cette possibilité.

Ici je rends encore justice à cet honorable collègue. Accessible à toutes les représentations raisonnables, il a bien voulu modifier l'énoncé de sa théorie dans son discours imprimé. Ce qu'il avait affirmé à la tribune, savoir, que le gouvernement a le droit d'imposer des conditions et des termes à ses créanciers, il ne l'a exprimé depuis que sous la forme dubitative; mais cette forme dubitative est encore fâcheuse. La trompeuse comparaison de l'état avec un particulier est encore pleine de périls.

Insinuer qu'un gouvernement, quand il se trouve gêné, peut imposer à ses créanciers des termes et des conditions qui lui soient plus commodes, de même qu'un tribunal accorde des délais à un débiteur, c'est rentrer sans le savoir dans la voie des banqueroutes. Le gouvernement étant à la fois juge et partie, ce qui est équité dans un tribunal, n'est dans un gouvernement qu'abus de la force, et cet abus sape tout crédit à la racine.

Ces axiomes, Messieurs, vous conduiraient tout droit aux époques où, sous divers prétextes, on se jouait de la foi publique, et où, en conséquence, ce qui est à 84 depuis que nous sommes rentrés dans les saines maximes, était à 7 ou à 9.

Ces premières observations semblent, je le sais, s'appliquer moins au projet en lui-même qu'à la manière étrange dont on l'a défendu. Il y a eu, dans le mode de défense, luxe inutile de principes inquiétans et erronnés; mais un projet qui a prêté, même indirectement, à l'imprudente émission de pareils principes, doit être entaché de quelque vice fondamental. Ce vice, M. Bertin de Vaux l'a très clairement indiqué. Le projet est la réintroduction dans nos finances d'un système contraire à la simplicité qui les faisait fleurir depuis quelque temps. Ce système admet des modifications, des altérations, des négociations, là où les engagemens étant contractés, l'exécution devrait être pure et simple. Ce système substitue à cette simplicité des combinaisons compliquées, dans la variété desquelles le ministre a voulu puiser un sujet d'éloges, mais qui m'inquiètent par cette variété même, sur laquelle, au reste, je m'expliquerai plus tard.

Je me borne ici à signaler son premier vice. C'est qu'après avoir pris un engagement que nous pouvons remplir suivant nos promesses, nous proposons de le remplir autrement, ce qui nous donne l'apparence de ne pas le remplir à la lettre, et ce qui a fourni à des orateurs trop peu sûrs de leurs paroles improvisées, l'occasion malheureuse de mettre en doute, si après tout nous étions obligés de le remplir.

Quant à moi, je le déclare, indépendamment de tout autre considération, je voterais contre ce projet, de peur qu'on ne crût qu'en l'adoptant je sanctionne les doctrines mises en avant à cette tribune pour le soutenir ; mais j'ai bien d'autres raisons de le rejeter.

L'une des plus puissantes m'est fournie par l'exposé des motifs. Cet exposé renferme deux paragraphes inconciliables. Souffrez que je vous les lise.

Le ministre dit, page 8, en parlant des annuités, que ces effets offriront aux capitalistes des avantages et des chances qui paraissent leur plaire, et qu'ils iraient chercher ailleurs.

Si cela est, le paiement en annuités est donc plus avantageux à nos créanciers que le paiement en rentes?

Mais le ministre dit, page 9, que le trésor prend l'engagement de pourvoir au paiement du capital et des intérêts avec la rente, qui est le mode de paiement le moins avantageux que la loi ait assuré à ces créanciers.

Je dois peut-être en accuser mon peu de lumières ; mais en rapprochant ces deux paragraphes, il me semble qu'on trompe quelqu'un.

Si les annuités offrent des avantages qui engageront les porteurs de reconnaissances de liquidation à les préférer aux rentes, on trompe la nation en lui affirmant que ce mode de paiement équivaudra au mode le moins avantageux que la loi permette.

Si, au contraire, les annuités équivalent au mode le moins avantageux de paiement, on trompe les créanciers en faisant briller à leurs yeux de prétendus avantages qui n'existent pas. La chose est évidente ; quand il s'agit d'un paiement à effectuer entre deux parties, qui dit avantage pour l'une, dit certainement désavantage pour l'autre. L'une des deux doit supporter en perte ce que l'autre recueille en gain.

Que le ministre choisisse donc : les annuités sont-elles plus avantageuses que les rentes ? son assertion de la page 9 est fausse, et la nation est trompée. Le sont-elles moins ? l'erreur est dans l'assertion de la page 8, et les créanciers sont déçus. Vouloir nous persuader que les deux assertions sont fondées, dire à la nation et aux créanciers qu'ils gagnent tous deux, quand, dans ce cas particulier, les uns ne peuvent gagner que sur l'autre, et leur dire cela à vingt lignes de distance, c'est trop compter sur la crédulité et la duperie, et c'est, si l'expression m'est permise, un charlatanisme dont on voit des exemples dans des prospectus de loterie, mais qu'il faudrait bannir du langage des gouvernemens.

Répondra-t-on que le gouvernement fera face aux avantages qu'il promet à ses créanciers dans les annuités, par le profit qu'il espère de la hausse des rentes ? Voilà donc la fortune publique rejetée dans les spéculations de la hausse et de la baisse. Voilà le gouvernement accordant des avantages, prenant des engagemens, et réduit à jouer dans les fonds pour y faire face.

Est-ce là son rôle ? ce rôle est-il moral ? est-il digne ? est-il prudent ?

Si les chances sont malheureuses, sur qui retom-
bent-elles ? sur la nation, qui paie en définitif toutes les
pertes. Ne rentrons pas dans cette route ignoble et
peu sûre; ne lançons pas le trésor public dans une
mêlée toujours incertaine, dont une expérience récente nous a démontré les dangers. Nos finances deviennent prospères; ne les livrons pas aux spéculations, à l'agiotage de nos ministres. La France bien
gouvernée, économiquement gouvernée, constitutionnellement gouvernée, est assez riche pour ne pas
devoir être téméraire comme la détresse, aventureuse
comme le besoin.

Et ici, Messieurs, c'est le cas, je pense, de s'expliquer sur cette variété d'effets publics, qui est un
fait, un fait souvent nécessaire, mais sur laquelle le
ministre s'est étendu, à plusieurs reprises, avec une
complaisance vraiment bizarre. Tous les éloges em-
phatiques des prétendus avantages de cette variété, reposent sur un principe emprunté d'une tout autre branche d'économie politique, principe faussement compris et plus faussement encore appliqué aux finances.

Lorsqu'il s'agit de denrées d'une nécessité absolue,
plus ces denrées sont rares, plus leur valeur s'élève.
Il est certain que s'il n'y avait en France que la moitié
du blé nécessaire pour nourrir ses habitans, la valeur
du blé serait excessive. Des financiers, séduits par
une apparente analogie, ont appliqué ce principe aux
effets publics. Moins il y a de telle ou telle espèce
d'effets, ont-ils dit, plus ces effets ont de valeur; et
c'est ainsi que M. le ministre des finances vous répète
aujourd'hui, de mille manières, qu'il ne faut pas ac-

croître la masse de vos rentes, parce que moins il y en aura, plus elles vaudront.

Mais cette application d'un principe qui n'est vrai que pour les denrées de nécessité première, à des effets qui ne sont pas de nécessité première, est trompeuse et même absurde. Pourquoi ces denrées haussent-elles quand elles sont rares? c'est qu'elles sont indispensables à la vie physique ; nul ne peut s'en passer ; tout le monde en a besoin, et, à tout prix, tout le monde les achète. Mais les effets publics ne sont point une denrée que chacun soit forcé de se procurer à tout prix. Ces effets n'ont point de valeur intrinsèque. Ils n'en ont que par la fidélité et la solvabilité du débiteur. En conséquence, multiplier ou varier les formes des effets publics, dans l'idée que, par ces diversités, l'ensemble restant le même, la valeur de tel ou tel effet s'accroîtra par sa rareté, est une méprise dont l'absurdité saute aux yeux.

Cette méprise a, dans d'autres temps, été bien plus funeste qu'elle ne peut, j'en conviens, l'être maintenant. Les gouvernemens qui ont fait banqueroute sont tous partis de ce principe, que moins il y a de créances et plus elles valent. Ils ont, en vertu de ce principe, réduit leur dette, les uns de moitié, les autres des deux tiers, parce que, si le principe eût été vrai, la moitié ou le tiers restant eût valu davantage. Mais leurs effets n'en ont été que plus discrédités, parce qu'une dette, ainsi que je l'ai déjà observé, n'étant pas un objet de nécessité première, personne n'a voulu des effets d'un débiteur qui avait manqué de fidélité. Les circonstances étant différentes, cette méprise n'a pas conduit M. le ministre des finances au même résultat; mais elle l'a conduit à d'autres non moins erronés. Il vous a parlé des rentes et des annuités, de manière à laisser croire que de même que, lorsque la France regorge de blé et manque de vin, le prix du blé tombe et celui du vin s'élève; de même, si vous substituez la forme d'annuités à celle des rentes, celles-ci étant plus rares seront plus élevées.

Mais, Messieurs, ne vous y trompez pas; la masse des rentes n'influe sur leur valeur que par sa proportion avec les ressources de ceux qui doivent payer ces rentes. La masse des rentes peut les déprécier quand elle est hors de proportion avec ces ressources; mais si vous consacrez une portion de ces ressources à un autre emploi, sous une autre forme, comme vous diminuez d'autant ces ressources, l'influence de la création nouvelle, quelque nom qu'elle porte, est la même pour tous les effets publics que si vous faisiez une émission d'anciens effets sous un nom déjà connu.

Je ne sais si je rends cette réflexion aussi claire qu'elle le paraît à mes yeux. Vous avez un actif et un passif : votre passif se compose de vos dettes, votre actif de vos recettes. Parmi vos dettes sont les rentes actuellement en circulation et aussi les 500 millions, au remboursement desquels le gouvernement vous propose de pourvoir. Que vous remboursiez les 60 millions échus cette année en rentes ou en annuités, votre actif et votre passif demeurant les mêmes, vos effets publics, quelque nom et quelque forme que vous leur donniez, conserveront la même valeur.

On me répondra que, par les annuités, on éloigne

les époques de paiement, et qu'en gagnant plus de
temps, on soutient la valeur des effets publics. Mais,
si d'une part vous y gagnez en commodité, vous y
perdez en libération ; car vous vous libèreriez d'une
créance exigible par le paiement en rentes. Vous lé-
guez à l'avenir ce que vous dispensez le présent de
faire. Notre collègue, M. Méchin, vous l'a dit. Vos
charges s'accroîtront dans chacune des cinq années
qui vont suivre, par le seul effet de l'ajournement, et
vous pouvez de la sorte augmenter votre dette au lieu
de la solder.

Je ne veux pas dire sans doute qu'en jetant sur la
place toutes les rentes nécessaires au paiement des 60
millions qui échoient cette année, on ne les fît momentanément baisser. Comme notre dette ne serait
point accrue, la baisse ne serait certainement que fort
passagère ; elle aurait néanmoins des inconvéniens qu'il
faut éviter. Mais les orateurs qui m'ont précédé à cette
tribune, vous ont surabondamment prouvé qu'un peu
de prudence, de sages délais, tels que ceux dont on
fut, il y a deux ans, si libéral envers des capitalistes
étrangers, et qu'on ne répugnerait point, je pense, à
accorder à des Français, l'action enfin de la caisse
d'amortissement, préviendraient tous les inconvéniens
qu'on feint de redouter.

En adoptant l'amendement de M. Bertin de Vaux,
en rejetant la mesure que le ministère vous propose,
vous préserverez vos finances de la confusion dans laquelle on va gratuitement les précipiter ; vous leur
rendrez de la simplicité, de la clarté, de la dignité.

De la dignité, dis-je ; car, indépendamment de ses

graves dangers, c'est de dignité que ce système de variété, tel surtout qu'il nous a été présenté par M, le ministre des finances, manque essentiellement. Le crédit doit se fonder sur des bases solides, sur la confiance, sur la régularité, sur la loyauté, et non sur une complication de petits artifices, de petits déguisemens, de petites évolutions, que l'on professe être destinées à flatter tous les caprices, à piquer toutes les fantaisies, et en définitive, à provoquer la passion du jeu.

J'ai souffert, je l'avoue, en voyant le trésor du royaume de France métamorphosé en bureau de loterie, à la porte duquel serait un crieur en titre, arrêtant les passans pour leur dire : En voulez-vous, Messieurs, il y en a de toutes les sortes, à courte échéance, à longue échéance, par jour, par an, par mois ; il y en a pour tous les goûts ; entrez, Messieurs, il y en a pour tout le monde.

Ce langage convient-il à nos immenses ressources, et sommes-nous faits pour courtiser l'avidité des premiers venus ? Ce langage, je ne le cache pas, aurait presque décoloré à mes yeux le tableau brillant et vrai, sous plus d'un rapport, de notre prospérité financière lors même que des exagérations puériles n'auraient pas défiguré ce tableau. C'est un des inconvéniens de l'exagération, et je n'ai pu me défendre d'un sentiment pénible, lorsque M. le ministre des finances, qui avait tant de réalités satisfaisantes à nous présenter, leur a substitué je ne sais quel style de prophéties, nous annonçant des gains progressifs de 31 millions, de 62 millions, de 124 millions, à tel point que j'ai cru qu'il arriverait, dans sa progression indéfinie, à promettre à chaque contribuable, dans quelques années, une rétribution au lieu de budget.

Ainsi, Messieurs, le principe du ministre est faux; l'avantage qu'il vous promet par la substitution des annuités aux rentes, n'existe pas. Le paiement en rentes, sagement opéré, ne saurait être une cause de discrédit; car ces rentes n'étant pas une addition à la dette existante, mais le paiement d'une dette dont l'existence connue n'a pas nui à notre crédit, ne sont pas une charge nouvelle.

Il n'y a que deux choses qui diminuent le crédit la non-suffisance des moyens de payer, et la non-volonté. En payant en rentes, prudemment et sagement négociées, nous ne changeons rien à notre position financière; donc nous ne diminuons pas nos moyens. En payant nos dettes échues, nous prouvons que nous sommes fidèles à nos engagemens, que nous avons la volonté aussi bien que les moyens de payer; donc notre crédit reste intact sous l'un et l'autre rapport. Voilà pour la nécessité du projet. Disons un mot de son utilité, car nous ne pouvons en dire qu'un mot. Cette utilité reste enveloppée dans les plus épais nuages. Le ministre nous a déclaré qu'il n'entrerait pas dans le développement des combinaisons, parce qu'elles étaient du ressort de l'administration.

C'étaient pourtant précisément ces combinaisons qui nous auraient fait juger de ce projet. Tout ce que nous en savons ou rien, c'est la même chose. C'est encore une loi de confiance que le ministère nous demande; et, je l'avoue, mon expérience de la nature et de l'usage des autres lois de confiance qu'il a obtenues, ne me dispose guère à lui accorder celle-ci. Je sens bien qu'il serait peut-être embarrassant pour M. le ministre des finances d'entrer dans le détail de ces combinaisons qu'il nous cache ; car l'on saurait alors si, comme je l'ai dit en commençant, c'est à la nation ou aux créanciers que les illusions sont destinées. On saurait si le paiement en annuités offre à ceux-ci des avantages, ce qui tournerait au détriment du trésor ; ou si ce paiement est le moins avantageux que la loi permette, ce qui prouverait aux créanciers que les promesses qu'on leur prodigue ne sont que des leurres.

Ce n'est pas, au reste, ce dernier inconvénient que je crains : Les créanciers ne se laissent pas tromper ; ils sont aussi habiles que MM. les ministres. Mais la nation qui ne peut se défendre, et qui n'a d'organes que vous ; la nation muette et surchargée, voilà la véritable victime. Le ministre assure les créanciers qu'ils gagneront à l'échéance de leurs reconnaissances en annuités, et je le crois ; car, s'ils n'y gagnaient pas, ils se refuseraient à l'échange. Le ministre assure la nation qu'elle y gagnera de même, je le nie ; car si les créanciers acceptent cet échange, c'est qu'eux y gagnent et qu'elle y perd.

Adopterez-vous, Messieurs, ce projet mystérieux, inutile au crédit, en opposition avec le système qui nous a si bien réussi jusqu'à ce jour, et qui ne pourrait favoriser que des spéculations secrètes, et deux genres de spéculations secrètes pouvant être également préjudiciables à la France : l'une dans ses intérêts financiers, en appelant à des avantages inconnus une classe de créanciers privilégiés, qu'on met soigneusement à l'abri de toute concurrence ; l'autre dans ses intérêts politiques, non moins importans et non moins sacrés.

Je ne vous ai point encore parlé de ce double crédit qu'ont relevé tous les orateurs, et qui a fait germer dans tant d'esprits de si vives alarmes. Je ne veux pas tout dire, Messieurs, on accuse trop souvent la vérité de porter le trouble dans cette enceinte ; mais j'en appelle à vos consciences, pesez les conséquences possibles d'un certain emploi de ce crédit superflu. Si les moyens immenses que vous jetez inconstitutionnellement dans les mains d'un ministre servaient à des entreprises sur lesquelles on tromperait la sagesse du roi ; si des coalitions déplorables, des guerres, l'oppression des faibles..... Messieurs, c'est aux amis de la monarchie que je m'adresse, à ceux surtout qui, bien à tort, se disent exclusivement ses défenseurs. Qu'ils évoquent leurs souvenirs . qu'ils se retracent des espérances qui jadis aussi leur semblaient des certitudes, et qu'ils craignent de voir s'allumer un incendie que nul effort humain n'aura peut-être le pouvoir d'éteindre. Le projet qu'on vous propose est inutile ; quant à son but ostensible, notre crédit n'en a pas besoin. Il est obscur et énigmatique, dans ce qu'on prétend qu'il a d'avantageux : on n'a pas daigné nous détailler son utilité. Il est dangereux sous les rapports politiques, et les dangers qu'il peut recéler sont incalculables.

L'amendement de M. Bertin de Veaux est simple, regulier, loyal. C'est donc cet amendement que j'appuie.

OPINION

SUR L'INTERDICTION DE LA PAROLE

PAR SUITE DU RAPPEL A L'ORDRE ET A LA QUESTION.

(Séance du 6 avril 1821.

MESSIEURS,

La proposition qui vous est soumise est peut-être une des plus importantes qui, dans aucun temps, puissent vous occuper ; elle décide de la manière dont vous traiterez les autres, de la liberté dont vous jouirez à l'avenir ; elle décide de l'indépendance de vos discussions, de la franchise de vos débats, de l'inviolabilité ou de l'esclavage de votre pensée. En abordant cette question si grave, une première considération me frappe. Est-il possible que ce soit contre une assemblée française, contre des hommes honorés du choix des départemens, contre l'élite de la nation, en un mot, qu'on vous propose une accumulation de précautions injurieuses, et qu'on les motive sur des propositions plus injurieuses et plus blessantes encore !

J'ai prêté au rapport de votre commission toute l'at-

tention dont je suis capable. Ce rapport, écrit avec
élégance, avec art, avec une modération apparente,
repose néanmoins sur une seule hypothèse : c'est qu'il
est parmi vous des hommes amateurs insatiables de
scandales médités et progressifs, avides de réduire
cette Chambre à l'anarchie, prêts à commettre des
crimes à cette tribune, aspirant à une monstrueuse
licence, comptant sur une monstrueuse impunité,
obstinés enfin dans la malice, l'absurdité et l'extravagance, et qui, malgré les réclamations de la Chambre
entière, braveront sa censure, et cramponnés à cette
tribune, feront retentir cette enceinte de vociférations
grossières et de discours insensés. J'ai réuni, Messieurs, dans une seule phrase ces expressions qui sont
toutes empruntées du rapport de votre commission
parce que, jetées avec adresse au milieu de phrases
beaucoup plus douces, elles peuvent, grâces à leur
spécieux cortége, avoir échappé à plusieurs d'entre
vous. Mais il est si vrai que tout le rapport qui vous
a été fait, toutes les propositions qui l'ont terminé,
se fondent sur cette supposition révoltante, que l'honorable rapporteur vous a dit lui-même qu'il y avait
des possibilités que le réglement n'avait pas prévues,
et sur lesquelles une honnête pudeur l'avait engagé à
jeter un voile.

Je me souviens que, quand j'apprenais l'histoire, on
m'a raconté qu'un ancien législateur n'avait inséré
dans son code aucune peine contre le parricide, parce
qu'une honnête pudeur l'avait empêché de prévoir
qu'un tel forfait pût être commis. Mais je ne m'attendais guère, je l'avoue, à ce qu'on crût la Chambre

des députés capable de choses tellement inouies que
les premiers auteurs de notre réglement n'aient osé
par pudeur, ni les supposer, ni les prévenir.

Et d'où vient donc, Messieurs, cette prévoyance
étrange de votre commission ? Quelques uns de nos
collègues ont émis des opinions qui déplaisent à d'autres, des opinions qu'il est naturel de ne point partager, et dont il y a probablement plusieurs que je ne
partage pas. Des discussions bruyantes ont pu avoir
lieu, des demandes bien ou mal entendues de rappel
à l'ordre ont pu s'ensuivre ; mais la Chambre a décidé,
nul n'a résisté de force à ses décisions, nul ne s'est
obstiné à braver sa puissance. Tout est rentré dans
l'ordre ; le souvenir de ces courts orages n'a laissé
dans nos débats postérieurs aucun vestige, et l'on
semble croire qu'il est parmi nous des hommes capables
d'une conduite contraire à toute décence, à toute éducation, à toute pudeur, d'une conduite qui déshono-
rerait les hommes les plus abrutis, les classes les plus
grossières ! Sommes-nous donc des échappés de ces
classes ou des fugitifs de Charenton?

Telle est l'impression générale qu'a produite sur
moi, malgré sa douceur calculée, le rapport que vous
avez entendu ; et, je dois le dire, si les suppositions qu'il
renferme étaient fondées, les mesures que l'on vous
propose seraient insuffisantes. Si la France pouvait
envoyer à cette Chambre des députés dépourvus de
toute raison, privés de toute honte, insensible à toute
réprobation, il faudrait désespérer de la France, et
fermer la Chambre des députés.

J'ai dit que les mesures qu'on vous propose n'étaient

pas en proportion avec les insinuations contenues dans ce rapport, mais elles en sont néanmoins le résultat. L'impression que le rapport m'a causée, il la causera en France et en Europe. Une décision contraire à ses conclusions peut seule laver la Chambre de cette tache. Cette décision, j'ose l'espérer de votre délicatesse et de votre honneur.

J'entre maintenant dans l'examen des raisonnemens sur lesquels le rapporteur s'est fondé.

Je commencerai par réfuter les exemples qu'il a puisés dans d'autres pays.

Il vous a parlé de l'Angleterre; il vous a dit que la chambre des communes avait le droit d'interdire la parole à ses membres, de les forcer à quitter la salle des séances, de les envoyer en prison, enfin de les exclure.

Mais, quand on cite des faits, il faudrait rapporter ces faits dans leur ensemble, et ne point en isoler quelques uns qui, séparés des autres, prennent un caractère tout différent de leur caractère véritable.

M. le rapporteur ne vous a point dit jusqu'à quel point s'étendait la liberté des débats en Angleterre. Il ne vous a point dit que la chambre des communes est investie de l'initiative; il ne vous a point dit que les motions d'ordre y sont admises; il ne vous a point dit que tout membre du parlement peut interpeller les ministres et sur les actes de leur administration et sur toutes leurs négociations avec l'étranger. Relisez, Messieurs, les débats du parlement sur les derniers événemens de l'Europe. Quelles opinions n'a-t-on point prononcées sur les résolutions des souverains, sur la juridiction qu'ils s'arrogent, sur l'oppression des peuples, l'oubli de tous les principes, la violation de tous les droits? Je ne vous citerai assurément pas les phrases prononcées à ce sujet par les orateurs anglais les plus distingués ; une seule de ces phrases aurait excité dans cette enceinte les plus violens orages; aucune de celles qui ont tant blessé MM. les ministres n'équivaut au quart de celles de lord Holland ou du chevalier Mackintosh ; et cependant on ne leur a nullement imposé silence; ils n'ont pas même été rappelés à l'ordre. On a reconnu qu'ils faisaient usage de leur liberté parlementaire; on a respecté cette liberté, parce qu'elle est la base de la liberté publique.

Puisque M. le rapporteur vous cite les Anglais comme modèles, je pourrais vous les citer à mon tour; je ne le ferai pas. En vous parlant de la liberté dont ils jouissent, je ne réclame point la portion de cette liberté qui n'est pas dans la Charte; sur ce point, comme sur toutes choses, j'invoque la jouissance de la Charte, rien de plus; mais il doit m'être permis de vous décrire cette liberté, pour conserver au moins la nôtre.

Eh bien ! Messieurs, je suppose que des étrangers prétendissent faire débarquer en Angleterre des phalanges pillardes, sous prétexte de porter la guerre je ne sais en quels lieux; je suppose que les membres du parlement, pour le comté de Kent, ou quelque autre frontière, fussent instruits par la voie publique, des dévastations dont le passage de ces étrangers accablerait les provinces ainsi traversées; pensez-vous qu'ils fussent condamnés à garder le silence?

Pensez-vous qu'ils n'auraient pas le droit d'interpeller les ministres ? Nous, au contraire, Messieurs, dans une telle position, avec la même certitude, nous n'aurions que des moyens détournés de nous faire entendre. Lors même qu'en présence des émissaires chargés d'une négociation scandaleuse, et qui, en écoutant nos discours, nous désigneraient entre eux pour victimes ; lors même, dis-je, qu'en leur présence nous aurions le courage de dire au monarque constitutionnel, qu'il peut compter sur notre dévouement et notre zèle, et d'avertir les départemens menacés des calamités nouvelles, résultat d'un passage désastreux, nous n'en aurions pas même la possibilité, et nous devrions attendre, muets et résignés, notre perte et celle de la patrie.

Le parlement d'Angleterre a d'immenses priviléges, d'immenses libertés. On conçoit qu'il impose des peines sévères à ceux qui excèdent cette latitude. Nous sommes dans une situation toute différente. Nous n'avons l'initiative sur rien ; nous ne pouvons prendre la parole pour demander des renseignemens les plus indispensables. Il me semble que le peu de facultés qui nous restent, n'est pas tellement redoutable qu'il soit besoin de nous garotter de liens nouveaux.

M. le rapporteur ne vous a pas dit qu'en Angleterre le rappel à l'ordre n'a jamais lieu qu'en deux occasions, les injures contre le roi, et les personnalités contre des collègues. Assurément, personne ne conteste la justice du rappel à l'ordre dans l'un et l'autre cas. Le roi ne peut, ne doit jamais être attaqué dans cette enceinte ; la majesté royale et l'hou-

neur national sont intimement unis : en blessant l'une
on blesserait l'autre, et l'on encourrait, à juste titre
la réprobation la plus sévère. Mais jamais, en Angleterre, le rappel n'est employé contre des opinions,
des doctrines, des assertions, ni même contre les jugemens les plus défavorables des puissances étrangères, je m'en réfère à la lecture de tous les débats
du parlement.

Si ce rappel n'est point usité pour ces choses, qui
paraissent aux Anglais de l'essence de la liberté parlementaire, à plus forte raison n'entraînent-elles point
les peines les plus rigoureuses dont on vous a fait
ici l'étalage. Il n'y a pas d'exemple que la Chambre
des communes ait interdit la parole à un des membres,
ou l'ait exclu de la séance pour de semblables motifs.

J'ajouterai que, quant au rappel à l'ordre pour
des personnalités, il s'exerce contre tous les orateurs,
sans distinction. Le premier ministre, Lord Castlereagh, l'a subi deux fois dans la même soirée, pour
avoir jeté quelque doute sur les intentions d'un de
ses collègues. Quel rappel plus sévère n'eût-il pas
encouru, s'il en eût quatre fois dénoncé plusieurs sur
des faits graves et faux, sans avoir une seule fois
le courage ou la probité de les prouver.

Ici, Messieurs, une réflexion s'offre à moi, j'ai,
depuis le commencement de cette session, à deux
reprises, demandé le rappel à l'ordre d'un ministre.
Je me suis appuyé de l'usage anglais; on m'a répondu que nous n'étions pas en Angleterre, et que
les Anglais ne devaient pas nous servir d'exemple.
Ainsi, quand nous citons l'Angleterre pour la li-

berté, on rejette l'analogie ; mais on la reprend pour l'esclavage. Lorsqu'il s'agit de la presse ou des garanties des citoyens, l'Angleterre n'a nul droit d'être imitée ; mais veut-on suspendre l'*habeas-corpus*, étouffer nos discussions, organiser des élections vénales ? l'Angleterre devient aussitôt la terre classique, objet de culte et d'émulation.

M. le rapporteur vous a dit que le parlement anglais avait quelquefois exclu ses membres. Je conçois que la prérogative est séduisante : ce serait bien là le beau idéal ministériel ; et je vois, des deux côtés de la Chambre, plus d'un de mes honorables collègues qui fait regretter à plus d'un ministre ce moyen commode et court de répondre à d'indiscrètes révélations ou d'écarter d'importunes surveillances.

Mais M. le rapporteur ne vous a point dit que la Chambre n'exclut des membres que pour des crimes. Un d'entre eux fut chassé du parlement pour parjure, comme je suppose qu'un député pourrait l'être, s'il commettait un assassinat.

Un seul exemple d'exclusion pour principes séditieux, se rencontre dans les annales du parlement britannique : c'est celui de M. Wilkes. Mais M. le rapporteur a sans doute oublié que, trois fois repoussé, M. Wilkes fut réélu trois fois, et qu'un parlement plus intègre considéra cet abus de pouvoir comme tellement subversif de tous les droits, et tellement scandaleux, qu'il ordonna que les pages de ses registres où cet attentat se trouvait consigné, seraient lacérées.

Ainsi, Messieurs, tout ce qui vous a été allégué

sur l'Angleterre, est inapplicable à la question; elle a été faussée et dénaturée. Le parlement anglais est plus libre dans ses discours, que nous ne l'avons jamais été. Ses orateurs sont plus hardis dans leurs paroles, plus sévères dans leurs attaques, plus persévérans dans leurs interpellations, qu'aucun membre de cette Chambre.

Il ne se passe pas une séance où l'on ne dise dans ce parlement des choses mille fois plus fortes qu'on n'en a jamais dit à cette tribune; et si les débats entraînent moins d'orages, c'est que l'assemblée, plus habituée a tout écouter, permet aussi de tout répondre. C'est que la majorité est moins impatiente, ou plutôt, car je ne voudrais adresser de reproches qu'à ceux qui les méritent, c'est qu'il n'y a pas en Angleterre des ministres qui, voulant gouverner à leur seul profit, craignant de s'appuyer franchement sur une portion quelconque de la Chambre, de peur de partager avec elle la moindre portion du pouvoir ou des places, dénoncent sans cesse la minorité à la majorité, pour les empêcher de s'entendre, les tromper l'une et l'autre, et transformer ainsi la majorité en dupes, et la minorité en victimes.

Je ne suivrai pas M. le rapporteur dans son excursion en Amérique. Ma réfutation des raisonnemens qu'il a empruntés de l'Angleterre, s'applique avec une double force aux Etats-Unis. Quand il y a dans un pays une liberté républicaine, quand la loi permet infiniment de choses, elle peut être plus sévère pour ce qu'elle interdit. Mais il est absurde d'argumenter de cette sévérité contre les choses qui doivent être défendues, pour l'appliquer ailleurs aux choses qui doivent être permises. Si nous faisons abstraction des exemples dont, comme vous voyez, on a fort abusé, que restera-t-il dans le rapport que nous examinons? Des promesses vagues, des assertions non prouvées, et l'envie de conquérir doucereusement l'empire, pour en user ensuite, comme on use d'ordinaire de l'arbitraire qu'on a conquis.

Cette douceur, que j'oserai nommer trompeuse, non pour l'intention, mais pour l'effet; cette douceur m'avait frappé dans les orateurs qui ont appuyé la prise en considération.

Ils nous ont parlé de la modération de la majorité, modération d'autant plus certaine, nous ont-ils dit que la majorité est plus forte. Je ne sais si je me trompe, mais il me semble que nous avons souvenir de pouvoirs très forts qui n'étaient pas très modérés. Ils nous ont promis qu'on laisserait tout dire, pourvu qu'on ne dît que des choses raisonnables. Je n'ai jamais lu le préambule d'un édit de censure, où l'on exceptât des mesures les plus oppressives ce qu'on appelait la raison. Messieurs, la raison est pour chacun ce qu'il pense; si la majorité ne veut entendre que des choses raisonnables, elle n'écoutera qu'elle-même. Raisonner juste est un avantage, mais raisonner faux est un droit; et les hommes sont bientôt privés du droit de raisonner juste, lorsqu'ils n'ont pas celui de raisonner faux.

On nous a parlé de temps devenus plus difficiles; mais en quoi les temps sont-ils plus difficiles, quant à cette Chambre, qu'ils ne l'étaient dans les sessions

dernières ? Rien que je sache, sinon votre entrée
parmi nous, Messieurs; la commission n'a pu vouloir
insinuer que cette entrée a créé la difficulté des temps.
Serait-ce qu'à la session dernière, votre majorité, étant
moins certaine, avait un désir plus modeste de régner
par le silence ? A Dieu ne plaise que je le soupçonne;
mais je cherche en vain le sens de l'assertion de M. le
rapporteur; toutes les explications que je trouve me
paraissent vous être injurieuses. Il s'ensuivrait toujours que si, quand vous étiez peu nombreux, les
temps étaient faciles, et si, maintenant que vous êtes
plus nombreux, ils sont plus difficiles, ce changement
fâcheux proviendrait de vous : il ne pourrait nous
être attribué, à nous qui étions ce que nous sommes,
et qui sommes ce que nous étions.

J'ai déjà répondu affirmativement aux reproches
de discussions bruyantes et tumultueuses. J'ai pourtant besoin d'ajouter quelques mots, et j'y cède, parce
qu'ils tendent à reporter ailleurs que sur la Chambre,
les reproches injustes qu'on veut lui adresser.

Oui, Messieurs, sans accorder tout ce qu'on affirme,
j'en accorde une partie. Nos discussions ont été tumultueuses, les interruptions ont été fréquentes, et nous
nous sommes traités quelquefois comme des ennemis,
non comme des collègues.

La faute en est-elle à la Chambre? Non; elle en est
à ceux qui ont calomnié la Chambre pour la diviser.
Et qui sont-ils, ceux qui ont calomnié la Chambre?
Les hommes qui, de tout temps, et toujours vainement, ont voulu diriger les élections de manière à
ne laisser pénétrer ici que leurs créatures.

Je ne m'écarte point de la question. Les précautions que l'on vous propose sont motivées sur les torts qu'on impute à une portion de la Chambre. Je suis donc dans la question, quand je veux prouver que ces torts n'appartiennent à aucune portion de la Chambre, mais aux hommes dont je vous parle, et que je désigne assez clairement

Pour nous écarter, ils nous ont dit que nous voulions des révolutions, des changemens de dynastie, la république, je ne sais quels autres rêves. Pour vous écarter, vous, Messieurs; car vous savez bien que plusieurs d'entre vous leur sont aussi peu agréables que nous pouvons l'être : ils ont dit, ils disent encore que vous voulez l'ancien régime, la féodalité et notre expulsion.

Quant aux accusations qui vous regardent, c'est à vous à répondre. La vérité a une grande puissance. On ne persuade personne, quand on dit ce qui n'est pas vrai : on persuade tout le monde, alors qu'on dit la vérité pure. Quant à nous, les accusations sont fausses; nos intérêts sont contraires aux intentions qu'on nous prête; aucun de nos discours ne les autorise, aucun de nos actes ne les annonce. Nos accusateurs ont fait des tentatives nombreuses pour trouver quelques faits, quelques apparences à notre charge. Ils ont saisi nos correspondances ; ils ont demandé des supplémens d'instruction. Nos correspondances saisies ont déposé de la constitutionnalité de nos vues. Les supplémens d'instruction ont été rejetés avec mépris par une Cour auguste, qui par là même a flétri nos accusateurs.

Mais il est résulté de là, Messieurs, que vous êtes ici remplis de préventions injustes, dont l'injustice ne vous appartient pas. Elle appartient à ceux qui les ont suggérées. Ils vous avaient représenté nos paroles comme empoisonnées : vous avez cru y trouver du poison ; vous avez voulu en préserver la France. Vous nous avez soupçonnés, interprétés, interrompus, accusés. Dans tout cela, il n'y a eu de votre part que de la précipitation, respectable même, puisque vous pensiez empêcher un mal sur lequel on vous avait effrayés. De la part de ceux qui vous ont trompés, il y a eu perfidie.

Ceux qui vous ont trompés, Messieurs, sont ceux qui vous trompent encore ; ceux qui spéculent sur les entraves qu'on pourrait mettre à nos discussions pour continuer à vous tromper.

Je dis qu'ils spéculent sur ces entraves, pour prolonger le système à la faveur duquel ils gouvernent. Ces entraves pèseront sur vous comme sur nous. Si nous disparaissons de la scène politique, elles pèseront sur vous seuls. Des ministres arrivés par vos soins, grandis par vos efforts, vous devant toute leur existence, vous les auront imposées, et vous verrez la fable du cerf et du cheval se réaliser à vos dépens.

Que dis-je ? déjà cet apologue s'est réalisé ! En voulez-vous la preuve ? nous avons traité dernièrement une question très importante. Des deux parts les raisonnemens étaient spécieux, les objections graves ; nous invoquions ce que nous considérons comme l'ordre établi, et comme une nécessité, sous peine de rouvrir un abîme dans nos finances ; vous invoquiez ce que vous regardez comme des axiomes d'éternelle justice.

Dans ce conflit la neutralité semblait impossible ; les dangers que nous prévoyions étaient-ils réels ? il fallait vous combattre. Les principes que vous invoquiez étaient-ils sacrés ? il fallait nous appuyer. Qu'a fait le seul ministre qui fut présent à cette séance ? il n'a parlé, ni même, je crois, voté soit pour, soit contre ; il est resté neutre, immobile, indifférent à ce qui était pour vous la justice, comme à ce qui était pour nous la nécessité.

Je n'examine point si cette neutralité était conforme à ce qu'autrefois il vous avait dit ; vous connaissez seuls les antécédens, vous pouvez comparer les souvenirs et prévoir par ce qui est aujourd'hui ce que vous devez attendre.

Quant à moi, je n'applique mes raisonnemens qu'à la question présente, et je dis qu'il est aussi peu de votre intérêt que du nôtre de donner contre vous et nous, contre le seul moyen que vous et nous possédions, des armes à un ministère qui suit cette route équivoque et ambiguë.

La franchise est un besom chez les hommes qui ont quelque valeur. Nous expliquer, nous combattre s'il le faut, mais nous connaître et nous comprendre est le meilleur moyen de savoir où nous en sommes. Il n'y a que le despotisme, et un despotisme étroit et subalterne qui gagne au silence ; et dans la proposition qui vous est soumise, il me semble voir le despotisme peureux et mesquin, étendant ses petits bras à droite et à gauche, pour que personne, ni à droite ni à gauche, ne dise ce qu'il craint qui ne soit dit.

Vous en serez convaincus, Messieurs, si vous ajoutez à l'examen du but celui des moyens.

Ces moyens sont au nombre de trois.

L'un consiste à donner au président un pouvoir qu'exerce actuellement la Chambre ; l'autre, à refuser à l'orateur menacé du rappel à l'ordre , le droit d'être défendu ; le troisième , à interdire à celui qui aura encouru deux rappels à l'ordre, la parole pendant tout le reste de la séance. Pour justifier le premier moyen, on s'est étayé du réglement ; mais la fonction confiée au président d'exprimer le rappel à l'ordre, emporte-t-elle qu'il jugera seul de convenance ? considérez, je vous prie, ce qui s'ensuivrait.

On a supposé des membres absurdes , extravagans , insensés, sans pudeur , sans frein ; vous me permettrez donc la supposition bien moins révoltante, que le président soit tant soit peu partial ; par la mesure qu'on vous suggère, il pourra laisser attaquer, inculper un membre, sans rappeler à l'ordre l'accusateur ; et si l'accusé veut répondre , deux rappels à l'ordre l'interrompant, empêcheront sa défense. Cette supposition vous semble improbable. Mais alors, Messieurs, vous avez dû trouver improbables des suppositions bien plus désavantageuses à une portion de ces collègues.

Si vous ne croyez pas dans les choses possibles, qu'un seul homme soit partial, vous devez croire aussi impossible au moins que cinquante hommes soient insensés.

J'ai bien écouté tout ce qu'on vous a dit sur l'impartialité du président ; je ne suis point convaincu. L'impartialité n'est pas dans la nature : la conscience est partiale contre ce qu'elle croit répréhensible ; la prudence est partiale contre ce qu'elle trouve dangereux ; l'opinion est partiale contre ce qui la contrarie.

Je vais plus loin, j'affirme que le président serait impartial de caractère, qu'il serait partial de position. Ne nous trompons pas sur la nature humaine, Messieurs ; ne nous faisons pas meilleurs que nous ne sommes. Une impartialité apparente et une partialité déguisée, voilà ce qui plaît à la majorité. Si le président était impartial dans la force du terme, il vous déplairait, vous ne le soutiendriez pas, il serait trop faible ; s'il voulait être fort, il deviendrait, le plus décemment qu'il le pourrait, partial pour vous plaire, et pour trouver en vous un appui.

Enfin, je ne pense pas que vous puissiez imposer à la Chambre une obligation de supporter ce qui serait insupportable, et de voir réprimer ce qui ne devrait pas l'être, si le président le voulait ainsi. Nous apportons tous dans cette enceinte notre jugement individuel ; nous ne l'abdiquons pas en entrant, la majorité de nos jugemens doit faire la loi. Nul d'entre nous ne peut être condamné à entendre ce qu'il juge séditieux, inconstitutionnel ou coupable, sans pouvoir soumettre à la Chambre son indignation, et s'enquérir si elle la partage. La demande du rappel à l'ordre est le droit de chacun ; il l'exerce à ses risques et périls, et le bon sens, le besoin d'éviter lui-même la désapprobation ou le ridicule, l'avertissent de ne pas en abuser. Remettre cette faculté entre les mains d'un seul homme, c'est renoncer à notre droit, et c'est y renoncer sans avantage ; car, encore une fois, cet homme n'est pas infaillible ;

il est passionné comme nous. Conclure qu'il cessera de l'être, parce qu'il sera investi d'un pouvoir arbitraire, ou, si l'on veut, discrétionnaire, ce qui est un mot plus doux pour une chose identique, serait une con- clusion très erronnée.

Le second moyen qu'on nous propose pour main- tenir l'ordre, me semble encore plus mal combiné. N'est-il pas évident que les discussions sont d'autant plus calmes, que ceux qui discutent ont moins d'intérêt personnel aux questions qu'ils traitent? et l'on veut que la question du rappel à l'ordre ne puisse être traitée que par celui que nécessairement elle irrite, blesse, ou pour le moins jette dans le trouble et l'agitation !

Je vous l'avoue, si j'eusse été chargé de rédiger cet article, j'aurais dit : Nul ne pourra parler dans sa propre cause; un autre parlera pour lui. Mais votre commission veut que vous repoussiez l'orateur désin- téressé, l'orateur impartial, comme on l'est d'ordi- naire, dans ce qui regarde un tiers. Elle veut que vous donniez la parole à la passion, exclusivement et de préférence. Elle est si préoccupée de cette idée bizarre, contraire à toute raison, qu'elle enfreint la première règle de l'équité naturelle, écrite dans tous les codes, consacrée par toutes les nations. En tout pays, la loi veut que les accusés aient des défenseurs, et vous les leur refusez. Vous provoqueriez à plaisir l'irritation, vous n'accorderiez rien à l'embarras, vous repousse- riez les conciliateurs. Ce sont là les moyens de paix que votre commission imagine! Jamais, j'ose le dire, un pareil contre-sens n'est entré d'ailleurs dans des têtes raisonnables. Tel est l'inconvénient des lois de parti. Quelques membres, car je suis bien loin d'attribuer à la majorité un sentiment si peu généreux, quelques membres sont courroucés de ce qu'on ose défendre ceux qu'ils attaquent, et, aveugles dans leurs précautions dictées par la colère, ils vous suggèrent une mesure dont l'effet serait de rendre plus violente l'apologie même, et de mettre plus d'aigreur dans les explications.

J'arrive à la proposition principale, à celle qui atteint le but véritable, qui accomplit le grand œuvre qu'on a en vue. Quand un orateur aura été deux fois à la question ou à l'ordre, par le président, l'assemblée pourra lui interdire la parole pour toute la séance.

D'abord, Messieurs, avez-vous ce droit? Que le parlement d'Angleterre se l'arroge, ce n'est ici d'aucun poids. J'ai déjà prouvé que les priviléges du parlement d'Angleterre, cent fois plus étendus que les nôtres, avaient par là même besoin de répressions plus fortes. Je réponds donc comme les ministres, quand nous les interpellons : Nous ne sommes pas en Angleterre; nous n'y sommes pas pour la latitude de nos discussions; nous ne devons pas y être pour les entraves que pourrait motiver une latitude que nous n'avons pas. En second lieu, le parlement anglais n'exerce cette rigueur que contre l'orateur qui outrage le roi ou injurie ses collègues. Notre commission veut que vous puissiez l'exercer contre l'orateur qui s'écarte de la question. Mais toutes les questions se tiennent. Je ne puis accorder au ministère des affaires étrangères des fonds pour son ministère, sans examiner si ces fonds ne sont pas remis aux ennemis de la France ou détournés de leur destination.

Je ne puis accorder des fonds au ministre de l'inté-rieur pour l'instruction publique, sans savoir com-ment et par qui l'instruction publique sera dirigée. Je ne puis en accorder pour les pensions militaires, sans savoir si ces pensions ne sont pas prodiguées à ceux qui sont devenus généraux en temps de paix. Je ne puis, enfin, consentir des lois plus ou moins sévères, sans savoir quel esprit anime le ministère qui va s'ar-mer de ces lois. Tout se tient, rien n'est clair que réuni ; isolé, tout est confus, tout est faux.

Je conçois que cette pratique soit très commode pour un ministère : en scindant toutes les questions, en circonscrivant l'examen dans de petites sphères par-tielles, en nous parquant, pour ainsi dire, dans un étroit enclos, les ministres empêchent qu'on n'em-brasse leur système. Ils n'ont pas encore le mérite de l'invention. C'est le vieux axiome : diviser pour régner.

Votre intérêt, Messieurs, celui de vos commettans, celui de la France, réclament contre cette innovation perfide.

Je dis votre dignité, car l'adoption de cette mesure, le silence imposé à un de vos membres, serait le plus humiliant aveu d'infériorité et d'impuissance. Vous vous déclareriez effrayés de la parole, dépourvus de talens, de logique, de tous les moyens intellectuels de faire valoir et triompher la raison ; car, enfin, c'est la raison, sans doute, c'est la vérité dont vous voulez le triomphe. Mais alors si vous sanctionnez l'atteinte portée à la liberté des débats, vous reconnaîtriez votre incapacité : vous, les représentans du peuple le plus spirituel du monde civilisé. Il y aura des discours imprudens! vous les réfuterez ; des appels à la sédition! vous leur opposerez l'intérêt de tout homme sensé à ne pas troubler l'ordre établi; car je suppose que cet ordre établi n'est pas tel que l'apologie soit dérisoire ou la justification impossible. Les esprits seront mis en fermentation? vous calmerez cette fermentation par la discussion même qui rétablit les faits et qui transmet à la nation entière vos explications. Ou bien serions-nous gouvernés de telle sorte que le gouvernement n'ait de salut que dans le silence de ceux qu'il gouverne? A Dieu ne plaise que je l'insinue; mais ce serait votre approbation du projet actuel qui se chargerait de le déclarer.

N'avez-vous pas toujours la parole pour répondre? Peut-on avancer un fait inexact, sans que vous en démontriez l'exactitude? Peut-on exprimer une plainte injuste, sans que vous prouviez sur l'heure qu'elle est mal fondée? et vous pâliriez devant quelques mots qui vous déplaisent! vous imagineriez, vous proclameriez que le gouvernement que vous défendez est à la merci de la première harangue prononcée contre lui! quelle satire de lui ou de vous! vous ne porterez pas une telle sentence. Songez que les peuples muets n'en sont pas plus fidèles. Un mécontentement léger s'évapore par la parole, et lorsqu'il y a des mécontentemens graves, ce n'est pas à leur manifestation, mais à leur cause qu'il faut remédier.

Enfin, Messieurs, le droit de faire ce qu'on vous propose, vous ne l'avez point. Un membre de la Chambre peut s'écarter de la question pour dire des choses bonnes, utiles, indispensables à dire. La Charte, qui est votre règle, veut qu'il ait cette faculté. Elle veut que les discussions soient libres, il faut qu'elles soient complètes; vous pouvez punir ce qui a été dit de répréhensible : mais vous violez la Charte en proscrivant d'avance ce qui peut ne l'être pas.

Messieurs, vous pouvez adopter le projet de votre commission, mais rendez-vous bien compte de ce que vous faites.

Vous dégradez la Chambre, car vous la présentez à l'Europe comme divisée en deux partis, en insensés ou en coupables, qui professent des absurdités ou commettent des crimes, et, pardonnez l'expression, en hommes sans talens, frappés d'imbécillité, ne sachant pas répondre même quand ils ont raison.

Vous flétrissez les lois d'avance, vous rendez l'obéissance moins facile, peut-être plus douteuse; car ceux qui devraient obéir à ces lois, penseront qu'il y avait à dire contre elles beaucoup de choses qu'on n'a pas dites, et qu'elles ont été adoptées en violation de la Charte, puisqu'on n'a pu dire à leur sujet tout ce que la Charte permettait par un de ses articles les plus positifs. Vous affaiblissez le gouvernement, car on le soupçonnera d'avoir exigé de vous ce honteux sacrifice; et l'on pensera que s'il craint ainsi la tribune, c'est qu'il a des projets cachés que la tribune dévoilerait.

Je le répète, Messieurs, la proposition est décisive : si vous l'adoptez, vous n'êtes plus rien; vous n'aurez pas même la consolation des opprimés, le souvenir d'une noble défense. Vous vous serez dépouillés et garottés vous-mêmes, et vous ne pourrez pas dire en sortant de cette enceinte : tout est perdu, excepté l'honneur.

Je vote contre toutes les propositions de la commission.

SUR LE MÊME OBJET.

(Séance du 14 avril 1821.)

MESSIEURS,

Je ne fatiguerais pas la Chambre de nouveau par un discours écrit, si je n'avais pas cru qu'elle sentirait elle-même que l'article en discussion est de la plus haute importance pour ses libertés. Si la Chambre ne l'avait pas senti, le discours de M. Castelbajac, que vous venez d'entendre, et les observations éminemment justes qu'il contient, l'en auraient convaincue. Mais en même temps, ne voulant dire sur ce sujet que des choses dont je pourrais répondre, et par conséquent craignant de me livrer à une improvisation trop rapide, j'ai espéré que vous me pardonneriez de remonter à cette tribune avec un discours écrit, dans lequel je me suis efforcé de ressèrer les idées que j'aurai l'honneur de vous soumettre. J'ai fait tous mes efforts pour être court. Le laconisme nuit quelquefois à la politesse; mais vous préférez le laconisme et j'ai tâché de vous obéir.

Je me proposais d'abord de ne parler que contre l'interdiction de la parole, motivée sur le rappel à la question. De plus mûres réflexions m'ont convaincu que mes objections ne s'appliquaient pas moins à cette interdiction motivée sur le rappel à l'ordre. Je viens donc attaquer cette doctrine, sous quelque nom qu'elle se présente, puisque, sous chacun de ses noms, elle a les mêmes dangers.

Pour commencer, je renvoie à M. le rapporteur, qui m'a accusé d'une falsification matérielle, ses propres expressions. J'ai réuni dans une seule phrase toutes les invectives semées dans son rapport; il est faux que j'en aie changé une seule

Au premier coup d'œil, le rappel à l'ordre dont parle l'article actuel, semble différent du rappel à la question porté à l'article 3; mais les rappels à l'ordre qui ont eu lieu dans cette enceinte prouvent que la différence n'est pas grande.

On vous promet le rappel à l'ordre seulement pour sédition, pour blasphème, pour insulte à la Majesté royale; mais j'ai moi-même été rappelé à l'ordre pour avoir dit que plusieurs officiers avaient été victimes de l'arbitraire; il n'y avait dans ces paroles ni sédition, ni outrages au roi. Il y avait blâme, fondé ou non, d'un ministre. Votre rappel à l'ordre a été interprétatif; ce qui est arrivé arrivera encore.

Le rappel à l'ordre planera donc sur nos têtes toutes les fois que vous aurez de l'humeur, toutes les fois

que nous ne serons pas de votre avis. Faites-nous
grâce de votre impartialité, dites que vous êtes les
plus forts, cela est vrai, du moins dans cette enceinte; mais si vous dites que vous êtes juges, je vous
répondrai par des faits qui vous appartiennent, qui se
sont passés sous vos yeux hier et avant-hier, et dont
vous avez été les témoins et les acteurs.

Avant-hier, Messieurs, vous avez voulu, pendant
long-temps, rejeter sans discussion une proposition,
raisonnable ou non, n'importe, que vous soumettait un
de mes honorables collègues; vous avez voulu la rejeter
sans l'entendre et sans permettre à son auteur de la
motiver. M. le président, j'aime à lui rendre cette justice,
a fait tous ses efforts pour faire comprendre que cette
marche était non seulement inusitée, mais impossible à suivre. Vous avez répondu de toutes parts, avec
un tumulte sans exemple : Nous ne voulons pas écouter. Vous vous êtes calmés enfin, mais pourquoi ? Parce
qu'un membre du côté droit vous y a invités, et ce
que vous ne vouliez pas accorder à M. de Chauvelin,
vous l'avez accordé à M. Cornet-d'Incourt, qui en a
profité pour plaider cette fois la cause de la raison.
Mais, sans son intercession, vous auriez fait ce que,
dans aucun temps, depuis trente années, aucune assemblée n'a fait; vous auriez voté sans souffrir seulement
qu'on dît pourquoi; vous auriez fait cela, Messieurs, en
dépit du président. Ce n'est pas lui, c'est un membre de
votre côté, parce qu'il était de votre côté, qui a rétabli
l'ordre. Hier, vous trouviez tout simple que M. Delalot interrompît un orateur pour demander le rappel
à l'ordre; vous avez trouvé révoltant que M. Manuel

interrompît M. Delalot pour le même motif, et pendant long-temps la voix du président, qui réclamait l'égalité des droits pour le même fait, dans le même moment, a été couverte par vos murmures. Voilà, Messieurs, comme vous traitez votre président, quand il est impartial, et comme vous êtes impartiaux vous-mêmes.

Je pose donc en fait que le rappel à l'ordre sera votre arme usuelle, et que tout au plus vous aurez la précaution d'appeler séditieux pour motiver ce rappel à l'ordre, ce que vous ne nommerez que déplacé, si vous obtenez le même résultat du rappel à la question.

Vous avez une jurisprudence sur les lois rendues, quand ce sont vos adversaires qui en parlent; mais vous avez une jurisprudence toute contraire, quand vous en parlez, comme l'ont prouvé vos invectives contre la loi du 5 février, pendant sa durée; vous avez, dis-je, une jurisprudence sur des lois rendues, qui ne laissera aux orateurs que vous voudrez condamner au silence, aucun moyen de vous échapper.

Les lois à faire tiennent aux lois déjà faites. Ces dernières sont des élémens indispensables des questions que les premières présentent. On ne peut discuter les unes sans parler des autres. Un de mes honorables amis vous l'a démontré dans la discussion générale, en vous citant le projet qui menace la France, pour l'organisation des communes. Le ministre qui a tenté une réponse, aurait, au besoin, fait ressortir la validité des raisonnemens qu'il voulait réfuter.

Il a prétendu qu'en discutant la loi sur les municipalités, on n'aurait aucun droit de remonter aux lois qui l'ont précédée. Mais si ce projet n'est qu'un anneau de la chaîne dans laquelle on veut enlacer le peuple français ; si, après lui avoir ravi ses droits individuels, judiciaires, politiques, on le poursuit par ce nouveau projet dans l'asile de ses libertés locales, ceux qui combattent pour ces libertés, doivent pouvoir dérouler cet ensemble à vos yeux.

Les vices d'une loi s'aggravent par les vices d'un autre, et peuvent devenir intolérables par la tyrannie d'une troisième. Supposons une mauvaise loi d'élection et une bonne loi communale. Les inconvéniens de la première sont grands, sans doute; mais il y aura pourtant moins de vexations, d'insolences et d'oppressions minutieuses. Supposez une bonne loi d'élection et une mauvaise loi communale. Cette dernière, malgré ses défauts, sera peu dangereuse. L'intégrité des députés, leur respect pour le droit de pétition, réprimera les vexations subalternes. Supposez, au contraire, une loi d'élection vicieuse, et une loi communale plus vicieuse encore, le despotisme sera dans l'ensemble, l'esclavage dans les détails.

Toutefois, Messieurs, sous prétexte d'outrages à la loi rendue, que vous appelez la chose jugée, vous rappellerez l'orateur à l'ordre, et vous arriverez, par deux rappels faciles, à l'interdiction de la parole.

L'exemple du budget prouvera encore mieux cette vérité.

J'étudie le budget autant que peuvent me le permettre mes faibles connaissances. Or, je n'imagine pas une seule de ses parties que je puisse discuter sans encourir, d'après le nouveau système, le rappel à l'ordre, pour sédition directe ou sédition interprétative.

Dois-je accorder des fonds à M. le ministre de la marine? Mais je crains, à tort ou à raison, qu'une portion de ces fonds ne soit consacrée à des expéditions équivoques qui prolongeraient l'abominable traite des nègres, et, par parenthèse, mes craintes ont redoublé depuis que j'ai appris que notre collègue, M. Jacquinot de Pampelune, avait fait saisir, le 10 de ce mois, un écrit intitulé : *Lettre au Roi*, tendante à demander l'abolition de l'esclavage. Si je veux parler de ce trafic exécrable, vous me direz qu'il existe des traités avec des princes maures, que le droit de conclure des traités est une portion de la prérogative royale, et que je mérite le rappel à l'ordre, parce que j'attaque cette prérogative. Cependant c'est sur ce motif, sur les interpellations que je pourrai faire, sur les réponses que j'obtiendrai, que se fondera ma décision.

Dois-je examiner les crédits demandés par M. le ministre des affaires étrangères? Mais à tort ou à raison, notre diplomatie m'est suspecte. Je crains qu'elle n'emploie les fonds de l'état à des intrigues contre-révolutionnaires. Si je vous parle de ces intrigues, vous me direz que la nomination des ambassadeurs appartient au roi, que mes réflexions sur les choix de la couronne sont séditieuses, et vous me rappellerez à l'ordre. Néanmoins, mes inquiétudes sur la conduite des agens diplomatiques seront un élément nécessaire de ma détermination, quant à cette partie du budget.

Avant d'accorder à M. le ministre de la guerre ce dont il dit avoir besoin, j'ai besoin moi-même de savoir s'il ne détruit point par une administration vicieuse, le bien qu'avait fait son prédécesseur. Ici certes j'encourrai le rappel à l'ordre, car je l'ai déjà encouru pour ce motif, et pourtant je ne puis, sans m'é-clairer sur l'arbitraire qui, me dit-on, vexe l'armée et ruine l'état, voter le budget en connaissance de cause.

M. le ministre de la justice réclame aussi des fonds. Mais si je crois qu'il surcharge le trésor, en permettant au ministère public d'intenter des procès d'une extrême injustice, et dont les frais retombent sur les contribua-bles par l'absolution tardive, il est vrai, des accusés, ne faudra-t-il pas que je retrace ces poursuites? et comme je parlerai de vexations judiciaires dans une question d'argent, vous direz que je manque au res-pect dû à la chose jugée, et vous me rappellerez à l'ordre. Comment, toutefois, accorderai-je des fonds, quand je ne puis m'enquérir si ce qui est arraché aux citoyens pour le fisc, n'est pas en partie consacré à des iniquités juridiques?

Je serai dans le même embarras, quand il s'agira de M. le ministre de l'intérieur. Une portion de ce que vous lui accordez alimente la police; mais si je crains, à tort ou à raison, que la police ne soit odieuse, arbitraire, qu'elle ne tende des piéges aux citoyens, mon devoir n'est-il pas d'appeler votre at-tention sur les manœuvres que la police emploie?

Enfin, quand il s'agit du président du conseil et des ministres sans portefeuille, si je veux m'opposer à ce que les sueurs du peuple salarient ces superfétations inconstitutionnelles, inutiles, illégales, il faut que je vous prouve leur illégalité ; aussitôt vous murmurez à l'ordre. Ce moyen ministériel d'apaiser ou d'acheter les partis en créant des sinécures, vous paraît peut-être essentiel *à la monarchie* selon la Charte ; et toutefois, pour discuter le budget, il faut que je sache si les dépenses que l'on me demande ne sont pas contraires aux principes de notre gouvernement.

Ainsi, Messieurs, si votre article passe, le budget ne sera discuté qu'illusoirement.

Il en est la même chose de toutes les lois.

Il est impossible de circonscrire les orateurs sans mutiler et annuler ce qu'ils ont à dire. Leur ôter la parole, en les accusant à tout propos de sédition (et ce que vous faites aujourd'hui, vous ne le ferez pas moins dans la suite, car vous ne serez pas alors autres que vous n'êtes), c'est vous attribuer le droit de nous imposer silence par divination, et cette divination vous prendra quand vous le voudrez, et vous le voulez sans cesse. Mais votre volonté sera plus efficace ; elle sera mieux armée. Vos murmures forceront le président à l'obéissance ; car vous le constituez votre esclave en nous le donnant pour maître. (Vif mouvement d'approbation à gauche.)

Aujourd'hui, quand il vous semble qu'un orateur s'écarte de la question, et souvent aussi quand vous trouvez qu'il y entre trop avant, et qu'il approfondit ce sur quoi vous ordonnez qu'on glisse, vous murmurez. Mais à travers ce bruit sourd et confus, l'orateur continue, et quand vous voyez que sa route, loin de l'égarer, le ramène à l'objet qui vous occupe, vos murmures s'apaisent. Mais, à l'avenir, votre président, constitué le fondé de pouvoir de votre impatience, devra, quand vous murmurerez, interrompre l'orateur. Vous auriez murmuré à tort que l'interruption ne s'en fera pas moins. Certes, je rends justice à ce trait de génie ; vous avez trouvé le moyen de faire, quand vous aurez excité du désordre, qu'un autre en soit puni. (On rit.)

Et pensez-vous, Messieurs, que le président vous résistera ? Mais je vous ai déjà rappelé comme vous le traitez quand il vous résiste. Hier il n'a échappé à votre volonté bruyamment exprimée, qu'à l'aide de nos précédens. Quand vous aurez renversé ces précédens par votre réglement nouveau, il n'aura plus rien à vous opposer.

D'ailleurs, les présidens, les orateurs des députations, tous ceux qui agissent au nom d'une assemblée, cèdent à l'atmosphère de cette assemblée. L'on a vu, en 1791, un orateur de députation raconter à l'assemblée législative, en lui rendant compte d'une mission dont elle l'avait chargé, que le roi s'était le premier incliné devant lui. (Mouvement en sens divers.) Eh bien ! cet orateur est aujourd'hui l'un des plus ardens promoteurs de la puissance royale ; mais il obéissait à l'esprit de l'assemblée dont il était l'organe. En 1807, un orateur célèbre mettait au nombre de ses titres son zèle à faire exécuter, dans un département insurgé, les lois sévères de la conscription, fonction que personne, disait-il, ne voulait accepter. Aujourd'hui cet orateur est aussi une des colonnes royalistes ; mais il était entraîné par le torrent.

Votre président sera dominé par vous, et quelque disposé qu'il soit, par caractère, à la justice et à l'impartialité, vous le rendrez injuste et partial.

L'interdiction de la parole, de quelque manière qu'elle soit motivée, quelque prétexte qui la colore quelque autorité qui la prononce, est la violation de tous les principes ; c'est un acte insolent d'usurpation flagrante et illégitime.

On nous a dit, il est vrai, que si l'un de nous est condamné au silence, il a quatre cent vingt-neuf suppléans : sans doute, et si cinquante membres sont forcés de se taire, trois cent quatre-vingts suppléans restent ; et si la parole est arrachée à toute l'opposition, le côté gauche sera suppléé par le côté droit.

Le silence est une peine bien douce. Pour nous, j'en conviens, c'est moins qu'une peine, et je vous assure que bien que je monte souvent à cette tribune, quand je prends la liberté de vous soumettre mes idées, c'est par devoir et nullement par plaisir. Mais notre silence est une peine pour ceux dont nos paroles défendent les droits ; ce n'est pas nous que vous blessez, ce sont nos commettans, c'est la France.

On nous a parlé d'un réglement de Tolède du viie siècle. (Je croyais qu'on ne voulait remonter qu'au xve ; il paraît que l'ambition croît avec les succès. On rit.)

On vous a vanté les parlemens anglais avant la révolution de 1688. Libre à chacun d'admirer et d'imiter, s'il le veut, les parlemens d'Henri VIII et de sa fille Marie.

Un discours qui aurait égayé le divan de Constantinople, car le despotisme aime la gaîté, m'a rappelé, malgré sa gaîté, deux époques tristes. L'omnipotence parlementaire nous reporte à la convention; et le principe que nous sommes ici, non pour discuter, mais pour voter, aux muets de l'empire. Etrange combinaison!

On vous a dit et répété encore hier, que vous pouvez tout sans violer la Charte; que vous ne pourriez la violer quand vous le voudriez; car tout ce que vous faites est dans la Charte. Ainsi, Messieurs, il dépend de vous que le tribunal révolutionnaire....... (Violens murmures à droite.)

Messieurs, ce n'est pas contre moi que vous vous récriez en ce moment, c'est contre celui-là même qui a posé un principe dont je déduis la conséquence. Vous reconnaissez donc vous-mêmes qu'il est absurde, et vos murmures cette fois me sont très agréables; ils me prouvent que j'ai raison de dire qu'il est absurde de prétendre que vous pouvez tout sans violer la Charte, puisqu'il s'ensuivrait qu'il dépend de vous que le tribunal révolutionnaire, la suspension de toutes les libertés, l'inquisition, la révocation des ventes nationales soient dans la Charte.

Au reste, Messieurs, soyons de bonne foi ; cette interdiction de la parole n'est qu'un premier pas ; vos orateurs l'avouent ; un amendement que vous discuterez tout à l'heure le démontre, et les ministres ne l'ont point nié ; eux et vous êtes revenus sans cesse avec délection, avec complaisance sur un autre droit, le droit d'exclusion ; le projet actuel en est le préambule; mais pourquoi s'est-on fatigué à vous citer l'Angleterre ? Il y a des exemples bien plus près de nous : il y a le 31 mai, le 18 fructidor, le 18 brumaire et même l'élimination du tribunat; cette élimination fut aussi précédée d'une loi qui rendait la tribune impuissante et la discussion dérisoire.

Pour vous prouver combien ce droit d'exclusion serait efficace, un ministre vous a entretenus du mépris sous le poids duquel Wilkes était demeuré, même après sa réélection. Le fait est vrai; mais savez-vous d'où ce mépris est venu? Wilkes, après avoir débuté dans la carrière politique par la défense de la liberté, s'était, comme bien d'autres, fatigué d'une tâche qui expose à tant de haines, de calomnies et de proscriptions. Rentré dans le parlement, que fit-il? Il se vendit au pouvoir; sous un ministère corrompu, il se fit ministériel. Dès lors, comme on l'a très bien rappelé, il fut couvert de honte; et l'on a eu raison de dire que les historiens de l'époque ont fait du nom de cet apostat, le synonyme de l'infamie.

Je ne connais que deux précédens pour l'interdiction de la parole : l'un en Angleterre, l'autre en France.

Un parlement anglais députa une fois son orateur vers le chef du gouvernement, pour lui dire que les discussions étaient inutiles, qu'elles ne tendaient qu'à troubler l'ordre, et que le parlement, renonçant à des paroles oiseuses, se déclarait dissous, s'en remettant, pour le bonheur du peuple, à la prudence de son altesse. C'était, je crois, en 1654 ou 55 : l'altesse était Cromwel. (Vive sensation à gauche.)

Le précédent français, je ne vous le retracerai pas en détail; je vous dirai seulement que des juges qui avaient le droit de n'écouter les accusés que jusqu'à ce que leur conscience fût suffisamment éclairée, écoutèrent la première fois les accusés pendant trois jours, la seconde durant deux, et dans la suite durant un quart-d'heure. Alors aussi on criait contre la partie babillarde de la France, qui compromettait la république. Le *Moniteur* nous a conservé les discours de Saint-Just, et je vous assure qu'ils en valent d'autres.

Messieurs, en adoptant l'article que je combats, vous entreriez dans une route fatale ; j'ignore qui vous y suivrait ; j'ignore quelle détermination prendrait la minorité ainsi opprimée. Mais une dernière pensée me frappe, et je finis en vous la soumettant. Que feriez-vous si cette minorité, après l'adoption de cet article, remplissant peut-être un devoir impérieux, vous déclarait qu'elle ne se prête point à une misérable parodie · qu'après le crime de violer la Charte et de voter des lois tyranniques, un crime presque égal, c'est de pallier cette violation et de couvrir la tyrannie d'un voile officieux ; qu'en continuant à parler dans cette enceinte, elle mentirait à la France, car elle lui ferait croire que nous sommes libres, alors que nous ne le serions plus.

Nous devons à nos commettans la vérité. Si nous feignons de les défendre quand les moyens de défense sont brisés, nous nous rendrions coupables d'une lâche imposture : mieux vaudrait nous taire ; notre silence dirait du moins à ceux qui nous ont envoyés ici, que nous n'avons pas voulu tremper dans une insidieuse tromperie ; que nous n'avons pas voulu parler sous le bon plaisir d'un insolent arbitraire ; que nous avons rejeté le vain fantôme d'une mensongère liberté, quand la liberté réelle est détruite; et que relevant, par notre mission, du roi auquel nous avons juré d'être fidèles, de la Charte qui nous a créés, des Francais qui nous ont élus, nous n'avons pas dégradé cette mission en acceptant un joug hypocrite et l'humiliante promesse d'une indulgence que nous dédaignons. (Adhésion à gauche.)

Je ne dis rien qui puisse vous déplaire : nos discours vous fatiguent, vous en seriez délivrés ; nous agitons la France, vous la calmeriez sans doute par votre éloquence franche et populaire; nous entravons les lois, vous feriez ces lois sans obstacle, et le peuple sentirait comme elles seraient faites ; nos boules noires constateraient notre réclamation silencieuse car nous ne déserterions pas notre poste; nous ne le déserterions pas, pour deux motifs : parce que, d'après vos lois nouvelles, nous savons trop qui nous remplacerait; et parce que, s'il est vrai qu'en présence des lignes anti-nationales, la défense de la liberté ne soit pas sans périls, nous ne laisserons à d'autres ni le danger, ni la gloire de les affronter. (Même mouvement.)

Ne pensez pas, Messieurs, qu'en parlant de dangers, je veuille ici faire acte de courage ; je crois qu'il existe des dangers; mais quand je considère le chaos où nous sommes, les élémens qui se combattent, les imprudences que l'on commet, la perfidie sans adresse l'arrogance sans force, le machiavélisme sans habileté; quand je parcours des yeux cette Europe que des écoliers qui ont chassé leur maître aussi despotique, mais plus redoutable qu'eux, croient soumettre parce qu'ils

la dévastent, et corriger parce qu'ils la font taire ;
cette France où la mauvaise foi provoque la folie ; ce
ministère qui a peur de vous, de nous, de lui-même,
et qui ne sait ni ce que dans huit jours il sera, ni ce
qu'il fera dans huit jours, s'il existe ; cette Chambre
enfin, que je ne me permettrai pas de décrire, mais qui
ne s'offensera point, si j'ose lui dire qu'elle craint plus
les mots que les choses, et qu'elle veut remédier aux
dangers en empêchant qu'on ne les signale ; nous-
mêmes, peut-être, membres de l'opposition, car,
dans le labyrinthe où vous nous entraînez, dans le
vestige que vous entretenez à plaisir, on n'est pas
plus sûr de soi que des autres, et la raison se perd
par la contagion ; quand je vois tout cela, Messieurs,
je ne sais de quel côté sont les périls ; ils sont partout,
tout le monde le sent, les bons citoyens de toutes les
opinions les déplorent. M. Bertin de Vaux vous l'a
prouvé hier ; mais nul ne peut les conjurer, parce
que personne ne veut s'entendre ; et dans ce tourbillon
d'égoïsme absurde et de délire obstiné, il ne reste à
chacun d'autre ressource que de faire son devoir,
sans prétendre à aucune prévoyance et sans aspirer
à aucun résultat.

C'est d'après ce principe et avec cette conviction,
que, sans beaucoup d'espoir de le voir rejeter, je vote
contre l'article qui vous perdra après nous.

SUR LES MESURES

TENDANT

A FAIRE RENCHÉRIR LES GRAINS.

Séance du 28 avril 1821.

MESSIEURS

Il me paraît que l'honorable préopinant n'a pas répondu à l'objection de M. Saglio. Il vous a prouvé que la disposition qu'il a combattue était un moyen d'élever le blé à un prix fictif, qui s'opposera à l'importation. Il est clair que tous ceux qui, comme moi (et je crois que plusieurs membres sont revenus à cette opinion plus modérée), pensent qu'on s'est exagéré, je ne dirai pas la nécessité d'empêcher l'avilissement du prix des grains, mais celle de le faire renchérir, doivent voter avec M. Saglio le rejet de l'article.

Il me semble que vous avez trop fait en adoptant plusieurs dispositions différentes de celles du gouvernement sur une proclamation que toute disette, même partielle, était impossible. Je reconnais, avec M. le rapporteur, et avec plusieurs membres de ce côté, que, depuis la révolution, l'agriculture a fait d'immenses progrès. J'ai écouté avec plaisir les détails dans lesquels M. le rapporteur est entré pour prouver ce bienfait de la révolution.

Si je ne craignais de fatiguer l'assemblée, je vous relirais, Messieurs, les paroles de votre rapporteur, qui prouvent que c'est depuis la révolution que les propriétés plus divisées ont été mieux cultivées. (De nouveaux murmures interrompent.) J'avoue que je ne conçois pas pourquoi ce qui est sorti de la bouche de votre rapporteur avec vos applaudissemens, sort de la mienne avec une telle défaveur. Au reste, je me résigne à mon sort.

Je dirai que vous devez profiter de la dernière occasion qui vous est offerte pour arrêter cet enthousiasme de renchérissement. Je vous représenterai, dans votre intérêt, qu'il ne faut pas, dans le cas où quelque disette partielle arrive, qu'on l'attribue aux mesures qu'aurait prises la grande propriété entrée dans cette Chambre.

Certes, des disettes partielles peuvent avoir lieu. Vous aurez beau faire, vous ne décréterez pas d'autorité l'abondance. Il y a des assemblées qui ont voulu décréter d'autorité la victoire, et leurs troupes ont été battues; nous en avons des exemples récens. Vos décrets ne pourront pas plus contre les fléaux de la nature que les décrets de ces assemblées contre d'autres fléaux.

On nous a dit fréquemment que le renchérissement des denrées était favorable à la classe laborieuse, parce que les salaires étaient proportionnés au renchérissement. Cela est vrai jusqu'à un certain point.

Tant que le renchérissement n'a pas dépassé certaines bornes, il peut servir de proportion au salaire ; mais cela est faux lorsque le renchérissement excède ces bornes. Alors la classe laborieuse est obligée de travailler au rabais. La classe productive profite de cette circonstance. L'ouvrier qui manque de pain, travaille pour avoir la moitié du pain qui lui est nécessaire. J'ai toujours vu, dans des temps de disette, des ouvriers s'offrir pour travailler à des prix beaucoup plus bas. Vous ne devez donc pas faire renchérir les denrées au point de laisser la classe ouvrière à la merci de la classe productive. Il faut maintenir un juste équilibre : cet équilibre, je n'hésite pas à le dire, vous l'avez rompu.... (Non, non.) J'ai le droit d'émettre mon opinion. (Plusieurs voix : A la question.) Je suis dans la question, car la mesure que vous allez prendre tend à faire renchérir encore le blé ; et je crois que vous devez la rejeter. Je pourrais entrer ici dans beaucoup de détails ; mais, interrompu sans cesse par une espèce d'effervescence qui s'est emparée des propriétaires, des possesseurs de denrées, je ne puis m'exprimer comme je le voudrais. Je me bornerai à vous dire qu'il est fâcheux de voir que vous faites renchérir les denrées que vos terres produisent et dont vos greniers sont remplis. Je crois que vous ne devez pas prendre sur vous tout l'odieux que peut avoir cette loi. Ce n'est pas moi qui ai fait parler le collègue qui vous a prouvé, qu'au moins dans certaines parties de la France, votre loi pouvait amener beaucoup de malheurs. Vous ne devez pas traiter avec tant de dédain des malheurs partiels. Il existe pour l'opinion publique certain respect, certaines défé-rences qu'il n'est pas permis de braver. L'influence des propriétaires sur cette loi est évidente ; elle les a portés à une grande exagération. Si vous ajoutez en-core aux dispositions qui tendent à faire renchérir les denrées, vous faites une chose cruelle qui peut avoir les plus graves inconvéniens.

Il est certain que vous avez été plus loin que ne le voulait le gouvernement. Certes, je ne professe pas beaucoup de confiance dans le ministère, sous le rap-port de la politique ; et quand il parle de liberté et de Charte, j'ai des motifs bien fondés pour être en état de défiance. Mais quand il parle de subsistances, comme son intérêt est ici d'accord avec l'intérêt national, on peut s'en rapporter à ce qu'il dit. Je ne suis ni ami ni ennemi de l'autorité ; je plaide sa cause quand je crois qu'elle a raison ; comme je l'attaque, je crois avec quelque courage, quand je crois qu'elle a tort. Je conclus au rejet de l'article de la commission.

SUR UN ARTICLE

ADDITIONNEL

A LA LOI SUR LE PRIX DES GRAINS.

(Séance du 30 avril 1821.)

MESSIEURS,

Avant d'entrer dans le fond de la question, je répondrai à l'honorable préopinant qui descend de la tribune. Il vous a dit que l'article additionnel est inutile, parce que, si le gouvernement aperçoit des inconvéniens à la loi, il vous en proposera l'abrogation : cet espoir ne me rassure pas. Dans cette loi, le gouvernement n'a fait que vous céder, vous êtes allés bien plus loin que lui; il n'aura pas la force de vous proposer de revenir sur une mesure qui est vôtre plus que sienne. La même envie de vous plaire qui lui a fait adopter des amendemens qui détruisaient sa loi, le détournera de braver votre désapprobation en en demandant le rapport. J'aime bien mieux que l'abrogation arrive d'elle-même. Je viens à la question.

Je demande pardon à la Chambre de me présenter devant elle à cette époque de la discussion avec un dis-

cours écrit; mais votre loyauté excusera cette nécessité qui naît de votre impatience. Les interruptions
prolongent un discours improvisé, j'ai donc écrit pour
être plus court; nous y gagnerons tous.

J'appuie l'article additionnel; il limite la durée d'une
loi dans l'examen de laquelle je ne rentrerai point,
mais qui, différente du projet primitif, a porté, selon
moi, beaucoup trop loin les obstacles à l'importation.

Un orateur qui m'a trouvé saisi d'une confiance
subite dans le ministère, et que je pourrais trouver
rempli d'une confiance également subite dans la commission, a dit que vous n'aviez fait au projet primitif
que des additions légères; mais vous avez rejeté la
proposition d'un ministre, tendant à baisser le taux
auquel, dans chaque classe, l'importation serait permise; vous avez repoussé celle d'un autre ministre,
pour que les droits supplémentaires fussent supprimés,
en cas d'importation nécessaire. Ces changemens sont
notables.

J'ai dit que je ne rentrerais point dans la discussion;
mais j'ai dû, pour vous prouver que votre loi devait
être transitoire, rappeler en quoi elle diffère du projet du gouvernement.

On ne saurait trop vous le dire : vous n'avez pas
discuté une loi, mais fait la loi; et ici, je repousserai
très brièvement le reproche d'opposition tardive et
inopinée.

Nous n'avons pas (je parle de ceux qui partagent
mon opinion) combattu la loi, parce que nous étions
convaincus qu'elle serait combattue par le ministère.
Il avait à la combattre, je ne dirai pas plus d'intérêt,

mais autant d'intérêt que nous. Car, sous le rapport des subsistances, l'intérêt du peuple et l'intérêt du gouvernement sont un. Ce n'est que lorsque nous avons vu les ministres soumis presque en tout, et vaincus quand ils n'étaient pas soumis, que nous sommes venus, tard à la vérité, non pas au secours d'un ministère auquel assurément sa défaite ne devait pas conquérir des partisans par calcul, mais au secours des principes que vous nous paraissiez oublier, et des intérêts de la masse que vous nous sembliez méconnaître. Alors M. d'Argenson a appuyé M. de Villèle; j'aurais, s'il eût fallu, appuyé un autre ministre, et j'appuie un article qui fixe un terme à ce que je crois un excès.

J'ignore si l'on demandera de nouveau quel vent souffle sur nous, mais à propos de ce mot piquant appliqué à un ministre par un de mes honorables amis, et à nous, par l'un de nos honorables adversaires, je dirai que certes je crains et je hais les vents qui soufflent contre les institutions constitutionnelles de l'Europe, mais ici le vent du nord n'est pour rien. Le changement d'opinion du ministre dont il s'agissait tient à une autre cause, et comme cette cause me semble pour vous, Messieurs, un nouveau motif d'adopter l'article additionnel, je vais vous le dire.

Lorsqu'au projet présenté par le ministère, vous en eûtes substitué un tout différent, le ministère, bien qu'il trouvàt vos mesures extrêmes, n'osa vous résister; un ministre l'essaya. Un de ses collègues, plus jaloux de vos suffrages, le combattit et le vainquit, gràces à vous; mais par des considérations que vous devinez, le vainqueur s'étant repenti durant la nuit, voulut défaire le lendemain son ouvrage de la veille : il fut vaincu à son tour ; voilà toute l'histoire. La première fois, vous avez triomphé d'un ministre par l'autre ; la seconde fois, vous avez triomphé du ministère entier.

J'ai dit que ceci devait vous engager à adopter l'article additionnel proposé. En effet, si vous voulez que la loi soit renouvelée, elle le sera ; la discussion actuelle le démontre. Jamais ministère ne fut plus docile, jamais Chambre plus obéie ; je n'exprime aucun blâme. Je crois que pour que le gouvernement représentatif soit réel, il faut laisser aux Chambres beaucoup de latitude et une initiative indirecte. Ce n'est pas à moi d'examiner comment les principes que j'admets s'accordent avec vos objections. Lorsqu'il s'agit de questions urgentes, des libertés de la tribune, par exemple, ou de l'approche des étrangers, vous parlez alors de l'initiative royale ; aujourd'hui, elle a perdu tout son charme à vos yeux.

Messieurs, ceux qui ne veulent pas rejeter la loi, feront bien de voter l'article additionnel. Quelque défaveur que je puisse encourir, je vous répéterai : Ne bravez pas trop long-temps ni les événemens ni la nature. Or, si vous objectez, comme on l'a fait, que la disette de 1816 fut l'effet de l'occupation étrangère, je vous répondrai que sans doute je crois que la dignité du gouvernement et la bravoure nationale nous mettent à l'abri d'un tel fléau ; mais songez que l'Europe est sillonnée par une espèce de gendarmerie, qui l'exploite au nom de ce que certaines gens appellent l'ordre social.

Je vous en conjure, ne mettez pas la France, le trône, le peuple et vous-mêmes à la merci d'accidens imprévus. Songez à ce qu'est une pénurie de subsistances pour une seule semaine, dans un seul département : vous en consoleriez-vous, parce que les grains se seraient mieux vendus ? Réfléchissez au souvenir que laissera cette discussion même. Voulez-vous que, si une calamité se reproduisait, on dise que votre loi en est cause, votre loi qui a exagéré les propositions de la couronne! Enfin, si vous motivez vos mesures sur l'énormité des contributions, que pensera-t-on, quand vous voterez la promulgation de cette énormité, comme vous allez le faire, d'après une loi dont le rapport vous sera peut-être fait vendredi? Que pensera-t-on, quand vous voterez la promulgation de cette énormité pour solder des dépenses bien moins urgentes ?

Messieurs, vous devez me rendre justice; je n'ai point parlé théorie; j'ai réprimé des mouvemens assez naturels, quand il s'agit de mettre au hasard le nécessaire de l'indigence. J'ai craint d'être accusé de lieux communs et de niaiseries; mais la réserve d'un orateur ne change rien au fond des choses, et la question qui s'agite, s'agitait il y a deux mille ans à Rome, entre ceux qui travaillaient sans recueillir et ceux qui recueillaient sans travailler.

M'accusera-t-on de vouloir capter une fausse popularité ? Le mot de popularité est bien emphatique chez une nation trop éclairée pour être enthousiaste; si on y avait ajouté celui de flatteur du peuple, on aurait eu le vocabulaire des ministres pour les lois d'exception et des directeurs-généraux contre l'économie.

En exprimant ainsi une plainte, sans amertume, je n'en espère pas moins rester souvent uni avec l'honorable ami à qui j'adresse cette plainte qui n'a rien d'hostile. Divisés sur une question, nous ne le serons pas sur toutes. Son heureux instinct le guidera mieux que des aperçus hâtifs sur des questions d'économie politique. D'ailleurs, il est bon qu'on voie que chacun de nous agit de conviction.

Je demande l'adoption de l'article additionnel.

SUR UN AMENDEMENT

AU PROJET DE LOI RELATIF AUX GRAINS.

(Séance du 4 mai 1821.)

MESSIEURS,

Une première considération me frappe; j'avoue que je ne vois pas l'intérêt qu'ont les partisans de la loi actuelle à s'opposer à cet article additionnel. Si la loi est confirmée par deux ans d'expérience, le gouvernement ne manquera pas de la reproduire, il en sera toujours le maître. Pourquoi faire croire qu'il ne la proposerait plus, et vous réserver une espèce de précaution pour assurer son maintien? car il est possible que la loi ne soit pas bonne, et que la majorité de la Chambre ait mal jugé des intérêts généraux en ce qui regarde les subsistances. Le gouvernement, à cet égard, est un juge bien plus éclairé; cependant, si à cette époque la majorité croit qu'il est de son intérêt de maintenir la loi, elle la maintiendra facilement, si, comme aujourd'hui, elle exerce sur le ministère une grande influence. C'est donc une espèce de violence que vous voulez exercer sur le gouvernement; cela fera croire que vous êtes bien aises d'avoir conquis cette loi, et de la mettre à l'abri de l'expérience.

Si l'expérience nous démontre qu'elle a des vices, n'est-il pas heureux que sa durée soit limitée? Je crois qu'en effet ses vices sont nombreux.

On m'a reproché d'avoir méconnu l'intérêt de la classe moyenne et des petits propriétaires. C'est à tort; j'ai voulu embrasser les intérêts de la totalité des consommateurs et des producteurs en France : je n'ai pas voulu sacrifier l'intérêt des uns à celui des autres. Je crois, en général, que toutes les fois qu'on est venu par des mesures prohibitives au secours d'une classe souffrante, souvent avec de bonnes intentions, quelquefois avec de mauvaises, cette classe n'a été secourue que momentanément, et que ces mesures prohibitives ont fini par tourner contre elle. Quand on a voulu flatter la classe qui vit de ses salaires, on a décrété le maximum : il y aurait là dessus de belles choses à dire. L'effet d'une loi prohibitive est passager, et finit toujours par être fâcheux. Je crois que mes honorables amis et moi , qui nous sommes élevés contre l'extension extrême de la loi, avons défendu la véritable cause non seulement des consommateurs, mais encore des producteurs, et surtout des producteurs moyens ; car il est évident que ceux qui gagnent le plus à la hausse des denrées sont les grands propriétaires, et qu'ils ont le plus intérêt à faire hausser le prix des grains. (Violens murmures à droite.)

Veuillez aussi remarquer cette tendance à faire hausser le prix de la main-d'œuvre, lorsqu'on cherche en même temps à gêner la liberté de l'industrie, car la discussion qui vient d'avoir lieu sur une pétition, a bien prouvé que vous voulez établir les corporations, les jurandes.... (Murmures à droite. Plusieurs voix : A la question.) Je suis dans la question, puisque vous voulez faire hausser le prix des denrées.... (Très vive interruption.) Au reste, puisque tout ce qui tient d'une manière indirecte à la question est proscrit, et qu'on ne peut faire valoir aucune considération, je rentre dans la question.

Je finirai par vous dire que, si dans cette loi, comme dans plusieurs autres, vous prenez la route qu'a suivie l'Angleterre qui, par le haut prix de ses grains, par ses élections aristocratiques et par ses corporations, est arrivée à la taxe des pauvres, vous serez aussi obligés d'avoir une taxe des pauvres, parce que vous allez en augmenter le nombre. (De violens murmures interrompent de nouveau.)

Quant à la citation que j'ai faite, je ne la désavoue pas. Il est très vrai que la même question s'agitait à Rome entre ceux qui travaillaient sans recueillir et ceux qui recueillaient sans travailler. Je sais que l'apologue ingénieux rappelé par l'orateur, a ramené le peuple momentanément; car le peuple se laisse toujours ramener momentanément. Mais je demanderai à l'honorable membre comment la république romaine a fini, et si ce ne sont pas les propriétaires qui, par l'élévation du prix des denrées, ont perdu la république romaine? C'est à cette cause qu'il faut attribuer la perte de presque tous les états.

J'appuie l'amendement de M. Basterrêche.

CONTRE LE PROJET DE LOI

TENDANT

A CHANGER L'ART. 351 DU CODE PÉNAL, CONCERNANT LES DÉCISIONS DU JURY.

(Séance du 7 mai 1821.)

MESSIEURS,

Le réglement que vous avez établi ne laisse pas que d'entourer de certaines difficultés les membres de cette Chambre qui voudraient examiner les questions sous tous les points de vue, et ne pas motiver leurs déterminations sur des aperçus incomplets et fautifs par là même. Vous vous apercevez de cette vérité affligeante dans toutes vos discussions, et celle qui vous occupe aujourd'hui en est une preuve. Le projet qui vous est soumis tend à améliorer un état de choses que vous reconnaissez tous pour être vicieux. Il s'agit de savoir si, en améliorant cet état de choses, vous voulez ajouter à ses chances de durée : il est donc clair qu'un des élémens de votre opinion à cet égard doit être l'idée que vous vous formerez de la défectuosité de cet état de choses. Si vous ne connaissez pas tous ses vices, vous jugez en aveugles; mais pour connaître tous ses vices, il faudrait l'examiner en entier.

Cependant, si un orateur remonte aux principes de l'institution du jury, à son mode impérial de nomina tion, à la formation des listes par les préfets, votre président devra rappeler l'orateur à la question; car on ne vous propose point de refondre en entier nos institutions judiciaires; la question spéciale n'est qu'une modification à l'article 351 du Code d'instruction criminelle.

Et ici, Messieurs, je ne puis, en me retraçant la lumineuse discussion qui a eu lieu dans l'autre Chambre, et que j'ai dû étudier attentivement, me défendre d'un profond regret, quand je considère à quelle infériorité vous vous êtes condamnés. Un noble pair a pu, à l'occasion de ce projet de loi, parcourir toutes les dispositions des divers Codes que nous avons hérités du despotisme (je répète les expressions de M. de Lally), en relever les vices, en signaler la cruauté et la tyrannie, indiquer les articles où le besoin de trouver des coupables a légué en expressions vagues des moyens sans nombre aux Laubardemont de tous les siècles. Il a pu réclamer le rétablissement du jury d'accusation, l'introduction de l'unanimité ou d'une plus grande majorité dans les jugemens que le jury prononce. Il a pu parler de l'article 137, bien que l'article 351 fût seul en discussion, et s'élever courageusement contre cette soif d'accuser, inhérente, a-t-il dit, aux temps de discorde, de haine et de réaction qui seule a pu introduire la disposition d'après laquelle la voix unique d'un juge isolé met un citoyen en prévention, quand deux, trois ou six autres juges opinent pour qu'il ne soit pas arraché à sa famille.

Il a pu, en un mot, je copie ses paroles, parcourir rapidement le Code pénal, le Code d'instruction criminelle, ce que doit être le jury, ce qu'il est parmi nous, et ce qu'il deviendrait par la modification qu'on propose d'y apporter. Il l'a pu, Messieurs, et il a dû le faire ; car, comme il l'observe, tout se tient, toutes les questions s'enchaînent l'une à l'autre.

Nous, Messieurs, nous sommes condamnés à méconnaître cet enchaînement. Toute idée qui sort du cercle étroit et nécessairement incomplet d'une question isolée, que son isolement fausse et dénature, nous est interdite. Vous l'avez ainsi voulu ; vous avez voulu que la Chambre des pairs eût seule la faculté d'envisager l'ensemble des objets dont elle est appelée à s'occuper. Vos collègues, privés de cette liberté indispensable, ne peuvent aborder que quelques détails ; heureux encore s'ils réussissent à morceler leurs pensées aux dépens de leur vérité et de leur justesse, de manière à n'être pas accusés de sortir de l'enceinte resserrée où vous les avez circonscrits.

Je vais vous obéir, Messieurs; dépouillé par vous de la moitié de mes droits, je vais essayer d'en exercer le reste. Si ce que je dis n'est pas utile, si mes raisonnemens paraissent faibles, si mes assertions semblent dénuées de preuves, ce n'est point à moi qu'en sera la faute, et l'esclave qu'un maître impérieux enchaîne n'est pas responsable de ses fers. (Mouvement d'adhésion à gauche.)

On vous propose de modifier l'article 351 du Code d'instruction criminelle. Aujourd'hui, quand deux juges se réunissent à sept jurés, l'accusé déclaré coupable par la simple majorité des jurés, est condamné de fait par la minorité des juges. D'après le changement qu'on veut introduire dans cette disposition, la condamnation ne sera prononcée désormais que sur l'avis de la majorité.

Je ne le nie point, dans le système actuel, c'est une amélioration. Mais une grave considération me frappe.

Le vice auquel on tente de porter remède tient à ce que le système actuel repose sur un principe incompatible avec l'institution du jury.

Dans la pureté de cette institution, la décision du jury est souveraine. Le système actuel déclare, dans certains cas, la décision du jury réformable par les juges. Mais si, dans un cas quelconque, vous préférez les lumières des juges à la conscience du jury, vous détruisez l'institution par sa base. Dans le cas présent, vous créez le juge arbitre du point de fait; et quand un autre juge du fait, le jury n'existe pas.

Je suis d'autant plus effrayé de voir une prétendue amélioration se glisser dans un tel système, qu'il n'est que trop clair que l'institution du jury compte actuellement beaucoup d'ennemis parmi les hommes investis d'assez d'influence, ou qui remplissent des fonctions importantes. Ceci n'est point une accusation : dans un pays où les habitudes de la liberté sont bien plus enracinées qu'en France, et luttent en conséquence avec moins de désavantage contre les tentatives des ministres et les empiétemens du pouvoir, en Angleterre même, beaucoup de membres de l'ordre judiciaire parlent du jury avec une défaveur, seulement modérée par l'espèce de réserve qu'inspire à tous les esprits qui ont quelque pudeur, la crainte de blesser trop ouvertement l'opinion publique. Je crois, en conséquence, que, sans intentions suspectes, des magistrats, vieillis dans la routine des anciennes lois, peuvent nourrir des préjugés contre cette institution salutaire.

Mais ce que je crois aussi, ou plutôt ce dont je suis profondément convaincu, c'est que des ministres qui ont vu quelquefois les objets d'accusations inconsidérées, et le mot est, certes, bien indulgent, échapper à leurs poursuites, grâces à cette indépendance tenace qui survit dans le jury à toutes les tentatives de l'autorité pour l'anéantir, doivent désirer de le dénaturer le plus qu'il leur est possible; et le plus sûr moyen de le dénaturer, quand on n'ose pas avouer qu'on veut le détruire, c'est de multiplier le cas où le jury sera porté à laisser aux juges la décision qu'il devrait seul prononcer.

Or l'amélioration prétendue qu'on nous propose a précisément cet effet. Elle présente à la faiblesse, à l'indécision, à l'insouciance, un moyen de repousser loin d'elle toute responsabilité. Le juré qui répugnerait à livrer l'accusé à la minorité des juges, craindra bien moins de le mettre à la merci de la majorité. De là des collusions fréquentes qui achèveront de dénaturer une garantie dont nous ne possédons déjà guère qu'une misérable et trompeuse apparence.

Il y a plus, Messieurs, ne nous le déguisons pas ; les fonctions de jurés sont un fardeau pour beaucoup de citoyens. Cela doit être dans tous les pays, car c'est une charge imposante et terrible d'avoir à prononcer sur la vie et l'honneur d'un autre ! En France, surtout, ces fonctions sont pénibles. Le mode de formation du jury entoure, il faut le dire, ceux que cette nomination frappe, d'une sorte de défaveur. On sait, car tout se sait, qu'il y a différens cartons pour les différens genres de délits ; on sait que le carton des hommes sûrs n'est pas destiné aux affaires ordinaires ; et quand il s'agit d'accusations politiques, les élus des préfets doivent éprouver un certain embarras qui leur fait déplorer le choix et s'affliger de la préférence.

Ce n'est pas tout encore : arrivés dans le sanctuaire des lois, que voient trop souvent les jurés ? Je demande pardon de retracer des faits, et je les retracerai, si je puis, sans amertume ; mais je crois pouvoir dire que le ministère public semble se faire fréquemment un devoir de soutenir la plainte, quelle qu'elle soit ; que les témoins à décharge sont interrompus, que les témoins à charge sont encouragés ; qu'on a vu des défenseurs rappelés à la question et forcés de mutiler leur défense ou d'y renoncer ; et tel est le zèle, telle est l'ardeur de MM. les procureurs-généraux et de leurs substituts, que ne pas adopter leurs conclusions est presque une affaire personnelle.

Je le déclare, appelé quelquefois en témoignage, et traité par MM. les présidens et par le ministère public presque comme un coupable, parce que je déposais en faveur d'un accusé, je ne suis jamais sorti de l'enceinte où la justice et l'impartialité devraient régner seules, qu'avec un sentiment de douleur, que la conscience d'avoir dit la vérité et servi peut-être la cause de l'innocence ne pouvait complètement surmonter. Ce sentiment, Messieurs, les jurés doivent l'éprouver plus vivement encore ; ils sont témoins, durant plusieurs séances, d'un spectacle que quelques minutes rendent insupportable à tout citoyen ; ils sont forcés de braver l'influence constante et active d'un ministère public qui, trop souvent, méconnaît son caractère, et croit que son triomphe est dans la condamnation qu'il sollicite, et non dans la protection qu'il accorde au prévenu.

Aujourd'hui, cependant, j'aime à le reconnaître, il y a encore des jurés indépendans. Si j'en avais douté, les paroles prononcées naguère à cette tribune par M. le garde-des-sceaux ; sur la trop grande indulgence du jury, m'auraient convaincu de cette vérité consolante. Mais savez-vous pourquoi l'institution du jury n'a pas perdu tous ces avantages ? C'est précisément à cause du vice auquel on vous sollicite de porter remède. La ressource de laisser par une division con-

certée un accusé entre les mains de deux juges qui
ne sont que la minorité de la cour, a quelque chose
de révoltant ; et privés de ce moyen d'échapper à la
responsabilité morale qui pèse sur eux, des jurés
même faibles, mais honnêtes, prononcent d'après
leur conscience, lorsqu'ils sont obligés de prononcer.
Le mot de majorité, au contraire, est entouré d'un certain prestige; la pusillanimité s'en emparera pour écarter
le scrupule ; et sous le vain prétexte d'améliorer un
système qui n'en sera pas moins vicieux et mensonger,
vous aurez renversé le dernier obstacle que rencontrent
les ennemis du jury, pour le rendre nul et illusoire.

Et remarquez, Messieurs, que si l'on vous dit que
cette amélioration partielle n'empêchera pas la refonte
et l'amélioration générale, on se trompe, car je ne
pense pas qu'on veuille vous tromper : votre rapporteur l'a reconnu lui-même. Le projet de modifier l'article en question contient implicitement, vous dit-il,
la proposition de le maintenir. Or, comme cet article
est un des plus opposés à la véritable institution du
jury, la volonté de maintenir cet article indique celle
de perpétuer les abus qui dénaturent et qui pervertissent cette institution.

En général, Messieurs, la proposition actuelle,
comme toute la marche du ministère, prouve à quel
point, depuis quelque temps, nous avons reculé. Il y
a trois ans, le ministre qui occupait alors la place que
remplit M. le garde-des-sceaux, annonçait, à l'occasion de la contrainte par corps, que bientôt après
le gouvernement s'occuperait de la réforme de la procédure criminelle.

A la même époque, et plus tard, au commencement de 1820, tous les ministres se réunissaient pour nous promettre une nouvelle organisation du jury ; le travail, disaient-ils, était achevé ; il devait nous être soumis avec ces autres lois sans lesquelles la Charte n'est qu'un mot et la liberté qu'une fiction. Au lieu de ces lois, Messieurs, vous savez quelles lois on vous a présentées. Je ne sortirai pas de la question en vous les rappélant : la France les connaît et les juge mieux que vous.

Aujourd'hui, le projet que vous discutez, quelque spécial qu'il paraisse, est un anneau de la vaste chaîne ; car il prouve qu'on ne veut pas changer les vices essentiels de ce qu'on améliore sous un rapport bien peu important, quand le reste de l'institution est si défectueux.

Rejetez cette loi, Messieurs, quand ce ne serait que pour ne pas tremper dans une violation de toutes les promesses, et dans une conspiration contre nos garanties les plus chères ; refusez de toucher à rien de ce qui a trait au jury, tant que le ministère ne remplira pas son devoir, et ne tiendra pas ses engagemens. Il n'est pas de votre dignité d'attacher l'assentiment de la Chambre à une organisation viciée dans son principe, et flétrie dans ses premiers élémens. Tant que les jurés seront à la nomination du pouvoir, tant que les juges pourront être appelés à prononcer sur le fait, au lieu d'être circonscrits dans l'application simple de la loi, il n'y aura pas de jury véritable. En améliorant un jury fictif, vous prendriez part à la déception exercée contre la France. Les circonstances peuvent être telles qu'il soit impossible de servir une nation ; mais alors, au moins, il ne faut pas la tromper. (Vif mouvement d'approbation au côté gauche.)

Je vote le rejet du projet de loi.

SUR LE PROJET DE LOI

RELATIF

AUX PENSIONS ECCLÉSIASTIQUES ET AUX SIÉGES ÉPISCOPAUX.

(Séance du 13 mai 1821.)

MESSIEURS,

Monter à cette tribune pour vous soumettre des réflexions sur un projet de loi qui intéresse une religion à laquelle, tout en la respectant comme je le dois, je n'appartiens point, serait à mes propres yeux une inconvenance, si je ne me rendais le témoignage que j'ai en vue l'intérêt de cette religion même. Nous ne vivons plus dans ces temps d'une intolérance étroite et haineuse, où chacun voyait dans un culte différent un culte ennemi. Tous les hommes qui ne sont pas étrangers au sentiment religieux, à quelque communion qu'ils appartiennent, gagnent à ce que toutes les communions soit respectées. Des lumières chèrement acquises nous apprennent que ce qui décrédite une croyance est funeste aux autres, et qu'en conséquence il est bon pour le protestant que le culte catholique soit entouré de vénération, comme pour le catholique que le culte protestant ne soit pas avili.

J'espère donc pouvoir exposer franchement mon opinion sur les propositions émanées du ministère, sans avoir à craindre qu'on m'accuse d'un esprit de secte, et je vous convaincrai, je le crois, qu'en combattant ces propositions, je ne méconnais point l'intérêt du culte catholique, comme communion chrétienne et religion professée par la majorité des Français. Mais je dois auparavant dire quelques mots de la manière bizarre dont la question s'est compliquée depuis la présentation du projet ministériel.

A côté de ce projet, dont certaines parties me semblent nuisibles à la religion même qu'il est destiné à favoriser, sont apparues tout à coup des propositions bien autrement fâcheuses pour cette religion et pour la classe la plus intéressante et la plus utile de ses ministres ; des propositions destructives de toutes nos garanties politiques, de nos libertés nationales qui ont existé de temps immémorial, de nos droits acquis dans ces derniers temps, en un mot, de tout ce qu'avait maintenu intact la sagesse des siècles passés, comme de tout ce qu'avaient obtenu les lumières du siècle présent.

L'opposition est placée de la sorte entre deux adversaires. Les amendemens de la commission donnent

sans doute au projet du gouvernement, une supé-
riorité réelle sous le rapport de la modération ; mais
ce projet même est défectueux. Nous avons une double
tàche à remplir, et nous pourrions bien être atfaiblis
dans une partie de cette tàche, par cela même que
nous mettrons plus de zèle et de chaleur à nous acquitter de l'autre.

En effet, Messieurs, vous devez, avant-hier déjà,
l'avoir remarqué. Quelque habitués que nous soyons
à nous défier de MM. les ministres, aucun de nous
n'a pu s'empêcher de remarquer la tentative inouie
de votre commission pour enlever aux Chambres leurs
droits constitutionnels ; pour conférer au gouvernement, qui n'y prétend pas, la prérogative d'agir dans
ce qui concerne l'Eglise de France sans aucune autorisation législative ; pour le dispenser de recourir à la
puissance dont la Charte nous a conféré une portion ;
enfin, pour faire que la religion, ou plutôt le clergé,
car c'est le mot propre, soit placé, même pour les
fonds dont il a besoin, dans une exception unique et
contraire aux dispositions précises de notre pacte fondamental. Vous n'aurez pas été éblouis, Messieurs,
par l'expression pittoresque de M. le rapporteur. Il
ne veut pas que la religion tende la main ; mais tendre
la main, dans la langue financière, c'est tout simplement demander un vote d'impôts ; c'est le droit de
consentir ce vote dont votre commission voudrait vous
priver. Lutte étrange et contre nature ! C'est votre
commission qui veut vous enlever une prérogative in-
contestée ; c'est le gouvernement qui veut vous la
reconnaître. C'est votre commission qui essaie de

renverser au profit de la couronne les limites que la
Charte a tracées, et c'est le gouvernement qui le défend de sortir de ces limites. C'est votre commission
qui veut que le roi fasse à lui seul ce qu'il ne peut
faire sans nous ; c'est le roi qui repousse cette extension de pouvoir irrégulière et monstrueuse. C'est votre
commission qui place l'église sous le régime des ordonnances ; et la royauté, mieux inspirée, réclame pour
l'Eglise le régime de la loi. Ce n'est pas, au reste, la
première fois qu'on a vu des assemblées jeter à la tête
du pouvoir des facultés dont il n'ambitionnait pas de
se voir investi. Il y a deux états de choses dans lesquelles les assemblées sont assez disposées à cette
manœuvre: l'un, quand le gouvernement est très fort,
et qu'elles craignent de le combattre : c'était le cas à
l'avénement de Bonaparte; l'autre, quand le gouvernement est très faible, et que l'assemblée qui le
dote d'une puissance illimitée compte le dominer. Dans
ce dernier cas, Messieurs, il est bon que les assemblées qui suivent cette marche sachent ce qui en résulte. Elles prennent sur elles la responsabilité qui
devrait peser sur le ministère. On blâme les ministres,
instrumens déplorables de la violence d'une faction ;
mais comme l'opinion est toujours juste, c'est contre
la faction qu'une haine méritée se dirige, et quand on
compare les propositions primitives qui, défectueuses,
prennent pourtant par la comparaison une apparence
de modération, avec les exagérations apportées à ces
propositions primitives, c'est l'assemblée qu'on accuse
et qu'on doit accuser du mal qui se fait

Je le dis donc franchement, Messieurs; l'opposition

inattendue des ministres à des projets exorbitans, influera sur la mienne, peut-être sans que je m'en aperçoive. Surpris de les voir pour la première fois réclamer en faveur d'une portion des franchises nationales, j'éprouverai quelque regret à désapprouver ce qu'ils proposent, en leur sachant gré de ce qu'ils empêchent.

Cependant, comme le projet ministériel est entaché de plusieurs vices, je dois persister à le combattre.

Le premier de ces vices consiste dans sa forme; il est motivé sur des engagemens anciens et nouveaux contractés avec le Saint-Siége, à l'insu des Chambres et servant néanmoins de base à la loi que l'on vous propose d'adopter. Il en résulte qu'en délibérant sur ce projet de loi, nous ne savons vraiment pas ce que nous allons faire. Discutons-nous une loi à venir, qui, comme d'autres lois, n'aura d'effet que si nous l'adoptons? Mais alors, de quelle nature peuvent être les engagemens anciens et nouveaux dont on nous parle? Si nous rejetons la loi, ces engagemens perdront-ils leur force, ou subsisteront-ils malgré notre rejet?

Si, comme toutes les insinuations semblent l'indiquer, ces engagemens doivent subsister, indépendamment de notre vote, sous quel rapport sont-ils obligatoires? Comme articles d'un traité? Mais si le gouvernement peut, en vertu du droit nécessaire de faire des traités, droit inhérent à la couronne et dont elle ne doit jamais être dépouillée, stipuler avec une puissance étrangère, sans l'intervention des Chambres, des changemens à l'organisation intérieure de l'état dans une partie quelconque, toute constitution est détruite ; on pourra , par des traités successifs , nous dépouiller de toutes nos garanties ; un gouvernement superstitieux traiterait avec un de ses voisins pour supprimer la tolérance religieuse ; un gouvernement, ennemi de la liberté de la presse , stipulerait dans un traité des restrictions oppressives pour la presse. Le concordat de 1817 , dont on a aussi réclamé l'exécution en vertu de la prérogative royale , contenait un article 10 , qui autorisait toutes les craintes de cette nature. Sous le nom de désordres et d'obstacles , on pourrait comprendre , soit les communions non catholiques, qui sont des obstacles aux yeux de l'Église, soit la négligence des individus qui ne se conformeraient pas aux rites de l'Église, ce que l'Église regarde comme un désordre : c'en est fait alors de la liberté des cultes et de la liberté individuelle. Ainsi, tous les articles d'une constitution pourraient disparaître par les stipulations des traités. Le despotisme ou la persécution reviendraient du dehors, masqués de la sorte, et les agens diplomatiques exerceraient le pouvoir législatif.

Les conséquences d'un concordat conclu entre le Saint-Siége et la couronne sans l'intervention et la ratification des Chambres, auraient, plus spécialement que tout autre traité , des conséquences effrayantes. D'autres orateurs vous ont déjà prouvé que ce principe anéantirait les libertés de l'Église gallicane, défendues jadis par nos parlemens que des traditions salutaires et des usages consacrés investissaient de pouvoirs refusés maintenant à tous les corps de l'état; car vous sentirez sans peine que le conseil d'état, dépendant et amovible , sans existence constitutionnelle ou peut-être légale, ne remplace en rien à cet égard nos anciens parlemens.

Deux opinions, d'ailleurs ennemies, dédaignent aujourd'hui les libertés de l'église gallicane. Mais il ne faut pas renoncer prématurément aux garanties, parce qu'on croit que l'esprit du siècle les a dépassées.

Les libertés de l'église gallicane ont été plus d'une fois utiles et protectrices pour notre nation. C'est à ces libertés qu'elle doit d'avoir été préservée du tribunal de sang qui avait envahi tant d'autres contrées. Parce que les lumières actuelles ont été plus loin que ces libertés en théorie, faut-il y renoncer en pratique? Considérez où cette renonciation pourrait nous mener.

Si l'on nous imposait un concordat pareil à celui qu'un auteur ingénieux appelle les *fourches caudines,* sous lesquelles Léon X fit passer François Ier, et il ne faudrait pour cela que le concours de deux hommes et une négociation clandestine, où trouverions-nous aujourd'hui un cardinal pour défendre les libertés de l'Église; un premier président pour réclamer, au nom de sa cour, le droit d'examiner et de ne faire que ce qui serait conforme à raison et à justice; un avocat et un procureur du roi, pour protester contre l'asservissement spirituel du royaume et la dilapidation de ses ressources; enfin, toute une assemblée qui, menacée comme le parlement de Paris le fut d'être entouré le lendemain par les gardes-du-corps du roi et jeté dans un fond de basse-fosse, déclarerait qu'elle n'est pas libre, qu'elle ne peut émettre son vœu, que la publication du concordat est un effet de la violence, et qu'elle n'entend pas s'y conformer.

D'après le principe du projet, nous n'aurions ni le droit, ni la mission constitutionnelle de faire une pareille déclaration. En aurions-nous la volonté, Messieurs? le rapport de votre commission prouve au moins que nous ne serions pas unanimes; les murmures que le discours d'un commissaire du roi a excités avant-hier, rendent aussi douteux si nous serions en majorité; ainsi l'Église et l'état seraient livrés à toutes les usurpations ultramontaines.

Vous me direz que dans le projet du gouvernement il ne s'agit de rien de semblable, mais simplement de la création de douze siéges épiscopaux. J'en conviens; mais le principe est le même. Cette création n'est point le résultat d'une loi, elle est la suite d'engagemens antérieurs. Si l'on a pu conclure de tels engagemens, et qu'ils soient obligatoires, on peut en conclure d'autres. Ce principe aurait favorisé autrefois l'introduction de l'inquisition dans le royaume. Il pourrait conduire encore aujourd'hui au rappel de cette corporation trop fameuse, dont la mémoire reste chargée du meurtre de Henri IV. Cela n'arrivera pas, dites-vous; l'esprit du siècle s'y oppose. Je suis charmé de vous voir si confians dans l'esprit du siècle; mais si, dans un avenir quelconque, un prince moins éclairé se mettait en lutte avec cet esprit, tous les moyens de résistance légale ayant disparu, réfléchissez à ce qui en résulterait pour la monarchie et pour la nation.

Ainsi, sous le point de vue constitutionnel, le projet du ministère me semble vicieux. Ne l'est-il pas aussi sous le rapport financier? On vous demande une concession de fonds indéterminée pour la somme et pour le temps ; n'est-ce pas une atteinte au droit que vous avez de voter annuellement toutes les dépenses ? Pouvez-vous abdiquer ce droit? Vos prérogatives financières sont instituées, non pas pour vous, mais pour le peuple ; et en les livrant à la couronne, ce n'est pas un acte de générosité, c'est un acte de trahison que vous commettriez. A ce sujet, vous conviendrez qu'il est remarquable que dans un projet où il s'agit pourtant de voter des fonds, le ministère et la commission aient, comme à l'envi, évité les chiffres. Les deux seules sommes qui soient indiquées, vous sont annoncées comme des retranchemens futurs. On a couvert d'un voile des augmentations, et on vous dit que le projet, loin d'accroître les charges, les diminuera.

Messieurs, la diminution promise dans un avenir lointain, se monte à 1 million 300,000 fr. L'augmentation qui va commencer à l'instant même, s'élèvera progressivement à près de 7 millions.

En effet, les pensions ecclésiastiques forment une somme de 10 millions 778,771 fr. Les lois de finance ont déjà accordé au clergé, sur cette somme, 4 millions 100,000 fr. La loi qui vous est soumise lui donne les 6 millions 678,000 fr. que l'état s'était réservés.

Indépendamment de cette augmentation de 7 millions, le gouvernement évalue, si je suis bien instruit, l'érection et la dotation d'un siége épiscopal, à une dépense annuelle de 70,000 fr. Les frais de premier établissement iront à 200,000 fr. par siége épiscopal. Que ces derniers frais soient supportés par

les départemens ou les villes, la chose est indiffé-
rente; ils n'en sortiront pas moins de la poche des
contribuables. C'est donc, dans le projet ministériel, 840,000 fr. de dépense annuelle, et 2 mil
lions 400,000 fr. de frais de premier établissement.
Ce serait bien autre chose dans le projet de la commission; elle ne met point de limites à la multiplication des évêchés; et ce n'est point évaluer trop
haut ses prétentions, que de les porter à ce qui existait avant la révolution. Alors, la dépense annuelle
s'élèverait à 2 millions 940,000 fr. N'est-il pas évident que, pour une dépense de cette étendue, tous
les élémens devaient être mis sous les yeux de la
Chambre ? N'est-il point clair que si, par des engagemens antérieurs, anciens ou nouveaux, on vous astreint à voter cette dépense qu'on n'a pas même
songé à vous détailler, vous ne tenez plus, pour me
servir de l'expression anglaise, les cordons de la
bourse ? Vous êtes anéantis constitutionnellement
et financièrement.

Je passe au second point de vue sous lequel je
veux considérer le projet, c'est de maintenir la religion, de consolider son influence, d'ajouter à sa
puissance morale. Certes, j'applaudis autant que personne à cette intention; autant que personne je suis
convaincu que la religion est une cause puissante,
une source indispensable d'amélioration et de bonheur
pour l'espèce humaine. Ce n'est pas, je l'avoue, que
j'adopte une hypothèse souvent reproduite, plutôt
injurieuse, selon moi, que favorable à la religion,
et tendant à la présenter surtout comme fortifiant

les lois pénales. Je la place plus haut ; je ne la considère point comme le supplément de la potence et
de la roue. Il y a une morale commune fondée sur
le calcul, l'intérêt, la sûreté, et qui peut-être à la
rigueur se passerait de la religion ; mais, malheur
au peuple qui n'aurait que cette morale commune !
C'est pour créer une morale plus élevée que je crois
la religion désirable. Je l'invoque, non pour réprimer
les crimes grossiers, mais pour anoblir toutes les
vertus. Tout ce qui est beau, tout ce qui est noble,
tout ce qui est intime, se rattache à elle.

Ainsi, Messieurs, tout ce qui me semblerait con-
tribuer à la rendre plus puissante et plus sacrée, ob-
tiendrait mon assentiment et mon approbation. Mais
le gouvernement s'est mépris, suivant moi, sur les
moyens d'atteindre ce but. Et remarquez d'abord
une singulière contradiction entre l'exposé des motifs
et la rédaction de la loi.

D'après l'exposé des motifs : le premier vice de
l'état présent, c'est l'insuffisance des salaires de ceux
des ministres des autels qui sont le plus rapprochés
du peuple, et le plus spécialement chargés de le faire
jouir des bienfaits et des consolations religieuses. Un
second inconvénient, c'est la viduité des paroisses et
l'absence de secours spirituels. La décadence des édi-
fices consacrés au culte, vient en troisième ligne, et
ce n'est que tout à la fin que l'exposé des motifs
nous parle de l'accroissement du nombre des évêques, accroissement qui donnerait au clergé, dit-on,
une direction plus ferme, et à l'Eglise plus de splendeur.

Qui n'eût pensé que, suivant dans la rédaction des articles de la loi la même série d'idées que dans l'exposé des motifs, ils travailleraient d'abord à porter remède à cette insuffisance, et que, si la chose leur paraissait nécessaire ensuite, ils ne s'occuperaient du luxe qu'après avoir assuré l'indispensable ? Au contraire, le projet commence par où les motifs finissent.

Le premier paragraphe des motifs vous avait attendris sur les desservans. Le premier article du projet vous demande des évêques. Vous espériez donner des pasteurs aux paroisses qui en sont privées ; vous allez créer des siéges épiscopaux qui n'existent pas, et laisser des paroisses dans la viduité qui, dit-on, les désole.

Ceci, Messieurs, est ou une erreur ou une concession ; si c'est une erreur, peu de mots suffiront pour la relever. Les ministres ont cru voir que la religion avait perdu de sa force ; ils ont cherché les causes de cet affaiblissement dans des circonstances extérieures ; et comme de toutes les circonstances extérieures, la pompe et la richesse sont les plus frappantes, c'est en entourant la religion de richesse et de pompe, qu'ils ont espéré lui rendre son influence.

Pour apprécier la valeur de ce moyen, consultons les faits.

Je ne remonterai point aux époques primitives du christianisme, à ces époques où sa pauvreté fit sa puissance ; je ne vous rappellerai que ce qui s'est passé sous vos yeux, ce que votre mémoire peut vous retracer.

Dans quel temps la religion a-t-elle été l'objet des

attaques les plus vives ? Dans quel temps l'incrédulité
était-elle devenue une preuve de lumières, une pré-
tention d'esprit supérieur, et, pour ainsi dire, un cer-
tificat de bonnes manières et d'élégance ? N'était-ce
pas avant la révolution de 1789 ? Alors paraissaient
chaque jour des pamphlets où des hommes, distingués
d'ailleurs par leur savoir et par leur génie, se faisaient un plaisir et presque un devoir d'insulter à
ce que tant dé siècles avaient respecté. Alors Voltaire écrivait ce que certainement il n'écrirait pas
aujourd'hui, et une foule d'imitateurs se précipitaient
sur ses traces, heureux de surpasser en violence
l'homme avec lequel toute rivalité plus honorable
leur était interdite. Les ministres des autels cédaient
comme les autres à cette impulsion irrésistible; ils
ne parlaient, même dans la chaire, qu'avec une sorte
de timidité ou quelquefois d'ironie; et je pourrais
citer plus d'un successeur de Bossuet et de Fénélon,
qui, éludant le combat ou se réfugiant dans des
formes convenues, paraissait bien aise de laisser
pénétrer sa pensée secrète. Et ne prenez pas ici
l'effet pour la cause; n'attribuez pas aux écrits ir-
réligieux la décadence de la religion. Les écrivains
représentent leur siècle et ne le forment pas; ils en
sont les organes et non les instituteurs. On n'aurait
pas cherché le succès dans l'incrédulité, si elle n'eût
déjà été à la mode. Eh bien, Messieurs, à cette époque l'Eglise de France possédait toutes ses richesses,
et ses richesses étaient immenses. Tout ce que vous
regrettez existait, tout ce que vous voudriez rétablir
était en pleine vigueur, au moins en apparence.

Maintenant, Messieurs, à quelle époque la religion a-t-elle repris de la puissance sur les esprits et de l'ascendant sur les ames?- A l'époque d'une erreur déplorable, commise par l'assemblée constituante.

Je me hàte d'expliquer à quelle mesure de cette assemblée je fais allusion ; je ne désigne, certes, point ici la vente des biens du clergé ; cette vente fut un acte légitime (Voix à droite : Non, non ; murmures prolongés.), et qui, si les intentions de leurs auteurs eussent été remplies, si les possesseurs de ces biens n'eussent pas été ensuite privés illégalement de ce qu'on leur avait assuré, n'aurait eu rien que de conforme à la loyauté et à la justice. Nous devons à la vente des biens du clergé deux avantages inappréciables : d'abord, en consacrant ces ressources à la plus juste des guerres, nous avons repoussé les étrangers qui, alors comme toujours, voulaient attenter à notre indépendance, et dans leurs congrès et leurs coalitions conspiratrices, complotaient insolemment contre notre honneur national ; en second lieu, notre agriculture a fait d'immenses progrès par la division de ces propriétés.

L'erreur de l'assemblée constituante fut d'avoir imposé un serment aux prêtres, d'avoir fait peser la défaveur et les privations sur ceux qui ne le prêtaient pas, et de les avoir placés de la sorte entre leur conscience et leur intérèt. C'est une erreur que l'autorité commet sans cesse, et qui, j'aime à le dire à l'honneur de l'humanité, tourne toujours au détriment du pouvoir. Alors, épurée par l'abnégation, dégagée de l'alliage des intérêts temporels, et comme ramenée à sa noble origine par la puissance du sacrifice, la

religion reprit tous ses droits en reprenant la sublí-
mité primitive de son caractère. Je pourrais continuer
ce récit ; je pourrais vous montrer la religion, toujours plus pauvre et toujours plus puissante, sous les
fureurs conventionnelles et les vexations directoriales ;
je pourrais vous la montrer, au contraire, reperdant
de son influence et de son pouvoir, lorsque le despotisme est venu l'enrichir en la flétrissant de sa dédaigneuse alliance ; mais je me borne aux deux époques
que j'ai rappelées, et j'en tire une conclusion simple et
incontestable. Avant la révolution, sous le clergé riche, la religion est tombée ; après la révolution, sous le
clergé pauvre, la religion s'est relevée : vous en con-
venez, car vous nous peignez l'ardeur des peuples à
demander des pasteurs. Cependant, qu'allez-vous faire ?
Nous sortir du régime qui a ressuscité la religion pour
nous replacer sous le régime qui l'a détruite.

Messieurs, il est dans l'ordre des choses qu'après
avoir essayé des deux extrêmes, les gouvernemens et
les peuples reviennent à la raison. L'ancien régime
était un excès, le régime révolutionnaire en était un
autre ; car je ne partage point avec beaucoup d'hommes, que d'ailleurs je respecte, l'opinion que l'état
ne doit pas salarier les cultes. Il n'est pas bien, im-
primais-je il y a long-temps, de mettre dans l'homme
la religion aux prises avec l'intérêt pécuniaire. Obliger
le citoyen à payer directement celui qui est en quelque sorte son interprète auprès du Dieu qu'il adore,
c'est lui offrir la chance d'un profit immédiat, s'il né-
glige sa croyance ; c'est lui rendre onéreux des sentimens que les distractions du monde pour les uns et

les travaux pour les autres ne combattent déjà que trop.

J'aime que l'état déclare, en salariant, non pas un clergé, mais les prêtres de toutes les communions qui sont un peu nombreuses ; j'aime, dis-je, que l'état déclare que la communication entre l'homme et la Divinité n'est pas interrompue, et que la terre n'a pas renié le ciel. Deux conditions seulement sont nécessaires : l'une, c'est que l'état salarie toutes les communions ; alors le fardeau, devenant égal pour tous, n'est plus une injustice ; l'autre, que la tolérance la plus absolue existe. Alors il en est de la religion comme des moyens de communication sur la terre. L'état entretient les routes publiques, mais laisse à chacun le droit de préférer les sentiers.

Je désire donc voir améliorer le sort des pasteurs chers à leurs ouailles, utiles, respectables, respectés. Assurez-leur le nécessaire et même l'aisance que l'équité réclame pour eux ; mais commencez par là. Ce que vous ferez pour ces pasteurs sera de la piété et de la justice ; ce que vous feriez pour des évêques, aussi long-temps que les pasteurs souffriront, n'est qu'une fausse politique et un mauvais calcul.

Si cependant les départemens manifestent ensuite le vœu d'obtenir des évêques, si ce vœu est exprimé par des organes vraiment populaires ; si ce ne sont point par hasard des officiers municipaux tirés d'une caste qui demandent à des députés pris dans la même caste, des siéges épiscopaux pour les puînés de cette caste, nul d'entre nous, quelle que soit la reli gion qu'il professe, ne voudra repousser ce désir du peuple ; mais secourez d'abord ceux qui souffrent, car les droits sacrés sont ceux de la souffrance.

Le rapporteur de votre commission m'accusera, sans doute, d'offrir aux curés et aux vicaires des dons empoisonnés qu'ils repoussent. Je ne répondrai point à cette inculpation trop banale; je dirai seulement qu'en écoutant cette phrase, j'ai été frappé d'une réflexion. Les curés et les vicaires repoussent, dit-on, l'aisance qui leur viendrait aux dépens d'évêques qui n'existent pas encore; je veux le croire; je les en estime. Mais si leur sacrifice est noble, est-il noble aussi de l'accepter? Ce qui est si beau dans les curés qui s'immolent, le sera-t-il de même dans les évêques qui en profiteront? Je ne sais; mais il me semble que, puisqu'il y a abnégation d'une part, il y a le contraire de l'abnégation de l'autre; et si j'admire l'abnégation, c'est une raison pour moi de ne pas admirer ce qui est le contraire.

Messieurs, c'est en assurant l'aisance de la partie du clergé qui est en rapport constant et intime avec toutes les classes du peuple, que le gouvernement accroîtra ce qu'il y a de salutaire dans l'influence de la religion; mais il y a d'autres moyens encore de la favoriser : c'est de la laisser indépendante de la politique; c'est de ne pas en faire un instrument du pouvoir; c'est de ne pas la soumettre aux caprices des subalternes; c'est de ne pas exposer Bossuet et Massillon aux mutilations insolentes d'une censure qui étend sur le passé son oppression ridicule, de peur que le présent ne s'y réfugie pour lui échapper.

Le second moyen, c'est d'associer la religion à la liberté. C'est ainsi qu'en Angleterre l'église s'est long-temps concilié la faveur populaire ; et certes , on n'a besoin d'aucun effort pour mettre d'accord la liberté et le christianisme. Pour en faire un allié du despotisme, il a fallu le dénaturer. Les premiers chrétiens étaient dénoncés sous les empereurs, comme les amis de la liberté le sont de nos jours ; et si vous lisiez les premiers apologistes de la religion chrétienne , vous seriez étonnés de voir qu'ils parlaient notre langue , et se défendaient contre les calomnies que nous subissons. (Murmures à droite.)

Si je n'étais convaincu de votre érudition profonde, je vous citerais les propres paroles des apologistes de la religion chrétienne ; je vous les citerais dans la langue originale, pour que vous puissiez juger de la fidélité de la citation ; mais vous les connaissez sans doute ; car vous ne riez sûrement pas de ce que vous ignorez, et vous devez, en conséquence, savoir, aussi bien que moi, que les accusations contre les chrétiens par des délateurs, étaient pareilles à celles auxquelles les amis de la liberté sont exposés ; et l'on pourrait, en les faisant traduire, s'épargner les frais de compositiou pour les déclamations et les calomnies qui remplissent certains écrits d'à présent.

Aujourd'hui encore le christianisme a conservé ce sacré caractère. C'est à l'étendard de Constantin, avec sa devise *in hoc signo vinces,* que la liberté renaît en Grèce ; je crois pouvoir citer cet exemple sans vous offenser : je ne pense pas que l'Alcoran soit un des livres symboliques de la sainte-alliance, et que vous désiriez le triomphe du croissant sur la croix.

Le ministère s'est égaré dans sa marche constitutionnelle ; il s'est trompé dans ce qu'il a cru faire pour l'avantage de la religion. Sons le premier rapport, vous devez rejeter une loi qu'on vous impose en vertu d'engagemens que vous ignorez ; vous le devez, et j'en vois la preuve dans le discours prononcé avant-hier par un des commissaires du roi.

Sous le second rapport, vous devez revenir à l'ordre des idées établi dans l'exposé des motifs du projet de loi ; faire d'abord le nécessaire, pourvoir d'abord aux besoins réels. J'ai dit que le renversement de cet ordre d'idées me paraissait une concession des ministres à un système qu'ils espéraient adoucir, à des prétentions qu'ils espéraient désarmer. Cette concession, le rapport de la commission nous l'a démontré, a été infructueuse. Il en sera de même toujours. Puissent les ministres renoncer à de funestes et inutiles condescendances ! Vous au moins, vous ne devez pas vous y prêter.

Quant au projet de la commission, Messieurs, il est subversif de tous les principes, il est destructif de toutes nos libertés, il est attentatoire à l'humanité même, car il ajourne indéfiniment les secours dus au travail actif, au dénuement et à la vieillesse. Il viole toutes nos prérogatives, car il investit la couronne d'un pouvoir qu'elle refuse : il livre la France à tous les empiétemens que la sagesse de nos parlemens avait repoussés. Avec le projet de la commission, il n'y a, pour l'église gallicane, plus de libertés ; pour le peuple, plus de Charte ; pour les Chambres, plus de part à la législation. L'Eglise est asservie aussi bien que l'état et l'ouvrage de Bossuet est détruit comme celui de Louis XVIII.

Je me suis exprimé, Messieurs, sans aucune réserve, et sans aucune arrière-pensée. Je terminerai avec la même franchise. Les deux projets que nous discutons, celui du ministère, par ses condescendances, celui de la commission, par ses excès, décèlent clairement, comme tout ce qui s'est passé dans cette enceinte depuis le commencement de cette session, la position des choses. Cette position est contre nature, parce que, dans les élémens qui y entrent, il en est un qui ne devrait pas exister.

Dans tous les pays libres, il y a deux partis, celui du pouvoir et celui du peuple. Ces deux partis se combattent; mais leur lutte est constitutionnelle. Le champ de bataille est connu, le terrain ferme et sûr.

En France, derrière le parti du pouvoir, il y en a un autre que je ne sais comment désigner, mais dont le travail est évident; il veut tout détruire pour tout conquérir. Ce parti pousse les ministres, profite de leurs fautes, abuse de leurs concessions, leur impose des lois, exagère encore les lois qu'il leur a dictées, les enchaîne par des antécédens déplorables, les domine parce qu'il les a dominés, s'arme contre eux du blâme qu'ils ont provoqué en ne lui résistant pas, et de la sorte entrave le mécanisme et dérange sans cesse l'équilibre constitutionnel.

Le ministère le sent; quelquefois il l'avoue; mais souvent aussi il se résigne et il cède. C'est ce qui fait sa faiblesse, et ce qui fera sa perte, s'il continue. Il a pour la première fois, dans cette question, montré plus de courage. Il n'est jamais trop tard pour sauver son pays. Mais il ne faut pourtant pas se faire illusion.

On cède à la folie par faiblesse ; on ne revient à la raison qu'à l'aide d'un effort ; et lorsqu'on a eu le tort d'évoquer 1815, il faut malgré soi se donner le mérite de recourir à un 5 septembre.

SUR UNE PÉTITION

RELATIVE

A L'INFLUENCE DU CLERGÉ CATHOLIQUE SUR L'ÉDUCATION DES PROTESTANS.

(Séance du 19 mai 1821.)

MESSIEURS,

Je ne puis comprendre les motifs de la commission ; comment est-il possible que les ministres de la religion catholique n'exercent aucune influence sur l'éducation des protestans ? Des hommes voués à un culte particulier doivent nécessairement donner une direction favorable à ce culte. Il importe, pour ne pas inquiéter les protestans, que l'ordonnance sur l'instruction publique soit interprétée. Je suis loin de croire qu'on veuille introduire le principe de l'intolérance religieuse ; mais n'est-ce pas une absurdité que de soumettre la surveillance de l'éducation aux ministres de la religion qui regardent le protestantisme comme une hérésie et les protestans comme frappés d'anathème. Il est donc nécessaire de renvoyer cette pétition au ministre de l'intérieur, afin qu'il prenne des mesures propres à empêcher que l'éducation des protestans ne souffre de cette nouvelle ordonnance, que je regarde tout-à-fait comme inconstitutionnelle, et de nature à alarmer les consciences des protestans et des amis des libertés religieuses.

SUR LES ATTAQUES

DIRIGÉES

CONTRE LES DONATAIRES FRANÇAIS.

(Séance du 28 mai 1821.)

MESSIEURS,

Je ne rentrerai pas dans les considérations générales que j'ai été charmé de voir présenter avec tant de talent par notre honorable collègue, M. Casimir Périer; je me bornerai à exposer les motifs qui me font rejeter l'amendement, qui n'est que la sanction des discours prononcés à cette tribune contre une portion des donataires. Oui, Messieurs, ce n'est autre chose que la possibilité d'imprimer presque légalement une flétrissure qui n'a pas été suffisamment repoussée ; car lorsqu'on s'est plaint des personnalités qu'on se permettait à cette tribune, M. le président, dont je ne veux pas inculper le jugement, qui, dans la même séance, avait presque rappelé à l'ordre un orateur, parce qu'en parlant d'une accusation terrible, il s'était servi du mot *calomniateur*, M. le président, sollicité de rappeler à l'ordre un membre qui insultait de la manière la plus grave les hommes qu'il nommait, M. le président a dit qu'il ne voyait rien qui ne fût hors de la question, et qui exigeàt le rappel à l'ordre. Le singulier erratum de la commission n'était autre chose que le moyen de flétrir ceux qu'on avait déjà calomniés. On n'a pas osé montrer imprimé ce moyen d'exclusion qu'on avait médité et qu'on se réservait. Si un seul des individus qui sont sur la liste présentée par le gouvernement, se trouvait exclu par suite de la faculté laissée dans l'amendement, il est évident que toutes les calomnies, toutes les invectives qui ont été prodiguées dans cette assemblée, sembleraient confirmées par un jugement, bien que les dénonciateurs n'eussent apporté aucune preuve. Sous le premier rapport, vous ne pouvez donc pas adopter l'amendement ; vous devez rejeter tout ce qui tendrait à remettre en question les listes déjà arrêtées. La substitution de ces mots : *les listes seront arrêtées*, n'est qu'un moyen de flétrir les hommes qu'on a indignement attaqués....

En parlant de tel général, on n'a pas seulement défiguré les faits, mais on s'est servi des épithètes les plus injurieuses, dont je ne veux pas souiller ma bouche.

M. le général Miollis est un homme universelle-
ment respecté; comment l'a-t-on traité dans cette enceinte? N'a-t-on pas osé dire que ses services à Rome
étaient trop connus? était-ce là une personnalité indirecte? Il faut laisser au roi, Messieurs, le bienfait
qu'il a eu l'intention d'accorder aux donataires, et il
ne faut pas prendre sur vous l'odieux d'un système
d'exclusion. Eh! qu'y gagneriez-vous, même dans
votre opinion? Un ministre ne vous a-t-il pas dit que
personne ne pourrait conseiller au roi de changer les
listes arrêtées? J'aime à croire que les ministres seront
fidèles à cet engagement, et alors vous ne devez
pas faire entendre par votre rédaction qu'il y aura
lieu à des listes nouvelles; il n'y a que la haine et la
passion qui puissent en inspirer l'idée.

Vous respecterez donc, Messieurs, l'initiative royale,
et dans le projet présenté, et dans les listes annexées;
vous ne voudrez pas mériter le reproche d'avoir provoqué des listes d'exclusion, des listes de flétrissure
et de proscription! J'espère que le gouvernement n'y
consentira pas; et, bien qu'on ait dit qu'il fallait qu'un
ministère allât avec la majorité, je réponds avec l'exemple de l'Angleterre, quoique je ne donne pas son ministère pour modèle de soumission aux principes constitutionnels, je réponds qu'en Angleterre c'est le ministère qui mène la majorité, et non la majorité qui
mène le ministère. Le ministère anglais soutient toujours le projet qu'il a présenté, soit bon, soit mauvais, et je ne dis pas que s'il succombe, il doive à
l'instant quitter la place; il a du moins le mérite de la
résistance et de la fixité; il réunit toutes ses forces

pour une autre lutte, et y inspire plus de confiance à ses partisans ; c'est ainsi que les choses se sont passées à l'occasion de l'income tax. Le ministère n'a pas eu la majorité ; il a soutenu que son projet était bon, que la majorité y reviendrait, et pour cela il ne s'est pas retiré. Il a continué de gouverner sans fléchir, sans obéir à la majorité ; il en a été de même à l'occasion d'un procès trop fameux. Je désire que le ministère suive cet exemple, et qu'après avoir proclamé des principes auxquels nous avons applaudi, il ne les abandonne pas par une condescendance dont on ne fera qu'abuser. Je demande que les inscriptions aient lieu sur les listes annexées au projet de loi.

SUR LE MEME SUJET.

(Séance du 29 mai 1821.)

MESSIEURS

Les articles 3, 4, 5 et 6 du projet m'ayant paru devenir, par l'adoption des amendemens de la commission, complètement illusoires et trompeurs pour ceux que le projet du gouvernement était destiné à favoriser, et que le projet de la commission dépouille, je n'ai pas dû prendre la parole sur ces articles, parce que je n'ai pas voulu prendre part à une déception.... Mais je ne puis m'empêcher, à l'article 7, de déclarer que je le regarde comme le complément de la spoliation exercée contre les donataires. Cet article explique clairement la volonté de faire refluer sur les hommes qui n'ont rien mérité (et je suis bien indulgent quand je dis qu'ils n'ont rien mérité) la récompense de ceux qui ont bien mérité de la patrie. Cet article déchire le voile; c'est le complément de la contre-révolution.... Par conséquent j'ai dû, à la face de la nation entière, exprimer mon opposition à cette spoliation. Je suis bien aise que cet article soit venu montrer quels sont ceux pour lesquels on dépouille les donataires; je suis bien aise qu'on sache qu'après avoir soumis les récompenses dues aux donataires à l'arbitraire, dont on espère abuser, on n'est pas encore satisfait, et que l'on veut que le pain des donataires, à mesure que leurs anciennes souffrances et le dénuement les auront précipités dans la tombe revienne aux hommes qui ont porté le fer et le feu dans leur patrie.

✝✝✝

SUR UN DISCOURS

DE M. DE LA FAYETTE.

(Séance du 4 juin 1821.)

MESSIEURS

J'attribue aux interruptions fréquentes et souvent tumultueuses, qui ont eu lieu sans doute, parce que les interrupteurs comprenaient mal le sens du discours........ J'attribue, dis-je, aux interruptions qui ont empêché d'entendre M. de La Fayette, une partie de ce qu'on vient de dire ; car si l'on avait écouté avec attention, l'on aurait vu que jamais peut-être on ne s'est élevé avec plus de force, avec la force d'une conscience plus profondément indignée, contre les excès de la révolution. Ce n'est sans doute que parce qu'on a cru voir une sorte d'apologie de ces excès, qu'on s'est opposé à l'impression du discours ; car si on avait vu dans ce discours ce qui y est, c'est-à-dire l'apologie des véritables principes de la liberté, des principes sur lesquels reposent nos institutions actuelles, ou sur lesquels elles reposaient, avant qu'on ne les eût violées, on n'aurait pas voulu flétrir les principes qui ont dicté la Charte, que l'auteur de la Charte est venu professer lui-même plus d'une fois, tant en 1790 que sur le trône, au sein de cette assemblée.

Je dis que dans le discours de M. de La Fayette on ne trouve que des principes adoptés par l'immense majorité de la nation.... Quant aux censures qui s'y rencontrent contre la marche actuelle de l'administration, vous en avez toléré qui n'étaient pas moins fortes, et qui partaient d'un autre côté que celui où siége l'orateur; ce ne peut donc être que par esprit de parti que l'on s'oppose à l'impression. M. de La Fayette a retracé toutes les horreurs de cet abominable ancien régime sous lequel la nation gémissait Il a retracé les violations de la Charte, les outrages faits à l'indépendance nationale; il a retracé les injustices dont les citoyens ont été victimes. Dans ce qu'il a dit, il n'y a rien qui ne soit d'une entière vérité; il n'y a rien dont la nation ne soit convaincue. Ce qu'il a dit, nous le pensons tous; ce n'est pas en refusant l'impression que vous empêcherez cette conviction d'exister et de faire chaque jour des progrès. Ne croyez pas qu'une majorité, quelque bruyante qu'elle soit, puisse dénaturer les faits et puisse faire que ce qui est ne soit pas. M. de La Fayette vous a dit que l'on faisait la contre-révolution; oui, Messieurs, elle se fait. (Nouvelle interruption.... Voix diverses: Parlez donc sur l'impression.) Pour motiver l'impression, il faut bien que j'entre dans l'examen du discours; donc je suis dans la question M. de La Fayette a rappelé des faits qu'il sera toujours utile de retracer, parce qu'il faut que la partie de la nation, qui peut-être n'est pas assez éclairée, sache où l'on veut la mener. Je regarde le discours de M. de La Fayette comme éminemment propre à éclairer toute la nation, et c'est sous ce rapport que j'en appuie de toutes mes forces l'impression....

SUR LES FRAIS

DE JUSTICE.

(Séance du 7 juin 1821.)

MESSIEURS,

Ce n'est pas sans inquiétude que je monte à cette tribune. Mon désir serait de ne point mériter le rappel à la question, et dans ma conviction, je ne dirai rien qui le motive. Mais depuis ce qui s'est passé dans la séance d'hier, cette conviction me rassure à peine. Un de mes honorables amis avait à vous prouver l'inutilité d'un de nos ministres. Pour y parvenir, il devait nécessairement examiner ce qu'avait fait ce ministre durant son administration. Il a voulu en conséquence vous rappeler un de ses actes les plus mémorables, ou pour mieux dire le seul acte mémorable qui se trouve dans les annales de son ministère ; cet acte était une circulaire. M. le président lui a objecté qu'il s'agissait d'allouer 180,000 fr., et non de commenter une circulaire. Cependant, quand on veut savoir ce qu'un ministre a fait, en échange de 180,000 fr. de dépense, et quand ce ministre n'a fait au monde qu'une circulaire, il faut ou se taire ou examiner cet acte unique. Mon honorable ami a pourtant été réduit à renoncer à cet examen.

Moi, Messieurs, je viens demander une réduction sur le chapitre vii du budget de M. le garde-des-sceaux ; ce chapitre est celui des frais de justice, en matière de criminelle, correctionnelle et de simple police. Pour motiver la réduction que je demande, il faut que j'examine ce qui occasionne ces frais. Me trouverez-vous hors de la question, si je vous indique pourquoi ils me paraissent grossis inutilement, fâcheusement, illégalement ?

J'ose espérer que non. Je me flatte que M. le président ne me dira pas qu'il ne s'agit que d'une réduction pécuniaire, et que je ne dois pas analyser les actes qui, à mes yeux, justifient cette réduction, car je le prierai d'observer que je la demande précisément parce que nous ne devons pas payer de tels actes.

Au reste, pour mériter votre indulgence, je mettrai dans mes réflexions le moins d'idées générales qu'il me sera possible, et j'arriverai en très peu de mots à l'application spéciale.

Rien de plus simple et de plus indispensable que les poursuites du ministère public dirigées contre les délits qui troublent l'ordre. J'ai eu récemment l'occasion de déclarer que je regardais comme une prévarication toute négligence dans ces poursuites, et ce que j'ai dit hier à un ministre qui ne poursuit jamais ceux qu'il dénonce toujours, je le répète aujourd'hui, comme principe devant diriger la conduite du ministère publie.

Mais il n'en est pas moins certain que les poursuites intentées par lui sont la cause d'une partie des frais portés dans le chapitre que nous discutons. Si donc le ministère public intente quelquefois des poursuites inutiles ou inconstitutionnelles, il grossit gratuitement, et à tort, des frais qui sortent de la poche des contribuables. Pour obvier tout de suite à deux objections ou interruptions qui me menacent ; l'une tirée de ce qu'on dira que j'attaque l'ordre judiciaire, l'autre motivée sur ce que ceci n'est pas la question ; je répondrai, quant à la première, que, loin d'attaquer les choses jugées, je leur rends hommage en qualifiant de poursuites inutiles celles qui sont dirigées contre des prévenus, dont l'innocence est tellement évidente, que les tribunaux ne balancent pas à les absoudre ; et quant à la seconde, que je suis bien dans la question, car les articles sur lesquels je demande une réduction sont dans le chapitre qui vous est actuellement soumis. Ce sont les articles 4, 8, 9, 11 et 14.

Je classe mes observations, article par article, pour vous convaincre que je reste dans mon sujet.

Je tiens tellement à vous donner cette conviction, que je me soumets à commencer par l'article le plus minutieux, tellement minutieux, que son énonciation excitera vos murmures ; mais si vous daignez m'é-

couter un instant, vous trouverez qu'il n'est pas sans
importance

Cet article est l'article 4.

Rien de plus naturel, lorsqu'un procès important
doit se juger, que de faire venir tous les papiers et
toutes les pièces qui peuvent répandre quelque jour
sur les circonstances de l'affaire. Rien de plus naturel
en conséquence que de faire supporter à la société les
frais de transport de ces pièces nécessaires. Mais si,
par hasard, il entrait dans les habitudes et les pratiques ministérielles de faire saisir à droite et à gauche
des correspondances, pour y trouver la base de poursuites iniques et absurdes, s'il entrait dans ces habitudes et dans ces pratiques de faire envoyer à un
ministre, à M. le garde-des-sceaux, par exemple,
contre le vœu et la lettre de la loi, des amas de pièces
dont il n'a le droit de se rendre ni possesseur ni dépositaire; si, de la sorte, les frais de ces envois se mul-
tipliaient à l'infini, suivant le caprice, l'esprit de vengeance, les haines violentes ou puériles d'un ministre
et de ses agens; si toutes ces manœuvres, et par conséquent tous les frais qu'elles auraient occasionés,
aboutissaient à prouver que ces correspondances étaient
parfaitement innocentes, que rien n'autorisait la violation du secret des lettres ni celle du domicile, et s'il
fallait enfin, après avoir commenté, interprété, tor-
turé, mutilé ces correspondances, les rendre à ceux
à qui on les avait prises, vous conviendrez que les
frais d'envoi seraient de l'argent mal employé. Eh bien!
c'est ce qui arrive. Je pourrais citer une foule de faits,
je n'en rappelerai qu'un. M. le garde-des-sceaux a

trouvé convenable, il y a un an, de se faire adresser
plusieurs correspondances. Le port a dû être cher,
car dans un seul envoi il y avait deux cents lettres
d'une part et environ quatre-vingts de l'autre. On a
fondé là dessus un procès assez célèbre ; on a rédigé
un acte d'accusation où chaque phrase était scindée
pour être épiloguée plus fructueusement. Malgré ce
beau travail, les jurés, et vous ne direz pas que je les
attaque, je leur rends hommage, les jurés ont déclaré
l'accusation ridicule, et il a fallu rendre les lettres
dont les contribuables avaient payé l'envoi et ont payé
le renvoi. Or, parmi ces contribuables étaient les citoyens dont on avait violé le domicile, fouillé les ma-
gasins, parcouru les livres de commerce, enlevé les
papiers. Ils paient leur part des frais de ports des lettres et paquets ; c'est-à-dire, qu'ils paient pour avoir
été vexés.

Je passe à l'article 9, intitulé *Translation des prévenus*. Rien de plus légitime que de transférer les prévenus là où la loi veut qu'ils soient jugés ; mais si on
transférait illégalement, sous de vains prétextes, par
de honteuses ruses, les prévenus hors du ressort de
leurs juges naturels ; si, d'après une subtile doctrine
d'accusés revendiqués, et en faussant le texte légal,
on les faisait juger à cinquante ou à cent lieues de
leur domicile, et cela quand il y a urgence d'enlever
un surveillant incommode, ou un témoin courageux ;
et si, pour résultat, après une translation coûteuse,
il se trouvait constaté, par jugement, qu'il n'y avait
pas même l'ombre d'une charge, ce serait encore de
l'argent mal employé. Eh bien ! c'est ce qui arrive.

Les prévenus ainsi transférés, en sont pour leur santé, leur temps et leur fortune ; les ministres n'en sont que pour la honte ; mais le trésor en est pour les frais.

J'en dis autant de ceux qu'occasionent le voyage et le séjour des témoins ; rien de plus juste, quand leur présence est utile, de les appeler, à quelque distance qu'ils se trouvent, pour qu'ils déposent en faveur, soit de l'ordre public, soit de l'innocence ; et la société qui profite toujours de la découverte de la vérité, doit les indemniser. Mais si l'on avait construit à la main des conspirations, si on en avait élevé laborieusement le ridicule et coupable échafaudage; et si, sous ce pré-texte, dans l'espoir de trouver dans des propos de ca-serne et de café quelque ombre de délit, on faisait ve-nir, de tous les points du royaume, cent cinquante ou deux cents témoins, ces frais ne seraient-ils pas durs à payer pour les contribuables ?

Il en est de même de l'article 14 : *Transports des magistrats pour l'instruction.* Là où la loi prescrit l'envoi de ces magistrats, rien de plus naturel que d'en faire supporter les frais par le trésor. Mais je dé-sirerais savoir si ces frais ne sont pas grossis par l'en-voi de certains agens, d'abord sans mission, et que M. le garde-des-sceaux prend ensuite sous son égide, lorsque leur illégalité a besoin d'être régularisée. Je sais des faits pareils ; je connais tel agent dépêché en poste, par la police d'abord, et déployant dans cette mission extralégale l'insolence d'un subalterne et la curiosité d'un espion, décachetant les lettres, fouillant les papiers, insultant à ceux qu'il vexait ; puis, au moment où l'on a craint une découverte, on a dit qu'il avait été envoyé par la justice pour seconder l'instruction.

Sans doute, ses frais de poste ont été payés ; sont-ils compris dans l'article 14 ? L'a-t-on regardé comme un des magistrats dont nous voyons les frais de transport ? C'est encore de l'argent perdu, car le résultat du transport a été, il est vrai, la poursuite de deux citoyens, la détention de l'un, pendant onze mois, dans une prison insalubre, où il est presque mort, et enfin l'absolution solennelle de tous deux.

Si c'est pour cela que M. le garde-des-sceaux demande des fonds, il est de mon devoir de les lui refuser.

Je propose donc une réduction sur ce chapitre, parce que c'est le seul moyen constitutionnel que nous possédions de mettre un terme à ces abus, ou d'obtenir de M. le ministre des éclaircissemens qui déchirent le voile dont l'iniquité se couvre. Si nous pouvions, comme en Angleterrre, demander une enquête, je préférerais cette marche ; mais·cette voie nous est interdite.

Comme M. le garde-des-sceaux a jugé à propos de confondre, dans ce chapitre, des objets de nature très différente, le montant de la réduction est difficile à fixer. Néanmoins, les quatre articles en question et un cinquième, dont le titre vague, « *Dépenses extraordinaires*, » peut cacher des abus non moins grands, forment ensemble presque le tiers du chapitre, je ne crois pas que la réduction de 300,000 fr. soit trop forte.

La justice n'en souffrira point, et la liberté y gagnera, comme le trône et le trésor. La justice n'en souffrira point, car il n'y aurait pas eu dommage, mais profit pour la justice, si je ne sais combien de procès intentés, sans raison, par le ministère public qui a succombé, n'avaient pas arraché des citoyens à leurs familles, des écrivains à leurs travaux, des hommes industrieux à leurs spéculations. La liberté y gagnera, car on vexera moins, quand les fonds qu'on emploie à vexer seront diminués. Le trône constitutionnel en sera plus cher au peuple; car si l'on trouve sous la Charte garantie entière, on repoussera tout ce qui l'ébranlerait dans un sens ou dans l'autre. Le trésor enfin ne supportera plus les frais de l'esprit d'animosité, de persécution et de vengeance..... (Voix à gauche : Appuyé, appuyé !)

SUR LE CODE MILITAIRE.

(Séance du 23 juin 1821.)

MESSIEURS ,

Je demande pardon à la Chambre de lui présenter de nouveau des observations dont j'ai eu l'honneur de l'entretenir l'année dernière. MM. les ministres avaient promis qu'ils y feraient droit : ils n'ont pas tenu parole, je suis donc obligé de reproduire ma réclamation.

Il y a un an que j'ai rappelé à cette Chambre qu'au moment où M. le maréchal Saint-Cyr a quitté le ministère, un nouveau Code militaire était préparé. J'ai ajouté que ce Code, d'après la notoriété publique et d'après les renseignemens qu'on pourrait recueillir de la bouche même des personnes consultées par le ministre, et qui avaient concouru à la rédaction de cet ouvrage, était de nature à satisfaire les amis de la liberté constitutionnelle et de la discipline militaire, partie essentielle de cette liberté. En me plaignant de ce que, par la retraite de M. le maréchal Saint-Cyr, leurs espérances avaient été déçues, sous ce rapport comme sous beaucoup d'autres, j'ai fait observer à MM. les ministres et à mes collègues, les grands inconvéniens de la législation actuelle.

Les lois militaires sont et doivent être des lois d'exception, puisqu'elles ne sont destinées qu'à la répression des délits contre la subordination et la discipline, dans un état et à l'égard d'individus qui rendent nécessaire que la répression soit prompte ; ces lois ne peuvent avoir ni la douceur, ni la lenteur, ni les précautions des formes établies pour la protection des citoyens. Il en résulte que tout vice de législation qui tendrait a priver ces derniers de cette protection, qui est un de leurs droits, serait un attentat positif contre les garanties que toute constitution doit leur assurer, et que leur avait assurées la Charte.

Or, ce vice existe maintenant dans notre législation. M. le ministre des affaires étrangères en est expressément convenu. « Il y a long-temps, a-t-il dit, que les imperfections de cette juridiction ont été remarquées. » Ces imperfections consistent en ce qu'une juridiction, qui ne doit atteindre que les délits militaires, confond cependant assez souvent, par connexité, les personnes civiles avec les personnes militaires. « Cette confusion (ce sont toujours les paroles du ministre) est évidemment contraire aux vrais principes de la justice distributive du gouvernement constitutionnel. »

A ces aveux formels, M. le ministre des affaires étrangères a joint des engagemens non moins positifs. « Le gouvernement, a-t-il assuré, n'a pas cessé, depuis quatre années, de s'occuper de la confection d'un nouveau Code militaire : sa préparation est terminée. » D'après ces paroles, nous devions nous attendre à voir ce Code présenté dans cette session. Sans la démission de M. le maréchal Saint-Cyr, il l'eût été dans la session dernière. Depuis la sortie de ce guerrier illustre, objet alors de tant d'espérances, objet aujourd'hui de tant de regrets, a-t-on renoncé à corriger une juridiction vicieuse, et devons-nous ajouter cette douleur à tant d'autres dont le nombre grossit chaque jour ? Jamais toutefois les imperfections de cette législation ne furent plus frappantes et ne durent être plus senties.

Je ne comparerai point les conseils de guerre qui existent avec les tribunaux militaires de la révolution. Je désire écarter ces tristes souvenirs, et que mes rapprochemens ne blessent personne. Mais ne suffit-il pas que le ministère ait reconnu que l'état actuel a confondu souvent par connexité les personnes civiles avec les personnes militaires ? De là la confusion possible des juridictions, l'enlèvement des citoyens à leurs juges naturels, le jugement de causes entièrement étrangères aux délits militaires, remis à des tribunaux qui n'ont de compétence que pour ces délits.

Cette confusion ne doit-elle pas alarmer tous les hommes éclairés, comme elle a inquiété de tout temps les peuples libres ? Les despotes eux-mêmes, pour peu qu'ils aient été susceptibles de se laisser instruire par l'expérience, ont rendu hommage à l'opinion ombrageuse sur cette question grave et délicate. Bonaparte, lors de sa seconde apparition sur notre territoire, crut devoir lui obéir ; les art. 54 et 55 de sa constitution éphémère, portaient que les délits militaires seuls étaient du ressort des tribunaux militaires, et que tous les autres délits, même commis par des militaires, étaient de la compétence des tribunaux civils.

Depuis quelque temps, je le sais, des principes très différens de ceux que M. le ministre des affaires étrangères professait l'an dernier, et que j'aime à croire qu'il professe encore (car, quels que soient les dissentimens d'opinions qui existent entre nous, je ne le confonds point avec les hommes aveugles et inexpérimentés, qui ne suivent que les impulsions de la violence et ne prennent que les conseils d'un parti) ; depuis quelque temps, dis-je, des principes très différens ont été proclamés dans cette enceinte ; et je ne serais point étonné que ceux qui veulent conférer à la gendarmerie une surveillance qu'ils appellent politique, ne tinssent guère à la distinction des juridictions militaire et civile ; la confusion des idées morales entraîne assez naturellement celle des notions légales et judiciaires.

Lorsqu'on n'a qu'un but qu'on veut atteindre par tous les moyens, lorsque tous les accroissemens du pouvoir, quels qu'ils soient, sont accueillis avec enthousiasme, parce qu'on espère s'emparer de ce pouvoir, il est tout simple que les formes rapides, sommaires, expéditives de la justice militaire, semblent le beau idéal, et qu'un Code qui resserrerait ces formes dans des limites fixes et étroites, ne soit qu'un obstacle importun qu'on qualifie de séditieux, comme tout ce qui circonscrit le despotisme.

Délire étrange des partis, qui, recueillant avec soin tous les exemples du passé, repoussent obstinément les leçons qu'il leur donne, et ne songent pas que cette même confiance, cette même extension de la juridiction militaire a servi mille fois contre leurs alliés et leurs amis.

Nous, Messieurs, qui ne voulons de despotisme d'aucune espèce, mais qui ne voulons le triomphe d'aucune faction ; nous qui ne voudrions pas faire triompher notre propre cause à l'aide de juridiction équivoque et d'empiétement de pouvoir, nous devons réclamer contre des abus qu'a signalés le ministre lui-même. La confusion que M. le ministre des affaires étrangères dénonçait l'année dernière, et qui subsiste encore, tend à priver de leurs droits et de leurs moyens légitimes les personnes civiles traduites par connexité devant les tribunaux militaires.

Et voulez-vous un exemple des conséquences de cette privation ? Je déclare qu'en rapportant le fait, je ne le juge point ; que je ne demande point si, dans l'état actuel de la législation, on a eu tort de recourir à un conseil de guerre ; mais je le cite comme preuve des moyens enlevés aux personnes civiles, quand elles ont affaire aux tribunaux militaires.

Un homme intente un procès à un soldat ; il doit se présenter, assigner des témoins, instruire ses avocats : il est cité le soir à sept heures pour le matin du jour suivant ; plusieurs de ses témoins sont absens, ses avocats ne sont pas instruits ; il réclame le délai, on le refuse ; ses avocats, réduits à parler sans préparation, veulent le défendre, le rapporteur s'y oppose ; on exige que lui-même, étranger aux lois, fasse valoir sa plainte ; il invoque l'appui de ses conseils, ses organes naturels et légitimes, on leur impose silence ; son adversaire plaide seul, et le plaignant est condamné. C'était un père qui ne voulait que sauver l'honneur de son fils, d'un fils qui avait péri.

Je le répète, je n'examine point si tous ces procédés étaient conformes aux règles des tribunaux militaires ; mais je dis : ils étaient ou contraires ou conformes à ces règles. Dans le premier cas, il y a forfaiture ; dans le second, si ces règles voulaient qu'on précipitât l'audience, qu'on négligeât les témoins, qu'on fît taire les défenseurs, vous voyez de combien la justice militaire restreint les droits des hommes civils ; et le sentiment que j'exprime ici est si naturel, que, dans le fait qui me sert d'exemple, une sorte de pudeur en a averti l'autorité. Il a été interdit aux journaux indé-

pendans de rendre compte de la procédure ; il a été
ordonné aux journaux esclaves de la défigurer : et
qu'on ne dise pas que, dans tous les systèmes, cette
cause aurait été du ressort d'un tribunal militaire,
parce que le délit, dont l'homme civil se plaignait, avait
été commis par un soldat sous les armes. Chez nos
voisins, comme j'aurai tout à l'heure l'occasion de le
prouver, quand un soldat, même sous les armes, est
accusé par un citoyen, il est justiciable des tribunaux
civils.

Voulez-vous un autre fait, moins affligeant sans
doute, mais non moins offensant pour la morale ? Dans
une ville voisine de Paris, de jeunes militaires insultent les filles d'un citoyen estimable. Certes, ce délit,
qui peut être commis par tous les étourdis du même
âge, n'a rien qui le classe sous la compétence d'un
conseil de guerre ; c'est un délit commis par des militaires, mais ce n'est point un délit militaire : c'est
pourtant un conseil de guerre qui juge et absout les
prévenus. Je laisse de côté la justice de l'absolution,
j'ignore les détails et je respecte la chose jugée ; mais
vous sentirez facilement combien différentes doivent
être sur cette matière les notions des camps et des
casernes, et la gravité de la vie civile.

Je vous le demande : n'eût-il pas été plus rassurant
pour tous les pères de famille qu'un tribunal ordinaire
prononçàt sur une question qui intéresse les mœurs
domestiques et la paix de leurs foyers dans sa partie
la plus délicate ? L'absolution même eût été mieux
sanctionnée ; il en fût résulté un sentiment plus complet de sécurité.

Cette sécurité, de l'aveu de M. le ministre des affaires étrangères, ne pourra exister que lorsqu'un Code militaire, tel que celui que la sagesse de M. le maréchal Saint-Cyr avait préparé, aura fait disparaître la connexité.

Je ne puis voter les fonds pour la justice militaire; l'année dernière, j'ai fait des observations dans le même sens; la Chambre ne m'a pas ôté la parole, le ministère a trouvé que j'avais raison; l'intolérance de la Chambre de cette année me donnerait le droit de m'étonner beaucoup; j'ai cité des faits, parce que des faits prouvent plus que les raisonnemens. (Agitation.)

Je demande une réduction, et je la motive. Il est encore un autre objet, Messieurs, pour lequel le Code militaire qu'on nous avait promis est indispensable; c'est pour déterminer la manière dont la force publique doit être employée dans la cité. Vous n'ignorez pas avec quelle anxiété tous les pays qui ont quelque notion de garanties sociales, ont accumulé les précautions contre l'intervention illégale ou trop rapide de la force armée. Que de formalités sont prescrites en Angleterre avant que cette force puisse se déployer! combien d'autres encore sont requises avant qu'elle puisse agir! comment enfin la responsabilité pèse, ainsi que cela doit être, sur l'instrument même d'un ordre illégal, et que des soldats ont été mis en jugement pour avoir obéi à des commandemens émanés de leurs chefs, sans que la loi les y autorisât?

Je sais que nous ne sommes pas en Angleterre : nous y sommes pourtant quand il est question de suspendre l'*habeas corpus;* nous n'y sommes plus, quand il s'agit de conserver quelque liberté. Nous y sommes, quand il est question d'élections oligarchiques ; nous n'y sommes plus, quand il s'agit de proclamations solennelles qui doivent précéder l'action de la force contre les citoyens.

On me dira peut-être que nous avons aussi des lois à ce sujet ; mais, certes, ces lois ont grand besoin d'être rappelées, car on les viole, on les méprise, elles sont éparses, et l'on dédaigne de les reproduire dans les ordonnances plus particulièrement destinées à diriger la force publique.

On nous a cité, dans la discussion de ce budget, l'art. 179 d'une ordonnance qui confie aux gendarmes le droit de dissiper les attroupemens, sans faire aucune mention de la réquisition préalable de l'autorité civile. Mais le gendarme qui lit son manuel ne consulte pas les autres lois, et l'état actuel des choses l'expose à commettre des crimes quand il croit remplir ses devoirs. Nous avons le droit de demander aux ministres si, dans les occasions où ils ont paru croire qu'un déploiement de force était nécessaire, ils l'ont accompagnée de l'intervention de l'autorité civile ; si naguère, quand on a vu, par une combinaison dont je n'accuse point le ministère entier, mais dont les auteurs étaient bien aises peut-être de supposer des désordres pour motiver un acte illégal, des troupes fondre sur des cercueils et se ranger en bataille contre les amis qui pleuraient un ami, il y avait des officiers de paix pour les sommations légales, si la force armée avait défense de devancer ces sommations voulues par la loi, et si l'on ne doit pas la modération de cette force plutôt à sa propre sagesse, à laquelle je me plais à rendre hommage, qu'aux ordres mêmes qu'elle avait reçus. Ce sont des questions graves, je ne fais que les effleurer, et vous devez me rendre justice. Je ne m'appesantis point sur des faits qui agiteraient la Chambre. Mais si je puis me taire, je ne puis anéantir le passé ; et, croyez-moi bien, il y a une grande différence entre imposer le silence et obtenir l'oubli ; et les peuples qui n'ont plus de voix n'en ont pas moins de la mémoire.

Enfin, Messieurs, si jamais il y eut nécessité manifeste pour la présentation du code promis, s'il y eut jamais urgence d'écarter des personnes civiles les dangers de la connexité, c'est dans un moment où des agens infâmes, prenant le déguisement des braves, proposent des projets absurdes, supposent des complots dans l'armée, et entraînent ainsi dans de prétendues conspirations militaires les esprits faibles ou imprudens ; c'est dans un moment où nul ne peut ouvrir sa porte, écouter un inconnu qui se dit malheureux, faire une aumône, s'abandonner à une expression de pitié sans être exposé aux révélateurs et aux délateurs.

Ce n'est point le gouvernement que j'inculpe ici ; il a prouvé, en renvoyant à la cour des pairs une accusation de cette nature, qu'il ne voulait pas abuser, ni même user des lois existantes ; mais, d'après ces lois, il aurait pu renvoyer les accusés devant des conseils de guerre.

J'ai eu besoin de dire que je n'accusais pas le gouvernement, parce que j'ai toujours le besoin d'être juste ; j'éprouve en conséquence celui de dire aussi qu'en parlant d'agens qui provoquent des machinations insensées, je n'accuse point précisément, ni surtout uniquement, une police que, cependant, je juge aussi sévèrement que tout autre. Dans ma convietion, ces agens appartiennent en très grande partie à une police différente, à laquelle la majorité de nos ministres est étrangère; police qui veut créer des conspirations pour accuser de négligence les hommes qu'elle aspire à remplacer, hommes assez faibles mal heureusement pour paraître croire ce qu'ils savent être faux, et pour complaire à des ennemis qu'ils ne désarment point par une affectation de crédulité, dont ces ennemis se font une arme contre eux.

Je me résume, Messieurs. Je me trouve fort des paroles prononcées et des engagemens pris l'année dernière par les ministres. Je suis impatient de détruire ce qu'ils déclarent eux-mêmes être contraire aux vrais principes de la justice distributive et du gouvernement constitutionnel : j'en suis impatient, parce qu'avec quelque acharnement que l'on calomnie nos intentions, notre désir est de voir adopter une marche franche à laquelle nous puissions nous rallier; parce que, étrangers à l'enthousiasme factice et aux adula tions calculées qui proclament fastueusement et imprudemment une légitimité sans conditions, notre bonheur serait d'affermir la légitimité constitutionnelle; parce que nous voulons deux choses inséparables, la stabilité et la liberté, et qu'il n'y a ni liberté, ni stabilité sans justice. Je demande donc, avant de voter ce chapitre du budget, si MM. les ministres nous donneront enfin un Code militaire, ou s'ils prolongeront gratuitement, jusqu'à une époque indéfinie, un état illégal et contraire à la Charte, de leur propre aveu.

✦✦✦

OPINION

RELATIVE A LA TRAITE DES NOIRS.

(Séance du 27 juin 1821.)

MESSIEURS,

N'ayant à parler que sur une question spéciale, j'aurais désiré ne monter à cette tribune que lorsque la discussion générale serait épuisée; mais j'ai craint que la fatigue et l'impatience naturelles à la Chambre, après une session aussi longue, ne me privât de l'avantage d'être écouté d'elle. Je prends donc la parole, en la prévenant que je ne l'entretiendrai que d'une seule question ; mais j'ose croire que cette question lui semblera importante, et je l'ai, à dessein, dégagée de tout autre sujet de discussion, afin que, dans les réponses que j'obtiendrai sans doute de M. le ministre de la

DE M. BENJAMIN CONSTANT.

marine, rien ne puisse occasioner des divagations , ni détourner votre attention de l'objet spécial.

Désirant ne pas abuser de votre patience, je n'adresserai à M. le ministre de la marine que deux questions ; je ne citerai que des faits authentiques ; je ne vous soumettrai que d'incontestables preuves.

D'où vient que, tandis qu'à la session dernière il a promis à la Chambre une loi plus rigoureuse que les lois actuelles, qui en effet sont insuffisantes, il n'a proposé jusqu'ici aucune loi nouvelle contre le plus atroce des crimes dont un malfaiteur puisse être coupable ? Voici les expressions positives de M. le ministre dans la séance du 29 juin de l'année dernière :

« Il est certain que la législation a besoin d'être complétée. J'ai concerté avec le conseil-général de commerce un projet de loi. J'ai fait le rapport au conseil ; il est sous ses yeux. Si la session s'était prolongée, il aurait pu vous être présenté ; mais il est probable que cela ne sera pas possible. »

A la même époque, les mêmes promesses étaient réitérées dans un rapport présenté à la Chambre à l'occasion d'une pétition devenue célèbre. Dans ce rapport, destiné à calmer vos craintes et à vous rassurer contre les abus qui vous étaient dénoncés, on vous disait qu'on sentait le besoin d'ajouter à la sévérité des mesures prohibitives, que M. le ministre de la marine s'en occupait, et qu'un projet de loi soumis au conseil avait devancé les vues du pétitionnaire.

Ainsi, Messieurs, d'après l'aveu de M. le ministre, la législation a besoin d'être complétée ; la loi était prête. La clôture de la dernière session a été le seul obstacle à sa présentation, et la session actuelle touche à son terme sans qu'on nous la présente.

Ces retards, Messieurs, ne sont pas seulement préjudiciables à la cause de l'humanité ; ils le sont à la situation politique de la France, aux intérêts de notre commerce. Vous savez que les Anglais cherchent à persuader à l'Europe que la traite ne peut être réprimée que par le droit de visite mutuelle. Notre ministère s'y refuse, et je l'en approuve. Indépendamment des inconvéniens sans nombre que ce droit de visite entraînerait pour nos navigateurs, je ne veux pas que nous confiions à des étrangers une police quelconque sur des Francais. Tout gouvernement doit savoir faire respecter ses lois par ceux qu'il gouverne : et tout ce qui ressemble à une influence étrangère m'indigne et me révolte. '

Mais plus nous répugnons avec raison, et par un juste sentiment d'orgueil national, au droit de visite mutuelle, plus nous devons nous hâter d'établir, contre l'exécrable trafic des esclaves, une loi forte, efficace, suffisante. Les nôtres ne le sont pas.

Si nous les comparons avec celles de tous les pays, nous trouverons qu'elles sont les plus relâchées, les plus scandaleusement indulgentes, les plus faciles à éluder.

L'Angleterre a déclaré crime de félonie, l'enlèvement des noirs en Afrique. Les peines décernées contre ce crime, sont la confiscation du bâtiment et de la cargaison, la prison, non seulement pour le capitaine, mais pour l'équipage, et la transportation à Botany-Bay, pour le premier.

Dans le royaume des Pays-Bas, le même délit attire sur le coupable et ses complices une amende de 5,000 florins et cinq ans de réclusion. En Portugal, la traite est punie de la perte des esclaves, de la confiscation de toute la cargaison, du bannissement du capitaine, maître pilote, et subrécargue, à Mosambique pour cinq ans, et d'une amende égale au bénéfice présumé de l'expédition. Même rigueur en Espagne, avec la transportation pour dix ans aux îles Philippines. En Amérique, sévérités plus grandes encore, jointes à une croisière entretenue sur la côte d'Afrique.

Chez nous, au contraire, une croisière à la vérité comme celle des Etats-Unis, mais comme on le verra tout à l'heure, bien moins vigilante; mais point de prison pour les coupables, point de bannissement ou de déportation. La simple confiscation de la cargaison et du navire avec incapacité pour le capitaine d'un commandement à venir. Or, qui ne sent que la confiscation simple n'est pas une peine, puisque les profits de cette traite infâme sont tels, que le succès d'une seule expédition dédommage de plusieurs pénalités encourues, et que, vu cette compensation à peu près certaine, ceux qui se livrent à ce crime, trouvent facilement à se faire assurer.

Nous n'aurions donc pas besoin des aveux de M. le ministre de la marine pour sentir l'insuffisance de la disproportion de notre législation actuelle; mais puisque lui-même l'avoue, pourquoi n'y porte-t-il pas de remède?

Serait-ce qu'il ne croirait pas aux attentats que le relâchement de notre législation encourage? cela même ne serait pas une excuse. Les lois ne sont pas faites seulement pour punir les crimes qui se commettent, mais pour empêcher ces crimes de se reproduire. Dans le rapport dont je vous ai déjà fait mention, l'honorable rapporteur, défenseur du ministre, attestait, d'après M. de Mackau, commissaire-inspecteur au Sénégal, et parti de cette colonie en février 1820, que plusieurs commerçans n'attendaient qu'une occasion favorable pour se livrer de nouveau à leur coupable trafic; pourquoi donc ne pas étouffer cet espoir odieux, par la loi promise à la France et à l'Europe?

D'ailleurs, Messieurs, j'ose interpeller ici la bonne foi de M. le ministre, et ici se place aussi ma seconde question. Est-il possible qu'il révoque en doute des faits entourés d'évidence, des faits patens, que constatent nos correspondances diplomatiques, et dont nos propres agens reconnaissent la réalité?

Je ne remonte pas plus haut qu'en 1818. Je lis dans une dépêche du chevalier Stuart, ambassadeur d'Angleterre, à lord Castlereagh : « Le ministre de la ma-« rine (c'était alors M. Molé) m'a informé que le gou-« vernement francais ayant commencé des recherches « relatives aux faits contenus dans un mémoire remis « à M. le duc de Richelieu, il a eu la douleur de trou-« ver pour résultat que les renseignemens donnés à « votre seigneurie étaient exacts, et ne laissaient aucun « doute que des violations réitérées de l'ordonnance « royale contre la traite, de la part des autorités fran-« çaises sur la côte d'Afrique, déconcertaient les plans « du gouvernement pour la civilisation des indigènes,

« et avaient produit des calamités que des années de
« soins infatigables répareront difficilement. »

Les choses ont-elles changé de 1818 en 1820 ? Je
vois dans une lettre de lord Castlereagh au chevalier
Stuart, du 8 décembre de l'année dernière : « L'es-
« cadre anglaise stationnée sur la côte d'Afrique a ren-
« contré un grand nombre de vaisseaux sous pavillon
« français, engagés ouvertement dans le commerce
« des nègres. Le nombre des vaisseaux ainsi rencon-
« trés excède 25 ; et le chevalier Collier, en entrant
« dans le port de la Havane, y a trouvé trente bâtimens
« négriers portant pavillon de la France. »

Et comment pourrait-on douter de ces faits, lorsqu'un sieur Pelletier, surpris en flagrant délit, au
lieu de chercher à déguiser son crime, s'emporte en
menaces et en réclamations sur la perte de ses noirs ;
lorsque, le 15 mars 1820, il signe une protestation
où il déclare qu'il est parti le 1er juillet de la Martini-
que, avec un capitaine Guyot, pour la côte d'Afrique ;
qu'à son retour on lui a enlevé 106 esclaves, que le
capitaine Guyot en est mort de chagrin (ce qui, je
l'avoue, ne m'inspire pas la moindre pitié), et lorsqu'il
demande enfin des dommages et intérêts pour le dé-
barquement des esclaves et l'expédition du bâtiment,
qui reste en pure perte à sa charge.

Messieurs, le rapport qui nous a fait illusion l'année
dernière, est contredit sur tous les points. Il consistait
dans sa plus grande partie, non en dénégations positives, mais en déclarations qu'on avait demandé des
renseignemens, et que ces renseignemens n'étaient
pas arrivés. Depuis le 29 juin 1820, les réponses doi-

vent être parvenues au ministère; et quand il est question de voter des fonds qui peuvent être employés d'une manière utile et morale pour la prospérité de la colonie, et la civilisation des indigènes, ou souillés de sang innocent par la continuation d'un commerce exécrable, nous avons le droit d'exiger des communications claires et explicites.

Je vous ai dit que le rapport à l'aide duquel on a repoussé l'année dernière les réclamations de l'humanité, consistait en majeure partie en protestations vagues, et en ajournemens que la suite a prouvés être indéfinis.

Il y a pourtant, dans ce rapport, plusieurs faits; mais, par un malheur singulier, chaque fait, révoqué en doute, est devenu, dans l'intervalle, susceptible de démonstration.

Pour être court, Messieurs, je n'en choisirai que deux ; mais ils suffiront, je le pense, pour vous éclairer sur le degré de confiance que méritent les dénégations suggérées à l'honorable rapporteur, dont je respecte d'ailleurs les intentions et la véracité personnelle.

L'*Élisa*, navire de Bordeaux, avait été indiqué comme ayant porté une cargaison de noirs en 1818. « Ce navire, dit M. le rapporteur, fut en effet « suspecté, et la même année, M. le ministre de la « marine a écrit à M. le commissaire de la marine, à « Bordeaux, et au commandant du Sénégal. D'après les « réponses, aucune poursuite n'a étéf aite, parce qu'on « n'a pu découvrir aucune preuve de contravention. »

On n'a pu découvrir aucune preuve de contravention! Messieurs, je prendrai la liberté de demander à

M. le ministre de la marine si des quittances origi-
nales pour vente et achats de nègres, portant le nom
du vaisseau, celui du capitaine, celui de l'acheteur,
et constatant que le prix a été versé entre les mains
de ce capitaine, sont ou non des preuves. Eh bien! le
pétitionnaire avait annoncé qu'il possédait une de ces
quittances. On lui a reproché de ne l'avoir pas déposée
au Sénégal, au Sénégal dont il avait le malheur de suspec-
ter les autorités! Que ne lui demandait-on cette pièce au
ministère de la marine? Que ne l'y gardait-on déposée?
Que n'en envoyait-on copie au commandant que l'on
consultait? Au lieu de cela, qu'a-t-on fait, Messieurs?
« On a, dit le rapporteur, destitué quatre personnes
« compromises dans l'achat des noirs et atteintes de
« preuves morales. » Mais savez-vous ce que, dans ce
cas, on appelle destituer? Je trouve dans les documens officiels de notre correspondance avec l'Angleterre, que M. le ministre de la marine dit, dans un
exposé d'avril 1820 : que certains agens subalternes
ayant pris part à la traite des nègres, ont été obligés
de se retirer avec une pension ; c'est-à-dire qu'au lieu
de leur appliquer même nos lois déjà trop indulgentes,
la punition qu'on leur a infligée a consisté à les trans-
porter avec une pension, d'un climat pestilentiel au
beau climat de France.

Savez-vous ce qu'on a fait encore, Messieurs? Ce
navire, l'*Elisa*, atteint pourtant de preuves morales,
puisque les fonctionnaires destitués ou pensionnés
(singulier synonyme) avaient acheté ses noirs, et qui
aurait pu être atteint de preuves juridiques, si on eût
bien voulu demander au pétitionnaire les documens

qu'il possédait, ce navire l'*Élisa* n'a été ni poursuivi ni confisqué; mais à son retour de son expédition négrière, il a été acheté et bien payé au capitaine qui avait fait la traite, par M. le gouverneur du Sénégal. Vous voyez, Messieurs, comment M. le ministre de la marine a été trompé. Il le voit lui-même, et je suis convaincu qu'il s'en afflige. Je vais le consoler. Voici le document qui constate la vente des nègres : il porte, comme je l'ai dit, le nom du vaisseau, le nom du capitaine, le nom de l'acheteur, le nom des payeurs, qui déclarent avoir remis le prix audit capitaine. Certainement on ne dira pas qu'il n'y ait pas indice suffisant de contravention.

Le second fait est encore plus grave : il s'agit du navire le *Rôdeur*. L'énoncé de ce fait a valu à ceux qui l'ont relevé des reproches amers. On a dit qu'ils déversaient inconsidérément le blâme et la plainte sur le gouvernement de leur pays; on a prétendu qu'ils empruntaient d'une gazette anglaise imprimée à Sierra-Leone, des faits controuvés.

L'on s'est trompé, Messieurs : 1º une nation n'est point coupable des crimes de quelques individus, les marchands d'esclaves ne sont d'aucun pays, et démasquer des capitaines négriers, ce n'est pas déverser le blâme sur la France. En second lieu, le fait du *Rôdeur* n'est point tiré d'une gazette anglaise; il est constaté par un ouvrage français, ouvrage irrécusable, et par sa nature, et par son auteur, et par les témoins oculaires qu'il cite, et par l'absence complète d'intention dans son récit. Cet ouvrage, c'est la Bibliothèque ophtalmologique du docteur Guillié, directeur général

et médecin en chef de l'institution royale des Jeunes
Aveugles, médecin oculiste de madame la duchesse
d'Angoulême. Cet ouvrage est destiné à traiter des
maladies des yeux, et son auteur n'envisage le fait
qu'il raconte que sous le rapport chirurgical. Ce fait
le voici

« Le navire le *Rôdeur* partit du Hàvre le 24 janvier
« 1819, pour la côte d'Afrique.... pour y faire la
« traite des nègres.... Lorsqu'il fut sous la ligne, on
« s'aperçut que les nègres entassés dans la cale et dans
« l'entrepont, avaient contracté une rougeur assez
« considérable des yeux.... On fit monter successive-
« ment les nègres sur le bord, afin de leur faire res-
« pirer un air plus pur.   mais on fut obligé de
« renoncer à cette mesure, parce qu'ils se jetaient
« dans la mer en se tenant embrassés les uns les
« autres.... Arrivés à la Guadeloupe, l'équipage était
« dans un état déplorable.... Parmi les nègres, 39
« sont devenus aveugles, et ont été jetés à la mer. »

Messieurs, le fait ne peut être contesté, je vais vous
le prouver. Le rédacteur de l'ouvrage, homme accré-
dité, comme vous le voyez par ses titres, dit dans une
note : « Le chirurgien du bord est resté aveugle « ; et il
ajoute : « Ce jeune homme m'a fourni une partie des
détails qui composent l'histoire de ce triste événement. » M. Guillié tenait donc le fait d'un témoin oculaire, d'un homme attaché à l'équipage, d'un homme
qui avait tout vu, tout entendu, tout raconté.

Messieurs, le vaisseau est nommé, le port d'où il
est sorti est indiqué, le nom du capitaine est en toutes
lettres, le chirurgien est ici, il s'appelle Maignan.

Vous ne trouverez donc pas extraordinaire que je demande si, depuis dix-huit mois que le fait est public, le capitaine a été poursuivi, le chirurgien témoin oculaire a été interrogé? J'ai lieu d'en 'douter; car, à la fin de 1820, on a équipé et réarmé *le Rôdeur*, pour une expédition du même genre, sous le même capitaine. Une autre circonstance que je vais vous dire corrobore mes doutes

Je tiens en main la *Bibliothèque ophtalmologique*, imprimée en novembre 1819, avec le nom de l'auteur et de l'imprimeur; on y trouve toutes les paroles que j'ai rapportées, et nommément le nom du capitaine et ces huit mots terribles : *Trente-neuf nègres ont été jetés à la mer*. Mais voici une autre *Bibliothèque ophtalmologique*, avec la même date, le même nom d'auteur et d'imprimeur, et le nom du capitaine et les mots terribles que vous venez d'entendre en sont retranchés. Je déclare que j'ai reçu le premier exemplaire qui contient ces mots, le jour même de sa publication. Le second exemplaire mutilé ne m'est parvenu que long-temps après. Aurait-on fait une seconde édition pour effacer les traces d'un crime atroce? Je le croirais, car mon exemplaire est le seul que j'aie pu retrouver, et tous ceux qui avaient l'autre édition, refusaient de croire ce 'que je leur affirmais de la première.

Je vous demande pardon d'avoir affligé vos ames par ces tristes détails; et je me hâte d'arriver au résultat.

La traite se fait; elle se fait impunément : on sait la date des départs, des achats, des arrivées; on publie des prospectus pour inviter à prendre des actions dans cette traite ; seulement on déguise l'achat des esclaves en supposant des achats de mulets sur la côte d'Afrique, où jamais on n'acheta des mulets. La traite se fait plus cruellement que jamais, parce que les capitaines négriers, pour se dérober à la surveillance, recourent à des expédiens atroces pour faire disparaître les captifs. Voyez les rapports officiels relatifs à la *Jeanne Estelle* ; quatorze nègres y étaient à bord : le vaisseau est surpris ; aucun nègre ne se trouve ; on cherche vainement ; enfin un gémissement sort d'une caisse, on ouvre ; deux jeunes filles de 12 à 14 ans y étouffaient ; et plusieurs caisses de la même forme, de la même dimension, venaient d'être jetées à la mer.

Messieurs, au nom de l'humanité, dans cette cause où toutes les distinctions de parti doivent disparaître, unissez-vous à moi pour réclamer la loi que le ministère nous avait promise. Exigeons, sous peine de refuser les fonds demandés, que dans cette session même la loi soit présentée. La session sera de quelques jours plus longue ; mais des milliers de creatures humaines échapperont au sort dont un plus long retard les menace, et nous n'aurons pas accumulé sur nos têtes la responsabilité de toutes les atrocités qui se commettent au moment où je vous parle à cette tribune ; que, dans cette loi surtout, soit réprimé un abus, dont le ministre est convenu l'année dernière, et qu'il a paru regarder comme une chose toute naturelle. Lorsque les Anglais prennent et confisquent les vaisseaux négriers, ils émancipent les nègres. Quand on a demandé à M. le ministre ce qu'on faisait des nègres confisqués au Sénégal, il a répondu qu'ils deve-

naient la propriété du gouvernement, et se livraient
aux travaux de la colonie. A travers cette expression
si douce, Messieurs, une vérité perce, c'est que malgré les promesses, les traités, les ordonnances royales,
la traite se fait au profit du gouvernement ; il recueille
le sanglant héritage des criminels qu'il frappe, et les
nègres, enlevés à leur patrie au mépris des lois, deviennent esclaves.

Je vote contre l'allocation des fonds pour le Sénégal jusqu'après la présentation de la loi que je réclame.

SUR LA CENSURE

DES JOURNAUX.

(Séance du 7 juillet 1821.)

Messieurs,

Au point où la discussion est arrivée, plusieurs des
questions que nous avions à traiter sont résolues. Je
les parcourrai donc en très peu de mots.

Le principe de la censure est contraire à l'essence
de notre gouvernement; il est contraire à la lettre
de la Charte ; il est contraire à des droits qui ont
précédé la Charte elle-même, à des droits naturels
qui ne sont jamais une concession; il est contraire
aux intérêts des individus qu'il livre à l'arbitraire

et dépouille de tout moyen de réclamation ; il est contraire aux intérêts de l'autorité, contre laquelle il soulève tous les ressentimens et qu'il prive de toute lumière.

Appliquée aux journaux, la censure est absurde, parce que les journaux sont une arme, et qu'elle met cette arme entre les mains de ceux qui ont le plus d'intérêt à en abuser. La publicité est la ressource de l'opprimé contre l'oppresseur, et c'est à l'opprimé que vous l'enlevez ; et c'est à celui qui, à chaque instant, peut devenir oppresseur que vous en livrez le monopole. Armés des journaux, les agens du pouvoir parcourent la société muette et garottée avec l'insolence que produit la certitude de l'impunité. Non seulement ils enchaînent, mais ils insultent ; non seulement ils vexent, mais ils outragent ; non seulement il y a injustice, mais il y a mensonge et diffamation, diffamation sans qu'on puisse répondre.

Ce que je dis ici en théorie, les faits l'ont prouvé. Depuis quinze mois la censure existe, et depuis quinze mois ce n'est pas uniquement de retranchemens arbitraires, de suppressions puériles, d'opinions étouffées, que nous pouvons nous plaindre. Nous pouvons nous plaindre de ce que tous les délits que la presse peut commettre et que les lois doivent réprimer, ont été tolérés, approuvés, protégés par la censure.

Des orateurs qui m'ont précédé vous ont démontré cette vérité jusqu'à l'évidence. Je ne rentrerai dans aucun détail, je dirai seulement que, tandis que les ministres, en demandant la censure à la session dernière, annonçaient qu'elle calmerait les passions, appaiserait les haines, effacerait les divisions, garantirait les réputations privées, les quinze mois de la censure ont été les saturnales de la calomnie. (Murmures au centre, approbation à gauche.)

La réputation privée des citoyens s'est vue à la merci de tout ce qu'il y a de méprisable dans la société. Auxiliaires les uns des autres, les libellistes et les censeurs se sont partagé l'exploitation du scandale; les premiers ont frappé les victimes, les seconds leur ont imposé silence : ils ont encouragé l'injure et interdit la réponse, descendant ainsi plus bas encore que ceux qu'ils couvraient de leur égide.

Je ne vous rappellerai point que la Chambre dont vous faites partie n'a pas été épargnée. L'honneur du plus obscur citoyen est aussi précieux que celui d'un député. Cependant, comme les attaques dirigées plus haut prouvent plus de licence, il est bon peut-être de ne pas oublier que la représentation de la France a été outragée sans cesse, vos collègues diffamés, leurs intentions flétries, leur caractère attaqué, leurs actions empoisonnées, et que la censure a veillé toujours à la porte des ateliers de ces impostures pour les entourer d'impunité.

De la sorte, un nouveau genre d'oppression s'est organisé. Quand la lice est ouverte, la défense est au niveau de l'attaque ; quand les journaux sont libres, les avantages de la liberté contrebalancent ses inconvéniens. Le mépris fait justice de la diffamation dévoilée ; mais quand l'accusateur parle seul, quand chaque jour la calomnie revient à la charge, forte du silence qu'elle impose et du privilége qu'elle exerce, l'opinion se fausse, et ce privilége donne au mensonge l'apparence de la vérité.

Aussi, qu'est-il arrivé ? depuis la censure qui devait faire de nous un peuple de colombes et d'agneaux.... (Eclats de rire. — Voix à gauche : On y a mêlé des moutons.), depuis la censure qui devait ressusciter l'âge d'or, les haines se sont envenimées, les passions sont devenues plus furieuses. En effet, rien ne provoque plus les passions que l'insulte contre laquelle on ne peut se défendre; et certes, je me joins à un honorable membre avec lequel je ne siége pas, pour reconnaître que jamais on ne s'est détesté plus cordialement.

Ainsi, le principe de la censure est inique, son usage a été infâme, son but a été manqué.

Jusqu'ici, vous le voyez, je suis d'accord avec tous ceux qui ont combattu la censure. Maintenant, je suis forcé de me séparer de plusieurs d'entre eux. Je vais parler à cet égard avec une franchise complète; je le dois, parce que les circonstances sont graves; je le dois, parce que le terme où tendent ceux de qui je me sépare actuellement est un terme auquel je serais au désespoir d'arriver. Vous tolérerez cette franchise, j'ose l'espérer, car vous avez toléré contre nous plus que de la franchise; je suis loin de m'en plaindre : les injures que l'on nous a prodiguées étaient accompaguées de révélations qui m'ont paru d'amples dédommagemens; mais en même temps elles m'ont donné des droits que je vais exercer; me les contester ne serait pas équitable.

Je commencerai par vous demander à qui nous devons attribuer l'esclavage de la presse depuis quatre années, et la censure d'aujourd'hui? N'est-ce point

aux hommes qui, lorsque leur force était quadruplée
par la force étrangère, ont voté la loi la plus vague,
la plus terrible, la plus arbitraire ; une loi qui rendait
passibles de peines des écrits non imprimés ? N'est-ce
point aux hommes qui, après avoir disertement prouvé
que les journaux devaient être libres, les ont, l'an
dernier, replongés dans la servitude.

Ici, je dois, par esprit de justice, faire une distinction. Je conçois la possibilité des opinions les plus opposées ; je puis, en conséquence, malgré ma conviction immuable sur la nécessité de la liberté de la presse
comprendre que des craintes, que je crois peu fondées,
aient sur d'autres esprits une triste influence. Ce que
je vais dire ne s'applique donc point à ceux qui ont
persévéré dans un système qui me semble faux. Bien
que leur erreur soit palpable à mes yeux, je n'accuse
en eux que l'erreur ; j'admets de même un changement
d'opinion. On peut s'éclairer, mais que penser d'une
triple évolution dans un espace de trois années ?

En 1817, certaines personnes voulurent la liberté
des journaux, parce que les principes du ministère qui
disposait des journaux, n'étaient pas les leurs. En
1820, les mêmes personnes ont voulu l'esclavage des
journaux, parce qu'elles ont cru que le ministère, non
seulement adopterait leurs principes, ce qu'il n'a que
trop fait, mais céderait ses places. En 1821, les places
ayant tenu bon, plus que les principes, on veut de re-
chef la liberté des journaux. Comme on vous l'a dit
avec naïveté : après les choses doivent venir les hommes. Or, les hommes ne venant pas, la satisfaction
sur les choses s'est fort refroidie.

Libre aux amateurs des palinodies d'en faire une

troisième après une seconde, sauf à en faire une quatrième après la troisième. Je ne suis pas assez niais
pour voir des principes là où il n'y a que des intrigues,
et je distingue l'amour de la Charte de l'amour des
portefeuilles. (Vif mouvement dans les diverses parties de la salle.)

Nous connaissons d'ailleurs toutes les négociations,
et nous savons que, trois fois en vingt-quatre heures,
ou, pour ne pas exagérer, trois fois, d'un mercredi à
un vendredi, les principes ont voulu tour à tour que
les journaux fussent libres, qu'ils fussent censurés, et
de nouveau qu'ils fussent libres.

Nous n'aurions pas connu ces négociations, que
cette discussion nous les aurait apprises. Aucune vérité n'est restée secrète ; aucune confidence n'a été refusée. On nous a confirmé ce que dès long-temps nous
soupçonnions, la division du ministère et de ceux qui
naguère l'appuyaient, et la division, non moins importante, des ministres entre eux. On nous a confirmé que
cette majorité, dont nous nous étonnions quelquefois,
n'appartenait point au ministère entier, mais à deux
ministres seulement, honorés d'une bienveillance exclusive et spéciale, sur qui reposaient de grandes espérances, et qui, dépêchés en éclaireurs, devaient
préparer les logemens et annoncer le corps d'armée.
On ne nous a point caché que les espérances n'étaient
point remplies. Trop de silence a nui peut-être aux
nouveaux arrivans. Ils ont oublié que l'inaction n'était
pas conquérante, et que des expectances n'étaient pas
des sinécures. Nous avons pu deviner pourquoi alors
la censure, naguère défendue et protégée quinze mois,
était tout à coup l'objet d'une indignation tardive, et

nous avons découvert facilement la source d'où s'élan-
çait soudain ce torrent d'auxiliaires en faveur de principes long-temps désavoués.

Faisons donc honneur de cette censure à ceux qui
en furent, il y a un an, les véritables restaurateurs, à
ceux qui la rétablirent par une majorité de dix voix.
Faisons-leur honneur des abus de cette censure, depuis qu'elle a été rétablie.

En effet, dans quels journaux la diffamation la plus
scandaleuse s'est-elle déployée, sous l'empire des censeurs, avec le plus d'audace? ou, pour parler plus
exactement, quels sont les seuls journaux qui, sous la
protection de la censure, se sont distingués par le
mensonge et la calomnie? J'ai le droit de le demander, car vous avez trouvé fort juste de laisser dire
beaucoup de mal des journaux opposés. Je puis donc
exercer la même critique sur ceux d'une couleur différente.

Dans quels journaux a-t-on, durant quatre mois
traité tout un côté de la Chambre de factieux, de conspirateurs, de vagabonds, d'hommes sans aveu, d'ennemis de la France, sans que personne pût défendre
ceux que la censure laissait outrager ainsi? Quels sont
les journaux qui ont recueilli les diatribes ignobles des
feuilles étrangères les plus méprisées, de cet *Observateur autrichien,* par exemple, que l'opinion universelle de l'Allemagne a flétri, et qui ne compte parmi
ses rédacteurs pas un homme qu'un Allemand qui se
respecte voulût saluer?

Et vous ne pouvez avoir oublié, Messieurs, que
lorsque, dans un comité secret, j'ai parlé de cette ob-
stination à repousser toutes les réponses, toutes les dé-

fenses, un ministre s'est levé pour déclarer qu'il avait ordonné que les réponses fussent insérées, et qu'il n'était pas coupable du refus. Etrange aveu, qui prouve, ce que au reste nous savions déjà, que ce ne sont pas les ministres, ou du moins tous les ministres, qui disposent de la censure, et que les censeurs ne servent ni le gouvernement ni le ministère, mais une faction !

Relisez maintenant certains discours prononcés dans cette discussion ; j'ai droit de les citer, car vous avez trouvé qu'il était parlementaire de citer les nôtres pour en tirer contre nous des inculpations graves, vous devez trouver parlementaire que je me permette les mêmes moyens. Relisez, dis-je, les discours auxquels je fais allusion. Parmi les reproches adressés à la censure, y verrez-vous un blâme de ce qu'elle a contraint l'innocent calomnié à garder le silence ? Non ; l'on s'est plaint de ce qu'elle a montré trop d'indulgence pour quelques doctrines qu'on dit libérales ; tandis qu'on pardonne aux journaux d'une opinion opposée le dévergondage de la diffamation et de la violence ; on s'indigne de ce qu'il arrive par hasard, probablement par l'inadvertance ou la distraction de la censure, qu'un journal qui n'appartient pas à la faction dominante ait ou paraisse avoir une heure d'une liberté tellement restreinte, que vraiment il faut être bien susceptible pour s'en offenser.

Enfin, à côté de la liberté des journaux, que nous proposent ces délateurs ardens et subits des principes constitutionnels ? Vous l'avez entendu, la suppression du jury, de cette institution sans laquelle la presse eût dès long-temps été enchaînée en Angleterre ; de cette institution qui, même réduite à un vain simulacre, est encore un objet d'espoir pour les citoyens. C'est bien alors que la servitude serait complète ; c'est bien alors que l'apparence de la liberté ne serait qu'un piége, et que l'écrivain, privé du droit d'être jugé par ses pairs, devrait briser sa plume pour échapper à un arbitraire cent fois plus terrible sous le nom de loi, qu'il ne l'est aujourd'hui sous son nom véritable.

Lorsque nous avons réclamé des secours pour ces hommes vénérables qui portent les consolations religieuses dans la chaumière du pauvre, on nous a dit que nous leur offrions des dons empoisonnés. J'ai appris de la sorte qu'une expression que j'aurais trouvée trop forte était admise à cette tribune. Vous ne me blâmerez donc point d'en faire usage ; car vous ne blâmerez pas en moi ce que vous avez approuvé dans d'autres. Je dirai donc, sans crainte d'inconvenance, ce sont des dons empoisonnés que ces simulacres de liberté, qu'accompagne toujours la destruction de nos garanties les plus précieuses ; ce sont des dons empoisonnés que ces prétendus retours à des principes qu'on avait foulés aux pieds, et qu'on reprend comme une bannière, pour fouler aux pieds d'autres principes non moins nécessaires et non moins sacrés. J'ai dû dire ces choses, Messieurs, pour que la France ne fût point trompée par l'apparence d'une alliance qui l'inquiéterait avec raison. Nous votons contre la censure, parce que nous voulons la liberté de la presse, telle que la Charte la consacre ; mais nous voulons cette liberté réelle, avec ses sauve-gàrdes légales, avec le jugement par jurés, sans lequel aucune liberté ne peut exister. Nous votons contre la censure ; mais ce n'est point pour rendre la condition des écrivains plus fàcheuse; ce n'est point parce que nous craignons qu'elle ne soit tournée contre nous par un ministère timide que nos imprudences épouvanteraient. Nous votons contre la censure, ainsi que nous avons voté contre les excès de la police, non comme des prétendans avides qui brisent ce qu'ils ne peuvent saisir, mais comme des hommes qui ne veulent ni souffrir, ni posséder des moyens d'oppression, comme des hommes qui veulent pour les autres comme pour eux-mômes, la liberté, la sûreté, la justice. (Adhésion à gauche.)

Maintenant, Messieurs, fort de l'exemple que d'autres orateurs m'ont donné, je m'adresserai comme eux à MM. les ministres; comme eux aussi, je distinguerai entre les ministres. Vous ne me désapprouverez pas; vous leur avez permis d'écrire qu'ils avaient confiance dans leurs honorables amis récemment entrés dans le ministère; vous trouverez bien naturel que je disc que je ne m'adresse point à leurs honorables amis.

Je dirai donc à ceux auxquels je m'adresse : Combien vous faudra-t-il d'expérience pour apprendre que les principes sont plus faciles à satisfaire que les ambitions? Pour contenter les uns, il ne faut qu'une marche constitutionnelle et franche; pour asservir les autres, il faut vous démettre du pouvoir : on vous l'a, certes, demandé bien clairement. Les principes sont simples, ils n'ont qu'une bannière ; les défenseurs des principes n'ont aucun moyen de vous remplacer quand ils le voudraient. Les ambitions sont multipliées ; elles prennent tous les étendards. Trois fois elles vous ont assaillis en parlant tantôt pour, tantôt contre la liberté de la presse. Avec les hommes qui exigent des garanties, vous pouvez gouverner, parce que vous pouvez leur donner des garanties, et que les garanties sont pour tout le monde; avec les hommes qui exigent des portefeuilles, vous ne pouvez pas gouverner, parce qu'il n'y a de portefeuilles que les vôtres, et que vous ne pourriez en donner et en avoir. (Vif mouvement d'adhésion à gauche.)

Vous croyez vous affermir par des concessions : qu'avez-vous gagné par les concessions que vous avez faites? Vous aviez proposé une loi sur le clergé; vous avez cédé, on vous dit aujourd'hui que vous avez voulu rétablir la constitution civile du clergé. Vous aviez rédigé une loi sur les donataires; vous avez cédé, on vous dit aujourd'hui que votre loi torturait les consciences. Regardez autour de vous, consultez l'histoire; vous verrez que les peuples sont faciles, les individus difficiles à mener.

Entre les ambitions et la monarchie constitutionnelle, il y a toujours lutte, parce que la monarchie constitutionnelle ne peut rassasier les ambitions; entre les principes et la monarchie constitutionnelle, il y a toujours alliance, parce que tous les principes y trouvent leur garantie.

On vous cite souvent l'Angleterre : ouvrez ses annales. La contre-révolution a régné en Angleterre, combien? vingt-huit ans. Le régime constitutionnel dure depuis cent trente. Voyez sous la contre-révolution les ministres anglais, Schaftesbury proscrit, Clarendon exilé; voyez sous le régime constitutionnel, M. Pitt gouverner pendant un quart de siècle. Je vote contre le projet de loi.

SUR LE MEME SUJET.

(Séance du 9 juillet 1821.)

Je conçois, Messieurs, que vous soyez peu disposés à écouter un amendement qui, après celui que vous venez d'adopter, doit vous paraître bien terne. Vous venez, par l'article additionnel, de faire une immense conquête ; vous avez rapporté une loi sans proposition, sans forme législative, sans discussion, sans que les ministres aient réclamé. Après vous être emparés de l'initiative royale, vous devez dédaigner un amendement qui a le désavantage de se renfermer dans vos attributions et d'être constitutionnel ; mais en même temps je me félicite de ce que mon amendement n'a aucune couleur politique, il dispensera les ministres de traiter des questions épineuses, des élections, par exemple, et de se laisser arracher l'aveu des moyens qu'ils ont employés pour composer la Chambre actuelle. Je ne veux parler qu'en faveur de l'honneur des citoyens, et je commencerai par m'occuper de la citation de M. le ministre des affaires étrangères. Il a cité l'illustre Wilberforce, auquel tous les pays doivent rendre justice.

La citation de M. le ministre portait à faux ; mais elle sera mieux placée dans ma bouche, car plus la

calomnie est odieuse, moins il faut qu'elle soit privilégiée. Je ne rentrerai point dans les preuves de diffamation que la censure a encouragée; tous les orateurs
en ont parlé. Mon amendement est destiné à y porter
remède, sera-t-il efficace? Je n'ose l'espérer, mais c'est
le seul remède possible. Les censeurs ne peuvent être
légalement responsables, grâce à l'art. 75 d'une constitution abrogée dont les ministres recueillent tous les
articles vexatoires; jamais héritiers n'ont été plus soi-
gueux de leur héritage. Au défaut de cette responsabilité, mon amendement atténue deux inconvéniens
de l'état actuel.

1º Les censeurs sont anonymes, ils ont été, à la vérité, nommés une fois dans une ordonnance, mais
leurs noms inconnus sont rentrés dans une obscurité
tutélaire, et je ne crois pas que dans toute la Chambre
il y ait un seul membre qui puisse nous nommer les
douze censeurs qui disposent de la réputation de tous
les Français. Ils n'oseront pas signer de longues colonnes d'invectives, de mensonges.

2º Les ministres désavouent les censeurs dans leurs
conversations familières et même dans le comité secret. Il en résulte qu'on croit qu'ils les changent, mais
ils les conservent sans qu'on le sache; et il est bon que la
France apprenne qu'ils maintiennent en place des agens
qu'ils improuvent. La signature de ces agens les empêchera peut-être de mutiler, contre la promesse des ministres et la lettre de la loi, les séances de la Chambre.
Plusieurs de nos collègues vous ont dénoncé les suppressions des discours des députés dans les départemens, et je saisirai cette occasion pour faire une interpellation aux ministres. M. le garde-des-sceaux a dit

plusieurs fois que le compte rendu des séances n'était pas soumis à la censure. Il nous a dit : Qu'avez-vous besoin de la liberté des journaux, puisque tout ce que vous dites à cette tribune est imprimé sans obstacle? Eh bien! Messieurs, je demande à MM. les ministres quelle a été la réponse à la consultation de la commission de Bourges, du 7 juillet 1820. Les séances ont continué d'être mutilées dans le journal du Cher. Les ministres ont-ils autorisé cet insolent attentat contre un pouvoir constitutionnel, ou bien leurs censeurs ont-ils été rebelles envers l'autorité, comme ils sont calomniateurs envers les citoyens? J'ai lieu de le croire, car M. le ministre de l'intérieur avait donné ordre qu'une lettre de moi fût insérée; j'ai la lettre de M. Mounier contenant cet ordre, et à côté le refus de la censure pour y obtempérer.

On ne peut faire à mon amendement que deux objections : la première, c'est que la censure s'exerce par un corps collectif. A la vérité, la commission de censure est une espèce de cour souveraine, moins l'illustration, la considération qui résulte du rang, car les ministres ont pris leurs censeurs je ne sais où. Et cette corporation exploite impunément le privilége de la diffamation, retirée qu'elle est dans un repaire inaccessible. D'abord, c'est un mal que la censure soit faite collectivement; mais si on veut garder ce mode, n'est-il pas évident que lorsqu'on est payé pour remplir des fonctions, il faut avoir le courage d'avouer ce qu'on fait. Les censeurs sont plus coupables que les écrivains ; ceux-ci peuvent être entraînés par la chaleur de la composition; c'est froidement que les censeurs autorisent l'injure et le mensonge. La deuxième difficulté sera plus forte peut-être : on dira que mon amendement augmentera la difficulté de trouver des censeurs. Je me rappelle que M. de Sartines et M. Lenoir se servaient de cet argument pour conserver les espions qu'ils employaient; mais c'était sous un régime arbitraire. Je suis fâché d'apprendre que sous un gouvernement constitutionnel, il y ait deux sortes d'agens qui sont sur le même pied.

Messieurs, repousser mon amendement, c'est adopter une loi qui porte :

Art. 1er. Il est permis à dix écrivains et à douze censeurs de calomnier toute la France.

2. Il est défendu à tous les citoyens calomniés de rien répondre.

Messieurs, mon amendement est dans l'intérêt de tous les partis. Avez-vous oublié que MM. de La Bourdonnaye, Châteaubriand, etc., ont été insultés. La volonté des censeurs est ambulatoire; êtes-vous sûrs de leur faire toujours peur?

Ce que je réclame était d'usage sous l'ancien régime; vous nous avez rendu la censure de nos pères, ne nous la rendez pas plus honteuse que nos pères ne nous l'ont transmise.

SUR L'AMENDEMENT

DE M. DARRIEUX

TENDANT A PROPORTIONNER LE CENS ÉLECTORAL AUX DÉGRÈVEMENS

(Séance du 19 juillet 1821.)

MESSIEURS

Une simple observation suffira pour faire sentir à la Chambre combien l'amendement proposé est essentiellement lié avec la loi de finances actuelle, et combien notre vote sur cette loi dépend du parti qu'on prendra sur cet amendement. Quant à moi, je le déclare, et je suis persuadé que beaucoup de mes honorables collègues partageront mon opinion : J'ai été envoyé ici pour voter les dépenses nécessaires au gouvernement ; mais lorsqu'on propose une mesure qui tend à dépouiller de leurs droits un grand nombre de ceux qui nous ont envoyés ici, il importe de savoir si vous maintiendrez cette mesure dans son effet destructif des droits d'une grande partie d'électeurs. Quant à moi, je ne crois pas que nous puissions priver les électeurs de leurs droits par une diminution de cinq centimes ou de dix centimes ; que nous puissions, sous le voile d'un soulagement d'impôt, les spolier de leurs droits les plus précieux.

M. le rapporteur a dit que cette question n'était pas liée à notre vote sur le budget. Je déclare qu'elle y est intimement liée, et quelque inconvénient qu'il y eût à rejeter le budget, l'ajournement du budget me paraîtrait préférable à la destruction du gouvernement représentatif. Je sais bien qu'il y a des hommes qui sont d'une autre opinion, et qui se servent de la loi de finances pour détruire le gouvernement représentatif; mais je me séparerai toujours de ces hommes. Mon vote sur le budget est donc essentiellement lié à cette question.

N'est-il pas absurde de dire à l'électeur qui présente pour exercer ses droits les deux plus grandes garanties : vous ne serez plus habile à les exercer? Une telle absurdité ferait rougir toutes les assemblées; elle ne peut entrer dans la tête d'un homme de bon sens. Quel a été le but du dégrèvement? C'est de soulager les contribuables en les maintenant dans leurs droits, à moins qu'on ne convienne que son but ait été de soulager seulement les grands propriétaires, et de diminuer les électeurs constitutionnels..... Si cette disposition du budget n'est qu'un supplément à la loi qui a faussé le système électoral ; alors il est bon que vous le sachiez, et que la nation le sache. Il est bon qu'elle connaisse quels sont les hommes qui prétendent venir à son secours, et qui la dépouillent de ses droits. (Vive adhésion à gauche.) La question est donc essentiellement liée au reste du budget. Je demande que l'on aborde franchement la discussion, afin qu'on puisse soulever le voile par lequel on cherche à la couvrir. (Même mouvement à gauche. Des cris s'élèvent à droite : La question préalable, la question préalable !)

FIN DE LA SESSION DE 1821 ET DU PREMIER VOLUME.

TABLE

DES DISCOURS CONTENUS DANS LE PREMIER VOLUME.

———————

FIN DE LA TABLE DU TOME PREMIER.

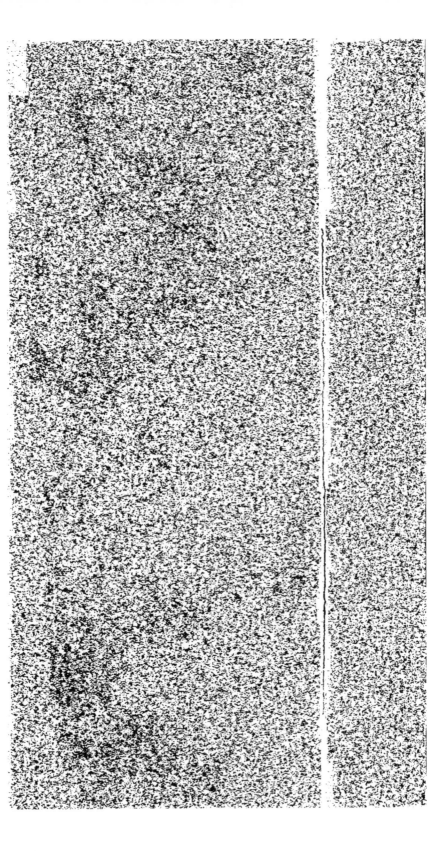

Lightning Source UK Ltd.
Milton Keynes UK
UKHW02f0852271117
313420UK00013B/567/P